Charles Taylor: Ein säkulares Zeitalter

Klassiker Auslegen

Herausgegeben von
Otfried Höffe

Band 59

Charles Taylor:
Ein säkulares Zeitalter

—

Herausgegeben von
Michael Kühnlein

DE GRUYTER

ISBN 978-3-11-040939-0
e-ISBN (PDF) 978-3-11-040948-2
e-ISBN (EPUB) 978-3-11-040960-4
ISSN 2192-4554

Library of Congress Control Number: 2018952157

Bibliografische Information der Deutschen Nationalbibliothek
Die Deutsche Nationalbibliothek verzeichnet diese Publikation in der Deutschen Nationalbibliografie; detaillierte bibliografische Daten sind im Internet über http://dnb.dnb.de abrufbar.

© 2019 Walter de Gruyter GmbH, Berlin/Boston
Umschlagabbildung: © Ursula Krüger
Druck und Bindung: CPI books GmbH, Leck

www.degruyter.com

Vorwort

Jedes Buch hat seine Vorgeschichte. Deshalb sollte man sich im Moment der Veröffentlichung auch dankbar an sie erinnern. Denn es ist ein Gemeinschaftswerk, dessen Zustandekommen sich vieler glücklicher Umstände verdankt. Ich denke hier vor allem an die Bereitschaft des Reihenherausgebers, Herrn Professor Dr. Otfried Höffe, mir den Band 59 zu Charles Taylor in der Reihe *Klassiker auslegen* anzuvertrauen. Für diese Möglichkeit möchte ich mich bei ihm auf das Herzlichste bedanken. Sodann danke ich den AutorInnen, die mit ihren Expertisen (und ihrer Nachsicht) zum Erfolg des Projektes beigetragen haben. Herrn Dr. Veit Friemert danke ich für die sorgfältige Erstellung der Register. Schließlich möchte ich mich auch bei Frau Johanna Davids und Herrn André Horn (De Gruyter Verlag) für die hervorragende und stets motivierende Zusammenarbeit bedanken.

Noch ein redaktioneller Hinweis: Alle in Klammern gesetzten Seitenzahlen dieses Bandes beziehen sich im Folgenden, so dies nicht anders vermerkt worden ist, auf die deutsche Ausgabe von Charles Taylor, *Ein säkulares Zeitalter*, übersetzt von Joachim Schulte, Berlin 2009.

Der Herausgeber, im Mai 2018.

Inhalt

Michael Kühnlein
1   Einführung: Taylors Gegenwart —— 1

Otfried Höffe
2   Hermeneutik und Säkularität (Einleitung) —— 17

Karl Gabriel
3   Zeit und REFORM (Kap. 1) —— 31

Rudolf Schlögl
4   Disziplinierung, Zivilität und Entbettung (Kap. 2 und 3) —— 47

Hans-Peter Krüger
5   Soziale Vorstellungsschemata der Neuzeit und das Gespenst des Idealismus (Kap. 4 und 5) —— 59

Veronika Hoffmann
6   Vom Deismus zum ausgrenzenden Humanismus und die Frage der Subtraktion (Kap. 6 und 7) —— 77

Christoph Seibert
7   Modernes Unbehagen, Entwicklung der Nova, Fragilisierung des Glaubens (Kap. 8, 9 und 10) —— 91

Peter Nitschke
8   Immanente Gegenaufklärung und ihre moralischen Foren im 19. Jahrhundert (Kap. 11) —— 109

Gottfried Küenzlen
9   Säkularisierung, Mobilisierung und Authentizität (Kap. 12 und 13) —— 131

Oliver Flügel-Martinsen
10   Religion und Moderne (Kap. 14) —— 149

Mark Wrathall
11   Our Fragilized World and the Immanent Frame (Kap. 15 und 16) —— 161

Burkhard Liebsch
12   Humanismus, Gewalt und Religion (Kap. 17 und 18) —— 179

Edmund Arens
13   Sinnsuche, Verlusterfahrungen und Bekehrungserlebnisse (Kap. 19, 20 und Epilog) —— 197

Michael Kühnlein
14   Ausblick: Nach der Entzauberung der Entzauberungstheorie – Wo stehen Politik, Ethik und Religion heute? —— 213

Primärliteratur —— 225

Sekundärliteratur —— 230

Personenregister —— 235

Sachregister —— 239

Hinweise zu den Autorinnen und Autoren —— 243

Michael Kühnlein
1 Einführung: Taylors Gegenwart

Charles Taylor zählt zu den einflussreichsten Philosophen der Gegenwart. Sein Werk ist in den letzten Jahren vielfach prämiert und international ausgezeichnet worden – bis hin zur Verleihung des „inoffiziellen" Nobelpreises für Philosophie, den Kluge-Preis, den er 2015 gemeinsam mit Jürgen Habermas entgegennehmen durfte. Damit wurden aber zugleich zwei Denker philosophisch ausgezeichnet, die in ihren Arbeiten pikanterweise von den tragenden Selbst-Vorstellungen der Moderne abgewichen sind: Denn sowohl Habermas als auch Taylor eint die Überzeugung, dass die freiheitlichen Errungenschaften der Moderne auf Dauer nur mit der Religion und nicht gegen sie zu retten sind. Während Habermas hierfür ein ‚postsäkulares' Lernmodell zwischen Vernunft und Religion vorschlägt, setzt Taylor bei den vorbegrifflichen Sinnbedingungen unseres Daseins an, um bereits auf der Ebene der Selbst-Interpretation den Code des säkular-atheistischen Vernunftdenkens zu entschlüsseln. Nicht säkulare Übersetzbarkeit (Habermas), sondern die kosmopolitische Anerkennung von spiritueller Vielfalt ist Taylors Weg aus den Malaisen der Moderne. Die Aura des Säkularen – bei Taylor verweht.

Dieses ausgleichende, auf die Überwindung von Gegensätzen abzielende philosophische Naturell ist mit Taylors eigener Biographie auf das Engste verknüpft: 1931 in Montreal geboren, wächst er in einer traditionell konfliktreichen, mithin ambivalenten Kultur auf, die durch die (politische) Zweisprachigkeit einer eigenständig-frankophonen und einer föderal-angelsächsischen Lebenswelt geprägt ist. Schon früh ist er also mit den Erfahrungen sozial-politischer Heterogenität vertraut – und mit den daraus resultierenden Problemen von Anerkennung und Missachtung, von Autonomie und Differenz, von Integration und Ausgrenzung. Taylors Motivation, diese dissoziativen Fliehkräfte der modernen Gesellschaft einzudämmen, wird deshalb bereits in jungen Jahren zu einer verlässlichen Quelle seines politischen Handelns; zwar scheitert er mit seinem sozialdemokratischen Engagement für die NDP (*New Democratic Party*) gleich mehrfach bei Mandatswahlen für einen Sitz im *House of Commons*, doch seine Kritik an einer liberal-individualistischen Politik bleibt in Kanada über diese parlamentarischen Misserfolge hinaus weiterhin einflussreich (vgl. dazu Honneth 1988; Rosa 1998; Breuer 2000).

Die politischen Ambitionen Taylors sind zu dieser Zeit freilich noch ohne genaue sozialphilosophische Rückkopplung; und eine besondere Affinität zu religionsphilosophischen Fragestellungen lässt sich schon gar nicht ausmachen: Zunächst studierte Taylor nämlich an der McGill Universität in Montreal Geschichte; danach wechselte er nach Oxford, um sich der Philosophie zu widmen. Diese Entscheidung brachte ihn in Kontakt mit seinem lebenslangen Lehrer und Freund Isaiah Berlin. Nach seiner Promotion 1961 (*The Explanation of Behaviour*, veröffentlicht 1964), die eine entschiedene Kritik am Naturalismus formulierte, kehrte er wieder nach Kanada zurück; zunächst als Assistenzprofessor, ab 1962 dann als ordentlicher Professor für Philosophie und Politikwissenschaften an der Universität in Montreal.

1.1 Hegel

In dieser Zeit, bis zu seinem erneuten Lehrstuhlwechsel nach Oxford 1976, arbeitete Taylor an seiner großen Hegel-Monographie (1975; dt. 1978), die dadurch aufhorchen ließ, dass sie Hegel als einen philosophischen Zeitgenossen porträtierte, mit dessen Hilfe die Freiheitsirrtümer der Moderne erstmals umfassend auf den Begriff gebracht werden konnten: „Hegel war […] einer der gründlichsten Kritiker desjenigen Begriffs der Freiheit, der diese als Abhängigkeit nur vom Selbst definierte. Mit bemerkenswertem Einblick und großer Voraussicht zeigte er dessen Leere und potentiell zerstörerische Wirkung." (1978, 747) In dieser frühen Theoriephase war es also vor allem Hegel, der das Interesse Taylors an einer tieferen Durchdringung des modernen Unbehagens geweckt hat. Er war fasziniert von dessen Versuch, jene Synthese philosophisch zu verwirklichen, „nach welcher die romantische Generation suchte und nach welcher sich das gesamte Zeitalter sehnte, nämlich: die sich selbst ihr Gesetz gebende rationale Freiheit des Kantischen Subjekts mit der im Menschen vorhandenen Einheit des Ausdrucks und mit der Natur zusammenzubringen" (ebd., 707). Diese spirituelle Verstehensquelle der modernen Identität hat Taylor immer wieder angezapft – auch wenn Hegels Name in den späteren Publikationen nicht mehr regelmäßig fällt. Seine Zurückhaltung in der causa Hegel lässt sich wohl am ehesten damit begründen, dass Taylor schon damals die identitäre Logik des Absoluten nicht geteilt hat, von der Hegel meinte, sie seiner Metaphysik unbedingt überstülpen zu müssen (vgl. ebd., 706 f.).

In den darauffolgenden Jahren, die mit philosophischen Lehrtätigkeiten an den Universitäten in Oxford (1976–1981) und Montreal verbunden waren (ab 1979), bemühte sich Taylor deshalb verstärkt darum, das spekulative Grundsatzprogramm Hegels in eine Anthropologie starker Wertungen umzuarbeiten; so sollten Hegels Einsichten in die expressive Verstehensnatur unseres Handelns gewahrt bleiben, ohne ihren Ausdruck an die geschichtlichen Identitätsmanifestationen eines absoluten Geistes zu binden. Doch die weiteren Artikulationsversuche des Guten mussten Taylor von den eingeschlagenen Pfaden Hegels wegführen. Denn ihm wurde schnell klar, dass es nicht mehr darum ging, identitätslogische Sackgassen zu vermeiden; vielmehr musste er insgesamt das philosophische Genre wechseln und eine andere Erzählweise entwickeln, um dem ursprünglichen ausdruckstheoretischen Protest Hegels einen modernen Ausdruck verleihen zu können. Denn während Hegel von versöhnten Geist-Verhältnissen ausging, die der Philosoph in einer Endgeschichte des Begriffs nachzuerzählen hatte, betrachtet Taylor post-hegelisch die Erzählung selbst als dramatisches Narrativ, in dem sich das Subjekt mit den Transformationen seines Selbstverständnisses auf das Tiefste verbindet. Was also Hegel vormals an Expressivität auf das kosmische Geistgeschehen übertragen hatte, nimmt Taylor im Laufe der Zeit wieder zurück und konzentriert sich auf die vom Vernunftsystem unterdrückten kreativen Ausdruckspotenziale des Menschen.

1.2 Die vergessenen Quellen des Selbst

In dieser Zeit des Nachdenkens fällt die Entstehung der großen Publikation über die *Quellen des Selbst* (1989; dt.: 1994). Sie liest sich in weiten Teilen wie eine weiterführende Kritik Hegels an den Freiheitsverstellungen des politischen Liberalismus – dieses Mal aber mit der hermeneutischen Pointe, dass ihre Artikulationen nicht hinter dem absoluten Geist, sondern hinter dem historisch bereits erreichten Ausdrucksniveau des Guten zurückbleiben. Taylor versucht daher, das *Unbehagen an der Moderne* (so ein weiterer Buchtitel von 1995) von der Genealogie der neuzeitlichen Identität her zu beantworten. Mit der peniblen Rekonstruktion ihrer Entstehungsgeschichte will er an jene konstitutiven Güter erinnern, die (wie Platons Idee des Guten, der christliche Theismus oder der romantische Naturbegriff) einmal für den Selbstausdruck der Moderne bestimmend waren – und es nun nicht mehr sind, weil das Desengagement der Vernunft die instrumentelle Kontrolle über unsere Gefühle und Handlungen übernommen hat. Insofern droht die Moderne, an sich selbst zu ersticken, weil sie ihre Verbindung zu den eigenen Ausdruckswurzeln interpretatorisch kappt.

Für Taylor kulminiert daher die Selbstbejahungskrise der Moderne in der menschlichen Unfähigkeit zur Bejahung des Guten. Dieses Unvermögen verhindert einen dauerhaften authentischen Freiheitsausdruck in den Selbsteinstellungen der modernen Subjektivität. Denn ohne Bejahung reduziert sich die Welt auf das, was sie ist, wobei in einer solchen naturalistischen Erkenntnishaltung ein sinnvolles Sprechen über die Dialektik der Aufklärung nach Taylor auch nicht mehr möglich wäre. Hier vermutet er also in den Versuchen der liberalistischen Gegenseite, die Pathologien der Moderne rein mit den autonomen Mitteln der Vernunftkritik durchdenken zu wollen, einen expressivistischen Selbstwiderspruch: „Auch unter der Voraussetzung, daß wir die Würde der desengagierten Vernunft oder die Güte der Natur vollständig anerkennen, fragt es sich, ob das tatsächlich ausreicht zur Rechtfertigung der Wichtigkeit, die wir ihr beimessen, des moralischen Werts, den wir ihr zuschreiben, oder der Ideale, die wir darauf errichten." (1994: 561; vgl. dazu Kühnlein 2008; ergänzend: Abbey 2000, 195 ff.).

Taylors Ausdrucksanthropologie will also Wirklichkeit nicht nur einfach beschreiben, sondern selbst hervorbringen. Und zu dieser inhaltlichen Vermittlungsform des Guten gehört eben nicht nur Kunst und Philosophie, sondern auch Religion, um in der klassischen Trias von Hegel zu bleiben. Mit diesen Überlegungen weist Taylor der Religion nun endgültig eine tragende Rolle in der Bewältigung der Malaisen der Moderne zu. Denn ihre semantischen Ressourcen zur Wiederherstellung unserer Disposition zur Bejahung des Guten hält er im Grunde für unverwüstlich; sie sind aus Taylors Sicht „unvergleichlich viel größer" (1994, 894) als reine Vernunftlösungen: Die „zentrale Verheißung einer göttlichen Bejahung des Menschlichen" gilt ihm als umfassender, als „sie von Menschen ohne Hilfe" (ebd., 898) jemals hätte ersonnen werden können.

Mit diesem persönlichen Glaubensbekenntnis endet Taylors Buch zu den *Quellen des Selbst*. Die damit verbundene normative Aufwertung des Theismus konnte er zum damaligen Zeitpunkt allerdings noch nicht validieren, denn dafür hätte er nicht eine Geschichte über die neuzeitliche Identität, sondern vielmehr eine Geschichte über den Mythos und die Wirklichkeit der Säkularisierungstheorie selbst schreiben müssen. Doch dafür hatte Taylor Ender der 1980er Jahre noch nicht die begrifflichen Mittel; allerdings war die zukünftige Argumentationsstrategie aufgrund der ideengeschichtlichen Vorleistungen Taylors bereits vorgegeben: Denn wenn es keinen philosophischen Grund mehr geben konnte, Gott oder die Religion aus den modernen Selbstverständigungsprozessen herauszulassen, konnte mit den linearen Entzauberungsteleologien (im Sinne von Max Weber) irgendetwas nicht stimmen; der Sinn des Säkularen musste demnach in etwas anderem bestehen als in der bloßen Auslöschung des Sakralen. Die Antwort darauf lieferte Taylor in seinem Opus magnum 18 Jahre später.

1.3 Über die nicht erzählte Hintergrundgeschichte des säkularen Zeitalters

Charles Taylors monumentale Studie über *Ein säkulares Zeitalter* zählt gegenwärtig zu jenen raren Büchern, die die philosophischen, politischen und religiösen Herausforderungen der Zeit angenommen und begriffen haben. Hier hat der luzide Hegel-Kenner Taylor von Hegel offensichtlich viel gelernt – ohne sich von ihm allerdings intellektuell abhängig zu machen. Denn anders als Hegel geht es ihm nicht um das objektivistische Begreifen einer Universalgeschichte aus der Sicht des Absoluten oder um dessen religionssoziologische Übersetzung in säkular-teleologische Stellvertretungstheorien wie bei Max Weber, sondern er schlüpft meisterhaft in die Rolle des *homo narrans*, der die verborgene, aber komplementäre Hintergrundgeschichte zur Geschichte des Westens zu erzählen versucht.

Taylors Erzählmotive nehmen dabei ihren Anfang im sozial-expressivistischen ‚Unterbau' des säkularen Wandels: Sie sollen jene normativen Veränderungen in den vorgängigen kulturellen Sinn- und Verstehensbedingungen des Guten zum Ausdruck bringen, die sich auf die weitere Entwicklung der gesellschaftlichen Imaginationsformen *immanent* ausgewirkt haben. (Den Begriff des ‚Unterbaus', den meines Wissens nach Taylor so nicht verwendet, setze ich hier bewusst ein, um Taylors methodisches Vorgehen der Artikulation von ökonomisch-materialistischen Interpretationen des gesellschaftlichen Überbaus in der Nachfolge von Marx und Engels zu unterscheiden.) Für Taylor ist Geschichte deshalb immer schon artikulierte Geschichte und in den Kreislauf der ewigen Wiedererzählung eingeschlossen – sie kann also nie auserzählt oder von einem hermeneutisch privilegierten Nullpunkt der Erfahrung, dem meta-ethischen „Blick von nirgendwo" (Nagel 1992), fortschrittsideologisch eingefroren werden: Nicht Entzauberung, sondern die „Entzauberung der Entzauberungstheorie" (Kühnlein 2014, 127) ist Taylors narratives Mantra der Moderne.

Diese expressivistische Wende in den neutralen Selbstdarstellungsmedien der aufgeklärten Vernunft, die man analog zur kopernikanischen Wende Kants in der Erkenntnistheorie auch als eine hermeneutische Kopernikanisierung der sozialwissenschaftlichen Denkungsart bezeichnen könnte, verändert die Erzähl-Statik der Moderne von Grund auf. Denn Taylor geht es hier nicht mehr um das apriorische Festschreiben einer säkularen Identität, die sich quasi in dem Moment unwiderruflich zu formieren beginnt, wo die Religion ihren eigenen Täuschungen erliegt. An dieser meta-ethischen Darstellung einer archimedischen Punktlandung der zeitlos-liberalen Identität in der westlichen Ideengeschichte hegt Taylor grundständige Zweifel, da sie ihre eigenen Wertüberzeugungen naturalistisch verschleiern und wesentlich „subtraktionslogisch" argumentieren müsse: „Dieser Subtraktionsgeschichte zufolge ist die Moderne das Ergebnis des Wegwischens des alten Horizonts, und der moderne Humanismus könne nur durch das Schwinden älterer Formen zustande gekommen sein. Nur als Resultat des Todes Gottes sei er denkbar. Daraus folgt, daß man die humanistischen Anliegen eigentlich nicht rückhaltlos vertreten kann, wenn man die alten Überzeugungen nicht abgeschüttelt hat. Man kann nicht wirklich in der Moderne angekommen sein und dennoch an Gott glauben. Oder wenn man trotzdem glaubt, hat man Vorbehalte und steht zumindest teilweise – und vielleicht insgeheim – auf der gegnerischen Seite." (955)

Demgegenüber favorisiert Taylor einen Erzählstil, der den säkularen Wertewandel zunächst einmal von den kulturhistorischen Rahmenbedingungen des Guten her verständlich zu machen versucht. Dabei interessiert ihn besonders die Frage, inwieweit die veränderten Einstellungen in den säkularen Auffassungen der menschlichen Natur auf einen veränderten Ausdruck in unseren moralischen Selbstwahrnehmungen zurückzuführen sind. Das Sein bestimmt also nicht mehr das Bewusstsein, sondern das Bewusstsein in die Welt gestellter Subjekte „umgreift" (zu diesem wichtigen Begriff vgl. Jaspers ^{4}1987, 38 ff.) das Sein – zumindest in der Weise, als dass ersichtlich wird, dass es *keine* unabhängige wissenschaftliche Entdeckung gibt, die nicht durch vorgängige Wertentscheidungen des Guten motiviert worden wäre. So ist der Aufstieg der modernen Naturwissenschaften nach Taylor nur denkbar, weil er im Glauben an die Souveränität Gottes fest verankert ist. Die Mechanisierung des Weltbildes verteidigt die göttliche Wahlfreiheit und entschärft die existenzielle Theodizeefrage (Leibniz). Insofern führt die Entdeckung der Natur „keinen Schritt, nicht einmal einen Teilschritt", aus der „religiösen Auffassung" heraus (169); auch der säkulare Humanismus der Moderne ist für Taylor kein rein epistemisches Projekt, da er in seinem universellen Wohltätigkeitsstreben eine tiefe Loyalität zum christlichen Erbe erkennen lässt (vgl. 956). Und das Gleiche gilt schließlich auch für den Atheismus der Gegenwart: Dessen moralische Anziehungskraft führt Taylor nicht auf den natürlichen Tod Gottes zurück (Nietzsche), sondern auf das Ideencharisma eines radikalen Existierens, wie es in dem Gedanken der unvordenklichen Selbstwahl zum Ausdruck kommt (Sartre, Camus). In den transzendenten Ablehnungsmotiven lässt sich somit eine vorgängige „ethische Einstellung" identifizieren, die nach Taylor „zur Abgeschlossenheit drängt" (913).

In dieser Perspektive ist der Erfolg des säkularen Denkens vor allem einem neuen Erleben der *conditio humana* geschuldet, die durch die individualistischen Wertvorstellungen eines autonomen Selbstverständnisses performt wird. Hier wird allerdings nichts mehr ‚entdeckt', was nicht schon vorher im Zirkel menschlichen Selbstverständnisses ontologisch angelegt ist. Jede Theorie bleibt daher von der Art ihrer Erzählung abhängig. Hier gibt es nichts mehr, was sich ‚autonom' oder ‚neutral' konstruieren ließe. Und in diesem Sinne bringt nach Taylor der säkulare Wandel im menschlichen Erfahrungsbegriff kein meta-ethisches Faktum über die objektive Natur des Menschen zur allgemeinen Kenntnis, sondern er etabliert vielmehr eine weitere Ausdruckskonkurrenz in den tradierten Beziehungen auf das Gute, die motivational in einer alternativen Auffassung von Ethik verankert ist – einer Ethik, die jetzt von den humanistischen Idealen der souveränen Selbstbehauptung angetrieben wird. Das anhaltende Mysterium des säkularen Erfolges ist für Taylor also letztlich in den vorgängigen ethischen Einstellungen zu suchen: „In Wirklichkeit ist die Erfahrung durch eine leistungsfähige Theorie zurechtgestutzt worden, die den Primat des Individuellen, des Neutralen und des Innerpsychischen als Ort der Gewissheit fordert. Welcher Motor treibt diese Theorie? Nun, bestimmte ‚Werte', Tugenden, Vorzüge – nämlich die des unabhängigen, desengagierten Subjekts, das reflektiert und selbstverantwortlich [...] seine eigenen Denkprozesse steuert. Darin liegt eine bestimmte Ethik der Unabhängigkeit, der Selbstbeherrschung, der Selbstverantwortung und des Kontrolle ermöglichenden Desengagements. Diese Haltung setzt Mut voraus sowie die Weigerung, sich mit den billigen Bequemlichkeiten der Autoritätshörigkeit, den Tröstungen der verzauberten Welt oder der Kapitulation vor den Regungen der Sinne abzufinden. Dieses ganze von ‚Werten' durchsetzte Bild, das ein Ergebnis der sorgfältigen, objektiven und voraussetzungslosen Forschung sein soll, wird jetzt so präsentiert, als sei es von Anfang an da gewesen und habe den ganzen Prozeß der ‚Entdeckung' vorangetrieben." (933 f.)

Mit diesem Einblick in die expressivistischen Voraussetzungen des epistemischen Vernunftstrebens richtet sich Taylors Erzählziel neu aus. Oder um es griffiger zu formulieren: Taylor strebt eine umfassende ‚Motivationsgeschichte' der Moderne an, in der die wissenschaftliche Entdeckung des Säkularen vor dem Hintergrund der Neubildungen der moralischen Identität rekonstruiert wird. Nicht die institutionelle Verdrängungskraft, sondern die veränderte Wahrnehmung auf unsere Identität, auf „unseren Ort in der Welt und den impliziten Werten" (943), steht im Mittelpunkt einer solchen Erzählung. Taylors Geschichte ist also eine Geschichte über die beweglicher gewordenen ontologischen Rahmenbedingungen des Guten, die aus dem Gottesglauben eine Option gemacht haben. Während subtraktionslogische Vorstellungen hier nur einseitige Begründungszusammenhänge identifizieren, die den inneren Einstellungswandel auf institutionelle, wissenschaftliche und ökonomische Faktoren zurückführen, ‚addiert' Taylor Wissenschaft und Moral zusammen, um die motivationalen Veränderungen in den mundanen Perspektiven des Erlebens und Empfindens zum Ausdruck zu bringen. Das säkulare Denken geht hier nicht mehr aus der Niederlage der Religion hervor, sondern es drückt selbst einen spirituellen Ort der Fülle aus. Dieser Ort tritt uns in der Selbstbeschreibung allerdings nicht mehr neutral gegenüber, sondern er ist summa summarum „das Ergebnis" unseres modernen „*Glaubens* an die Wissenschaft oder die Vernunft" (17 – Hervorhebung M.K.).

Moralische Ontologie und Glaube hängen demnach eng miteinander zusammen. Denn als soziales Vorstellungsschema drückt jede Art von Ontologie eine normative Gesamtsicht von Wirklichkeit aus, die zugleich größer als sie selbst ist. Taylor spricht hier auch von einem „Glaubenssprung", „der über die verfügbaren Gründe hinausgeht und in den Bereich des vorgreifenden Vertrauens führt" (918). ‚Sinn' macht also die säkulare Rechtfertigung nur solange, solange der *Glaube* an die Methodologie der modernen Naturwissenschaften auch anhält. Nicht die Produktion von wissenschaftlichen Ergebnissen, sondern das vorbegriffliche *Vertrauen* in eine säkular erklärbare Welt privilegiert erst die neutrale Vernunft – daher ihre eindringliche Mahnung an uns: „Man *sollte* nichts glauben, wofür man keine ausreichenden Belege hat." Insofern ist es die Einstellung zur Welt, die nach Taylor über den Ausdruck der Welt entscheidet. Diese beruht letztlich auf einer ethischen Definition der Gesamtsituation, auf einem vorbegrifflichen Verstehens- oder Vorstellungsverhältnis des sozialen Seins, welches den performativen Zirkel menschlicher Expressionsbedingungen engagiert in Gang setzt (vgl. dazu neuerdings: Taylor/Dreyfus 2016, 137 ff.). Gerade in der radikalen Begründungsfrage zeigt sich daher, dass wir das, was wir säkular begründen möchten, als identitätsstiftenden Wert immer schon antizipierend voraussetzen: „Was diesem Glauben Kraft verleiht, ist seine eigene moralische Sichtweise." Für Taylor gibt es deshalb keine zwingenden Gründe, an den Säkularismus zu glauben, „denn dergleichen gibt es nicht. Es gibt keine Gewähr dafür, daß sich alle Streitfragen, mit Bezug auf die wir ein Credo formulieren müssen, in dieser Weise entscheiden lassen. *Der Szientismus selbst setzt einen auf nichts als Glauben basierenden Sprung voraus*" (alle Zitate: Taylor 1994, 704; Hervorhebung M.K.).

Folglich ist auch für Taylor in der Entwicklung der Moderne keine zeitlose Logik erkennbar; vielmehr ist der Niedergang der Religion aus seiner Sicht „das Resultat des Aufstiegs anderer Glaubensformen" (17). Von einer Säkularisierung kann man deshalb gar nicht sprechen, weil in ihrem argumentativen Zentrum selbst eine Ethik des Glaubens steht. Die Moderne ist also in dem „Kampf der Glaubensmächte" (Weber) auf eine ganz besondere und nahezu unaufhebbare Weise verstrickt. Was zunächst wie ein Zuwachs von unabhängigem Wissen erscheint, entpuppt sich im transzendental-hermeneutischen Querschnitt Taylors als eine Abfolge von Glaubensmustern, in denen andere „Modelle des Höheren" (940) über die Religion obsiegt haben. Nicht der Glaube wird also durch das Wissen ersetzt, sondern ein Glaube durch einen anderen *ausgetauscht* – z.B. durch den Glauben an den Menschen (Feuerbach), an die proletarische Weltrevolution (Marx) oder an das nachmetaphysische Denken (Habermas). Ein a priori bestehendes epistemisches Gefälle zwischen Wissenschaft und Religion besteht demnach inhaltlich gerade nicht (vgl. 918).

An dieser Stelle reizt es, Taylors Vorgehen mit Jaspers großer Konzeption des philosophischen Glaubens zu vergleichen. Denn beide scheinen mir darin übereinzukommen, dass sie Wissen grundsätzlich durch den Glauben an die Vernunft bestimmt sehen. So heißt es bei Jaspers emblematisch: „Da steht nicht Wissen gegen Glaube, sondern Glaube gegen Glaube. [...] Offenbarungsglaube und Vernunftglaube stehen polar zueinander, sind betroffen voneinander, verstehen sich zwar nicht restlos, aber hören nicht auf im Versuch, sich zu verstehen. Was der je einzelne Mensch in sich für sich selbst entwirft, kann er im Anderen als dessen Glauben doch anerkennen." (Jaspers 1962, 100 f.)

Nun bin ich mir dessen bewusst, dass Jaspers seinen existenzphilosophischen Glaubensbegriff im größtmöglichen Gegensatz zum religiösen Offenbarungsbegriff formuliert hat, während Taylor eher auf eine ethische „Familienähnlichkeit" hinweist, doch interessanter sind die sich überschneidenden Konsequenzen beider Ansätze: Denn beide Philosophen sind sich nur zu gut des Umstandes bewusst, dass in der Verwendung eines erfahrungskonstitutiven Begriffs des Glaubens die internen Beziehungen zwischen Vernunft und Religion nicht vollständig gekappt werden können. Für Jaspers ist der philosophische Glaube an die vorgängige Existenz einer umgreifenden Zustimmung gebunden, die sich nicht noch einmal begründen lässt (vgl. ebd., 49 f.; 189). Transzendenz steht für ihn immer in einem unaufhebbaren Bezug zur menschlichen Freiheit, der selbst nicht Gegenstand des Wissens, sondern nur geglaubt werden kann (vgl. ebd., 462 f.). Als Glaube ist er zwar nicht mit dem religiösen Glauben zu verwechseln, doch mit diesem Glauben ist zugleich eine universale Verständigung, eine Anerkennung über Diskurs- und Ethosgrenzen hinweg möglich.

Von dieser Möglichkeit geht auch Taylor aus. Allerdings formuliert er einen Glaubensbegriff, der sehr viel deutlicher als Jaspers auf den philosophischen Verstehenszirkel gerichtet bleibt. Er macht geltend, dass die Säkularisierung in einem bestimmten ethischen Sinn-Kontext von Freiheit und Würde eingebettet ist. Und der Glaube an diesen Sinn kommt, weil er historisch vermittelt ist, nicht ohne Religion aus, so dass es keinen nachträglichen Wahrheitsapriorismus geben kann, der die Menschen an der Anschauung hindert, „Gott oder das Gute sei wesentlich für die beste Erklärung der moralischen Welt des Menschen" (Taylor 1994, 599).

Taylors Erzählung von den auf die Moderne einwirkenden expressiven Glaubenskräften kann also von vornherein keine lineare Entwicklungsperspektive einnehmen; vielmehr repräsentiert sie einen Querschnitt aus den unterschiedlichen humanistischen Motiven und Gegenmotiven, die in ihrer semantisch überschießenden Fülle die Moderne erst zu einer Heimstatt des Säkularen gemacht haben. In einer horizontalen Perspektive mag das dann zwar so erscheinen, als sei der Erzählung der Moderne eine moralische Vorwärtsbewegung eingeschrieben, in der die Religion mit der Befreiung der Vernunft zu sich selbst nun endgültig als „*die* irrationale oder antirationale überpersönliche Macht schlechthin" (Weber [9]1988, 564) in das Private abgedrängt worden ist; doch legt man wie Taylor einen vertikalen Schnitt durch die vorgängigen Motivlagen und Rahmenbedingungen einer solchen ‚Minustheorie', dann stellt sich die Sachlage anders dar: Deren angemaßte Omnipräsenz der Vernunft kann nämlich selbst nicht mehr rational begründet werden; vielmehr leitet sie sich aus einer veränderten moralischen Einstellung gegenüber der Religion ab, die das Fülle-Erleben von den Zugehörigkeiten zu gemeinschaftlich-geteilten Symbolsystemen prinzipiell entpflichtet hat: „Hier kommen zwei Ideale zusammen, um dieses Prinzip zu untermauern. [...] Das erste ist das Ideal der selbstverantwortlichen rationalen Freiheit. [...] Wir haben die Pflicht, uns anhand der vorliegenden Indizien eine eigene Meinung zu bilden, ohne uns vor irgendeiner Autorität zu beugen. Das zweite Ideal ist eine Art Heroik des Unglaubens: die tiefe geistige Befriedigung über das Wissen, der Wahrheit über die Dinge ins Auge geblickt zu haben, wie düster und trostlos sie auch sein mag." (Taylor 1994, 704 f.) In dieser Perspektive ist also das Sozialprestige der Vernunft für den Rationalismus der Moderne ausschlaggebend; ‚rationaler' macht es die Moderne für Taylor indes nicht, weil es sich hier nur um eine weitere spirituelle Einstellung handelt.

Will man Taylors methodisches Vorgehen in einem abschließenden Bild fassen, dann drängt sich einem die bekannte Zwiebel-Metapher von Günter Grass auf: Genealogisch zu erzählen bedeutet demnach, die verborgenen Motivationsschichten des Guten in der Moderne so herauszulösen, dass sich „unter der ersten, noch trocken knisternden Haut" die nächste findet, „die kaum gelöst, feucht eine dritte freigibt, unter der die vierte, fünfte warten und flüstern". Hier gibt es keinen narrativen Kern mehr, auf den man stoßen könnte, sondern der Vorgang des Schälens selbst bringt sukzessive die Erinnerung an längst „gemiedene Wörter" und „schnörklige Zeichen" in Gang. Um also die Moderne zu verstehen, muss man ihr erzählerisch unter die Haut gehen, was „Buchstab nach Buchstab ablesbar steht: selten eindeutig, oft in Spiegelschrift oder sonst wie verrätselt" (alle Zitate: Grass 2006: 8). Demgegenüber gleicht der klassische ‚Minustheoretiker' des Sakralen, einer zweiten Metapher des Autors nach, phänotypisch dem Bernsteinsammler, der das in diesem fossilen Harz historisch Verkapselte, Ausgehärtete, Abgelebte, ob Insekt oder Religion, am liebsten museal archivieren und ausstellen möchte. Er wird also eher die organischen Inklusen der Geschichte pflegen, während der Zwiebel schälende Philosoph die motivational durchlässigen Unterschichten in der säkularen Epidermis der Moderne abzuziehen versucht.

1.4 Das Ungedachte – auf der Suche nach den Sinnbedingungen der Erfahrung

Taylors Erzählung der Moderne stellt somit nach Art und Anspruch eine narrative Anamnesis dar: Sie zielt darauf ab, die gewohnheitsmäßige Gleichsetzung von Entzauberung und Religionskritik erzählerisch zu dekonstruieren, indem sie uns in eine Geschichte hineinversetzt, die darüber Aufschluss zu geben versucht, wie das säkulare Denken überhaupt zu einem spirituellen Ort tief empfundener Fülle werden konnte. Taylor erzählt also *nicht* gegen die Errungenschaften der Moderne an, sondern er will vielmehr die narrativen Lücken in den überlieferten Motiven der Subtraktions- bzw. ‚Minustheorie' schließen. Taylor spricht hier auch von einem Moment des „Ungedachten", dass die neuzeitliche Selbstbeschreibung infiltriert und dazu führt, die Religion eines generellen Untergangs zu bezichtigen, weil sie angeblich, „wie die Wissenschaft gezeigt habe, falsch sei", „weil sie immer belangloser werde" oder „weil sie auf Autorität basiere, während moderne Gesellschaften immer größeren Wert auf Autonomie legen" (714).

Taylors narrative Bemühungen bestehen also darin, dieses Moment des „Ungedachten" zu versprachlichen und die ontologischen Voraussetzungen der „anthropozentrischen Verschiebung" (494) sichtbar zu machen. Nicht der eigentliche säkulare Erfahrungswandel, sondern die Bedingung der Möglichkeit einer Erlebnistransformation des Guten steht im Mittelpunkt einer solchen Erzählung. Ihr fällt die hermeneutische Aufgabe zu, uns von jenen Bildern zu befreien, die uns selbst „gefangen halten" (915), wie Taylor in Anspielung auf eine berühmte Metapher Wittgensteins formuliert. Denn solange die immanenten Rahmenkonstruktionen des Guten „Bilder bleiben, können sie nicht in Frage gestellt werden, ja, Alternativen sind unvorstellbar. Das genau bedeutet es, weiterhin gefangengehalten zu werden" (945). Wenn man also den Sinnbedingungen unserer Erfahrungen (dem sozialen Vorstellungsschema, die jeweiligen Rahmenkonstruktionen des Guten) nicht entkommen kann, weil sie uns erst in einen Kontakt mit der Realität bringen, dann macht das nach Taylor auch 'desengagierte' Bilder unserer Hintergrundvorstellungen zu nichte: „Auf diese Weise wird klar, daß der Hintergrund nicht in den Bereich paßt, der durch die von der desengagierten Auffassung gezogenen Grenzen bestimmt wird. Sobald dieser Ansatz vor dem angedeuteten Hintergrund begriffen wird, erweist er sich als unhaltbar." (Taylor/Dreyfus 2016, 64 f.)

Im Blick auf die von Taylor erzählte Geschichte geht es somit vorwiegend darum, den durch die Entzauberung der sozialen Hintergrundmatrix erzeugten Bilderstrom einer strengen, desengagierten und unabhängigen Vernunft weiter zu verzweigen, um bessere Verstehensoptionen des Guten bzw. des menschlichen

Lebens zu ermöglichen. Auf der Grundlage einer umfassenden Ethik der Artikulation soll so die naturalistische Selbstverhexung der Vernunft durchbrochen und der Bannstrahl einer zweckrational optimierten Immanenz aufgehoben werden. Denn gerade das Bild von moralischer „Unverwundbarkeit", welches den impliziten Urteilsrahmen des modernen Denkens abgibt, kann nach Taylor auch als eine „Einschränkung, ja als Gefängnis erlebt werden, das uns für alles blind oder unempfänglich macht, was jenseits dieser geordneten Menschenwelt und ihrer zweckrationalen Projekte liegt. Hier kann leicht das Gefühl aufkommen, daß wir etwas verpassen, von etwas abgeschnitten sind oder hinter einem Schutzschirm leben" (512; vgl. dazu Kühnlein 2011, 390 ff.).

Taylors Nacherzählung der unbekannten Geschichten der Moderne formuliert somit keinen meta-ethischen Standpunkt jenseits der erlebten Historie, sondern sie ist motiviert durch die Einsicht, dass das säkulare Zeitalter selbst unter einer immanenten „Ausdeutung" leidet: Der Begriff „impliziert, daß das Denken des Betreffenden durch ein potentes Bild vernebelt oder eingezwängt wird, so daß er wichtige Aspekte der Realität nicht erkennen kann" (918). In gewisser Weise liegt also auf Seiten der Subtraktionstheorie ein ‚lack of narrative sense' vor, insofern sie die von ihren Bildern erzeugte naturalistische Suggestivkraft mit der alternativlosen Ausdeutung einer unabhängigen menschlichen Natur verwechselt. Dieser Unterschied in den Erfahrungen des Guten wird häufig geleugnet, weil er nicht mit dem Bild zusammenpasst, dass wir von uns als freie und selbstbestimmte Subjekte machen. Doch nach Taylor ist nichts in der Immanenz, was nicht schon vorher ontologisch artikuliert worden ist.

Allerdings wäre Taylor grundsätzlich missverstanden, wollte man hier insinuieren, als ob Taylor die Religion von diesen Ausdeutungsprozessen prinzipiell ausnehmen möchte; das Gegenteil ist vielmehr der Fall: Ausdrücklich erkennt er an, dass gerade in den fundamentalistischen Interpretationen der Religion das theologische Ausdeutungsmuster von Offenbarung und Autorität vorherrschend bleibt. Erzählend will sich Taylor also beide Geschichten gleichermaßen vom Leibe halten, sowohl die säkularistische Minustheorie als auch die revisionistische Ermächtigungstheorie des Sakralen, denn beide verzerren in seinen Augen die Dignität der religiösen Option. Politisch-theologisch erinnert er sogar daran, dass der praktische Primat des menschlichen Lebens für die Entwicklung des neuzeitlichen Humanismus einen „großen Gewinn" dargestellt habe, der „ohne einen Bruch mit der etablierten Religion" kaum „hätte erzielt werden können (1059). Taylor sieht insofern die Gefahr, dass das jeweilige Ungedachte der immanenten Säkularisierung und des autoritären Glaubens die Auseinandersetzung um die Rolle der Religion in der Moderne gleich von zwei Seiten bleibend beschädigen könnte. Dass sich Taylor in der Folge auf die expressivistischen Verwerfungen der säkularen Minuswelt konzentriert, ist daher nur einer Mehrheitsdramaturgie geschuldet, da die theistischen Ausdeutungsversuche empirisch „weniger zahlreich" sind „als ihre säkularisierten Pendants. Jedenfalls kann ihre intellektuelle Vormachtstellung nicht an die ihrer Gegner heranreichen, an die sich daher meine Argumente hier in erster Linie richten" (919).

1.5 Für eine vielstimmige Moderne

Summa summarum geht es Taylor also nicht darum, die bessere, interessantere oder spektakulärere Geschichte der Moderne zu erzählen; vielmehr will er verstehen, warum die Moderne ein Ort von Fülle und Unbehagen, von Auszeichnung und Verzweiflung zugleich ist. Einen wesentlichen Grund für diese normative Ungleichzeitigkeit sieht Taylor in der sprachlichen Konjunktur von reduktionistisch verriegelten Weltstrukturen, die im Innern des auf Resonanz angelegten Subjekts einen „gegenläufigen Druck" (513) aufbauen, der vor allem das Gefühl für den Sinn der Existenz komprimiert: „Einerseits ist man tief in diese Identität eingebettet und ziemlich gefeit gegen alles, was über die Welt des Menschen hinaus[geht]; doch andererseits hat man das Gefühl, gerade durch die Sicherheit gewährende Abgeschlossenheit könne etwas ausgesperrt werden. [...] Und dieses Gefühl hält bis heute an." (515, 512) Deshalb kann es nach Taylor nur darum gehen, den humanistischen Bewertungsrahmen der sozialen Ordnung so auszurichten, „daß er als völlig offen für die Transzendenz empfunden" wird (909); jeder Anflug einer überzeitlichen, „rationale[n] Selbstverständlichkeit" (927) der immanenten Perspektive muss dabei vermieden werden.

Angesichts der überhitzten politisch-theologischen Herausforderungen der Gegenwart ist nach Taylor also erzählerische Demut gefordert, die das emanzipatorische Grundanliegen der Moderne nicht unter einem ‚stahlharten Vernunftgehäuse' (Weber) begräbt. Deshalb versucht Taylor, unsere Zeit auf einen anderen Verstehensbegriff hinzulenken, der integrativer ist und für eine Polysemie des Säkularen plädiert.

Überblickt man die noch recht kurze Rezeptionsspanne des Werkes, dann ist die weltweite Aufmerksamkeit sicherlich ein zusätzlicher Beleg dafür, dass wir es hier mit einer Philosophie zu tun haben, die in ihrem Anspruch, die Konflikte der Gegenwart zu verstehen, weit über ihre eigene Zeit hinausreicht (gemessen an dem gewöhnlich langen Atem von philosophischen Klassikern). Inzwischen ist der Ruhm dieses Buches gar selbst schon berühmt. Woran liegt das? Meines Erachtens liegt das daran, dass hier erstmals eine zusammenhängende Geschichte des menschlichen Ausdrucksbestrebens vorgelegt worden ist, die die „Wiederkehr der Religion" (Riesebrodt) als Strukturelement der Geschichte gerade nicht ausschließt, sondern deren Möglichkeit explizit anerkennt. Damit hat Taylor in der Konzeptionalisierung des säkularen Zeitalters bereits an Einsicht vorweggenommen, worauf post-säkulare Gesellschaftstheoretiker erst ex post gekommen sind, dass nämlich religiöse Gemeinschaften auch unter Bedingungen einer säkularen Gesellschaft weiter bestehen bleiben werden (vgl. Habermas 2001).

Während die Anerkennung der Religion bei Habermas also durchaus noch etwas Widerständiges oder (wie er es nennt) ‚Opakes' an sich hat, ist Taylor bereits einen Erzählschritt weiter, weil er in seiner Darstellung der Moderne auf jede narrative Übersetzbarkeit verzichtet. Das Säkulare ist hier selbst Geist vom Geist der Religion im Medium des Glaubens. Die Vernunft in der Moderne kann deshalb nur als eine solche Zwillingsgeschichte gegenseitigen In-Frage-Stellens erzählt werden: Einerseits lassen sich die ethischen Hintergrundeinstellungen nicht mehr unabhängig von der Religion denken, andererseits wird in der ethischen Auffächerung der jeweiligen Ontologien des Guten jede spirituelle Option unweigerlich fragilisiert: „Was vielleicht eine Rückkehr zum Glauben zu verlangen scheint, kann auch Anlaß zu neuen Formen der Ungläubigkeit geben, und umgekehrt." (517) In diesem Sinne verkörpern Immanenz und Transzendenz nach Taylor wählbare Optionen, die die Pluralität und moralische Vielgestaltigkeit unserer Wert- und Orientierungssysteme hervorheben und „die Deutung eines jeden als Deutung in Erscheinung" (34) treten lassen.

Die Wiederkehr der Religion kann deshalb für Taylor nicht überraschend kommen; sie ist es nur für jene Theoretiker, die in der Religion eine Bedrohung für die liberale Grundordnung sehen. Doch damit beginnen diese schon, ihren eingenommenen Standpunkt der Selbstbehauptung zu verlassen, da der (anscheinende) Rückfall in vormoderne Ideologien nach den Maßgaben der klassischen Säkularisierungstheorie nicht zu begreifen ist. Für Taylor indes ist die Wiederkehr der Religion Ausdruck der narrativen Mobilität des modernen Selbst bzw. von modernen Gesellschaften, die sich polyglott zwischen den verschiedenen Ontologien und Anerkennungskontexten des Guten zu bewegen wissen. Vor diesem Hintergrund ist Taylors ‚offener' Denkansatz also mit Bedacht gewählt: Er vermeidet fundamentalistische Engführungen dort, wo es auf die Versprachlichung des ethischen Mehrwerts unserer epistemischen Überzeugungen ankommt. Denn gerade jene „unerkannt bleibenden Einschränkungen unserer Erkenntnis" (919) können sich nach Taylor verzerrend auf unser moralisches Urteil auswirken und das Aufkommen von falschen Absolutismen begünstigen – sowohl in Fragen des Säkularen als auch in Fragen der Religion. Um die Willkür des Ungedachten einzuhegen, setzt Taylor ganz auf die hermeneutische Kraft der Artikulation: Sie soll uns dabei helfen, unsere Interpretationen als kontingente spirituelle Optionen in einer prinzipiell deutungsoffenen Welt aufzufassen.

Taylor nimmt uns damit die Angst vor der Religion, ohne ihren Fundamentalismus zu marginalisieren; und er relativiert die Vernunft, ohne ihre Bedeutung zu leugnen. Das sind hermeneutisch günstige Voraussetzungen, um die tobenden Konflikte im säkularen Zeitalter besser verstehen zu lernen.

Zitierte Literatur

Abbey, R. 2000: Charles Taylor, New Jersey.
Breuer, I. 2000: Charles Taylor zur Einführung, Hamburg.
Grass, G. 2006: Beim Häuten der Zwiebel, Göttingen.
Habermas, J. 2001: Glaube und Wissen, Frankfurt/M.
Honneth, A. 1988: Nachwort, in: Taylor, C., Negative Freiheit? Zur Kritik des neuzeitlichen Individualismus, Frankfurt/M., 295–314.
Jaspers, K. 1962: Der philosophische Glaube angesichts der Offenbarung, München. – [4]1987: Vernunft und Existenz, München.
Kühnlein, M. 2008: Religion als Quelle des Selbst. Zur Vernunft- und Freiheitskritik von Charles Taylor, Tübingen.
Kühnlein, M. 2011: Religion als Auszug der Freiheit aus dem Gesetz? Charles Taylor über die Vermessungsgrenzen des säkularen Zeitalters, in: Kühnlein, M./Lutz-Bachmann, M. (Hg.), Unerfüllte Moderne? Neue Perspektiven auf das Werk von Charles Taylor, Berlin, 388–445.
Kühnlein, M. 2014: Immanente Ausdeutung und religiöse Option: Zur Expressivität des säkularen Zeitalters (Taylor)", in: Schmidt, T./Pitschmann, A. (Hg.): Religion und Säkularisierung. Ein interdisziplinäres Handbuch, Stuttgart u. a., 127–139.
Nagel, T. 1992: Der Blick von nirgendwo, Frankfurt/M.
Rosa, H. 1998: Identität und kulturelle Praxis. Politische Philosophie nach Charles Taylor, Frankfurt/M. u. a.
Taylor, C. 1964: The Explanation of Behaviour, London.
Taylor, C. 1978: Hegel, Frankfurt/M.
Taylor, C. 1994: Quellen des Selbst. Die Entstehung der neuzeitlichen Identität, Frankfurt/M.
Taylor, C. 1995: Das Unbehagen an der Moderne, Frankfurt/M.
Taylor, C. 2016 (mit Dreyfus, H.): Die Wiedergewinnung des Realismus, Frankfurt/M.
Weber, M. [9]1988: Gesammelte Aufsätze zur Religionssoziologie, Band 1, Tübingen.

Otfried Höffe
2 Hermeneutik und Säkularität (Einleitung)

Vielen Zeitgenossen gehen zwei Thesen allzu leicht von den Lippen: Die Moderne ist ein Prozess fortschreitender Säkularisierung, mit der Folge: Moderne Gesellschaften sind säkular.

Gemäß dem Titel seines monumentalen Werkes verhält sich Charles Taylor zu beiden Thesen affirmativ. Die Gifford Lectures, aus denen sein *Opus magnum* hervorgegangen ist, beschließen den Titel noch mit einem Fragezeichen „Living in a Secular Age?" Der endgültige Titel ist knapper und mangels Fragezeichen gewissermaßen thetisch. Er nimmt die These von einer Säkularisierung des neuzeitlichen Abendlandes auf, stellt sie nicht in Frage, sondern will nur die einschlägige Geschichte erzählen.

Das „nur" ist freilich zu bescheiden. Schon die in vier Teile gegliederte Einleitung enthält mancherlei Problematisierung. Mit ihr setzt Taylor das Leitmotiv seines Denkens, Erkundungen zum Verständnis der Moderne, fort. Dieses Mal diagnostiziert er aber nicht eine Identitätskrise, sondern er fragt, wie ein intelligenter Mensch heute noch religiös sein und an Gott glauben kann. Für ihn als gläubigen Katholiken ist es eine sehr persönliche Frage, auf die er aber als Philosoph keine persönliche Antwort gibt. Er erzählt vielmehr, heißt es in der Einleitung, die Geschichte eines radikalen Mentalitätswandels, den man „Säkularisierung" zu nennen pflegt. Für Taylor findet er zwar nicht weltweit, aber in den Kulturen, auf die er sich fokussiert, statt. Hier, im Abendland, für Taylor die Welt des lateinischen Christentums, führt er von der Zeit um 1500, als in so gut wie allen öffentlichen Tätigkeiten „Gott zu begegnen" war und es praktisch keine Möglichkeit gab, nicht an Gott zu glauben, zu einer Gegenwart, in der die Religion oder ihr Fehlen „weitgehende Privatsache" (11) ist: Der Glaube an Gott hat sich zu einer unter mehreren Optionen relativiert. Wegen dieser Mehrzahl und Relativierung könne jedenfalls der Glaube nicht mehr „naiv" sein, er sei nur noch reflektiert möglich.

2.1 Taylors Programm

Im *ersten der vier Einleitungsteile* unterscheidet Taylor drei Bedeutungen von Säkularität. Nach der ersten Bedeutung spielen in der Öffentlichkeit, in den Institutionen und Gebräuchen von Wirtschaft, Politik und Kultur, von Bildungswesen, Beruf und Freizeit, Bezüge auf Gott oder religiöse Überzeugungen keine Rolle. Diese „öffentliche Säkularität" (16) bestreitet nicht, dass viele Menschen noch an Gott glauben und die Religion praktizieren. Die gesellschaftlichen Bereiche sind aber von allem Religiösen entleert. Nach der zweiten, auf die Personen bezogenen Bedeutung schwinden der religiöse Glaube und die religiöse Praxis dahin. Die Menschen haben sich von Gott abgewandt; sie gehen nicht mehr in die Kirche. Noch wichtiger ist für Taylor die dritte Bedeutung. Vor allem ihrer Untersuchung widmet er seine Studie: An einen Gott zu denken ist in der säkularen Gesellschaft nicht mehr selbstverständlich; von der unangefochtenen, die öffentliche und die private Welt durchdringenden Realität ist der Glaube zu einer von mehreren Möglichkeiten herabgesunken, die überdies häufig nicht die bequemste ist (14): Zum Glauben an Gott gibt es Alternativen. Weil für ihn die dritte Bedeutung von Säkularität entscheidend ist, richtet Taylor seinen Blick auf den „Verstehenskontext". Unter diesem Begriff fasst er sowohl ausdrücklich formalisierte Dinge als auch solche zusammen, die, im Heidegger'schen Sinn vorontologisch, einen unscharfen Hintergrund haben. Der erste Einleitungsteil endet mit der „These", dass im Abendland ein Wandel zur öffentlichen Säkularität stattgefunden hat, der wiederum beigetragen hat, „ein in meinem dritten Sinn säkulares Zeitalter hervorzubringen" (10).

Im weit umfangreicheren *zweiten Teil* deutet Taylor im Begriff des Spirituellen an, worauf es ihm beim Religiösen ankommt. Klugerweise geht er nicht, wie es oft geschieht, von Glaubensinhalten aus. Die Religion, die, wie er einräumt, jeder Definition spottet, besteht für ihn weder in Theorien noch in anerkannten Glaubenssystemen (23), also nicht etwa in jenen Dogmen, über die sich christliche Theologen unentwegt streiten. Es ist auch keine Moral im Sinne eines Inbegriffs von Geboten, Verboten und anderen Verbindlichkeiten oder Mustern einer vorbildlichen Lebensgestaltung. Den veritablen Kern bildet Taylor zufolge, was man eine spirituelle Emotionalität nennen kann, ein Gefühl der Fülle. Diese, so etwas wie ein emotionaler Superlativ, muss nicht, kann aber in einem Grenzerlebnis sich einstellen, in Augenblicken, in denen unsere „höchste[n] Bestrebungen und unsere Lebenskräfte" sich gegenseitig verstärken, was Schiller mit seinem Begriff des Spiels zu verstehen versuchte (19f.).

Man muss sich allerdings fragen, ob Taylor mit seiner Alternative zu Glaubensinhalten, dem Erleben, sich tatsächlich wie erwünscht für einen größeren Phänomenbereich offen hält. Vielleicht leistet er nur einer anderen Engführung, einer Privilegierung des heutigen, stärker subjektiven und individuellen Religionsverständnisses Vorschub. Beim Erleben spricht Taylor mit einer gewissen Unschärfe bald bloß vom Spirituellen (z. B. 16), bald von dessen Einfärbung durch die Moral, wenn er „moralisch-spirituell" sagt (z. B. 22). Man gewinnt jedoch den Eindruck, dass für Taylor das Gefühl der Fülle, also die emotionale Seite, wichtiger als die „übliche" moralische Seite ist. Zuvor wird eine verbreitete zweiteilige

These für unbefriedigend erklärt: dass „die Wissenschaft den religiösen Glauben widerlegt und deshalb verdrängt habe" (17).

Gäbe es beim religiösen Glauben allein das „Gefühl der Fülle", so wäre es, ohne dass Taylor es ausspricht, lebensklug, religiös zu sein. Tatsächlich gehört zur Religion aber ebenso das Gegenphänomen zur Fülle, erneut ein Superlativ, jetzt aber ein negatives Maximum: das „Gefühl der Ohnmacht". Zwischen diesen beiden Superlativen oder Extremen gibt es noch ein drittes emotionales Befinden, einen „stabilisierten mittleren Zustand", der mit seiner „routinemäßige[n] Ordnung des Lebens" zu unserem „normalen Glück" beiträgt und für viele „nichtgläubige Menschen [...] schon alles ist" (22). Im mittleren Zustand könnte man Odo Marquards (1986, 41f.) Sinndiät durch „Diätetik der Sinnerwartung" sehen, die einem angeblich unmäßig gewordenen Sinnanspruch eine grundsätzliche Mäßigung empfiehlt (kritisch dazu Höffe ²2009, 103). Taylor hat jedoch ein anspruchsvolleres Verständnis, das Aristoteles' Eudaimonie nahe kommt. Für ihn besteht nämlich die Mitte in einem Zustand des „normalen Glücks", in dem man mit Lebenspartner und Kindern glücklich zusammenlebt und einen als zufriedenstellend empfundenen, überdies zum Wohl des Menschen beitragenden Beruf ausübt. Laut Taylor fehlt es hier nicht etwa an einem höherfliegenden Glück, sondern an der Bezugnahme auf Gott.

Mit seinem stillschweigenden Votum für die Religion macht es sich Taylor nicht leicht. Denn er räumt nicht nur ein, dass auch dem nicht-religiösen Menschen eine gewisse Fülle offensteht, sondern dass er dafür auch eine anspruchsvolle Kraftquelle besitzt. Sie ist aber eine innere Kraft, die der Moralität und Autonomie, vor der wir mit Kant Achtung empfinden (24). Eine weitere nichtreligiöse Auffassung findet sich in Camus' „Gefühl der eigenen Größe" angesichts eines „an sich sinnlosen, feindlichen Universum" (26), eine dritte in den Auffassungen der Postmoderne, die „die Ansprüche der unabhängigen Vernunft" bestreiten, sogar verhöhnen (27).

Taylor erinnert an Beispiele von Menschen, die das Moralisch-Spirituelle als eine „ebenso unmittelbare Realität wie Steine, Flüsse und Berge" erlebt haben. In der abendländischen Zivilisation haben sich freilich „solche Formen der unmittelbaren Gewissheit verschlissen" (30). Dafür verantwortlich ist ein doppelter Wandel: Im Wissen um die Mehrzahl von Standpunkten kann man seinen eigenen, „engagierten" Standpunkt nicht mehr naiv einnehmen. Außerdem scheinen heute „irreligiöse Deutungen auf den ersten Blick die einzig einleuchtenden zu sein" (31). Jedenfalls hat sich, ob man nun an Gott glaubt oder sich weigert, der gesamte „Hintergrundrahmen" auf eine Weise verändert, die, wie erwähnt, mit dem Gegensatz von „naiv" zu „reflektiert" zu beschreiben ist. Damit hängt zusammen, dass Taylor für die Erzählung zur Säkularität 3, die er sich in seinem Werk vornimmt, am Ende von Teil 2 der Einleitung die Frage für entscheidend hält, „ob bestimmte Formen der Erfahrung in unserer Zeit möglich oder unmöglich sind" (35).

Der *dritte Einleitungsteil* wirft die längst erwartete Frage auf, was „Religion" eigentlich ist. Klugerweise sucht Taylor keine generell überzeugende Definition. Ihm genügt ein Verständnis, das er für sein aufs Abendland zugeschnittenes Vorhaben braucht. Keineswegs generell für die Religion, im Gegenteil vermutlich nur für das lateinische Christentum sei eine Unterscheidung wesentlich, die die „große Erfindung des Abendlandes", den „Gedanken einer immanenten Ordnung der Natur", aufhebt. Es ist die Grundentscheidung „zwischen Transzendenz und Immanenz" (36 f.).

Taylor spricht es so nicht aus. In der Sache könnte man aber in seinem Verständnis des neuzeitlichen Säkularismus einen „Rückfall" in das antike Denken sehen, das eine „wechselseitige Durchdringung der Naturdinge [...] und des ‚Übernatürlichen'" bestreitet. Jedenfalls werde in der modernen, säkularen Gesellschaft „ein völlig selbstgenügsamer", ohne jeden Transzendenzbezug auskommender, insofern ausgrenzender Humanismus zum ersten Mal in der Geschichte zu einer „in vielen Kreisen wählbaren Option" (41). Überlesen darf man hier nicht den quantitativen Hinweis „in vielen Kreisen". Taylor leugnet nicht, dass es schon in der Antike, deutlich bei den Epikureern, einen selbstgenügsamen Humanismus gab. Er wurde jedoch nur von ziemlich wenigen Menschen gelebt. Heute hingegen ist „der Niedergang aller über das menschliche Gedeihen hinausgehende Ziele" für sehr viele denkbar (43 f.). Die Alternative, ein religiöser Glaube, zeichnet sich durch die Verbindung von drei Dimensionen der Transzendenz aus: (1) Es gibt eine über die bloß menschliche Vollkommenheit hinausführende Verwandlung. (2) Sinnvoll ist diese Vorstellung „nur im Kontext des Glaubens an eine höhere Macht", an „den transzendenten Gott". (3) „Unser Leben reicht weiter als dieses Leben".

Im *letzten Einleitungsteil* akzentuiert Taylor die Punkte, die er für sein Werk für besonders wichtig hält. Dabei legt er vor allem auf den neuen Kontext wert, dass beiden, den Religiösen wie den Irreligiösen, Naivität nicht mehr zu Gebote steht.

Nehmen wir uns von diesem reichen Programm drei Gesichtspunkte näher vor: Taylors Methode, eine spezielle Hermeneutik (Abschnitt 2), Taylors Grundbegriff, die Säkularität (Abschnitt 3) und die angeblich modernitätsspezifische Unterscheidung von Natürlich und Übernatürlich (Abschnitt 4).

2.2 Zu Taylors Hermeneutik

Bei der in der Einleitung skizzierten Methode, einer Hermeneutik, denkt man in erster Linie an die Interpretation von Texten. Dieses Verständnis spielt in der Einleitung, noch mehr im Verlauf von Taylors Studie durchaus eine Rolle. Ein zweites Verständnis von Hermeneutik schließt die Deutung von Musik, von Kunstwerken, weiterhin von Tanz und Gebärden ein. Seinem Thema entsprechend kommt es Taylor aber darauf nicht an und allenfalls „instrumental" auf ein noch einmal erweitertes Hermeneutik-Verständnis, auf die zusätzliche Interpretation von etwa rechtlichen und staatlichen Institutionen.

Weit wichtiger ist der Studie eine andere, sowohl zeitlich als auch sachlich ausgreifendere Hermeneutik. Durch sie, die Deutung eines Verstehenskontextes, wird die traditionelle Hermeneutik bemerkenswert erweitert und vertieft. Was ist gemeint? Taylor will die Bedingungen und Umstände herausfinden, unter denen die zeitgenössische säkulare Welt entstanden ist. Zu diesem Zweck befasst er sich mit Gegebenheiten, die im wörtlichen Sinn selbstverständlich sind, deshalb, eben weil sie sich „von selbst" verstehen, üblicherweise unausgesprochen bleiben. Da nie ausdrücklich formuliert, folglich auch nicht klar und deutlich erkannt, werden sie ebenso wenig als solche anerkannt.

Zur Verdeutlichung seiner Methode beruft sich Taylor auf Philosophen, die von Wittgenstein, Heidegger oder Polanyi beeinflusst seien und wie etwa H. Dreyfus 1991 oder J. Searle 1995 vom „Hintergrund" sprächen. Indem er sich auf derartige Autoren beruft, beansprucht Taylor kein neuartiges Verständnis von Hermeneutik, aber dessen „Anwendung" auf einen bislang nichtbeachteten Gegenstandsbereich. Unser Autor sucht nichts weniger als die Hermeneutik einer Epoche, eben der Moderne, genauer: eine Hermeneutik des gegenwärtigen Zeitalters im Kontrast zu früheren Zeiten, die man als Vormoderne ansprechen darf. Dabei interessiert er sich für den Wandel von der Vormoderne zur heutigen Zeit unter dem Blickwinkel des Religiösen oder aber Nichtreligiösen und stets auf „unseren", abendländischen Kulturraum bezogen.

Nach Taylors Grundthese hat sich hier verändert, was er teils Hintergrund, teils Veränderung, teils auch Rahmen, Hintergrundrahmen oder schließlich Verstehenskontext nennt. Und weil die Veränderung von Grund auf, also radikal erfolgte, spricht Taylor von einer „Zerrüttung des Hintergrunds". Sichtbar werde sie, wenn man auf die zwei zeitlichen Pole achtet, auf die es unserem Autor ankommt, auf das Jahr 1500 und das Jahr 2000. Damals, so die inhaltliche These, war ein Glaube an Gott naiv, heute ist er, wenn es ihn denn gibt, reflektiert.

Taylors methodisches Vorgehen und seine inhaltliche Leitthese hängen miteinander zusammen. Wer sich auf einen so großen Zeitraum wie ein halbes

Jahrtausend einlässt und die radikalen Veränderungen erforschen will, die nicht in einer kurzen revolutionären Phase, sondern in einer eher langsamen vorschreitenden Evolution, nämlich im Lauf von Jahrhunderten stattfinden, der sucht klugerweise Hintergrundannahmen auf. Wer umgekehrt Hintergrundannahmen erforscht, stößt nicht notwendig, aber faktisch im Verhältnis zur Vormoderne auf radikale Unterschiede, auf grundlegend andere Handlungs- und Orientierungsmuster und auf ein insgesamt neues moralisches Selbstverständnis.

Um die Unterschiede herauszufinden, blickt Taylor auf die „innere Erfahrung des Lebens als Gläubiger oder ungläubiger Mensch" (18). Er konzentriert sich also auf die zwei für sein Unternehmen entscheidenden Lebensformen, auf ein religiöses und ein areligiöses Leben, und achtet dabei auf deren Inneres. Taylor selber ist nach dem Subkontext der Einleitung und der gesamten Studie vermutlich ein Vertreter der religiösen Lebensform.

Da er ein Philosoph und „Mentalitätshermeneutiker", aber kein Prophet oder Prediger ist, schreibt er kein Plädoyer für diese Lebensform. Im Bewusstsein, die religiöse Lebensform sei in einem säkularisierten Zeitalter intellektuell verdrängt oder sogar verachtet, verfasst er vielmehr eine raffinierte Apologie. Im formalen Sinn eines Aufklärers entlarvt er nämlich die areligiöse Lebensform des selbstgenügsamen Humanismus als eine Lebens- und Welteinstellung, der ein unreflektierter Verstehenskontext zu Grunde liege. Einmal ans Licht geholt, verliert der heute dominante Verstehenshorizont seine scheinbare Selbstverständlichkeit. Nicht etwa nur die religiöse Lebensform, sondern auch die areligiöse Lebensform ist länger alternativlos gültig, sie erhält in der religiösen Form eine valable Alternative. Taylor betont zwar: „Der Glaube an Gott ist heute keine unabdingbare Voraussetzung mehr. Es gibt Alternativen." (15) Er meint jedoch ebenso: Der Verzicht auf einen Glauben an Gott ist heute keine zwingende Option; es gibt eine theoretisch erwägenswerte und praktisch lebbare Alternative.

2.3 Rückfragen zur Säkularität: eine komplexere Diagnose

Mit den in Abschnitt 1 vorgestellten Thesen widerspricht Taylor ausdrücklich verbreiteten Theorien der Moderne und der sie auszeichnenden Säkularität. Als gründlicher Philosoph, namentlich Sozialphilosoph und Politiktheoretiker, setzt er sich, wie bisher nur angedeutet, mit zahlreichen naheliegenden Rückfragen oder sogar Einwänden auseinander, stellt ihnen wohlüberlegte Argumente entgegen und verstärkt somit die Überzeugungskraft seiner eigenen, im Gewand einer Erzählung vorgetragenen „Theorie". Gleichwohl drängen sich einige Rückfragen und kritische Bemerkungen auf.

Eine erste Rückfrage gilt der Bedeutung von Säkularität. Im kritischen Blick auf relevante Theorien, beispielsweise die von José Casanova und die von Max Weber angestoßenen Debatten, führt Taylor wie skizziert drei Bedeutungen an: Die Religion verliert in der Öffentlichkeit an Gewicht; die Glaubenspraxis geht zurück; der Glaube ist zu einer unter mehreren Optionen geworden, wobei den zwei Hauptoptionen, Glauben und Nichtglauben, die Verabschiedung einer naiven zugunsten einer reflektierten Beziehung gemeinsam ist.

Obwohl ich als Philosoph keine genuine Empiriekompetenz besitze, darf ich als aufmerksamer Bürger zurückfragen: Ist die Naivität tatsächlich verschwunden, oder gibt es sie nicht doch – und zwar nicht bloß in muslimischen, sondern auch in christlich geprägten Kreisen? Es ist doch nicht unbekannt, dass im entsprechenden sozialen Umfeld mancherorts ein Glaube, andernorts ein Nichtglaube „wie mit der Muttermilch aufgesogen" und in Selbstverständlichkeit (insofern mit einer gewissen Naivität) beibehalten wird. Vermutlich hat eine naive Frömmigkeit ebenso wie eine naive Nichtreligiosität Voraussetzungen, etwa dass man entweder von existenziellen Krisen verschont geblieben ist oder aber mancherlei Erfahrungen und Widerfahrnisse nicht als existentielle Krisen wahrgenommen hat. Wird man hingegen einer existentiellen Krise ausgesetzt, so kann sie „Bekehrungen" zur Folge haben und zwar in beide Richtungen. Existenzielle Krisen vermögen bei den bisher naiverweise Gläubigen oder Nichtgläubigen die von Taylor benannte „Störung der Naivität" (33) auf den Weg zu bringen und sowohl Gläubige zum Nichtglauben als auch Nichtgläubige zum Glauben zu führen. Notwendigerweise kommt es aber zu entsprechenden Krisen oder deren entsprechenden Wahrnehmung nicht.

Trifft meine Vermutung zu, dass durchaus noch naive Beziehungen zum Glauben und Nichtglauben vorzufinden sind, so verliert Taylors Grundthese nicht jedes Recht. Es bleibt richtig, dass der Glaube an Gott im Jahre 1500 nicht aufs Gleiche hinausläuft wie im Jahre 2000 (32). Die Berechtigung dieser These erfährt aber eine signifikante Einschränkung: Sie gilt vor allem für gebildete Kreise, wobei deren Grenzen nicht zu eng zu ziehen sind; akademische Bildung wäre zweifellos keine Bedingung.

Eine weitere Rückfrage drängt sich auf: So überzeugend Taylors Differenzierung der Säkularität in drei Bedeutungen ist, ist doch auf drei Dinge zu verweisen, die man angesichts dieser überaus gelehrten Studie sich nicht als Defizite zu bezeichnen traut, deren Fehlen man aber trotzdem bedauert: Dass sich weder in der Einleitung noch später Giacomo Marramaos begriffsgeschichtliche Monographie *Die Säkularisierung der westlichen Welt* (1999) findet, darf man angesichts der zahllosen berücksichtigten Studien nicht ernsthaft monieren. Für die Begriffsbestimmung wäre aber die vom Religionssoziologen Larry Shiner schon 1967 vorgeschlagene Unterscheidung von fünf Bedeutungen der Säkularisierung erwähnenswert. Vor allem die fünfte Bedeutung, eine Transposition, nämlich die Übertragung von Glaubensformen und Verhaltensweisen von der religiösen auf die weltliche Sphäre, würde zwei Begriffen von Taylor ein schärferes Profil geben, sowohl dem die Studie leitenden Säkularitätsverständnis als auch dem auf Transzendenz abhebenden Religionsbegriff. Zu überlegen ist nämlich, ob zwischen den zwei Polen, der Immanenz des selbstgenügsamen Humanismus und der Transzendenz, nicht eine mittlere Position vorstellbar ist und auch praktiziert wird, eine Position, die sich vermutlich nur paradox beschreiben lässt als eine immanente Transzendenz.

Weiterhin fällt auf, dass in der das Programm und die Methode vorstellenden Einleitung Hans Blumenbergs für die Theorie der Moderne hoch einflussreiche Studie *Die Legitimität der Neuzeit* nicht erwähnt wird. Im weiteren Verlauf der Studie fällt zwar der Name Hans Blumenberg. Taylor geht dort auf einen Hauptbegriff des genannten Werkes, den der Selbstbehauptung, ein, es geschieht aber beiläufig. Auch wenn man Blumenbergs Säkularisierungsverständnis nicht teilt, verdient es in der Einleitung erörtert und gegebenenfalls zurückgewiesen zu werden. Für Taylors Verstehenskontext (vgl. Abschnitt 1.3.) ist doch Blumenbergs These bedeutungsvoll, dass die immer wieder der Illegitimität verdächtige Neuzeit in Wahrheit als legitim einzuschätzen ist und sie ihre Legitimität in der Umformung, zugleich Ablösung ursprünglich theologischer Gehalte in weltliche findet.

Des Weiteren wünscht man sich, und sei es nur kontrastiv, zwei Hinweise, zum einen den Hinweis auf die Säkularisierung als einem Phänomen des kanonischen Rechts und des Staatskirchenrechts, zum anderen den Hinweis auf einen dem Christentum immanenten Säkularisierungsschritt. Immerhin hat das von *Matthäus* (22,21) überlieferte Wort: „Gebt dem Kaiser, was des Kaisers, und Gott, was Gottes ist" zu einer theologisch und politisch wirkungsmächtigen Lehre, zur Lehre der zwei Reiche, geführt, die wiederum im Staatskirchentum mancher Länder wie England, Schottland und den skandinavischen Staaten zurückgenommen und dadurch indirekt wirkungsmächtig wurde.

Dass es sich ähnlich in Griechenland und im griechischen Teil von Zypern verhält, dass nämlich die griechisch-orthodoxe Kirche, die offiziell herrschende Religion in Griechenland, eine autokephale Nationalkirche ist, kann hier wegen Taylors ausdrücklicher Einschränkung auf den „lateinischen" Westen übergangen werden. Aber in einem so wichtigen westlichen Bereich wie England beispielsweise ist der Monarch immer noch der „supreme govenor"; 26 Bischöfe haben Sitz und Stimme im Oberhaus, anglikanische Pfarrer fungieren als öffentliche Urkundsbeamte, und der Staat besitzt über der Kirche nicht unwesentliche Hoheitsrechte hinsichtlich der Ämterbesetzung und der Gesetzgebung für die Kirche. Nichtanglikanischen Bürgern und Religionsgemeinschaften wird zwar seit langem die volle Religions- und Kirchenfreiheit gewährt und gewährleistet; im Staatskirchentum lebt jedoch die Religion auch in einem säkularen Westen so deutlich fort, dass es sich kaum um die von Taylor behauptete Unauffälligkeit handelt, die als angebliche Ausnahme beiseite bleiben könnte (11).

Ob Theorie oder Erzählung – in einer Studie über „unser" säkulares Zeitalter verdienen drei weitere Phänomene Berücksichtigung: In Ländern wie Deutschland, Österreich und der Schweiz, auch in Frankreich, Italien, Portugal und Spanien behalten die Kirchen trotz zurückgehender Glaubenspraxis in zwei öffentlich relevanten, also die Säkularität betreffenden Bereichen ein enormes Gewicht: im Sozial- und Bildungs-, hier vor allem: Schulwesen und bei ethischen, namentlich wirtschaftsethischen und bioethischen Debatten.

Ferner ist der bleibende Gottesbezug in vielen Verfassungen, ebenso die bleibende Präsenz religiöser Musik. Geistliche Kantaten, Oratorien, Passionen und Messen finden in Konzertsälen und Kirchenaufführungen auch im säkularisierten Abendland, dabei nicht bloß bei einem religiösen, sondern auch einem nicht-religiösen Publikum, überdies in vielen anderen Ländern der Welt großen Zuspruch. Nicht zuletzt erfreuen sich christliche Feste, namentlich Weihnachten, einer öffentlichen Aufmerksamkeit und christliche Riten bei existenziell einschneidenden Ereignissen wie der Eheschließung und dem Begräbnis einer privaten Wertschätzung. Diese Bemerkungen erlauben einen generellen Wunsch: Auch wenn Taylor vornehmlich eine Erzählung und keine Theorie vorlegen will, wäre in der Einleitung eines derart voluminösen, zumal von einem Philosophen verfassten Werk, eine ausführliche Begriffsklärung hilfreich. Das Profil des Vorhabens erhielte seine verdiente Schärfe.

Eine weitere, jetzt wieder grundsätzliche Rückfrage drängt sich auf. Taylor sucht nichts weniger als eine neuartige Theorie zum Platz der Religion in der Moderne. Bislang, behauptet er, herrschten in den Sozialwissenschaften „Subtraktionstheorien" vor. Danach wurde ein in der menschlichen Natur liegendes Potential, das bislang aber von mächtigen Einschränkungen an seiner Entfaltung behindert wurde, endlich von diesen Hindernissen, von „Täuschungen und Erkenntnisgrenzen getrennt, gelöst oder befreit" (48). Taylor widerspricht also einem „Aufklärungsoptimismus", der die Moderne mitsamt ihrer Säkularität als einen Emanzipationsprozess ansieht, der überflüssige Fesseln sprengt. Diese Ansicht gilt als Subtraktion, weil ihr zufolge, das erfährt man allerdings erst viel später, die Moderne „das Ergebnis des Wegwischens des alten Horizonts" sei (955). Tatsächlich aber, so Taylor, werden nicht bloß Illusionen entlarvt, mithin überwunden; vielmehr wird ein neuer Horizont geschaffen, der genannte mit sich selbst zufriedene, auf Gott und alle transzendente Realität verzichtende Humanismus. An die Stelle einer Subtraktion tritt hier die Addition, in Taylors Worten: In Wahrheit sind für die Entwicklung zur heutigen Situation neue Erfindungen, neue Formen des Selbstverständnisses und damit zusammenhängende Tätigkeiten verantwortlich (48).

Dagegen drängt sich die Frage auf, warum die Betonung neuer Erfindungen und neuer Formen des Selbstverständnisses dem Gesichtspunkt der Emanzipation qua Überwindung von Täuschungen und Erkenntnisgrenzen widersprechen müssen. Warum lassen sich die beiden Betrachtungsweisen nicht miteinander vereinbaren? Warum sollen die Gesichtspunkte, die Taylor betont, das bisherige Bild von Religion und Moderne nicht erweitern, statt eine Revolution des sozialwissenschaftlichen Denkens vorzunehmen?

In seiner Einleitung legt Taylor zwei einander widerstreitende Antworten nahe. Die Option „ein völlig selbstgenügsamer Humanismus" (41) spricht für das Nein. Denn in ihm werden nicht bloß, so das Subtraktionsphänomen, gewisse Illusionen überwunden. Der bloße Humanismus bedarf zusätzlich zweierlei, einer Negation, der Ablehnung von Gott und jeder transzendenten Realität, und eines konstruktiven „Ersatzes", der in einem neuen Gehalt besteht, einer dem Mensch innewohnenden Kraft, der das Gefühl der Achtung verdienenden Autonomie. Taylor diagnostiziert aber nicht bloß den selbstgenügsamen Humanismus, sondern auch die zugunsten der Religion verbleibende Option, freilich sei sie nicht mehr naiv, sondern lediglich reflektiert möglich.

Dieses neue Verhältnis lässt nun zu, so mein Einwand, dass die Emanzipationstheorien der Moderne sich mit den von Taylor betonten „neuen Erfindungen und neuen Formen des Selbstverständnisses" verbinden lassen. Die Emanzipation kann Illusionen überwinden, zusätzlich der Wissenschaft, Medizin und Technik einen ungeahnten Aufschwung bescheren – menschheitsgeschichtlich schlechthin neu sind sie nicht. Schon deshalb muss die Emanzipation nicht, wie Taylor unterstellt, in einem selbstgenügsamen Humanismus gipfeln. Auch wenn dieses „exklusiv emanzipatorische Verständnis der Moderne" für viele Zeitgenossen des Westens zutrifft, zwingend ist es nicht. Sowohl denkbar als auch praktizierbar bleibt ein lediglich „partiell emanzipatorisches Verständnis", und dieses beläuft sich für das Verhältnis von Religion und Moderne auf eine komplexere Theorie. Die Richtung weist eine These von Kant, deren Auseinandersetzung man in Taylors Einleitung vermisst. In der Vorrede zur ersten Auflage der Schrift *Religion in den Grenzen der bloßen Vernunft* erklärt der Königsberger Philosoph bei voller Anerkennung der Autonomie: „Moral also führt unumgänglich zur Religion, wodurch sie sich zur Idee eines machthabenden moralischen Gesetzgebers außer dem Menschen erweitert."

In dieser komplexeren These weist die für sich betrachtete immanente Autonomie, in Taylors Verständnis ein Humanismus, über sich hinaus auf Gott, also in Taylors Vorstellung auf Transzendenz. Kant vertritt hier eine Position, die Taylors Trennung eines sich selbst genügenden Humanismus vom religiösen Standpunkt und zugleich die dem Humanismus unterstellte Subtraktion unterläuft: In Kants (hier impliziten) Modernitätstheorie herrscht auch in der Moral die schon genannte paradoxe Option einer immanenten Transzendenz. Insofern manche Theoretiker die Transzendenz mit Metaphysik gleichzusetzen pflegen, setzt dieses Moralverständnis ein Fragezeichen hinter die Diagnose, mit der sich Taylor auch hätte auseinandersetzen dürfen. Es ist Habermas' These vom nachmetaphysischen Zeitalter, die der Frankfurter Philosoph vertritt, obwohl er die ursprüngliche Abneigung der Frankfurter Schule gegen eine Moralphilosophie aufgegeben und in seiner Diskursethik eine Kantische Theorie der Moral vertreten hat. Der Begriff der immanenten Transzendenz dürfte jedenfalls für ein Moralverständnis sachgerecht sein, das sich in einer Philosophie der Autonomie zeigt, die sich gegen die Religion nicht abschottet. Da ein nichtnaturalistisches Verständnis der Moral deren die Natur transzendierenden, insofern meta-physischen Charakter anerkennt, widerspricht Habermas mit seiner nichtnaturalistischen Diskursethik selbst seiner Diagnose vom nachmetaphysischen Zeitalter. (Zu Kants „Metaphysik", einer metaphysikfreien Metaphysik der Moral vgl. Höffe 2012, Kap. 11.)

2.4 Ist die Unterscheidung von natürlich und übernatürlich spezifisch modern?

Im Zuge seiner spezifischen Hermeneutik führt Taylor als Beispiel für die diagnostizierte Hintergrundveränderung zwei ineinander greifende Unterscheidungen an, die für die neuzeitliche Theoriebildung konstitutiv seien, die schon erwähnte Unterscheidung des Immanenten und des Transzendenten und die des Natürlichen vom Übernatürlichen. Der soeben skizzierte Gedanke der immanenten Transzendenz relativiert das behauptete Konstitutivsein für die erste Unterscheidung, die von Immanenz und Transzendenz.

Für eine zweite Relativierung bietet eine wirkungsmächtige philosophische Ethik der Antike ein Beispiel. Von den Autoren der klassischen Antike legt Taylor vor allem auf Platon wert. Deshalb, überdies weil er den nächsten Kirchenvater der Philosophie, Aristoteles, zu platonisierend liest, entgeht ihm, dass der Stagirite, angefangen mit der vehementen Ablehnung von Platons Idee des Guten, seine eudaimonistische Ethik unter vollständigem Verzicht auf eine Transzendenz entwickelt. Gewiss, Aristoteles qualifiziert die seines Erachtens höchste Lebensform, den *bios theōrētikos*, als „göttlich". Diese Qualifikation ist aber nur analog, nicht theologisch, geschweige denn religiös zu verstehen. Im Übrigen „handelt" die Aristotelische Gottheit nicht, sondern bewegt den Sternenhimmel *hōs erōmenos:* wie ein Geliebter.

Diese Beobachtung gibt zu einer weiteren Bemerkung Anlass: Wenn Taylor im Fortgang seiner Studie für die Zeit nach 1500 eine Entzauberungsgeschichte diagnostiziert, darf man auf den weit größeren Reichtum der europäischen Geistesgeschichte hinweisen. Im Gegensatz zu einer verbreiteten Selbstüberschätzung der Neuzeit und der Moderne muss man daran erinnern, dass die europäische Geistesgeschichte voll von philosophischen, theologischen und religiösen Entzauberungsgeschichten ist.

Auch gegen die Ansicht, für die Moderne sei die Aufhebung der Unterscheidung von Natürlich und Übernatürlich spezifisch, drängen sich Bedenken auf: Das Übernatürliche, lateinisch das Supernaturale, im Griechischen das Hyperphysische, zeichnet seit Platons Ideenlehre und Aristoteles' Metaphysik generell den Gegenstandsbereich der Philosophie aus. Er mag auch „transzendent" heißen, braucht allerdings keinerlei religiöse Bedeutung zu haben. Das ändert sich, wenn im mittelalterlichen, etwa hochscholastischen Denken das Übernatürliche auf Gott bezogen wird und das Begriffspaar „natürlich-übernatürlich" als Begriffspaar „Natur und Gnade" diskutiert wird. Als theologischer Laie erinnert man sich an das neutestamentliche Wort „Mein Reich ist nicht von dieser Welt" (*Johannes* 18,36), auch an die Rede vom himmlischen Jerusalem (*Offenbarung* 21,9 ff.). In beiden Fällen wird die sinnlich erfahrbare Welt, ein Diesseits, mit einer nicht mehr sinnlich erfahrbaren Welt, einem Jenseits, kontrastiert, worin die Unterscheidung von Natürlichem und Übernatürlichem zutage tritt. Taylors Einleitung erweckt jedenfalls die Neugier, im Verlauf der folgenden Überlegungen zu erfahren, worin das Eigengewicht der Natur liegt, auf das die Neuzeit so viel Wert legt, und worin genau hier der Unterschied zu antiken und mittelalterlichen Denkern liegt.

Ein noch größeres Gewicht enthält der Hinweis auf die im vorausgehenden Abschnitt skizzierte komplexere These: dass es eine immanente Transzendenz bzw. eine sich transzendierende Immanenz gibt. Im Fortgang seines Werkes wird Taylor zu Recht die postmoderne Ablehnung sogenannter Großerzählungen als Vernebelung der Dinge kritisieren. Denn die Großerzählungen, so sein überzeugendes Gegenargument sind „nicht nur alles andere als passé, sondern sogar für unser Denken unentbehrlich" (958). Ebenso berechtigt ist Taylors Vorhaben, eine zu den Subtraktionstheorien alternative Großerzählung anzubieten. Als eine Alternative legt sich aber nicht bloß Taylors gelehrte Gegenerzählung aus, die den Charakter einer Antithese hat. Zusätzlich bietet sich, wofür ich hier abschließend plädiere, eine in Kants Geist zu entwerfende Alternative an. Sie hat sogar für den vom Hegelschen Geist geprägten Taylor den Vorteil, den Charakter einer

Synthese in sich zu tragen. Diese dritte Großerzählung würde nämlich die Kritik an Subtraktionstheorien mit einem zur Transzendenz offenen, also nicht, was Taylor attackiert, zur „Abgeschlossenheit" drängenden (913) Autonomie-Denken verbinden.

Zitierte Literatur

Blumenberg, H. ³1997: Die Legitimität der Neuzeit, Frankfurt/M.
Habermas, J. 1988: Nachmetaphysisches Denken. Philosophische Aufsätze, Frankfurt/M.
Höffe, O. ²2009: Lebenskunst und Moral. Oder macht Tugend glücklich?, München.
Höffe, O. 2011: Glaube und Vernunft im säkularen Staat. Europas kosmopolitische Eigenarten und die Religion, in: Neue Züricher Zeitung, 16. Juni, 61.
Höffe, O. 2012: Kants Philosophie der praktischen Vernunft. Eine Philosophie der Freiheit, München.
Marquard, O. 1986: Zur Diätetik der Sinnerwartungen. Philosophische Bemerkungen, in: ders., Apologie des Zufälligen. Philosophische Studien, Stuttgart, 33–53.
Marramao, G. 1999: Die Säkularisierung der westlichen Welt, Frankfurt/M.
Shiner, L. 1976: The Concept of Secularization in Empirical Research, in: Journal for the Scientific Study of Religion 6/2, 207–220.

Karl Gabriel
3 Zeit und REFORM (Kap. 1)

Es gehört zu den auffälligsten Veränderungen auf dem Feld des Ringens um die leitenden Kategorien der Selbstdeutung des gegenwärtigen Zeitalters, dass das Säkularisierungsparadigma seine selbstverständliche Geltung und seine fraglose Dominanz eingebüßt hat (Gabriel/Gärtner/Pollack 2014, 9–37). Die sichere Erwartung, mit der Religion als gesellschaftlichem Faktor könne oder brauche man immer weniger zu rechnen, hat Risse bekommen. Insofern der Aufstieg der Soziologie zur Schlüsselwissenschaft der gesellschaftlichen Selbstdeutung mit der Karriere der Deutungskategorie der Säkularisierung in einem engen Zusammenhang stand, musste der Zerfall des Paradigmas die Soziologie in ihrem Anspruch als führende Deutungswissenschaft der Moderne in besonderer Weise tangieren. Wenn die Religion bzw. ihre Reste aus der vormodernen Zeit der Soziologie überhaupt in den Blick gerieten, hatten ihre Klassiker Max Weber und Émile Durkheim im dominierenden soziologischen Bewusstsein schon um die Jahrhundertwende zum 20. Jahrhundert das letzte Wort dazu gesagt: Nichts kennzeichnet mehr den Bruch zwischen Vormoderne und Moderne als der Bedeutungsschwund der Religion, sodass es die Moderne im Prinzip nur noch mit Religion in der Schwundstufe von Säkularisaten zu tun hat.[1] Die Beschäftigung damit kann man getrost wenigen Exoten des Faches und einigen Soziologen im Umfeld der Kirchen überlassen.

Für den normalen Betrieb der Soziologie hat sich daran bis heute nichts Entscheidendes geändert. Die Soziologie hat allerdings ihre Stellung als Schlüsselwissenschaft, die sie in den 60er und 70er Jahren des 20. Jahrhunderts inne hatte, relativ geräuschlos geräumt. Gleichzeitig hat sich in der Soziologie eine Kontroverse um den theoretischen Gehalt und die empirischen Grundlagen der Säkularisierungstheorie entwickelt. Diese hat dazu beigetragen, dass das Thema Religion und die Teildisziplin der Religionssoziologie in den letzten Jahren innerhalb der Soziologie einen spürbaren Aufschwung genommen haben. Der Impuls zur Veränderung kam aber weniger aus der Soziologie selbst als aus der neuen Aufmerksamkeit, die religiöse Phänomene mitten in der Moderne auf sich gezogen haben. Die wenigen Zweifler und Abweichler vom Säkularisierungsparadigma unter den Soziologen wie José Casanova, der schon 1994 von einer neuen Öffentlichkeit der Religion in der Moderne sprach, konnten sich durch die gewaltsamen Ereignisse des Jahres 2001 in den USA bestätigt fühlen (Casanova

---

[1] So schon die frühe Einschätzung von Joachim Matthes (1967, 89–97).

1994). Seitdem ist die Suche nach einer neuen Deutungskonzeption in Gang gekommen, die das klassische Säkularisierungsparadigma überzeugend abzulösen vermöchte. Dem Überschwang einer Hoffnung bzw. Befürchtung auf bzw. vor einer umfassenden Rückkehr der Religion ist inzwischen die Einsicht gewichen, dass die einfache Umkehrung des Säkularisierungsparadigmas keine überzeugende Konzeption darstellt (Gabriel 2015, 223–225). Vielmehr geht es um Ansprüche und Kriterien, an denen sich ein Nachfolgeparadigma messen lassen muss. Es müsste – so Matthias Koenig – „verständlich machen, warum ‚Säkularität' in Diskursen intellektueller Eliten, aber auch in Mentalitäten ganzer Bevölkerungen zu einer wichtigen und umkämpften Selbstbeschreibungskategorie zumindest der europäischen Moderne werden konnte, woher also die zeitweilige Plausibilität des Säkularisierungsparadigma herrührte" (Koenig 2011, 651).

Auf diese Frage sucht Charles Taylor in seinem bahnbrechenden Buch zur Säkularität der Moderne eine überzeugende Antwort. Er formuliert sie auf der Grundlage einer anthropologisch fundierten, kulturtheoretisch ausgerichteten wie sozialwissenschaftlich informierten Sozialphilosophie.

3.1 Die Ausgangsfrage

Taylor kleidet die Ausgangsfrage seines gesamten Unternehmens, auf die er eine Antwort sucht, in eine berühmt gewordene Formulierung: „Warum war es in unserer abendländischen Gesellschaft beispielsweise im Jahr 1500 praktisch unmöglich, nicht an Gott zu glauben, während es im Jahr 2000 vielen von uns nicht nur leichtfällt, sondern unumgänglich vorkommt." (51) Schon an der Ausgangsfragestellung Taylors werden einige Spezifika seines Zugangs erkennbar. Er zielt keinen Vergleich der gesellschaftlichen Strukturen des Jahres 1500 mit denen des Jahres 2000 an und darin eingebettet die Stellung der Religion in der Gesellschaft. Vielmehr geht es ihm um den Gottesglauben als Kultur und als Praxis. Wie und warum – so die Fragerichtung Taylors – hat sich im Abendland die Alltagskultur und Alltagspraxis zwischen 1500 und 2000 so verändert, dass der Gottesglaube einmal als unvermeidlich erscheinen konnte und 500 Jahre später als Abweichung von der alltäglichen Normalität des Unglaubens. Erkenntnisgewinne verspricht sich Taylor dabei nicht so sehr aus dem kontrastierenden Vergleich zweier historischer Zeitpunkte; vielmehr möchte er eine Kultur- und Praxisgeschichte des Alltags erzählen, die ein neues Licht auf die gegenwärtige Situation des Glaubens zu werfen verspricht. Explizit betont er, dass es eine richtig erzählte Geschichte sein müsse und zudem eine, die sich nicht auf eine Subtraktions- und Verlustgeschichte konzentriere. Dabei geht er davon aus, dass die Weichen für die weitere Entwicklung schon zwischen 1450 und 1650 gestellt wurden, also hinter das Jahr 1500 zurückreichen (151). Es kann lohnend sein, sich als Vergleich zu Taylor die berühmte Formulierung Max Webers über die Ausgangsfrage seines Unternehmens vor Augen zu führen. „Universalgeschichtliche Probleme wird der Sohn der modernen europäischen Kulturwelt unvermeidlicher- und berechtigterweise unter der Fragestellung behandeln: welche Verkettung von Umständen hat dazu geführt, dass gerade auf dem Boden des Okzidents, und nur hier, Kulturerscheinungen auftraten, welche doch – wie wenigstens wir uns gern vorstellen – von universeller Bedeutung und Gültigkeit lagen?" (Weber 1920, 1).

Unter die Verkettung von Umständen, die zum modernen Kapitalismus, zur modernen Wissenschaft, schließlich zum spezifisch gearteten „‚Rationalismus' der okzidentalen Kultur" (Weber 1920, 11) beigetragen haben, rechnet Weber die „magischen und religiösen Kräfte und die am Glauben an sie verankerten ethischen Pflichtvorstellungen" (Weber 1920, 12) als den formenden Elementen der Lebensführung in der Vergangenheit.

Vergleicht man die Ausgangsfrage Taylors mit der Max Webers stößt man auf zentrale Differenzen, aber auch Übereinstimmungen. Weber ging es um eine Antwort auf die Frage, wie der von ihm als zentrale Lebensmacht der Gegenwart identifizierte moderne Kapitalismus ausgerechnet im Abendland und nur hier entstehen konnte. Der Vergleich mit anderen Kulturen lenkte Webers Interesse auf die Religionsgeschichte des Abendlands. Nicht primär auf die Klärung des Schicksals der Religion in der Moderne richtete sich seine Fragestellung, sondern auf die Genealogie des modernen Kapitalismus. Er zielte eine Abklärung des Beitrags der Religion zum Durchbruch des Kapitalismus im westlichen Europa an. Um die Durchsetzung des modernen Kapitalismus verstehen und erklären zu können, müsse man – so Weber – die europäische Religionsgeschichte in ihren konfessionellen Varianten ins Spiel bringen. Erklärungsbedürftig war für Weber nicht so sehr der Siegeszug der Säkularität, als vielmehr der des modernen Kapitalismus. Erstere betrachtete Weber als eine fraglose Selbstverständlichkeit. Über Weber hinaus geht es Taylor zentral gerade darum, wie es zur Annahme dieser Selbstverständlichkeit kommen konnte.

3.2 Von der Subtraktions- zur Additionsgeschichte

Was sprach um 1500 – so Taylor – für den Glauben und zwar in einer Weise, dass der Gedanke an eine Alternative gar nicht aufkommen konnte? Für Taylor sind es drei in der Vormoderne selbstverständlich in Geltung befindliche Annahmen über die Wirklichkeit, die dem Glauben als Bollwerk dienten (51f.). Was immer in der natürlichen Welt geschieht, so die erste den Glauben stützende Hintergrundannahme, es ist als eine Beleg für die Absichten und Handlungen Gottes zu deuten. Nichts geschieht in der natürlichen Welt, ohne auf den tieferen Sinn der Intentionen Gottes zu verweisen. Als zweites, zentrales Deutungsfeld betrachtet Taylor die Vorstellungen über die Gesellschaft und deren Stabilität: Die Gesellschaft und ihre Festlegungen können ihren Grund nur in einer Autorität haben, die jenseits menschlicher Möglichkeiten und Absichten liegt. Es kann nicht anders gedacht werden, als dass die Bahnen des gesellschaftlichen Lebens ihre Legitimation von einer höheren Wirklichkeit beziehen. Die mittelalterlichen Menschen leben in einer Welt, so Taylors dritte Grundannahme, die von einer Fülle von Geistern bewohnt wird. Nur Gott kann garantieren, dass die Mächte und Kräfte des Bösen in Schach gehalten werden und die guten über die bösen Geister den Sieg erringen.

Die skizzierte Welt des Mittelalters ist in allen drei Dimensionen auf dem Weg in die Moderne verloren gegangen. Die zentrale These Taylors besagt nun, dass diese Entwicklung nicht angemessen erzählt wird, wenn sie nur als Subtraktionsgeschichte entfaltet wird. Das Problem der herkömmlichen Säkularisierungsthese sieht er darin, dass sie vornehmlich eine Subtraktionsgeschichte erzählt. Entscheidend sei vielmehr die über den Verlust hinausgehende Addition. Nur wenn man diese mit in den Blick nehme, könne man angemessen die Geschichte dessen erzählen, was Taylor den „ausgrenzenden Humanismus" nennt. Die Erfahrung der „Fülle" des Lebens verliert nicht nur seinen Bezugspunkt in der Fülle Gottes, sondern erhält einen alternativen Bezugspunkt. – so Taylor – im „abgepufferten Selbst". Ohne auf antike Vorbilder bei Platon und Aristoteles zurückzugreifen, entsteht ein Vertrauen in die eigene Gestaltungskraft, die natürliche und soziale Umwelt prägen zu können.

Die Addition kommt für Taylor besonders darin zum Ausdruck, dass der moderne Humanismus nicht nur durch Aktivismus und Gestaltungswille gekennzeichnet ist, sondern auch durch einen „Drang zu menschlicher Wohltätigkeit" bzw. zum „Ersatz für die christliche Agape" (55). Wie in Etappen eine akzeptable Form des ausgrenzenden Humanismus entstanden ist und seit dem ausgehenden 19. Jahrhundert die Wahl zwischen ausformulierten Alternativen Realität wurde, diese Geschichte möchte Taylor erzählen. Es geht ihm um ein Nachzeichnen der Dynamik der Bewegung im lateinischen Christentum, wobei er sich methodisch zwischen einem analytischen und historischen Zugang hin und her bewegen möchte. Er entfaltet seine Überlegungen zu den drei Feldern des Verlustes des mittelalterlichen Weltbildes näher, indem er fünf Arenen eröffnet, in denen sich die Kämpfe und die Dynamik der Übergänge abspielen: Die Arena der Entzauberung (I), der Umbau des Gesellschaftsdenkens (II), der Verlust des mittelalterlichen Spannungsausgleichs (III), der Umbruch im Zeitverständnis (IV) und der Weg vom Kosmos zum Universum (V).

3.3 Die verzauberte Welt

Glaube und Unglaube bedeuten in einer verzauberten Welt etwas anderes als in einer entzauberten. Das Gefühl, in einer verzauberten Welt zu leben, macht den Atheismus – dies möchte Taylor aufweisen – praktisch unmöglich (58 – 78). Woran liegt dies?

Im Wesentlichen sind es fließende bzw. fehlende Grenzen: zwischen personaler Handlungsfähigkeit und nichtpersonalen Kräften, zwischen Geist und Welt, schließlich zwischen Innen und Außen des menschlichen Selbst. In einer verzauberten Welt folgt die gesamte Weltansicht einem „subjektivischem Schema der Wirklichkeitsauffassung" (Dux 1982, 177). Wo solche Grenzen fehlen, wohnen auch den Dingen personale Kräfte inne. Mittelalterlicher Heiligenkult und extensive Reliquienverehrung haben zur Voraussetzung, dass es „erfüllte Gegenstände" gibt, die dem Menschen ihren Sinn gewissermaßen aufoktroyieren (67). Von ihnen geht ein Kraftfeld aus, in das die Menschen hineingezogen werden. Der verzauberten Welt korrespondiert das „poröse Selbst", das ohne Schutzmauern der Geisterwelt ausgeliefert erscheint (68). Die daraus resultierende unmittelbare Erfahrung stetiger Verwundbarkeit speist das Bedürfnis, den Kräften des Bösen nicht ausgeliefert zu sein, sondern sie günstig zu stimmen. Ohne den Glauben an Gott als den Herrn aller Mächte und Gewalten und ohne das Vertrauen auf den Schutz seiner Heiligen – so die Schlussfolgerung Taylors – erscheint das Leben in der verzauberten Welt kaum bewältigbar. Er kommt zu dem Schluss: „In der verzauberten Welt ist Widerstand gegen Gott generell keine Option" (78).

Zwei Entwicklungen auf dem Weg zum Unglauben als Option hebt Taylor hervor. Zum einen verschieben sich die Quellen von Sinn und Bedeutung. Diese lösen sich von den „erfüllten Dingen" und erfahren eine Konzentration auf den menschlichen Geist. Er ist es, der den Dingen Sinn und Bedeutung verleiht. Zum anderen sind es die Grenzziehungen, die aus dem „porösen" ein „abgepuffertes" Selbst entstehen lassen. Die Richtungsänderung – so Taylor – zum abgepufferten Selbst „hat ein gewaltiges Hindernis auf dem Weg zur Ungläubigkeit beseitigt" (78).

3.4 Gott als Garant der Gesellschaft

Noch für die Architekten der frühneuzeitlichen Staatenbildung war klar, dass für das Gelingen ihres Unternehmens ein einheitlicher Glaube eine zentrale Voraussetzung darstellte. Deshalb war die frühneuzeitliche Staatenbildung in Europa eng verbunden mit den Prozessen der Konfessionalisierung in Katholizismus, Luthertum und Calvinismus (Schilling 1988; Reinhard/Schilling 1995). Taylor bietet dafür eine Erklärung an, die bei der Differenz von porösem und abgepuffertem Selbst ansetzt (79–82). Während es eine Wahlverwandtschaft zwischen abgepuffertem Selbst und modernem Individualismus, ja Atomismus gebe, lebe das poröse Selbst notwendig in einer sozialen Welt. Gerade zur Abwehr der Bedrohung durch die Mächte des Bösen wusste sich der Einzelne auf die Gesellschaft und ihren Zusammenhalt angewiesen. Als Vermittlerin der „guten Magie" zum Schutz der Gesellschaft kam der Kirche eine entscheidende Rolle zu. Nur sie konnte sicherstellen, dass die Gefährdung und Bedrohung, denen sich die einzelne Gemeinde wie die Gesellschaft als Ganze ausgesetzt sahen, eingedämmt werden konnte. „Man trägt die Hostie und was an Reliquien vorhanden ist und marschiert die Gemeindegrenzen entlang, um für eine weitere Periode die bösen Geister abzuschrecken" (79).

Taylor hebt zwei Konsequenzen der Dominanz des Sozialen als Schutzschild im Verhältnis zum Individuellen hervor. Da das Wohlergehen nicht nur des Einzelnen, sondern auch des Kollektiv vom Wohlwollen der höheren Mächte, letztlich Gottes abhing, musste alles vermieden werden, was die Missbilligung und den Zorn Gottes hervorrufen konnte. Vom Gehorsam gegenüber Gottes Weisungen und gegenüber der Kirche als Vermittlungsinstanz hing das Wohl und Weh der Gesellschaft auf allen Ebenen ab. Damit entstand ein starker Druck zur Konformität. Der Gottesglaube und die Einhaltung der Orthodoxie wurden zu einer öffentlichen Angelegenheit.

Die zweite von Taylor erörterte Konsequenz weist in eine ähnliche Richtung. Er hält sie für gravierender als den Druck zur Konformität. Auf allen Ebenen – so die Argumentation Taylors – kam es zu einer Verflechtung der sozialen Bindung mit dem Heiligen. Die Suche nach Schutz vor Missernten in der gemeinschaftlich unternommenen Bittprozession ließ die Gemeinde zum Ort schützender, göttlicher Gegenwart werden. Wie auf der Ebene der Gemeinde so bildete das Heilige ein konstitutives Element der Gesellschaft insgesamt. „Wie hätte eine nicht so abgestützte Gesellschaft in der verzauberten Welt existieren können? Wenn sie nicht in der Heiligkeit Gottes wurzelte, musste sie in der Widerheiligkeit des Bösen gründen" (81).

3.5 Ausgeglichenes Spannungsverhältnis zwischen Struktur und Antistruktur

Taylor macht im lateinischen Christentum ein besonderes Gespür für die Dialektik von Struktur und Antistruktur aus (82–100). Wie die Begrifflichkeit zeigt, macht er an dieser Stelle Anleihe bei der Ritualanalyse Viktor Turners und dessen These von der „antistrukturellen Liminalität" (Turner 1989, 94–127). Grundlage ist die spezifische Ausprägung der Spannung von Transzendenz und ihren Maximen der Lebensgestaltung auf der einen Seite und der Immanenz der Anforderungen alltäglicher Ordnung auf der anderen Seite. Diese findet für Taylor in der Struktur der gesellschaftlichen Organisation des katholischen Mittelalters einen spezifischen institutionalisierten Ausgleich. Die ständisch-funktionale Differenzierung der Gesellschaft – „die Geistlichen beten für alle, die Herren verteidigen alle, die Bauern arbeiten für alle" (85) – wird ergänzt durch das antistrukturelle Moment der höheren Würde der waffenlosen Schwachen. Gleichzeitig verweist Taylor darauf, dass im Karneval und anderen Festen der Umkehrung die hierarchische Machtstrutur in Gesellschaft und Kirche periodisch wiederkehrend aufgehoben wird bzw. eine Ergänzung durch ihr Gegenteil in der Antistruktur von Gleichheit, Kameradschaftlichkeit und Spontaneität erfährt. Dem lateinischen Christentum spricht Taylor ein besonders Gespür für die Notwendigkeit der Ergänzung von Struktur und Ordnung durch Elemente der Antistruktur zu. Dies komme sowohl im Spannungsverhältnis zwischen Irdischem und Spirituellen als auch in der Bedeutung der Feste und Riten der periodischen Umkehrung aller Verhältnisse zum Ausdruck.

In Taylors Perspektive hat die Abschwächung des Bewusstseins für die Notwendigkeit der Ergänzung der Struktur durch die Antistruktur dem vorgearbeitet, was er als Säkularisierung I bezeichnet, nämlich dem Zurücktreten der Religion aus der gesellschaftlichen Öffentlichkeit (11 f.). Das Bedürfnis nach einer Antistruktur findet heute für Taylor zumindest auf der Ebene der Gesamtgesellschaft keine Anerkennung mehr. Wie er am Beispiel der Französischen Revolution zu zeigen versucht, sind die modernen revolutionären Bewegungen von dem Geist beseelt, einen Kodex ohne inhärente Grenzen durchzusetzen. Das Misslingen der von den Revolutionären politisch geplanten Festkultur verweise auf die Widersprüchlichkeit einer von oben initiierten und veranstalteten Antistruktur. Taylor sieht in der Institutionalisierung gegensätzlicher Prinzipien und Strukturelementen in modernen, pluralistischen Verfassungen einen relativ erfolgreichen Versuch, mit den Konsequenzen des Verfalls der vorneuzeitlichen Antistruktur umzugehen. Im Übrigen habe die Antistruktur mit der Ausdifferenzierung der modernen Privatsphäre einen neuen Ort gefunden. In den Revolten wie dem Mai

1968 in Frankreich und in den neuen sozialen Bewegungen drängten Elemente der Antistruktur immer wieder aus der Privatheit in die Öffentlichkeit moderner Gesellschaften.

3.6 Von der „höheren Zeit" zur Zeit als „stahlhartem Gehäuse"

In der verzauberten Welt mit der Dialektik von Struktur und Antistruktur – so Taylor – wird die normale Zeit von „kairotischen Knoten" unterbrochen (100 – 109). Zu den unterschiedlichen Bedeutungen von „säkular" rechnet Taylor auch die Gleichsetzung von normaler Zeit mit der „säkularen" Zeit. Zum vorneuzeitlichen Zeitbewusstsein gehört die Unterbrechung der normalen Zeit durch die „höhere Zeit", in der die säkulare Zeit gewissermaßen gesammelt und neu geordnet wird. Gegenüber der platonischen Abwertung der Zeit und den Vorstellungen der Stoiker von einer ewigen Wiederkehr bringt – so betont Taylor – das Christentum neue Akzente in das Zeitbewusstsein. Die biblischen Erzählungen entfalten eine Geschichte Gottes mit den Menschen, von der Erschaffung der Welt, von Gottes Menschwerdung und seinem Erlösungshandeln in der Zeit. Damit erhält die geschichtliche Zeit eine enorme Aufwertung. Sie kann nicht mehr als nicht ganz wirklich aufgefasst werden.

Auf den Einfluss von Augustinus mit seiner neuen Deutung der Ewigkeit als gesammelte Zeit geht für Taylor zurück, dass im christlichen Mittalalter drei Ewigkeitsmodelle ineinander fließen: die platonische Ewigkeit der vollkommenen Unbeweglichkeit, die augustinische Ewigkeit als Teilhabe am göttlichen Augenblick und die mythische Ewigkeit als Zeit der Ursprünge im Sinne Mircea Eliades (209, 105). In der spätmittelalterlichen Herrschaftslegitimation sieht Taylor alle drei Modelle von Ewigkeit repräsentiert: mit den „zwei Körpern" reicht der König in die platonische Ewigkeit hinein, die Gesetze finden ihren Grund in der „Zeit der Ursprünge" und als Teil der Christenheit steht die politische Herrschaft über die Vermittlung durch die Kirche in Beziehung zur göttlichen Ewigkeit. Auch was das Verständnis von Zeit und Ewigkeit angeht, arbeitet Taylor den komplexen Charakter der mittelalterlichen Vorstellungen heraus. Gleichzeitig betont er den Kontrast zum modernen Zeitverständnis als homogene und leere Zeit bzw. als beliebig zu füllender Behälter. Aus der normalen Alltagserfahrung des modernen Menschen ist typischerweise die Verflechtung der säkularen mit der „höheren" Zeit weitgehend verschwunden, was für Taylor nicht ausschließt, auch im säkularen Zeitalter an die Ewigkeit Gottes als Option glauben zu können.

Unter dem Einfluss der Naturwissenschaften wird die uniforme, eindeutige, säkulare Zeit zu einem „stahlharten Gehäuse", das alle Formen höherer Zeit aus der selbstverständlichen Geltung ausschließt. Max Webers Diktum vom „stahlharten Gehäuse", in das der moderne Mensch durch den alternativlos gewordenen Kapitalismus eingeschlossen erscheint, verwendet Taylor, um das moderne Zeitregime zu charakterisieren. Bei Weber lässt das „Verhängnis" aus der Sorge um die äußeren Güter, „die wie ein dünner Mantel, der jederzeit abgeworfen werden könnte" auf den Schultern der Gläubigen ruht, das „stahlharte Gehäuse" des Kapitalismus werden (Weber 1920, 203). Für Taylor verweisen die Entzauberung, das Verschwinden der Antistruktur und die Entleerung des Zeitverständnisses in ein und dieselbe Richtung.

3.7 Vom Kosmos zum Universum

Das Motiv von Entleerung und Verengung lässt Taylor auch in Bezug auf das Weltverständnis anklingen: „Man könnte sagen, dass wir das Leben in einem Kosmos hinter uns gelassen haben und dazu übergegangen sind, uns von einem Universum einschließen zu lassen" (110). Das kosmische, vorneuzeitliche Weltverständnis beschreibt Taylor als Einbettung in ein sinnvolles Ganzes. Das entscheidende ist, dass der Kosmos als abgegrenzte Einheit nicht nur existiert, sondern von lebensorientierender Bedeutung für die Menschen ist. An der Ordnung des Kosmos ist abzulesen, wie das Leben des Einzelnen und der Gesellschaft insgesamt eingerichtet sein sollte. Zur Ordnung des Kosmos gehört eine Stufenordnung des Seins, die von Gott zusammengehalten wird. Die biblische Religion – so betont Taylor – entwickelte sich im Rahmen der Vorstellungen vom Kosmos als eines von Gott geschaffenen, geordneten Ganzen, das dem menschlichen Handeln feste Sinn- und Ordnungsvorgaben zu liefern vermag (111).

Im Kontrast dazu lässt sich am Universum, das infolge der wissenschaftlichen Revolution an die Stelle des Kosmos getreten ist, nichts mehr Bedeutungsvolles für Mensch und Gesellschaft ablesen. Die Vorstellung des Universum als die Welt der ausnahmslos geltenden Naturgesetze kennt weder eine Hierarchie des Seienden noch enthält sie einen Verweis auf die Ewigkeit Gottes. Die Ordnungsprinzipien des Universums – so Taylor – stehen in keiner unmittelbaren Beziehung zu den menschlichen Sinnvorstellungen. An ihnen lässt sich nicht, wie am vorneuzeitlichen Kosmos, ablesen, wie die Gesellschaft eingerichtet sein sollte und welchen Maximen das menschliche Handeln folgen sollte. Zur Geschichte des Kampfs zwischen Glauben und Unglauben rechnet Taylor, dass die Religion der Bibel lange Zeit „in den Klauen der Kosmosidee gefangen war" (111) und den

Schritt einer geglückten Transformation des Glaubens in das Weltbild des Universums nicht vollzogen hat.

3.8 Drang zur REFORM

Wie ist es zum Untergang der komplexen, in sich stimmigen und im Gleichgewicht befindlichen Welt des Mittelalters gekommen? Taylor bietet dafür eine Erklärung an, die nicht auf strukturelle Veränderungen in der Gesellschaft und auf Verselbständigungsprozesse in Wirtschaft und Politik verweist. Das entscheidende revolutionäre Potenzial, das den Umsturz des alten Systems herbeigeführt hat, kommt für Taylor aus der Religion selbst: „Aber um all diese Ursachen zu verstehen, müssen wir die Wichtigkeit einer Bewegung würdigen, die im Spätmittelalter in Gang kommt und darauf abzielt, die europäische Gesellschaft umzugestalten, damit sie den Forderungen des Evangeliums und später der ‚Zivilisation' nachkommt. Vielleicht wäre es nicht falsch, diesbezüglich das allzu abgenutzte Wort ‚revolutionär' heranzuziehen, denn dieser Drang zur REFORM war der Nährboden, aus dem die europäische Vorstellung von Revolution hervorgegangen ist." (113)

Es ist geradezu eine „Wut" zur REFORM, die für Taylor als entscheidender Faktor sowohl hinter der Zerstörung der verzauberten, vorneuzeitlichen Welt als auch der „Schaffung einer lebensfähigen Alternative in Gestalt des exkludierenden Humanismus" steht (115). Im Spätmittelalter – so Taylor – schwollen Bewegungen an, die sich mit der Differenz der „zwei Geschwindigkeiten" von Eliten- und Laienreligiosität immer unzufriedener zeigten und diese überwinden wollten. Taylor bezieht sich hauptsächlich auf nachhaltige Veränderungen in der spätmittelalterlichen Frömmigkeitspraxis. In das Zentrum der Frömmigkeit rückten Christus als Gestalt des erlösenden Leidens und Maria als mitleidende Mutter. In der Frömmigkeitspraxis wie in der Theologie erhielt das Leiden einen zentralen Stellenwert. Gleichzeitig unternahm die Kirche – wie Taylor mit Verweis auf das Laterankonzil von 1215 hervorhebt – den Versuch, die Volksreligion in die Richtung der kirchlichen Dogmatik zu verändern und zu durchdringen. In der Einführung der Ohrenbeichte auf dem Laterankonzil 1215 sieht Taylor das Bestreben einer Elite, die religiöse Einstellung und Praxis der Basis umzugestalten und der Hochreligion anzugleichen (118).

In der sich im Spätmittelalter tiefgreifend verändernden Einstellung zum Tod sieht Taylor einen weiteren einschneidenden Schritt zur Überwindung der ‚zwei Geschwindigkeiten' in der christlichen Religion. Mit der Hinwendung zu Tod, Jenseits und Gericht war für Taylor zweierlei verbunden: Zum einen erfuhren Tod und Sterblichkeit im lateinischen Christentum eine neuartige Christianisierung, zum anderen waren sie mit einem Schub in Richtung Individuation verbunden. Dabei sieht Taylor eine Dialektik von Individualisierung und neuen Formen von Solidarität am Werk (125). Diese richtete sich auf das Schicksal der Verstorbenen im Zwischenreich von individuellem Tod und endgültigem Gericht und bot den Hintergrund für die Entstehung eines weitverzweigten Fürbittwesens wie auch für die mittelalterliche Ablasspraxis. Das Fegefeuer wurde nun zu einem zentralen Mittelpunkt der christlichen Praxis. Die neue Individuation und Innerlichkeit des Glaubens, die gerade auch die Laien erfasste, speiste gleichzeitig den religiösen Protest gegen den Missbrauch des Ablasswesens durch die römische Kirche. Die Kirche als Vermittlerin der positiven Magie verlor ihre Glaubwürdigkeit. Verschärften die Reformatoren – so die Argumentation Taylors – auf der einen Seite noch die Angst vor Tod und Gericht, so war es gerade Luther, der auf der anderen Seite mit der Rechtfertigung und Erlösung allein aus dem Glauben eine „Umstülpung des Raums der Angst" bewirkte (135).

3.9 Calvin und die radikale Entzauberung

Warum wurde – dies möchte Taylor klären – aus den spätmittelalterlichen Impulsen religiöser Erneuerung, die sich in einer Verinnerlichung des Glaubens, in der Distanzierung von der kirchlich verwalteten Magie und in der Idee einer Erlösung aus Glauben manifestierte, die radikale REFORM im Sinne eines entschiedenen Bruchs mit der mittelalterlichen Welt? Wie schon Max Weber spricht Taylor Calvin und dem von ihm angeführten radikalen Flügel des Protestantismus eine Schlüsselrolle zu. Ein reformoffener Katholizismus, wie ihn Erasmus repräsentierte, und gemäßigte Kräfte im Luthertum hätten sich für Taylor leicht auf ein Reformprogramm ohne Kirchenspaltung einigen können. Im Kampf um die Bedeutung des Sakralen für Glaube und Kirche setzte sich aber die radikale Ablehnung allen religiösen Brauchtums als Götzendienst und aller Formen der kirchlichen Repräsentanz des Sakralen durch. Insofern betrachtet Taylor die Reformation als letzte Frucht der radikalen REFORM-Bestrebungen des Spätmittelalters. Die Reformation beseitigte die im geistlichen Stand institutionalisierte Religion der „verschiedenen Geschwindigkeiten" und wurde zu einem entscheidenden Motor einer radikalisierten Entzauberung.

Wie vor ihm schon Augustinus und Anselm von Canterbury griff Calvin zur theologischen Deutung des Heilsgeschehens auf die Terminologie des Strafgerichts zurück und landete in der Konsequenz bei der Lehre der Verdammnis der Vielen und der doppelten Prädestination (140 f.). Die radikale Dialektik von verdienter Verdammnis und Gnade – so Taylor – führte als Konsequenz zu einer Verlagerung des Schwerpunkts des religiösen Lebens: Die Sakramentalien galten als blasphemisch, die Unterscheidung zwischen dem Heiligen und Profanen verlor ihre Grundlage, die Fürbitte durch die Heiligen blieb wirkungslos und die „Rituale und Sühnehandlungen der alten Religion" konnten beiseite geschoben werden" (143). Taylor unterscheidet zwischen einer negativen und positiven Triebkraft der Entzauberung: Der Zugang zu allen magischen Handlungsmöglichkeiten, auch zu der von der Kirche vermittelten „weißen Magie" war nun versperrt. Alle Magie wurde zur „schwarzen Magie", was Hexenverbrennungen im protestantischen Raum beflügelte. Als positive Triebkraft der Entzauberung verbucht Taylor die neue Freiheit, die von magischen Einflüssen gereinigte Welt nach menschlichen Gesichtspunkt zu ordnen und zu rationalisieren. Taylor kommt zu dem Schluss: „Eine gewaltige Kraft wird freigesetzt, um die Dinge in der säkularen Zeit neu zu ordnen" (144).

3.10 Die Geburt des ausgrenzenden Humanismus aus dem Geist der REFORM

Der Aufstieg der „disziplinierten Gesellschaft" im frühneuzeitlichen Europa lässt sich als eine Frucht der spätmittelalterlichen REFORM-Bewegung begreifen. Wie argumentiert Taylor, um diese für sein Verständnis der Genealogie des säkularen Zeitalters zentrale These plausibel zu machen? Der Drang zur REFORM – so Taylor – bleibt nicht bei der Zielsetzung stehen, die kirchlichen Strukturen einer grundlegenden Neuordnung zu unterziehen, sondern greift auch auf die weltliche Seite über. Im Hintergrund sieht Taylor Spannungen innerhalb des zeitgenössischen Christentums am Werk, die eine Zuspitzung erfahren. Auf der einen Seite steht die Forderung des Evangeliums, sein Leben mit allen Konsequenzen als Nachfolge Christi zu begreifen und zu ordnen und auf der anderen Seite die Anforderung, ein möglichst gedeihliches menschliches Leben zu führen. Das Augustinische „uti, nun frui" beschreibt eher ein Paradox als eine überzeugende Lösung der Grundspannung im Christentum. Entweder konnten die geforderten Entsagungsbedingungen so hoch ausfallen, dass ein gedeihliches Leben etwa mit Sexualität in der Ehe kaum zu realisieren war, oder man beließ es bei Minimalbedingungen christlichen Lebens und setzte auf eine rechtzeitige Reue vor Tod und Gericht. Der radikale Flügel des Protestantismus – so Taylor – verstellte den Weg für eine ständische Lösung der Spannungen christlicher Lebensführung, indem er das mittelalterliche System zweier Geschwindigkeiten radikal ablehnte. Stattdessen sollten alle den forcierten Ansprüchen eines christlich geordneten Lebens genügen. In der Fortsetzung der spätmittelalterlichen REFORM-Idee ging es Calvin und seinen Mitstreitern darum, die Disziplin nicht nur für jeden einzelnen, sondern auch für die gesamte Gesellschaft auf ein neues Niveau zu heben.

„Historisch gesehen" – so Taylor – „war das von calvinistischen Gesellschaften – wie zum Beispiel Genf oder Neuengland – angestrebte Maß an Ordnung etwas ganz Ungewöhnliches und Beispielloses" (147). Dabei schwebte das spirituelle Leben der Puritaner ständig zwischen Skylla eines zweifelsfreien Erlösungsvertrauens auf der einen Seite und Charybdis des notwendigen Sündenbewusstseins auf der anderen Seite. „Dieses ganze disziplinierte Herstellen von Ordnung" – so folgert Taylor –, „leitete einen großen Umschwung ein, [...]" (149) und zwar auf zwei Ebenen: der Charakterdisziplinierung und der Oktroyierung einer disziplinierten gesellschaftlichen Ordnung. So griffen die Vertreibung des Sakralen aus dem religiösen und sozialen Leben, die Entzauberung der Welt und die Verdrängung der Vorstellung eines porösen Subjekts auf der einen Seite und der Drang zur zweckrationalen Herstellung einer disziplinierten Ordnung auf der anderen Seite ineinander. Der entscheidende Umschlag in eine ausgrenzende Form des Humanismus war für Taylor möglich, indem aus dem zugespitzten theistischen Ordnungssystem an zwei Stellen die Bezugnahme auf Gott gekappt wurde: das menschliche Gedeihen wurde zum einzigen Ziel der neuen gesellschaftlichen Ordnung und die individuelle Fähigkeit zur Disziplin ein Ausfluss der menschlichen Natur (151).

3.11 Die Epoche der REFORM

In den zwei Jahrhunderten zwischen Mitte des 15. und Mitte des 17. Jahrhunderts werden – so Taylor zusammenfassend – die Grundlagen für den Umbruch zum säkularen Zeitalter gelegt (151–159). Er stellt einen Zusammenhang zwischen drei die Epoche charakterisierenden Veränderungen her: Von unten her veränderte sich die Volksreligion und gewann mit der Leidensthematik und eine Tod und Fegefeuer umgreifende Solidarität an Intensität, gebildete Laieneliten betraten das soziale und religiöse Feld und es entstand der Drang, die gesamte Gesellschaft umzugestalten und den Elitenmodellen anzunähern. Taylor stellt – allerdings nur in einer längeren Anmerkung – die Vermutung an, dass sich die Ursprünge der „Ordnungswut" in der römischen Kirche bis in die gregorianischen Reformen des 11. Jahrhunderts zurückverfolgen lassen (152f., Anm. 92).[2] Der Vektor in Richtung REFORM wurde für Taylor sowohl durch den Drang zur Disziplin in der

---

[2] Zum gegenwärtigen Stand der Debatte um die Rolle der Gregorianischen Reform für gesellschaftliche Differenzierung und Säkularisierung vgl. Gabriel/Gärtner/Pollack 2014, 39–188.

römischen Kirche als auch durch Veränderungen in der spätmittelalterlichen Frömmigkeitspraxis in Gang gehalten und fand seine Auswirkungen im Umgestaltungswillen sowohl des einzelnen wie der gesamten Gesellschaft. Den frühneuzeitlichen Disziplinierungsschub betrachtet Taylor als letzte Stufe eines über Jahrhunderte wirkenden Transformationsprozesses. Als durchgehende Linien sieht er Aktivismus, Umgestaltungswille, Streben nach Ordnung und nach Uniformierung am Werk. Im Kampf gegen die Auswüchse des Karnevals waren weltliche und kirchliche Eliten aller Konfessionen vereint.

Insgesamt lassen sich für Taylor die Entwicklungen als Rationalisierung im Sinne Webers mit einer doppelten Ausprägung als Wert-und Zweckrationalität interpretieren. Der Rationalisierungsschub manifestiert sich für ihn im Verlust der verzauberten Welt, im Umstürzen des mittelalterlichen hierarchischen Gleichgewichtsmodells, in der ausbrechenden Ordnungswut und im ausgrenzenden Umgang mit Armut und Wahnsinn. Zwischen der Abschaffung der verzauberten Welt – so die These Taylors – und den ersten Formen eines tragfähigen exklusiven Humanismus besteht ein Zusammenhang: „Dieser Humanismus ist durch den Prozess, der seine Entstehung einleitet, gekennzeichnet – durch Aktivismus, Uniformierung, Gleichmacherei und Rationalisierung sowie natürlich durch seine Feindseligkeit gegenüber Verzauberung und Gleichgewicht" (157). Gleichzeitig konstatiert Taylor eine Dialektik von Entzauberung, Veränderungstempo und rationalisierendem Umgestaltungswillen auf der einen Seite und steigender Angst, sozialer Panik und zunehmender Verfolgungsbereitschaft gegenüber randständigen Personen auf der anderen Seite (158 f.).

3.12 Die REFORM als Teil der achsenzeitlichen Revolution

Gegenüber Charles Taylor ist die Kritik geäußert worden, er beschreibe zwar den Transformationsprozess, aus dem die säkulare Welt hervorging, auf die Frage nach dem Warum gebe er aber keine Antwort (Pollack 2015, 303 f.). Meines Erachtens gehört in diesen Zusammenhang die gängige Kritik an einem der Gewährsmänner Taylors in der Frage nach dem Warum. Shmuel N. Eisenstadt ist immer wieder vorgeworfen worden, seine Annahme eines Einflusses der achsenzeitlichen Revolution auf den Durchbruch zur Moderne bzw. zur Vielfalt der Modernen sei rein spekulativ und lasse sich empirisch nicht bewähren.

Was die westliche Moderne angeht, kann man – so meine These – die Studie Taylors als überzeugenden Versuch deuten, diese Kritik zu widerlegen. Nähert man sich der vielschichtigen Studie Taylors von dieser Seite her, dann bildet der hier vorgestellte Abschnitt ein Kernstück der Gesamtargumentation Taylors. Die mittelalterliche Welt bis ca. 1450 stellt Taylor als System eines komplexen Ausgleichs zwischen vorachsenzeitlichen religiös-kulturellen Elementen und Impulsen der achsenzeitlichen Revolution dar. Taylor spürt dieser Welt des spannungsreichen Ausgleichs am Beispiel der Virulenz des Zaubers hinter allen Dingen und des Bewusstseins eines vom Zauber durchdrungenen Selbst nach. Ohne Bezug zu Gott ist in der verzauberten Welt – so macht Taylor deutlich – die Stabilität der Gesellschaft überhaupt nicht denkbar. In der Vermittlungsfunktion der mittelalterlichen Kirche sieht er die Spannung und Gefährdung des Ausgleichs schon angelegt.

Besonders dicht beschreibt Taylor das mittelalterliche Spannungsverhältnis von Struktur und Antistruktur. Im mittelalterlichen Zeitverständnis geht Taylor der Verschränkung von vorachsenzeitlichen Elementen der ewigen Wiederkehr mit achsenzeitlichen Vorstellungen einer Gerichtetheit der Zeit nach. Auch der mittelalterlichen Kosmosvorstellung gibt Taylor das Gepräge einer komplexen Synthese von Spannungsverhältnissen. Die große Transformation zwischen 1450 und 1650 löst dieses spannungsreiche Ausgleichssystem auf, wobei Taylor zeigt, wie die Entwicklungen auf den verschiedenen Ebenen ineinandergreifen und sich wechselseitig dynamisieren. Taylor beschreibt aber nicht nur das Was und Wie der Transformation, sondern er gibt auch eine Antwort auf die Warum-Frage.[3] Es sind die Triebkräfte der REFORM, die den Vektor der Veränderung bilden. Die Kräfte, die von der REFORM-Wut ergriffen werden, reichen von der römischen Kirche bis zu den radikalen Strömungen der Reformation um Calvin. Jetzt erst – das ist die zentrale These Taylors – kommt die achsenzeitliche Revolution an ihr Ende. Deshalb sieht sich Taylor berechtigt, die von ihm erzählte Transformation als Revolution zu charakterisieren. Sie ist für ihn aber keine reine Subtraktions- oder Verlustgeschichte. Der Geist der REFORM als Teil der achsenzeitlichen revolutionären Umbrüche bringt gleichzeitig den ausgrenzenden Humanismus hervor. Dieser begründet für Taylor ein säkulares Zeitalter, das die Religion nicht – wie Weber und die klassische Säkularisierungsthese annehmen – zum Verschwinden bringt, aber ihre Bedingungen wie ihren Charakter tiefgreifend verändert.

---

[3] So auch die Interpretation von Ulrike Spohn und Ulrich Willems (Spohn/Willems 2015, 7–11).

Zitierte Literatur

Casanova, J. 1994: Public religions in the modern world.
Dux, G. 1982: Die Logik der Weltbilder. Sinnstrukturen im Wandel der Geschichte, Frankfurt/M.
Gabriel, K./Gärtner, C./Pollack, D. (Hg.) ²2014: Umstrittene Säkularisierung. Soziologische und historische Analysen zur Differenzierung von Religion und Politik, Berlin.
Gabriel, K. 2015: Der lange Abschied von der Säkularisierungsthese – und was kommt danach?, in: Lutz-Bachmann, M. (Hg.): Postsäkularismus. Zur Diskussion eines umstrittenen Begriffs, Frankfurt/M. u. a., 211–236.
Koenig, M. 2011: Jenseits des Säkularisierungsparadigmas? Eine Auseinandersetzung mit Charles Taylor, in: Kölner Zeitschrift für Soziologie und Sozialpsychologie 63, 649–673.
Matthes, J. 1967: Religion und Gesellschaft. Einführung in die Religionssoziologie I, Reinbek.
Pollack, D. 2015: Die Genese der westlichen Moderne: Religiöse Bedingungen der Emergenz funktionaler Differenzierung im Mittelalter, in: Lutz-Bachmann, M. (Hg.): Postsäkularismus. Zur Diskussion eines umstrittenen Begriffs, Frankfurt/M., 289–333.
Reinhard, W./Schilling, H. (Hg.) 1995: Die katholische Konfessionalisierung. Wissenschaftliches Symposium der Gesellschaft zur Herausgabe des Corpus Catholicorum und des Vereins für Reformationsgeschichte, Münster.
Schilling, H. 1988: Die Konfessionalisierung im Reich. Religiöser und gesellschaftlicher Wandel in Deutschland zwischen 1555 und 1620, in: Historische Zeitschrift 246, 1–45.
Spohn, U./Willems U. 2015: Moderne und Religion im Denken Charles Taylors, Münster.
Turner, V. 1989: Das Ritual. Struktur und Anti-Struktur, Frankfurt/M.
Weber, M. 1988 (1920): Gesammelte Aufsätze zur Religionssoziologie I, Tübingen (Nachdruck).

Rudolf Schlögl
4 Disziplinierung, Zivilität und Entbettung (Kap. 2 und 3)

Von den im nachfolgenden zu besprechenden Textteilen ist der zweite, „Die große Entbettung", insofern dem ersten vorzuziehen, als er noch einmal in einer ganz grundsätzlichen und prononcierten Weise den argumentativen Rahmen klarmacht, den das Kapitel über „Die Entstehung der disziplinierenden Gesellschaft" zwischen den Abschnitten zur Entstehung der großen REFORM (I.1.), als deren Bestandteil auch die Reformation angesehen wird, und den nachfolgenden Unterkapiteln des Teiles I, in denen es um die endgültige Ausformung und Durchsetzung des exkludierenden, nicht transzendenten Humanismus geht, auszufüllen hat. Ich werde also in einem ersten Schritt diesen Argumentationsrahmen nachzeichnen, um dann die Darstellung der „disziplinierenden Gesellschaft" anzuschließen. Ein dritter Punkt wird sich mit der Absicht Taylors befassen, keine „Subtraktionsgeschichte" erzählen zu wollen. In einem vierten Abschnitt soll es darum gehen, inwieweit der methodische Anspruch, mit dem Konzept der „sozialen Vorstellungsschemata" einen Ausweg aus dem Dilemma zwischen idealistischer und materialistischer Erklärung sozialer Prozesse gefunden zu haben, in den hier zu besprechenden Textteilen nachvollziehbar ist.

4.1 Das Christentum auf dem Weg in die „Entbettung"

Um das Ausmaß des säkularen Wandels in den vormodernen Vorstellungsschemata der europäisch-nordamerikanischen Gesellschaften zu verdeutlichen, entwirft Taylor mit Bezug auf Robert Bellahs Evolutionsgeschichte der Religionen (Bellah 1970) das Modell einer „eingebetteten" Religion, wie man sie in archaischen Kleingesellschaften vorfindet (252). Religion und soziale Gemeinschaft sind dort in einer dreifachen Weise aufeinander bezogen: Religion entspringt in einer natürlichen Weise der kollektiven Aktivität und der in der gemeinsamen Sprache sich manifestierenden Sozialität der Menschen. Sie bringen dabei eine mit der sozialen Eigenart ihrer Gesellschaft eng verbundene „spirituelle Realität" (253) in Gestalt von Geistern und anderen Mächten hervor, die nicht der Alltagswelt zugerechnet werden. Diese soziale Fundierung einer spirituellen Realität äußert sich dann zweitens darin, dass die religiöse Praxis, also der in Ritualen, Opfern usw. vollzogene Verkehr mit den transzendenten Mächten, stets eine Angelegenheit der

Gemeinschaft bleibt. Auch wenn Schamanen oder andere Spezialisten Kontakt mit diesen Mächten aufnehmen, tun sie es stellvertretend für das Kollektiv. Daraus ergibt sich umgekehrt eine Heiligung der gesamten sozialen Ordnung, die als eine solche Ordnung auch die Identitäten der auf diese Weise vergesellschafteten Individuen bestimmt. Sie nehmen sich wahr als eingebettet in einen Kosmos, dessen Ordnung den Menschen, seine Welt und die transzendente der Geister und Kräfte aufeinander bezieht (254–258). Eingebettet sind diese archaischen Religionen aber drittens auch deswegen, weil die Gemeinschaften sich an die Geister und Kräfte ausschließlich wegen innerweltlicher Angelegenheiten wenden. Das Heil realisiert sich in diesseitigem Wohlergehen und Gedeihen des Menschen (258–260).

Mit diesem Modell brechen die achsenzeitlichen Monotheismen in mehrfacher Hinsicht und öffnen es für die verschiedensten Varianten der Entbettung, die die Menschen schließlich aus einem religiös bestimmten Kosmos herausführen und sie zu bloßen Mitgliedern von Gesellschaften machen. Für die weitere Entwicklung der Gesellschaften des lateinischen Christentums wird dabei das neue Paradox der Heilsfrage bestimmend. Der Gott der Christen ist uneingeschränkt wohltätig, aber die Christen sollen nicht diese seine Wohltätigkeit wahrnehmen, sondern nach einem Heil suchen, das mit der Existenz und dem Wesen dieses transzendenten Gottes verbunden ist, also die diesseitige Existenz übersteigt und ihre Bedingungen ignoriert (258, 262f.). Religiöse Praxis kann sich jetzt als individuelle spirituelle Erfahrung etablieren, die das Leben verachtet und sich allein auf das außerhalb der Welt verortete Heil konzentriert. Das Christentum institutionalisiert dieses Konstrukt in der Trennung von Klerus und Laien. Das Kirchenvolk kann bis ins Hochmittelalter hinein weitgehend unbehelligt die alten (archaischen) Formen einer sozial eingebetteten Religion mit einer irdisch zentrierten Interpretation des Heils pflegen. Dem Klerus ist es aufgegeben, in für ihre Gemeinden vollzogenen Ritualen das transzendent verortete Heil auch für die Laien erreichbar zu machen (265–267).

Die auf diese Weise in das Christentum eingeschriebene und institutionalisierte Spannung zwischen dem Leben in dieser Welt und dem transzendent verorteten Heil, die gleichzeitig stets eine zwischen sozialer Einbettung und spiritueller oder bekenntnisbegründeter Individualisierung ist, wird dann im Hochmittelalter in einer nach Taylors Auffassung verhängnisvollen Weise aufgelöst. Statt der Welt mit dem Bösen in ihr ein Christentum der gelebten Agape entgegenzusetzen, entscheidet sich die mittelalterliche Kirche aus ihrem Streben nach Macht heraus für ein Programm der Spiritualisierung der gesamten Gesellschaft, das bis zum Beginn der Neuzeit sich schrittweise zu einem großen Disziplinierungsunternehmen arrondiert und von Taylor mit dem Begriff der REFORM belegt wird (267–270). Entbettend ist dieses Projekt, weil es ein Disziplinierungsprojekt ist und daher auf das Individuum zielt. Es verstärkt die schon im Evangelium angelegten Tendenzen zur Entkoppelung von religiöser und Gruppenzugehörigkeit sowie auch die zur Individualisierung von Glaubenspraxis bis hin zur eruptiven Lösung der damit entstehenden Widersprüche in der Reformation. Auch wenn die mit dem Laterankonzil von 1215 beginnende disziplinierende Verchristlichung der westeuropäischen Gesellschaften ein anderes Ziel hatte, so mündet sie, weil die Spiritualisierung mit Zwang und Maßregeln durchgesetzt werden sollte, in eine „Verfälschung" des Christentums (273)[1], in deren Traditionslinie insbesondere auch die Reformation und die aus ihr hervorgegangenen protestantischen Konfessionen stehen. Damit war die Tür aufgestoßen für Entfaltung und Durchsetzung des (die Transzendenz) exkludierenden Humanismus als eines wichtigen Bestandteils des Syndroms der Vorstellungsschemata, durch welche die Moderne in den westeuropäisch-nordatlantischen Gesellschaften seit dem 18. Jahrhundert bestimmend geprägt wird.

4.2 Die Gesellschaft der Disziplin

Das Werk der Reformation ist für Taylor ein zweifaches: Sie trieb die Entzauberung der Welt und damit die Auflösung der Komplementarität zwischen Kosmos und gesellschaftlicher Ordnung voran, indem die Kirche entsakramentalisiert wurde. Dadurch wurde der von Gott, als dem einzig „rechtmäßigen Objekt der Furcht" (133) bestimmte „Raum der Angst", in dem die Laien sich bis dahin bewegt hatten, „umgestülpt". An die Stelle der Furcht vor dem strafenden Gott trat jetzt die Herausforderung, sich in seinem Glauben wie in seinem Heil der Unwissenheit über die Gnadenentscheidung Gottes auszuliefern (134–136). Das lateinische Christentum hatte damit entscheidenden Anteil an den mit der Gesellschaft der Disziplin verbundenen Transformationen. Die Verinnerlichung der Heilsfrage beförderte die Ausbildung des neuzeitlichen Selbst; die Aufwertung von Familie und Beruf zu Bereichen, in denen der Christ sich als Christ in seinem Streben nach Heil verwirklichen soll, unterstützte die exkludierende Tendenz des neuen Humanismus und insbesondere in Calvin kulminierte die im ganzen REFORM-Werk angelegte Tendenz, die Spiritualisierung der Welt als ein Disziplinarprojekt zu betreiben.

---

[1] Man ist angesichts dieser Argumentationslogik sehr an den Spiritualisten Gottfried Arnold erinnert, der in seiner Kirchen- und Ketzerhistorie in analoger Weise das Bündnis des Christentums mit dem Staat Konstantins als fundamentalen Bruch mit der frühchristlichen Toleranz interpretiert. Seit diesem Sündenfall ist das Christentum so verfasst, dass es nur noch Ketzer hervorbringen kann; vgl. Arnold 1729.

Bestimmend für die Entfaltung einer Gesellschaft der Disziplin waren aber auch andere Ideen und institutionelle Entwicklungen, aus denen sich das neue soziale Vorstellungsschema des exkludierenden Humanismus im Verlauf des 16. und des 17. Jahrhunderts nach und nach zusammensetzte. Das entsprechend überschriebene zweite Kapitel des ersten Hauptteils thematisiert in insgesamt sechs Abschnitten drei große Entwicklungsstränge, die sich mit den Stichworten Renaissancehumanismus, Ordnungsstreben der Eliten und Neostoizismus umschreiben lassen.

Taylor beginnt seinen Durchgang mit der Darstellung des im Humanismus sich intensivierenden Interesses an der Natur – auch der des Menschen – und dem sich daraus schließlich entwickelnden neuen Naturverständnis. Aus einer Welt, in die der unbewegte Beweger stets eingriff und sich in Wundern offenbarte, die dem Christen als Zeichen dienten, wurde eine Natur, die als autonomer Mechanismus ihrem Schöpfergott gegenübergestellt war. Sie verlor deswegen ihre Verbindung mit der heiligen Zeit der Ewigkeit und war damit in einer säkularisierten Zeit wie auch in einem nicht mehr entsprechend der Schöpfungs- und Heilsordnung strukturierten, sondern homogenen Raum platziert (166 – 171). Am Ende dieser Entwicklung stand Bacons Mechanisierung einer Welt, die zwar noch ein geordnetes Ganzes darstellte, aber von keinem inneren Sinn mehr bestimmt war (172). Wo vorher Zweckursachen den Gang der Ereignisse bestimmten, die sich aus dem Wesen der Dinge – und dieses wiederrum war durch ihren Ort in der Schöpfungsordnung festgelegt – ergaben, machten sich reine Wirkursachen breit, deren Auftreten und Zusammenwirken jedenfalls für Menschen kontingent erschien.

Als zweites Element des Renaissancehumanismus nennt Taylor das neue Streben der gesellschaftlichen Eliten nach Zivilität. Das sich auch in Abgrenzung von den „Wilden", mit denen die Europäer seit dem 16. Jahrhundert auf ihrer gewaltsamen Erschließung neuer Kontinente in Kontakt kamen, formende Weltbild betonte die Pflicht des Menschen, sich selbst durch Erziehung und Schulung zu formen. Die Eliten bezogen das zunächst auf sich selbst und unterwarfen sich einem Programm der Selbstdisziplinierung, das dann aber fast notwendig dazu führte, sich auch dem „Volk" zuzuwenden, weil dessen mangelnde Zivilität mit fortschreitender Selbstdisziplinierung immer deutlicher als Bedrohung der sozialen Ordnung und der eigenen sozialen Stellung erscheinen musste (175 – 178). Angetrieben von den sozialen Problemlagen, die sich aus dem Bevölkerungswachstum des 16. und auch des 17. Jahrhunderts ergaben, initiierten die Eliten in Gestalt territorialer und städtischer Obrigkeiten ein Disziplinierungsprogramm, das Taylor in fünf Punkten zusammenfasst: Die neue kriminalisierende Regulierung der Armut; das Vorgehen gegen alle unchristlichen, abergläubischen und exzessiven Elemente der Volkskultur wie Prostitution, Charivari und Karneval; die seit dem 17. Jahrhundert greifbaren Bemühungen um eine auf die eigenen Herrschaftsgebiete bezogene merkantilistische Wirtschaftspolitik; den damit verbundenen Auf- und Ausbau von bürokratischen Verwaltungsapparaten und schließlich die Beförderung von Instanzen und Techniken der Selbst- und Fremderziehung, wie sie der Jesuitenorden Loyolas und die Oranische Heeresreform beispielsweise darstellten (189 – 197).[2]

Die Argumente für dieses Disziplinierungsprogramm des Absolutismus lieferte im Wesentlichen Justus Lipsius mit seinen *Politicorum sive civilis doctrinae libri sex* von 1589, deren Prinzipien und Ratschläge in der Heeresreform der niederländischen Oranier in den 1590er Jahren dann auch in wesentlichen Teilen umgesetzt wurden (207). Taylor schildert den Neostoizismus als eine willenszentrierte Umdeutung der antiken Ethiken, in denen es noch darum ging, die verschiedenen, einander widerstreitenden Kräfte und Triebe des Menschen in ein Gleichgewicht zu bringen, in dem insbesondere die niederen Begierden gemäßigt wurden (197). In der neuzeitlichen Version dieser Ethik sollten alle Leidenschaften der Seele und die Bedürfnisse des Leibes der Kontrolle der Vernunft und dem Willen als ihrem Exekutivorgan unterworfen werden. Ziel war nicht mehr ein Gleichgewicht, sondern die vernunftkontrollierte Konstruktion eines Selbst. In der Neuen Wissenschaft des 17. Jahrhunderts begreift sich der Mensch als Besitzer und Meister der Natur, insbesondere auch der eigenen. Das schließt die neuplatonisch motivierten Versuche, diese Natur durch manipulierende Eingriffe zu verbessern, mit ein. Lipsius stellt diesen reflexiven Konstruktivismus des Selbst dann wieder auf einen christlichen Grund, indem er ihn als gehorsamen Vollzug der Vorsehung Gottes durch den freien Willen vorstellt.

Taylor unterschlägt an dieser Stelle die gesamten Auseinandersetzungen um das schwierige Verhältnis zwischen Willensfreiheit, einfacher und doppelter Prädestination, Kontingenz und der allein in Gott liegenden ersten Ursache, die nicht nur die Theologie des 17. Jahrhunderts konfessionsübergreifend kennzeichnete, sondern in den reformierten Niederlanden nach der Synode von Dordrecht auch politisch relevant wurden (Craig 1988, Leeuwen u. a. 2009). Er übersieht auch Forschungen, in denen die Wirksamkeit dieses von Reformierten und Pietisten betriebenen Disziplinierungsprogramms im Sinn einer Verinnerlichung von Normen und Selbstkontrolle mit überzeugenden empirischen Belegen

---

[2] Der Historiker ist verwundert, dass Taylor in diesem Abschnitt einen Verweis auf Gerd Oestreich und dessen Konzept der Sozialdisziplinierung, das als Alternative zum Absolutismus-Begriff gedacht war, unterlässt und auf Oestreich erst im folgenden Abschnitt unter dem Stichwort Neostoizismus verweist (203, 208). Oestreich hat in verschiedenen Aufsätzen, aber auch in seiner Studie zu Lipsius das gestufte Modell der Sozialdisziplinierung im Detail beschrieben; vgl. Schulze 1987 und Oestreich 1969.

in Zweifel gezogen wird (Kittsteiner 1991, Abschnitt C, 293 ff.; Schlögl 2005, 37–50). Und er negiert drittens die mystisch begründete Orientierung an der Transzendenz in Pietismus und Erweckungsbewegung und verkennt damit deren gegen Kirche wie Obrigkeit gerichteten institutionenkritischen Grundzug (Brecht 1993; Sträter 1995). Das hängt auch mit der Zwei-Reiche-Lehre der Reformation zusammen, die bei Taylor nicht vorkommt. Er macht Pietismus und Erweckung stattdessen zusammen mit dem Neostoizismus zu Agenten der Eliten, die daran arbeiteten, das Disziplinierungsprogramm der Calvinisten in die Breite zu tragen (208 f.). Sie waren nach Taylors Auffassung damit befasst, in einer Gesellschaft, deren Selbstbild immer noch von Hierarchien geprägt war, funktionale Ordnungsprinzipien durchzusetzen. Dieser Umbau wurde vom rationalen Naturrecht als dessen paradigmatische Vertreter Grotius und Locke herangezitiert werden, entscheidend vorangetrieben. Für sie ist das Naturrecht nicht mehr theologisch fundiert, sondern muss sich „more geometrico" begründen lassen (220 f.).

Dieses voluntaristische Naturrecht ohne transzendentalen Bezug dient als Begründung für eine Gesellschaft, deren innere Kohäsion und Ordnung sich nicht mehr durch Hierarchie und Befehl herstellen lassen, sondern durch den wechselseitigen Nutzen ihrer Mitglieder. Statt das Menschenbild und das Modell der Gesellschaft einfach zu ökonomisieren, wie Taylor das an anderer Stelle beschreibt (Taylor 2004, 69–83), wird die Konstruktion des rationalen Naturrechts eingesetzt, um inmitten konfessioneller und zwischenstaatlicher Konflikte ein Fundament für den absoluten Staat und seinen in der göttlichen Vorsehung begründeten Anspruch auf allgemeinen Gehorsam zu finden (223 f.).[3] Der Mensch, der hier gehorsam sein soll, wird von den Naturrechtstheoretikern als ein rationales, geselliges Wesen entworfen, das sich unter Achtung für das Leben und der Freiheit der anderen in Gesellschaft begibt, mit dem Ziel, seine Selbsterhaltung durch Ausbeutung der „natürlichen Umwelt" und durch arbeitsteiligen Austausch zu verwirklichen (225).[4]

Taylor interessiert sich indessen an dieser Stelle weniger für die Sozialmodelle des 17. Jahrhunderts, sondern mehr für die Konzeptionen des Selbst, die damit verbunden sind. Descartes legt die Grundlagen für das „abgepufferte Selbst" des modernen Individuums, dessen Willen die Leidenschaften zu kon-

---

[3] Taylor bemüht hier noch ein Absolutismusmodell, das von der historischen Forschung inzwischen verabschiedet ist; vgl. Asch, Duchhardt 1996.
[4] Auch an dieser Stelle kann man eine deutliche Verengung des Blicks in Taylors Argumentation feststellen, weil er etwa die französische Moralistik oder auch anglikanische Theologen außer Acht lässt, die unter dezidierter Ablehnung des rationalen Naturrechts zu ganz ähnlichen Erklärungen sozialer Integration und gesellschaftlicher Ordnungsbildung kommen (Schlögl 2014, 392–399).

trollieren in der Lage ist und das daher außer seinen Affekten keine keinen äußeren Kräften, wie sie von Planeten oder Geistern ausgehen, mehr ausgesetzt ist. Voraussetzung dafür wird, dass dieses Selbst auf bloße Innerlichkeit beschränkt ist (228 f.). Das neuzeitliche Subjekt formiert sich, indem es sich selbst zum Objekt der Beobachtung wie der Kontrolle durch Vernunft und Willen macht. Das Gefühl der Würde ergibt sich aus dem Bewusstsein, sich selbst zu einem „vernünftigen Akteur" gemacht zu haben (234 f.). In den *Quellen des Selbst* spricht Taylor davon, dass dieses rein geistige, „desengagierte" Subjekt von Locke zu einer punktförmigen Erscheinung gemacht wurde (Taylor 1994, 288 ff.). Es grenzt sich von seinem eigenen Ich, wie vom eigenen Körper ab (283 f.). Taylor nimmt dies zum Ausgangspunkt für ein längeres Referat von bekannten Phänomenen der in den Benimmbüchern des 17. Jahrhunderts nachvollziehbaren fortschreitenden Körperkontrolle (Elias 1997), um sie allerdings einer originellen Interpretation zu unterziehen. Er nimmt die zunehmend restriktive Gestaltung von Körperfunktionen nicht als Teil des Disziplinierungsprozesses, sondern deutet sie als Folge der Umstellung des sozialen Differenzierungsmusters von Hierarchie auf Gleichheit (240). Unter Gleichen kann Intimität nicht mehr aufgedrängt werden.[5]

Es ist unübersehbar, dass Taylor wie in der Gottesfrage auch in seiner Anthropologie eine enthistorisierende Ontologisierung betreibt. Er bewertet die von Elias beschriebene Disziplinierung als positiv. Der Mensch ist natürlicherweise zu starken Gefühlen fähig. Zivilisation findet statt, wenn die Menschen „auf Distanz" zu ihnen gehen (244). Das Argument setzt somit ein überzeitliches Wesen des Menschen voraus. Man kann hier sehr deutlich sehen, in welche Ungereimtheiten die Verbindung von kulturpessimistischer Lamentatio, vorgeblicher Historisierung und normativer Ontologisierung führt.

Mit diesen Entwicklungen sind für Taylor die wesentlichen Voraussetzungen für die Durchsetzung des die Transzendenz ausgrenzenden Humanismus geschaffen. Es ist ihm allerdings wichtig, noch einmal zu betonen, dass dies nicht das Werk von gegen das Christentum gerichteten Strömungen war. Schon in der Diskussion des im Renaissancehumanismus entstehenden neuen Naturverständnisses betont Taylor, dass es aus spirituellen Quellen gespeist ist und auf eine neue Betonung der Größe Gottes zielt (165 f.).

Auch Lipsius geht es darum, den menschlichen Willen in Einklang mit der göttlichen Vorsehung agieren zu lassen (202 f.). Beide Bewegungen – die Steigerung der Größe Gottes und die Mechanisierung der Natur – bewirkten aber trotz

---

[5] Die fundamentale konzeptionelle und auch methodische Kritik von Hans-Peter Duerr am Gesamtwerk von Elias, insbesondere aber an der Zivilisationsgeschichte, scheint Taylor entgangen zu sein; vgl. Duerr 1988–2002.

aller absichtsvollen Spiritualität, dass der Schöpfergott in seiner Welt immer weniger präsent war und mit ihm auch die Transzendenz für die europäischen Christen des 17. Jahrhunderts an ordnender und sinngebender Bedeutung verlor. Das Christentum ist Teil und auch Agent der Transformationsgeschichte, die Taylor erzählen will. Das ist explizit auch gegen die These Blumenbergs von der gegen das Christentum errungenen Selbstermächtigung der europäischen Moderne gerichtet (200), obwohl Blumenberg nicht der hauptsächliche Autor ist, gegen den Taylor anschreibt.

4.3 Keine Subtraktionsgeschichte

Sehr viel intensiver als mit Blumenberg führt Taylor die Auseinandersetzung mit Max Weber. Der deutsche Soziologe liefert dabei zunächst über weite Strecken positive Bezugspunkte. Taylor greift immer wieder Begriffsprägungen Webers auf, wie etwa das „stahlharte Gehäuse" (109), oder die Verbindung von Zweck- und Wertrationalität in bestimmten Phasen des Rationalisierungsprozesses (155). Auch von „innerweltlicher Askese" ist im Hinblick auf die von Lipsius inspirierten Reformen die Rede (208) und an anderer Stelle benutzt Taylor den Begriff der „religiösen Virtuosen" (266). Auch wenn Taylor in diesen Rückgriffen auf Weber stets signalisiert, dass es ihm um eine Bezugnahme im Rahmen der eigenen, eigenständigen Argumentation geht, wird ein grundsätzliches Einverständnis mit Webers religionssoziologischen Begriffen und Argumenten deutlich. Das macht Taylor dann für die These vom Zusammenhang zwischen puritanischen Protestantismus und Kapitalismus explizit (269). Er verteidigt sie methodisch mit dem Hinweis darauf, dass die Zusammenhänge etwa zwischen Konfession und kapitalistischer Entwicklung sehr „diffus" und „indirekt" seien, man aber doch zu „vernünftigen Urteilen" über das Verhältnis von sozialen Formen und spirituellen Traditionen kommen könne (270). Das begründet seine Feststellung, dass Webers These in der Tat den „eigenen Ausführungen sehr nahe" komme (269, ähnlich auch 309).

Allerdings nimmt Taylor für sich in Anspruch, den „umfassenden Zusammenhang" zu thematisieren, während Weber in seiner Kapitalismusthese nur eine „Spezifikation" der Gesamtkonstellation analysiert habe. Es ist also nicht die Kapitalismus-Protestantismus-These Webers, zu der Taylor auf Distanz geht, sondern das Konzept der Säkularisierung, das Taylor von Weber trennt. Er unterstellt ihm – und das wird schon am Beginn des Buches in einer Fußnote angedeutet (13, Anm. 3) –, ein Vertreter der Subtraktionstheorie zu sein.

Mit Subtraktionstheorie bezeichnet Taylor jene Meistererzählungen des Säkularisierungsprozesses, in denen die Entbettung des Menschen aus sozialen wie aus transzendenten Bezügen und die daraus folgende Freisetzung des modernen Individuums, das sich in einer gänzlich entzauberten Welt bewegt, als ein notwendiger, wenn nicht gar irgendwann überfälliger Schritt in der europäischen Vormoderne dargestellt wird. Die Anhänger der Subtraktionsthese schließen daraus (nach Taylor), dass in der Moderne ein Bezug zur Transzendenz nicht mehr möglich (und auch nicht mehr nötig) sei. Taylor zitiert Webers Festellung, das moderne Individuum habe seine Existenz ohne Transzendenz „männlich" zu ertragen (917). Gegen diese These vom notwendigen „Tod Gottes" in der Moderne (46) will Taylor seine genealogische Erzählung gesetzt wissen, wonach der Mensch ursprünglich mit einer sozial und transzendent eingebetteten Identität (und einem porösen Selbst) ausgestattet gewesen sei, welche dann aber durch den auch vom Christentum maßgeblich betriebenen Versuch, die post-achsenzeitliche Spiritualität auf die ganze Gesellschaft zu übertragen, zerstört worden sei. Mit dieser Entbettung entstand das auf Innerlichkeit beschränkte Selbst (262 f.). Diese „alternative" Erzählung soll das Fundament für die normative Gegenposition liefern, wonach auch in der Moderne dem Menschen die transzendenten Orte der Fülle (in einem ontologischen Sinn) verfügbar sind. Wie die Einleitung des Buches darlegt, sieht Taylor seine Aufgabe darin, sie für die Menschen in der Postmoderne wieder zugänglich zu machen und dem entbetteten Individuum das Bewusstsein des transzendenten Mangels zurückzugeben (18–33). Grundlage dieser Argumentation ist die oben bereits angesprochene überhistorische Anthropologie des Menschen, der zu starken Gefühlen fähig ist, dessen Weltverhältnis nach moralischen Urteilen verlangt und der nach Fülle strebt.

Ob Taylor vor dem Hintergrund dieses Anliegens Weber wirklich gerecht wird, muss in zweifacher Hinsicht hinterfragt werden. Zum einen lässt sich Webers Aufforderung zur männlichen Haltung angesichts der Transzendenzlosigkeit der Moderne durchaus auch als Symptom eines tief empfundenen Verlustes deuten. Zum anderen unterstellt Taylor Webers Rationalisierungsthese eine Normativität, die seine eigene (katholische) Position auszeichnet, nicht aber die eines Soziologen war, der die Wissenschaft auf Wertfreiheit verpflichtete (Weber 1988, Kap. X).

4.4 Auf der Suche nach Akteuren

Es herrscht kein Mangel an Akteuren in Taylors Darstellung. Man findet Eliten, das Volk (vorzugsweise als Disziplinierungsobjekt), dann auch das Christentum, den Calvinismus, die Reformation und – sehr prominent – die REFORM, aber auch den Absolutismus und die Postmoderne, das rationale Naturrecht und den Neostoizismus. Sie alle sind in irgendeiner Weise an der großen Entbettung beteiligt, treiben sie voran – wenngleich zum Teil aus sehr unterschiedlichen Motiven. Man könnte auf die Idee kommen, diese Transformation vollzieht sich hinter ihrem Rücken. Das scheint weniger der Fall zu sein bei den großen Protagonisten der Ideengeschichte, die aufmarschieren: Augustinus, Lipsius, Descartes, Grotius und Locke.

Es ist keine auf den ersten Blick greifbare Systematik in diesem Agentengewimmel auszumachen, aber eine auffällige erzählerische Ungleichbehandlung. Eine ausführliche Beschäftigung erfolgt nur mit Autoren, die übrigen Agenten haben durchweg kurze Auftritte auf der Bühne, wenn auch dann kapitelweise wiederholte – oder etwa die REFORM, die das ganze Buch hindurch immer wieder auftaucht. Bei genauerem Hinsehen entdeckt man dann allerdings unterschiedliche Aufgaben dieser *dramatis personae* im Gang der großen Erzählung. Während die Reformation oder der Absolutismus historische Konstellationen aufrufen, bestehen zwischen Eliten und rationalem Naturrecht oder auch Neostoizismus und dann auch den großen Autoren andere Beziehungen. Autoren und die von ihnen repräsentierten „geistigen Strömungen" liefern die Eliten die bestimmenden Motive für ihre Handlungen (z. B. 200–209).

Diese Erzählstruktur macht eines jedenfalls klar: Man hat es in keiner Weise mit einer Strukturgeschichte zu tun, auch nicht mit einer Geschichte von Institutionen. Was es unter diesen Umständen aber bedeuten soll, wenn Taylor von der engen Beziehung bzw. einem reziproken Verhältnis zwischen „moralischen Selbstbildern" und „Praktiken" spricht (270), bleibt offen. An anderer Stelle (Taylor 2004) und im nachfolgenden Kapitel thematisiert Taylor dieses Verhältnis unter dem Stichwort „soziale Vorstellungsschemata". Auch wenn man die selbstständige Veröffentlichung dazu zu Rate zieht, erfährt man nicht, was unter Praktiken denn jeweils zu verstehen sei. Dass Taylor sich weder für Strukturen noch auch für Praktiken wirklich interessiert, wird an verschiedensten Stellen in dem hier zu verhandelnden Abschnitt klar. Taylor verzichtet nicht nur auf eine differenzierte Darstellung der unterschiedlichen konfessionellen Praktiken der Frömmigkeit, er thematisiert sie nicht einmal. Sie haben aber, wie man gut nachweisen kann, eine erhebliche Bedeutung für die Identitätsbildung von europäischen Christen des 16. und 17. Jahrhunderts (Schlögl 2005).

Diese Blickverengung ist Voraussetzung dafür, den Calvinismus als Paradigma für die Beteiligung des frühneuzeitlichen Christentums an der REFORM zu nehmen. Damit kann eine genauere Auseinandersetzung mit den Vorstellungen von weltlicher Obrigkeit, die sich in der Reformation realisierten, ebenso unterbleiben, wie ein Hinweis auf den eschatologischen Horizont des ganzen Reformationsgeschehens, das die Säkularisierung der protestantischen Zeitvorstellungen bis ins 17. Jahrhundert hinein verhinderte (Sandl 2011). Taylor interessiert sich auch nicht für den Weg zwischen dem christlichen Aristotelismus der

Scholastik und Descartes, an dem die Medizin als eine Wissenschaftspraxis ganz erheblichen Anteil hatte (Schlögl 2014, 378–389). Und Taylor unterlässt es, die Praktiken darzustellen, in denen das entbettete und abgepufferte Selbst, wie es seit Hobbes und Locke durch die Welt marschierte, zu einem Ort sozialer Erfahrung hatte werden können. Greifbar werden Praktiken nur in den Disziplinierungsversuchen der Eliten. Sie wiederum sind motiviert durch Ideen verschiedenster Art.

Dieses sehr einfache Strickmuster der Analyse bringt es mit sich, dass die wiederholten Bekenntnisse zur grundlegenden Historisierung von Vorgängen nicht eingelöst werden können. Solange REFORM wirkt, bleibt die Welt gleich. Gesetzt den Fall, Ideen seien wichtig, dann müsste eine auf Historisierung angelegte Methode die strukturellen Veränderungen in den Formierungs-, Wirkungs- und Durchsetzungsbedingungen von Ideen systematisch beobachten und reflektieren. Die neuere Wissenssoziologie hat hierzu verschiedene Vorschläge entwickelt (vgl. Schlögl 2013, 341–347). So hat man es letztlich trotz aller anderslautenden methodischen Bekundungen mit einer konventionellen Ideengeschichte zu tun, die mit großen Strichen einige konturierte, überdimensionale Figuren auf ein etwas angestaubtes Historiengemälde aufgetragen hat – in der Überzeugung, die Ontologie der Transzendenz und des Menschen auf ihrer Seite zu haben. Rezensenten haben zu Recht gefragt, ob ein in diesem Bewusstsein betriebenes Christentum nicht wieder in einen sozialen Sprengsatz verwandelt wird (Bernstein 2009, Gordon 2008).

Zitierte Literatur

Arnold, G. 1967: Unpartheyische Kirchen- und Ketzerhistorie von Anfang des Neuen Testaments bis auf das Jahr Christi 1688 (zuerst 1729), ND Hildesheim.
Asch, R./Duchhardt, H. (Hg.) 1996: Der Absolutismus – ein Mythos? Strukturwandel monarchischer Herrschaft in West- und Mitteleuropa (ca. 1550–1700), Köln u. a.
Bellah, R. 1991: Beyond Belief: Essays on Religion in a Post-Traditional World, Berkeley.
Bernstein, R. 2008: The Uneasy Tensions of Immanence and Transcendence, in: International Journal of Politics, Culture, and Society 21, 11–16.
Brecht, M. (Hg.) 1993: Geschichte des Pietismus, Bd. 1: Der Pietismus vom 17. bis zum frühen 18. Jahrhundert, Göttingen.
Craig, W. 1988: The Problem of Divine Foreknowledge and Future Contingents from Aristotle to Suarez, Leiden.
Duerr, H. 2002: Der Mythos vom Zivilisationsprozeß, Bde. 1–5, Frankfurt/M. 1988–2002.
Elias, N. ⁴1997: Über den Prozeß der Zivilisation. Soziogenetische und psychogenetische Untersuchungen, 2 Bde., Frankfurt/M.
Gordon, P. 2008: The Place of the Sacred in the Absence of God: Charles Taylor's *A Secular Age*, in: Journal of the History of Ideas 69, 647–673.

Kittsteiner, H. 1991: Die Entstehung des modernen Gewissens, Frankfurt/M.
Leeuwen, T. van/Stranglin, K. u.a. (Hg.), Arminius, Arminianism, and Europe. Jacob Arminius (1559/60–1609), Leiden.
Oestreich, G. 1969: Geist und Gewalt des frühmodernen Staates. Ausgewählte Aufsätze, Berlin.
Sandl, M. 2011: Medialität und Ereignis. Eine Zeitgeschichte der Reformation, Zürich.
Schlögl, R. 2005: Rationalisierung als Entsinnlichung religiöser Praxis? Zur sozialen und medialen Form von Religion in der Neuzeit, in: Blickle, P./Schlögl, R. (Hg.), Die Säkularisation im Prozess der Säkularisierung Europas, Tübingen, 37–64.
Schlögl, R. 2013: Alter Glaube und moderne Welt. Europäisches Christentum im Umbruch 1750–1850, Frankfurt/M.
Schlögl, R. 2014: Anwesende und Abwesende. Grundriss für eine Gesellschaftsgeschichte der Frühen Neuzeit, Konstanz.
Schulze, W. 1987: Gerhard Oestreichs Begriff „Sozialdisziplinierung in der Frühen Neuzeit", in: Zeitschrift für historische Forschung 14, 265–302.
Sträter, U. 1995: Meditation und Kirchenreform in der lutherischen Kirche des 17. Jahrhunderts, Tübingen.
Taylor, C. 1994: Quellen des Selbst. Die Entstehung der neuzeitlichen Identität, Frankfurt/M.
Taylor, C. 2004: Modern Social Imaginaries, London 2004.
Weber, M. [7]1988: Gesammelte Aufsätze zur Wissenschaftslehre, hg. von J. Winckelmann, Tübingen.

Hans-Peter Krüger
5 Soziale Vorstellungsschemata der Neuzeit und das Gespenst des Idealismus (Kap. 4 und 5)

Erinnern wir uns zunächst an die Erklärungsaufgabe: Charles Taylor begreift die heutige Welt von Nordamerika und Europa, d.h. die westliche Moderne im Unterschied zu nichtwestlichen Modernen (47), als eine Gesellschaft und Kultur der Säkularität (14). *Säkularität* bedeute, dass Staat und politische Öffentlichkeit von ihrer *ausschließlichen* Identifikation mit einer *einzigen* Religion (z.B. Katholizismus, Protestantismus), aber auch mit einer *einzigen* Weltanschauung (z.B. Atheismus, reduktiver Naturalismus) *getrennt* werden müssen. Die politischen Einrichtungen haben sich gegenüber allen Religionen und Weltanschauungen ihrer Bürger gleichermaßen neutral zu verhalten.[1] Wie die USA zeigen, bedeute Säkularität nicht, dass Religion generell abnehmen oder sich nur auf das Private beschränken müsse (14). Säkularität beinhalte vielmehr die politische Pluralität aller Religionen und Weltanschauungen, so dass jede von ihnen angesichts der anderen zu einer lebensgeschichtlichen Option werde, die man nicht mehr naiv als alternativlos vertreten kann, sondern sich reflexiv im Austausch mit anderen Möglichkeiten der Lebensorientierung aneigne (15, 46). Genau diese plurale Herausforderung schon innerhalb der heutigen westlichen Welt habe es vor einem halben Jahrtausend im christlichen Europa noch nicht gegeben.

Taylor stellt sich in seinem Werk *Ein säkulares Zeitalter* die Aufgabe, diesen grundlegenden Wandel im Selbst- und Weltverständnis der westlichen Welt zu erklären (51).

Wie weit ist Taylor auf seinem Erklärungsweg in den vorangegangenen Kapiteln gekommen?

Erstens: Wenn man zur Erklärung dieses Wandels mit dem Christentum um 1500 beginnt, dann heißt dies für Taylor zunächst, dieses Christentum als eine spezifische Achsenkultur zu begreifen, die aus der Achsenzeit (Karl Jaspers), also aus dem Jahrtausend vor Christus, neben anderen Achsenkulturen (um Gründergestalten wie Konfuzius, Gautama, Sokrates, die jüdischen Propheten) hervorgeht (260). Die „frühen" Religionen (252), die *vor* den Achsenkulturen be-

---

[1] Taylor hat nach *Ein säkulares Zeitalter* mit Jocelyn Maclure die politische Bedeutung der Säkularität zu der Konzeption einer „liberal-pluralistischen Laizität" weiterentwickelt (Maclure/Taylor 2011, 69). Die „Zukunft der Laizität" liege in der Umorientierung von der „Abgrenzung von der Religion zum Umgang mit Diversität" (ebd. 139).

standen, zeichneten sich aus heutiger Sicht durch eine dreifache *Einbettung* aus, nämlich durch die Einbettung des Individuums in seinen Sozialverband, die Einbettung dieser Gesellschaft in den Kosmos und die Einbettung des Kosmos in Göttliches, indem sich dieses Göttliche im Kosmos verkörperte (262). Die christliche Achsenkultur breche diese dreifache Einbettung durch die Tendenz zu drei *Entbettungen*[2] auf, nämlich die Entbettung des Individuums aus seiner Gesellschaft, dieser Gesellschaft aus dem Kosmos und des Kosmos aus dem Göttlichen, das im Christentum zu einem Gott wurde, der menschlichem Wohlergehen nicht mehr gleichgültig gegenüberstehe, sondern mit ihm einen Bund der Liebe (*agape*) schließe (45).

Zweitens: Für Taylor kommt nun in den vielfältigen Reformbestrebungen des Christentums seit dem Spätmittelalter bis zur Reformation (kurz: die „REFORM" genannt (114, 153) eine Wiederbelebung des christlichen Glaubens zum Ausdruck, die gegen seine Erstarrung durch Einbettung in gegebene Realitäten die Entbettungen des Individuums, der Gesellschaft und des Kosmos aus tiefer *Frömmigkeit* (157) erneut ernst nimmt und sich dafür aktiv einsetzt. Die REFORM richtete sich vor allem gegen hierarchische Unterordnungen und auf die tätige Nächstenliebe für die Armen und Schwachen, um deren reales Leben zu verbessern, was angesichts von Kriegen, Krankheiten und sozialem Elend immer schwieriger wurde (158, 190). Sie ermögliche es auch, die „Natur um ihrer selbst willen" zu denken, nämlich als die Schöpfung zu Ehren ihres Schöpfers (161). Gott offenbare sich in der Welt nicht allein durch Zeichen, sondern vor allem durch Zwecke, die Menschen als Ziele für Mechanismen erkennen können (173). Gerade die „Hingabe an Gott" ermögliche die zweckrationale Entzauberung der Welt, um in der Glaubenspraxis für seine Zwecksetzung der Wohltätigkeit wertrational einzustehen (247–248, 174, mit Max Webers Theorie der Rationalisierung von Zwecken *und* Werten 155).

Drittens: Auf die Herausforderungen der Religionskriege antworteten die weltlichen Autoritäten, teils beeinflusst von den christlichen Reformbestrebungen, teils unabhängig davon durch die Renaissance und philosophisch neostoische Diskurse, indem sie die „Entstehung der disziplinierenden Gesellschaft" (160) unter dem Ideal der *Zivilität* (175) beförderten. Taylor verkennt zwar nicht, dass die Eliten ein negatives Interesse an der Disziplinierung der Bevölkerungen hatten, weil sie selbst durch deren Krankheiten und Kriminalität in Gefahr waren, und ebenso ein positives Interesse daran, um ihre eigene militärische, ökonomische und politische Macht auch gegeneinander zu steigern (180). Aber seine

---

[2] In neueren Publikationen (Taylor 2011, 368, 378) ordnet Taylor der jeweiligen Entbettung (disembedding) die entsprechende vorausgegangene und folgende Einbettung (embedding) zu.

"Hauptthese" (182) besagt, dass auch die Einführung der disziplinierenden Gesellschaft wesentlich auf eine religiöse Motivation zurückging, nämlich die Universalisierung des Christentums zu einer Gesellschaft, weil die Rückkehr zur Antike nicht mehr möglich war (185). Wenn die Vorsehung Gottes als ein Plan verstanden werden konnte, den die von ihm erschaffenen Menschen durch ihre Vernunft erkennen und durch ihre Praxis und Poiesis (198 f.) gestalten können, dann bestand für diese Christen die Wirklichkeit nicht mehr aus vorgegebenen Formen, die sich von allein verwirklichen, sondern aus rekonstruktiven Aufgaben, die durch eine vernünftige Willensbildung gelöst werden konnten (219, 247).

Wodurch zeichnet sich Taylors bisheriger Erklärungsweg in theoretischer und methodischer Hinsicht aus? Dieser Erklärungsweg setzt erstens hermeneutisch, also um von innen her zu verstehen, in dem Selbst- und Weltverständnis bestimmter historischer Akteursgruppen an, statt sie an dem heutigen Selbst- und Weltverständnis als dem ethnozentrischen Maßstab zu messen. Taylor nennt das letztere Vorgehen, weil es von der historischen Andersartigkeit unserer Vorfahren als deren bloßen Irrtum subtrahiert, kritisch eine „Subtraktionstheorie" (53 f.). Demgegenüber elaboriert Taylor, inwiefern geschichtlich Andere ihre vordergründigen Handlungssituationen aus ihrem Hintergrund (32–34) an starken Wertungen anders als wir beurteilten und sich dementsprechend verhielten.

Zweitens deckt Taylor, der früh vertraut war mit Hegels Figur von der Ironie in der Geschichte (Taylor 1983), ironische Verkehrungen von Intentionen und Motiven durch die Strukturen ihrer Verwirklichung bis zur Verselbständigung von deren Resultaten auf. „Es liegt eine gewisse Ironie darin, dass gerade diese Entwicklung, die in so hohem Maße das Ergebnis von Religion und Glauben ist, der Flucht aus dem Glauben in eine rein immanente Welt den Boden bereitet hat." (250, eine „tragische Ironie", 1156) Gleichwohl vertraut Taylor keinen Erklärungen der geschichtlichen Veränderung, wie der des mittleren Foucault, durch anonyme Strukturen und Brüche in Wissens- und Machtformationen. Taylor antwortet auf Foucaults „Formung der Disziplinargesellschaft" (Foucault 1981, 269–292) im 17. und 18. Jahrhundert, indem er zwar die Redeweise von der „Entstehung der disziplinierenden Gesellschaft" (160) übernimmt, sie aber als Resultat eines anderen Prozesses darstellt (196). In ihm geht Taylor von dem Verständnis verschiedener alter und neuer, religiöser und weltlicher Eliten aus, deren Kämpfen und Kooperationen, um sich selbst und die Laien- und Volkskulturen in eine bestimmte Richtung zu verändern, die sich aus den Aufgaben der moralischen Ordnung ergab (152, 246).

Um diesen Prozess von Veränderungen in den Eliten zu Veränderungen in den Mehrheitsbevölkerungen erklären zu können, führte er bereits 2004 den Begriff der „social imaginaries" (Taylor 2004) ein. Um diese „sozialen Vorstellungsschemata der Neuzeit" (275–364) geht es nun, bevor Taylor in dem darauf folgenden Kapitel „Das Gespenst des Idealismus" (365–376) auf die Spezifik seines theoretisch-methodischen Vorgehens zurückkommt.

5.1 Die moralische Ordnung der Neuzeit

Taylor beginnt mit den neuen Naturrechtstheorien im 17. Jahrhundert (von Hugo Grotius bis John Locke), die den Zweck und die Mittel für die Gründung der politischen Gesellschaft angeben. Angesichts der religiös motivierten Kriege innerhalb und zwischen den Staaten galt als der höchste Zweck der Staatsgründung die Sicherung des Friedens, in dem die Menschen ihrem Austausch von Dingen, Eigentum und Tätigkeiten zu ihrem wechselseitigen Vorteil nachgehen können. Dafür ist die Einrichtung einer Staatsmacht als Mittel nötig, die zwar über das Gewaltmonopol verfügen muss, gleichwohl aber ihre Souveränität nach den Regeln ihrer Legitimität begrenzt. Was als legitim gilt, hängt davon ab, was jeweils unter dem vorausgesetzten Naturzustand, der zu leistenden Vertragsschließung und dem daraus folgenden, an die beschlossenen Regeln gebundenen Gesellschaftszustand verstanden wird. Aber welchen Status haben diese vertragstheoretischen Unterscheidungen? Handelt es sich um normative Fiktionen oder realistische Beschreibungen historischer Vorkommnisse?

Worauf es Taylor ankommt, ist die Freilegung der „*moralischen* Ordnung", die etwas darüber aussagt, „wie wir in der Gesellschaft zusammenleben *sollten*" (275, Hervorhebungen von mir: HPK). Sie wirke aus dem „Hintergrund" (ebd.) in den Vordergrund der jeweiligen vertragstheoretischen Darstellung hinein, die sie ihrerseits voraussetze. Wie immer das vertragstheoretische Vokabular im Einzelnen den Gesellschaftsvertrag und den Natur- und Gesellschaftszustand definiert, immer gehe es von vornherein um die Rechte und Pflichten von Individuen und um deren bindenden Vertrag. „Die Grundidee der moralischen Ordnung betont die Rechte und Pflichten, die wir als Individuen an und für sich gegenüber den anderen haben, und zwar sogar unabhängig beziehungsweise jenseits von dem, was uns politisch zusammenhält." (276) Wer aber Rechte und Pflichten ausüben kann, wer Verträge schließen und überwachen kann, kann dies als Individuum im Verhältnis zu anderen Individuen, insofern es zur Ausübung dieses Könnens *frei* ist und es sich als *gleiches* zu gleichen zu verhalten vermag.

Die beiden fundamentalen Voraussetzungen, die von der vertragstheoretischen Zweck-Mittel-Rationalität gemacht werden, bestehen darin, eine Art und Weise von Freiheit und Gleichheit im Können der Individuen in Anspruch zu nehmen. Auf diese Freilegung der Gleichheit und Freiheit von Individuen als den moralisch konstanten Präsuppositionen aller Diskurse über politische Legitimität seit der Neuzeit (295) bis heute ist das ganze Unterkapitel ausgerichtet: Schon in

5 Soziale Vorstellungsschemata der Neuzeit und das Gespenst des Idealismus — 63

der Annahme eines Naturzustands, in dem sich Menschen außerhalb aller sozialen Hierarchien befänden, stecke „implizit die Voraussetzung der Gleichheit" (276). Ein Beleg für die Wichtigkeit der Freiheit „ist die Forderung, die politische Gesellschaft müsse auf die Zustimmung derjenigen gründen, die durch sie gebunden sind." (294) Aber die Teilnehmer am vertragstheoretischen Diskurs nehmen noch auf eine andere Art und Weise Freiheit und Gleichheit als ihr „Handlungsvermögen" (*agency*) in Anspruch, als sie Freiheit und Gleichheit in den vertragstheoretischen Texten dem Inhalte nach *determinieren*. Diese Art und Weise nennt Taylor daher „überdeterminiert": „Die Befürworter der Theorie sehen sich bereits als Akteure, die durch distanziertes, diszipliniertes Handeln nicht nur das eigene Leben, sondern auch die umfassende soziale Ordnung reformieren können. Sie sind abgepufferte, disziplinierte Ichs." (294) Sie haben sich bereits von ihren Leidenschaften durch methodische Selbstdisziplinierung zur Vernunft und deren Regeln befreit.

Zwischen dem vertragstheoretischen Anfang und diesem reflexiven Ende des Unterkapitels entfaltet Taylor seine These, dass sich die neuzeitliche Legitimation staatlicher Macht aus der Freiheit und Gleichheit von Individuen während der letzten Jahrhunderte (277) „entlang dreier Achsen" (281) ausgebreitet habe: Erstens: Der naturrechtliche Diskurs blieb nicht auf die anfängliche Nische von Philosophen und Rechtsgelehrten beschränkt, sondern durchdrang andere Diskursnischen und wurde dadurch selbst transformiert, vor allem trug er zur Umformulierung der Rolle Gottes bei. Zweitens: Der Legitimationsdiskurs blieb nicht auf Autoritäten und Experten beschränkt, sondern wurde zu sozialen Vorstellungsschemata gewöhnlicher Menschen und Laien, was Taylor vom 2. bis 5. Unterkapitel erläutern wird. Drittens: Die Ausweitung betreffe auch die Spezifik der moralischen Anforderungen, die bisher nur als Voraussetzungen des Ausgangsdiskurses in dessen Hintergrund thematisiert wurden (278).

Diese dritte Erweiterung führt uns auch auf die erste Erweiterung. Zunächst erfordert sie eine Erläuterung des Sinns vom moralischen Sollen, weshalb Taylor neuzeitliche mit mittelalterlichen Vorstellungen kontrastiert. Das Evangelium enthielt derart hohe Erwartungen an die Vollbringung von Heiligem, dass man nicht davon ausgehen konnte, die Mehrheit der Christen würde in ihrem Normalverhalten dem gerecht werden können, es sei denn am Ende der Zeiten, d. h. „endzeitlich" (280). Abgesehen von den wenigen Ausnahmen Heiliger vor diesem Ende machte sich die große Mehrheit der Gläubigen die „restlose Erfüllung" (278) des Glaubensideals nicht als *Vorschrift für hier und jetzt* zu eigen, sondern nur als einen Schlüssel zum Verständnis der Wirklichkeit (279) im Großen und Ganzen, d. h. nur „hermeneutisch" (280).

Demgegenüber entwickelte sich die neuzeitliche Ordnungsvorstellung „vom Hermeneutischen zum Präskriptiven" für das Hier und Jetzt hin: War bei Grotius die Naturrechtslehre noch „eine Hermeneutik der Legitimation", so wurde sie ab Lockes politischer Theorie zu einer Rechtfertigung von Umwälzungen (ebd.). Eine moralische Ordnung überhaupt enthalte also „nicht nur eine Definition des Richtigen", sondern auch eine „Bestimmung des Kontextes, in dem das Streben nach dem Richtigen und die Hoffnung auf (wenigstens partielle) Verwirklichung des Richtigen sinnvoll ist." (281) Dafür brauche man eine „ontische Komponente" (283), d. h. Anhaltspunkte für das Verhalten in Zeit und Raum, (eben hier und jetzt oder später oder am Ende der Zeiten; in der Stadt, auf dem Dorfe, in der Kirche oder bei Hofe). Für die vorneuzeitlichen Ordnungsvorstellungen war die Ständehierarchie charakteristisch, die kosmischen Hierarchien entsprach, z. B. spiele der König in seinem Reich die gleiche Rolle wie der Löwe im Tierreich (282). In solchen Hierarchien wurden die ontischen Komponenten (in Raum und Zeit) dem Handlungssinn nach, d. h. „ontologisch" (285), verstanden (301).

In den neuzeitlichen Ordnungsvorstellungen hingegen beziehe sich die ontische Komponente nicht mehr auf Merkmale, die Gott oder den Kosmos betreffen, „sondern uns Menschen" (284), d. h. die Zweck-Mittel-Rationalität (285) und die Wertrationalität (Zwecksetzung) im „konstruktiven Handeln" (287). Gott habe dem Menschen einen starken Selbsterhaltungstrieb eingepflanzt und ihm in der Vernunft seine Stimme verliehen, so Locke als Beispiel für die christliche Legitimität der menschlichen Zwecksetzung (288). Die Konstruktivität der menschlichen Aufgabe bestand in der Neuzeit mithin darin, so könnte man Taylor mit Max Weber zusammenfassen, die Zwecksetzung christlich zu begründen (wertrational) und mittel-effizient (zweck-mittel-rational) umzusetzen.

Wir verstehen jetzt, warum die übliche Ausgangsfrage, ob die Vertragstheorien entweder normativ oder deskriptiv zu lesen seien, historisch falsch ist. Diese Theorien erfordern eine *hermeneutische* Lektüre, die sich im Sinne der Wert- und Zweck-Mittel-Rationalität *präskriptiv* entfalten lässt. Diese Lesart von Taylor deckt in dem Wandel der moralischen Ordnung vom Mittelalter zur Neuzeit eine neue Ontologie, d. h. Interpretation der Orientierung des Sinns von ontischen Komponenten (im raumzeitlichen Verhalten) auf. Insofern hält Taylor an seinem alten Projekt von einer „moralischen Ontologie", die er auch als eine philosophische Anthropologie anspricht, aus seinem früheren Hauptwerk *Quellen des Selbst* (Taylor 1994, 25 – 28, 46, 59) fest, was er vermerkt (48). Folge man dieser Lektüreart, werde verständlich, inwiefern die rationalen Grundstrukturen der Legitimation *für* Freiheit und Gleichheit *aus* überdeterminierter Freiheit und Gleichheit bis heute *konstant* (295) bleiben konnten, indem die historischen Inhalte ausgeweitet wurden. So weitete sich der Personenkreis, der in die politische Gesellschaft einbezogen wurde, von begüterten Männern auf alle Menschen heute aus. Setzte man damals nur mit Gott den Zweck, dass die Durchsetzung der Ordnung durch den menschlichen Willen „ein Gebot des göttlichen Plans" sei, voraus, dann wurden die Aufgabenverteilungen zu der zweckrationalen Frage, welche „funktionalen Differenzierungen" für den „wechselseitigen Vorteil" der untereinander „Gleichen" effektiv seien (288). Der „Individualismus" in den ursprünglichen Legitimationstheorien sei nicht die Zerstörung jeder Gemeinschaftlichkeit gewesen, wie man in einer „Subtraktionserklärung" annehmen könnte, sondern habe von Anfang an Vernunft, Geselligkeit und Gleichheit unter den Individuen beinhaltet (291). Diese sozialen Charakteristika der Individuen ließen sich zur eigentumsschaffenden Arbeit (Locke) als dem „Schlüssel des harmonischen Miteinanders" ausweiten (288) und von Rousseau, Hegel und Marx durch eine „philosophische Anthropologie" des „sozialen Wesens" Mensch (293) in neue Gesellschaftsformen der Individuen transformieren.

5.2 Was ist ein „soziales Vorstellungsschema"?

Taylor spricht von einem „sozialen Vorstellungsschema" im Unterschied zu einer Theorie, a) „weil ich von der Art und Weise rede, in der sich normale Menschen ihre soziale Umgebung ‚vorstellen', und diese Vorstellung wird oft nicht in theoretischer Terminologie ausgedrückt, sondern in Bildern, Geschichten, Legenden und so weiter überliefert. Außerdem ist es so, dass b) eine Theorie einer kleinen Minderheit gehört, während das soziale Vorstellungsschema deshalb so interessant ist, weil es großen Gruppen von Personen, wenn nicht gar der gesamten Gesellschaft gemeinsam ist. Daraus ergibt sich ein weiterer Unterschied gegenüber der Theorie: c) Das soziale Vorstellungsschema ist jene gemeinsame Auffassung, die gemeinschaftliche Praktiken und ein weit verbreitetes Gefühl der Legitimität ermöglicht" (296). Diese Auffassung von Situationen sei „sowohl faktenbezogen als auch ‚normativ'" (ebd.). Schließlich gehe d) das soziale Vorstellungsschema „über das unmittelbare Hintergrundverständnis, das unseren speziellen Praktiken Sinn verleiht, hinaus" in eine „umfassendere Deutung" der „Gesamtsituation": Diese Erschließung eines immer vermittelter werdenden „Hintergrunds" habe „keine scharfen Grenzen" (297) und führe letztlich in eine „Unbegrenztheit und Unbestimmtheit" (298) im Ganzen, der ebenfalls nicht die Theorieform angemessen sei. „Das implizit mit der Praxis einhergehende Verständnis verhält sich zur Gesellschaftstheorie ebenso, wie sich meine Fähigkeit, mich in vertrautem Gelände zurechtzufinden, zu einer (wirklichen) Landkarte dieses Gebiets verhält." (Ebd.)

Das Verhältnis zwischen den Praktiken und ihrem Hintergrundverständnis wird als eine wechselseitige Beziehung des Tragens und der Ermöglichung verstanden, die im „Repertoire", sich im sozialen Raum unter den verschiedenen Adressaten durch Anredeformen zurechtzufinden, hervortrete: „Sofern es zutrifft, dass die Praktik durch das Verständnis ermöglicht wird, ist es ebenfalls richtig, dass das Verständnis weitgehend von der Praktik getragen wird." (298) Die Schematisierung von Vorstellungen durch Metaphern, Bilder oder andere Muster ordne dem Sinn, in dem ein Vorkommnis genommen werden soll, die Ausführung des entsprechenden Antwortverhaltens zu. Insofern lassen sich Verstehenspraktiken durch Vorstellungsschemata ändern, indem man in diese Praktiken großer Bevölkerungsgruppen andere Schemata einführt, die aus diesen Praktiken ursprünglich fernen Nischendiskursen herkommen. Dieser „Konstruktivismus" in der modernen politischen Kultur habe sich in der Amerikanischen und Französischen Revolution im 18. Jahrhundert gezeigt (302). In dieser Hinsicht bestehe „eine gewisse Ähnlichkeit mit Kants Begriff der ‚Schematisierung' einer abstrakten Kategorie im Fall ihrer Anwendung auf die raumzeitliche Wirklichkeit." (303)

In den folgenden Unterkapiteln beschäftigt sich Taylor mit der Herausbildung dreier moderner „Formen der sozialen Selbstdeutung" (304) durch Vorstellungsschemata, nämlich der Ökonomie, Öffentlichkeit und Volkssouveränität.

5.2.1 Die Ökonomie als objektivierte Realität

Im 18. Jahrhundert, vor allem der zweiten Hälfte, kam es in Westeuropa zu einem merkwürdigen Wandel des sozialen Selbstverständnisses, den es zu verstehen gilt. Insofern die *Ökonomie* als eine eigene Marktsphäre aus der politisch verfassten Gesellschaft zunehmend ausgegliedert wurde, fiel die Gesellschaft nicht mehr mit der politischen Gesellschaft, die staatszentriert verstanden worden war, zusammen. *Gesellschaft* konnte auch auf eine andere als derart politische, eben ökonomische Weise „organisiert" werden (313). Die „Gesellschaft" wurde zu einem Begriff, der sich von nun an „durch eine Reihe verschiedener Anwendungen hindurch" bewegte, eben als Ökonomie, als Kultur, als Zivilgesellschaft neu verstanden werden konnte (316), wobei sich auch seine politische Bedeutung als Staat, als Öffentlichkeit und als Volkssouveränität ausdifferenzierte. Dabei ergänzten sich die verschiedenen Betrachtungsweisen von Gesellschaft nicht einfach, sondern standen im Kampf miteinander (317): Ging es doch im Falle der Herausbildung von Volkssouveränität und Öffentlichkeit um „kollektive Handlungsinstanzen" und im Falle der Organisation von Märkten um individuelle Handlungsinstanzen, die trotz ihrer auch egoistischen Motivation aus strukturellen Gründen , d. h. „hinter ihrem Rücken", zum Gemeinwohl beitragen sollten (313).

Erklärungsbedürftig an diesen Kämpfen um die Gesellschaft ist zunächst einmal, wie es überhaupt in einem christlichen Rahmen von Erwartungen dazu hat kommen können, zumindest doch einen Teil der Gesellschaft wie eine naturhafte Realität als Ökonomie *einzurichten* und *zu behandeln,* wovon die Herausbildung der Politischen Ökonomie von William Petty (314) über die Physiokraten bis zu Adam Smith (312) zeugt. Taylors Antwort betrifft die wertrationale Zwecksetzung, wie eine derartige Aufwertung des normalen und endlichen Lebens der breiten Bevölkerungsschichten möglich wurde, das dann – im Unterschied zum Staatshaushalt – einer Ökonomisierung nach Zweck-Mittel-Kriterien ausgesetzt werden konnte. Man verstehe diese enorme Aufwertung, wenn man die christlichen Reformbestrebungen als „eine Heiligung des normalen Lebens" (in Beruf und Familie, mit Arbeit und Sex) begreife, „die unsere Zivilisation nach meiner These durch und durch geprägt hat" (310). In der Aufwertung des Ökonomischen komme nicht nur eine Emporhebung des Schicksals der Armen und Demütigen als Gleicher vor Gott zum Ausdruck, sondern auch die Hoffnung, die gewaltsamen Leidenschaften des Krieges durch die sanfte Leidenschaft des Geldverdienens im Frieden kontrollieren und steuern (mit Albert O. Hirschman 311) zu können. In diesem Sinne einer allgemeinen Aufwertung des Ökonomischen am normalen menschlichen Leben wurde es, schon bei Locke, eine *Metapher* für die politische Gesellschaft, die Sicherheit und ökonomischen Wohlstand einschließe (306). Aber es sei ein weiterer Schritt gewesen, wenn das Gedeihen der Wirtschaft zum wichtigsten politischen *Ziel* der Gesellschaft wurde, wie im Absolutismus, der die Wirtschaft aktiv als Handlungssphäre einrichtete, wenngleich noch als Mittel seiner politischen und militärischen Macht (308 f.).

In diesem größeren wertrationalen Rahmen wird nun für Taylor verständlich, weshalb Reformvorschläge zum zweckrationalen Umgang mit dem Ökonomischen als einer Marktökonomie durch die geförderte Wissenschaft der Politischen Ökonomie resonanzfähig wurden. Aus dem gütigen Plan Gottes wurde ein Plan, den es zum wechselseitigen Vorteil der Menschen so einzurichten galt, dass die strukturellen Resultate ihrer Handlungsabsichten und Einstellungen Wohlstand zeitigen (Adam Smith' „unsichtbare Hand", 305). Es gehe bei der ökonomischen Ordnung um einen „guten technischen Entwurf, bei dem Wirkursachen die ausschlaggebende Rolle spielen": „Der göttliche Plan bezieht sich nicht auf harmonisierte Bedeutungen, sondern auf ineinander verzahnte Ursachen." (306) Die soziale Realität wurde in statistischen Figuren über Wohlstand, Produktion und Demographie seit Mitte des 17. Jahrhunderts objektiviert, wodurch das soziale Selbstverständnis einen „unumstößlich bifokalen" Charakter gewann (314). Außer den Bildern von den kollektiven Handlungsinstanzen avancierten die statistischen Vorstellungsschemata zum wichtigsten Brennpunkt der Auseinandersetzung um die Gesellschaft.

5.2.2 Die Öffentlichkeit

Am einfachsten kann man sich eine Öffentlichkeit als einen gemeinsamen Raum vorstellen, wenn man an eine Versammlung oder den Besuch eines Fußballspiels denkt. Mehr oder minder viele Leute sammeln sich zu einem bestimmten Zweck an einem gemeinsamen Ort hier und jetzt, was Taylor als „topischen gemeinsamen Raum" bezeichnet (323). Dies würde jedoch nicht für eine Öffentlichkeit reichen, die für neuzeitliche Flächenstaaten und deren politische Ordnung relevant sein könnte. Sie ist an die „Interkommunikation" über verschiedene Medien gebunden, die die Teilnahme an der Kommunikation ermöglichen, ohne dass man sich in dem topisch gemeinsamen Raum befinden muss. Zudem beziehe sich eine politisch relevante Form von Öffentlichkeit auf ein gesellschaftlich gemeinsames Interesse: „Die Öffentlichkeit möchte ich als einen gemeinsamen Raum kennzeichnen, in dem die Angehörigen der Gesellschaft durch eine Reihe von Medien – durch Gedrucktes, auf elektronischem Weg und auch durch persönliche Begegnung – zusammenkommen, um Angelegenheiten von gemeinschaftlichem Interesse zu besprechen und so die Möglichkeit zur Bildung einer gemeinsamen Meinung über diese Angelegenheiten zu erhalten." (320)

Das Gemeinsame liege in dem gemeinsamen Fokus der Handlungen der Beteiligten: „Das, was im Brennpunkt steht, ist für alle wirklich – und nicht nur annähernd das Gleiche – , denn man geht davon aus, dass sich alle gemeinsam dem gleichen Gegenstand oder Zweck widmen" (323). Aus der Reihe gemeinsamer Handlungen zu diesem Zweck gehe dann der öffentliche Raum hervor, wenn sich die an der Kommunikation Beteiligten *vorstellen*, wie die verschiedensten „fragmentarischen Diskussionen, die an einzelnen Orten geführt werden, aufeinander Bezug nehmen": „Die Öffentlichkeit war eine Mutation des sozialen Vorstellungsschemas" (322) und ihr Raum ein „metatopischer" (324)

Im Unterschied zu den meta-topischen Räumen von Kirche und Staat trete die Spezifik der Öffentlichkeit hervor, wenn man „ihre vom Politischen unabhängige Identität" und „ihre Leistungsfähigkeit als Maßstab zur Legitimitätsbeurteilung" (324) berücksichtige. Die Vertragstheorien des 17. Jahrhunderts beanspruchten im Naturrecht einen geistigen Standpunkt „außerhalb des politischen Bereichs", von dem aus die „Leistung der Politik beurteilt werden kann", und sie machten die politische Gesellschaft von der Zustimmung derjenigen abhängig, „die sich dadurch binden", also von ihrer Freiheit (ebd.). Beide Erwartungen übernehme und erfülle nun dasjenige, was sich als Öffentlichkeit herausbilde: „Die Regierung muss die Zustimmung der Regierten erhalten, und zwar nicht nur einmal am Anfang, sondern als fortwährende Bedingung ihrer Legitimität." (325)

Aber wie sollte die „öffentliche Meinung" diese ständige Legitimation leisten können (326)? Im Unterschied zur Öffentlichkeit einer antiken Republik oder

Poleis liege die neuzeitliche Öffentlichkeit nicht innerhalb des Politischen der von vornherein durch Gesetz bevorrechteten Bürger, sondern „außerhalb der Macht": „Die Macht soll ihr zwar Gehör schenken, aber sie selbst übt keine Macht aus. Ihr in diesem Sinne außerpolitischer Status ist ausschlaggebend." (328) „Dieser außerpolitische Status ist nicht nur negativ – als Mangel an Macht – definiert, sondern er wird auch positiv gesehen: Gerade weil die öffentliche Meinung keine Macht ausübt, kann sie im Idealfall vom Parteigeist losgelöst und zugleich rational sein." (Ebd.) Und woher sollte ein derart außerpolitisches Potenzial für die Politik kommen? Das Muster stammte aus dem Vorläufer der Öffentlichkeit, den man ab Ende des 17. Jahrhunderts die „Gelehrtenrepublik" (330) nannte: Sie entstand aus der medialen Kommunikation der Gebildeten Europas, die trotz ihrer verschiedensten Herkünfte und Zugehörigkeiten eine an den Regeln der vernünftigen Argumentation orientierte Diskussion zu gemeinsamen Fragen führten. Diese Vereinigung Aufgeklärter existierte nicht innerhalb einer vorgegebenen politischen Struktur, sondern frei davon, d. h. „säkular" (331). Darunter versteht Taylor die Art und Weise, „in der die menschliche Gesellschaft in der Zeit existiert" (332).

Die neue Zeitlichkeitsform der Säkularität stand im Gegensatz zu der Auffassung der Kirche als einer Stiftung Gottes (335), des Kaiser- oder Königtums im metaphysischen Rahmen einer großen Kette der Wesen (mit M. Polanyi, 332), des unvordenklichen Gesetzes, das in einer mythischen „Zeit der Ursprünge" (mit M. Eliade, 337) ein Volk konstituiert hatte. In all diesen Fällen wurde eine *höhere* Zeit vorausgesetzt, die das menschliche Handeln vorab transzendiert und dadurch in der Folge ermöglicht, indem an den höheren Ursprung symbolisch-rituell erinnert wird. „Dagegen ist die Öffentlichkeit eine Verbindung, die durch nichts konstituiert ist, was über das in ihrem Rahmen vollzogene gemeinsame Handeln hinausginge" (333): „Die Strukturen sind im Zuge früherer Kommunikationsakte im gemeinsamen Raum etabliert worden, und diese Akte sind von der gleichen Art wie jene, die wir jetzt ausführen." (334) Eine Personengruppe werde durch den Bereich an gemeinsamen Handlungen zu einem kollektiven Akteur. Nimmt sie für diese Konstitution „nichts weiter als das gemeinsamen Handeln" in Anspruch, also keinen ihrem Handeln „transzendenten" Grund, spricht Taylor von einer „säkularen" Handlungsinstanz (335). Die Teilnehmer gehören dann zu demselben Zeitalter, was „säkular" in der Etymologie auch meinte. „Aus einem bestimmten Blickwinkel kann man die moderne ‚Säkularisierung' als Ablehnung höherer Zeiten und Setzung einer rein weltlichen Zeit auffassen." (338, bei Walter Benjamin „homogene Zeit"). „Ein außerpolitischer, säkularer, metatopischer Raum – das ist es, was die Öffentlichkeit war und ist." (339) – Diese Zusammenfassung transformiert die Konzeptionen von J. Habermas' *Strukturwandel der Öffentlichkeit* und M. Warners *The Letters of the Republic*, von denen er ausgegangen war (321).

5.2.3 Volkssouveränität

Die Volkssouveränität als gewaltenteiliges und repräsentatives Verfahren hatte sich zwei Jahrhunderte nach der Amerikanischen und Französischen Revolution zu dem in der westlichen Welt allgemein anerkannten Vorstellungsschema für die Gestaltung der politischen Gesellschaft durchgesetzt. Aber wie waren diese Schemata der Verbindung zwischen Theorie und Praxis (346) vor diesen und während dieser Revolutionen entstanden?

Zunächst unterscheidet Taylor idealtypisch zwei Wege, die sich realgeschichtlich überkreuzen konnten: „Einerseits kann es geschehen, dass eine Theorie zu einer neuen Art von Tätigkeit mit neuen Praktiken anregt und auf diese Weise das Vorstellungsschema der Gruppen prägt, die sich diese Praktiken zu eigen machen." (340) So habe zum Beispiel die puritanische Idee des Bundes zu einer neuen Kirchenstruktur geführt, die ihrerseits im Kongregationalismus politische Auswirkungen hatte. „Andererseits kann die Veränderung des sozialen Vorstellungsschemas mit der Uminterpretation einer Praktik einhergehen, die schon im alten System existierte. Ältere Formen der Legitimität werden sozusagen von neuen Ordnungsvorstellungen kolonisiert und anschließend transformiert; und in manchen Fällen vollzieht sich diese Entwicklung ohne einen klaren Bruch." (Ebd.)

Für diesen zweiten Weg stehe die Entwicklung der englischen Kolonien zu den Vereinigten Staaten von Amerika. Anfangs beriefen sich die Siedler in den Kolonien gegen die Regierung des Empire auf die „Rechte des Engländers" (342), eine Tradition aus unvordenklich hoher Zeit. Sie enthielt bereits lokale Freiheiten, die Praktik von Versammlungen und ein Mitspracherecht in Steuerfragen, an die sich im eskalierenden Kampf anknüpfen ließ, um eigene Regierungen zu wählen und Staaten zu gründen. Im Krieg, der alles radikalisierte, wurde insofern ein Bruch vollzogen, als das Naturrecht durch die allgemeinen Menschenrechte interpretiert wurde, zunächst in der Verfassung von Einzelstaaten, schließlich von den Gründervätern auf der Unionsebene über die Konföderation hinausgehend (342 f.). Damit war die Gründung keine Wiederherstellung mehr der mythischen Frühzeit, sondern zu etwas geworden, das auch heute „in rein säkularer Zeit durch kollektives Handeln zustande gebracht werden kann" (341). Fortan wurde das souveräne Volk, das erst am Ende eines langen Prozesses entstanden war, in den Anfang dieses Prozesses zurück projiziert (343).

Taylor kontrastiert diesen anglo-amerikanischen Weg der Selbstregierung durch gewählte Versammlungen (346) scharf mit dem der Französischen Revolution, gestützt auf Arbeiten von Francois Furet und Pierre Rosanvallon. Die Französische Revolution sei zu keinem Ende zu bringen gewesen, habe also noch ihre Wiederholungen im 19. Jahrhundert bis zur dritten Republik gebraucht (364), weil es in ihr zu keiner „allgemein anerkannten Deutung des institutionellen Sinns der Volkssouveränität" (344) kam. Es habe keineswegs an konkurrierenden Interpretationen der Volkssouveränität gemangelt (347), sondern daran, dass ihre Institutionalisierung einer allgemein verbindlichen Schematisierung (in Analogie zu Kants Philosophie, 346) durch Repräsentation (345) bedarf. Dafür war schon die Vorgeschichte der Französischen Revolution mehr als ungünstig: Den französischen Unterschichten fehlte eine Tradition der Selbstregierung (346), sie kannten allein destruktive Revolten (Taylor 2004, 8. Kap.). Und die repräsentativen Institutionen der Oberschichten in den drei Kammern der Generalstände waren vom französischen Absolutismus nicht nur seit 175 Jahren außer Kraft gesetzt, sondern sahen auch keine Beteiligung neuer gebildeter Schichten vor (345). Charakteristisch für das Fehlen allgemeiner Vorstellungsschemata sei der jakobinische Versuch gewesen, durch Rückgriff auf Rousseaus Theorie das Revolutionsproblem zu lösen, was aber Terror bewirkte.

Im Gegensatz zur Standardauffassung der meisten Aufklärer glaubte Rousseau nicht daran, dass die leidenschaftslose, d. h. desengagierte Vernunft den universellen Standpunkt eines unparteiischen Beobachters sichert. Sie stelle vielmehr eine Magd unseres strategischen Selbst dar, durch das wir andere zu kontrollieren meinen, in Wirklichkeit aber von ihnen immer abhängiger werden. Demgegenüber führe das Gewissen zum unterdrückten, aber wahren Ich (351). Rousseau wollte den Dualismus aus egoistischem Einzelwillen und dem Allgemeinwillen durch Engagement überwinden, um die Eigenliebe oder Selbstsucht (*amour propre*) abstreifen zu können. „Die Urinstinkte Selbstliebe (*amour de soi*) und Mitleid (*pitié*) verschmelzen im vernünftigen und tugendhaften Menschen zur Liebe für das Gemeinwohl, die im politischen Kontext ‚Gemeinwille' heißt." (349) Robespierre knüpfte 1792–1794 an die Tugend als die Verschmelzung von Selbst- und Vaterlandsliebe an, wodurch es in der politischen Praxis keinen legitimen Patz mehr für Privatinteressen gab. Statt eine allgemeine Repräsentation durch Wahlen zu sichern, wurden solche schauspielerischen Vorstellungen abgewiesen, um die „Transparenz des Gemeinwillens" gegen die „Undurchsichtigkeit" der Einzelwillen herzustellen (352 f.). Aber diese öffentlichen Verschmelzungsfeiern der Tugend bedurften einer religiösen Ritualisierung, die öffentliche Repräsentation durch eine „Inkarnation" ersetzte, in der sich schließlich die Minderheit der Tugendhaften verkörperte. Dieses Provisorium, so Taylor, lasse sich in keiner wirklich funktionierenden Republik verstetigen, sondern wurde ab der Russischen Revolution der Bolschewiki zum Muster für die schreckliche „Politik der Avantgarde" im 20. Jahrhundert (355 f.).

5.3 Die Gesellschaft des Direktzugriffs

Taylors Kapitel über die „Sozialen Vorstellungsschemata der Neuzeit" behandelt abschließend Tendenzen, die sich aus dem bisher aufgezeigten Wandel am Ende des 18. Jahrhunderts für die Moderne im 19. und 20. Jahrhundert ergeben und die er unter dem zeitdiagnostischen Ausdruck der „Gesellschaft des Direktzugriffs" zusammenfasst: „Wir sind von einer hierarchischen Ordnung der personalisierten Verbindungen zu einer unpersönlichen, egalitären Ordnung übergegangen – von einer vertikalen Welt des vermittelten Zugriffs zu einer horizontalen Gesellschaft des unmittelbaren Zugriffs." (361) Mit der hierarchischen Ordnung der personalisierten Verbindungen in vertikaler Richtung sind die vorneuzeitlichen Vorstellungsschemata gemeint. Die Gesellschaft nahm als Ständeordnung an einer kosmischen Ordnung teil, in der sich hierarchisch das Göttliche von oben nach unten in vertikaler Richtung verkörperte. Schaut man von unten, von jemandem aus dem Volke her, in diese Ordnung hinein, zählte das Individuum nicht als Individuum. Es stand von vornherein als Angehöriger eines Standes in persönlichen Abhängigkeitsverhältnissen zu den Angehörigen anderer Stände, so als leibeigener Bauer zu seinem Lehnsherren, der seinerseits vom König abhing. Die Zugehörigkeit des Individuums zur Gesellschaft war jeweils durch seinen Stand *vermittelt* und hing *im Ganzen* von dieser Vermittlung ab.

Diese vertikale Ordnung der vermittelten Zugehörigkeit zum Sozialen änderte sich durch die neuen Vorstellungsschemata der Neuzeit in eine horizontale Richtung, die frei und gleich machte (362), allerdings in unpersönlichen Verhältnissen verschieden bestimmter Zweck-Mittel-Rationalitäten, die als funktionsspezifische „Systeme" thematisiert wurden (360). In dem Maße, in dem die neuen Vorstellungsschemata der Öffentlichkeit, Marktökonomie, des Bürgerstaats und anderer Bereiche praktisch griffen (362), in dem Maße liefen die früheren „handlungstranszendenten" Gründe aus einer höheren Zeit (358) leer. An deren Stelle traten kollektive und (ökonomisch verteilte) individuelle Handlungsinstanzen, die sich aus sich selbst in säkularer Zeit begründeten, d. h. (mit Benedict Anderson) aus der Gleichzeitigkeit von Ereignissen in der homogenen Zeit (359). So verschieden die neuen unpersönlichen Systeme auch waren, der Zugang und die Zugehörigkeit zu ihnen wurden nach Regeln der Freiheit und Gleichheit der Individuen gestaltet. Sie blieben auch auf dem langen Marsch bis zur Universalisierung für alle Menschen heute durch solche Regeln gestaltbar. Die Zugehörigkeit zu einer im Unterschied zu den anderen der neuen Handlungsinstanzen sei für alle Beteiligten „durch keine ihrer sonstigen Loyalitäten und Zugehörigkeiten vermittelt", sondern „direkt" geworden (362). „Der moderne Individualismus als moralische Idee bedeutet keineswegs, dass man gar keine

Zugehörigkeit mehr kennt – das ist der Individualismus der Anomie und des Zusammenbruchs –, sondern er bedeutet, dass man sich vorstellt, immer umfassenderen und immer unpersönlicheren Gebilden anzugehören: dem Staat, der Bewegung, der Gemeinschaft der Menschen." (363)

Taylor spricht einige Gegentendenzen zu dieser Gesellschaft, auf deren Handlungsinstanzen die Individuen als Individuen einen direkten Zugriff haben sollen, an: Die politisch kollektive Handlungsinstanz führte nicht nur zur Forderung nach der Selbstbestimmung aller Nationen als gleichberechtigter, sondern zum modernen Nationalismus (359), der imperiale Hierarchien ermöglichte. Taylor vergleicht soziale Vorstellungsschemata auch mit „Weltbildern" in Heideggers Sinne, also mit Bildern, die das Sein auf die Beherrschung von Seiendem einschränken (360), was man im Marxismus *Ideologien* nannte. Moderne Gesellschaften des Direktzugriffs seien homogener als vormoderne Gesellschaften, was sich darin zeige, dass sich die „sozialen Vorstellungsschemata der verschiedenen Klassen immer stärker aneinander angenähert haben" (363). Es gibt in Taylors Zeitdiagnose also doch noch Klassen, was im Sinne von Pierre Bourdieus Soziologie (Bourdieu/Wacquant 1992) bedeuten würde, dass die Zugehörigkeiten der Individuen zu den verschiedenen modernen Handlungsinstanzen in Ökonomie, Politik, Öffentlichkeit, Kultur zwar *formal* unabhängig voneinander sein *sollen*, es aber *realiter* nicht sind, da sich die verschiedenen Formen von ökonomischem, politischem, symbolischem, kulturellem Kapital gegeneinander austauschen lassen. Ohne die *Vermittlung* durch Kapitalformen hinter dem Rücken der Individuen, wie Smith es ausgedrückt hatte, werden die Formen des direkten Zugriffs nicht verständlich. In der Philosophischen Anthropologie spricht man von Figuren der „vermittelten Unmittelbarkeit" (Plessner 1975, 321–330; sozialtheoretisch Lindemann 2014).

Es fehlt in Taylors Buch eine Andeutung von dem, was inzwischen Hans Joas als den Prozess der *Sakralisierung der Person* ausgeführt hat. Der politische, ökonomische, religiöse und kulturelle Kampf um das rechtsgeschichtliche Institut der Personalität für alle Menschen benötigte und braucht noch heute Vorstellungsschemata eigener Art (Joas 2011). Das Entwicklungspotenzial der Individuen bedarf vor allem dieser vermittelten Sicherung, „in der jedes Mitglied in einer ‚unmittelbaren' Beziehung zum Ganzen" (359) erst stehen könnte, weil dies die je funktionsspezifischen Handlungsinstanzen nicht ermöglichen. Die Erweiterung des demokratischen Rechtsstaats zu einer sozialen und partizipierenden Demokratie hat freilich ihre eigenen Dilemmata (Habermas 1985).

Schließlich fehlt bei Taylor völlig die Frage, *was nun*, nach der Verlagerung der Ordnung aus der Vertikale in die Horizontale, *aus der Vertikale wird*. Man muss sie nicht mit metaphysischen Hierarchien auf vorneuzeitliche Weise identifizieren, sondern kann auch die Vertikale als konstruktive Aufgaben im Verhältnis der

Gesellschaft zur äußeren und eigenen Natur, in anderer Hinsicht zur lebendigen und anorganischen Natur neu verstehen (Plessner 1975, 26–37; Krüger 2010). Daraus erwuchs seit der Neuzeit die Frage nach dem „anthropologischen Quadrat", in dem Personen nicht nur von Tieren und Maschinen unterschieden, sondern in Lebensformen situiert werden, von denen insbesondere ihr Lebensanfang und ihr Lebensende abhängen (Lindemann 2009). Dieser Frage nach den „neuen Lebensmächten" (Plessner 1982, 98–100; Krüger 2009), die unter Foucaults Titel der modernen, weil produktiven „Biomacht" bekannt geworden sind, kann Taylor *nach* Einrichtung der Disziplinargesellschaft nicht mehr nachgehen, weil er die vertikale Frage nach Naturzusammenhängen nicht neu konzipiert.

5.4 Das Gespenst des Idealismus

Taylor wiederholt zunächst, dass seine Erklärungsart keine „Kausalerklärung" (282, 369) darstellt, die analytisch zwischen „Faktoren" unterscheidet, die dann als „Wirkursachen" im Gegensatz zu jedem „Telos" (366) für den Geschichtsverlauf in Betracht kommen. Selbst wenn man von dieser Aufgabe absieht, könne seine Erzählung von der neuzeitlichen Verbindung zwischen Theorien und Praktiken durch soziale Vorstellungsschemata den Eindruck eines „Idealismus" erzeugen, da die Ideen zunächst in elitären Diskursnischen entstanden seien, ehe sie durch Schematisierungen größere Praktiken geprägt oder transformiert haben können. Wo bleibe in dieser Erklärung, marxistisch gesprochen, die Rolle der ökonomischen Basis (strukturell gesehen) und der kapitaltragenden Schichten und ökonomischen Motive aller (akteursmäßig betrachtet)?

Taylor lässt das Begriffsvokabular dieses Einwands nicht gelten, weil es etwas, das „in Wirklichkeit" nicht getrennt, sondern durch praktikable Schemata gerade verbunden sei, nämlich ideelle und materielle Bedingungen einer Praxis (368), als Elemente trennt, die dann die Ursache des jeweils anderen Elements sein sollen (365). Da Praktiken von Menschen, d.h. hermeneutisch anthropologisch gesehen, schon immer Praktiken des Verstehens von etwas in einem Sinnzusammenhang seien (ebd.), werde der „historische Materialismus" nur dann „kohärent", wenn dessen Primat der Ökonomie als das Primat der ökonomischen Motivation gedeutet werde. Aber damit verwandele er sich in eine „teleologische Erklärung", die als „allgemeines Prinzip" nicht einleuchte (366). „Die einzige allgemeine Regel der Geschichtsbetrachtung ist die, dass es keine allgemeine Regel gibt, wonach *eine* Gruppe von Motiven immer die treibende Kraft ist." (367, nicht apriori 368)

Der Haupteinwand von Taylor gegen die Einwände der kausalen Erklärung und der historisch-materialistischen Erklärung besteht darin, dass sie den Dualismus von materiellen und ideellen Faktoren als eine moderne Selbstverständlichkeit in Anspruch nehmen, womit wir bei seiner anfänglichen Kritik an Subtraktionen wiederangelangt sind. Was diese Erklärungen für das Erklärungsbedürftige (*explanandum*) und das Erklärende (*explanans*) halten, ist selbst erst das moderne Resultat desjenigen neuzeitlichen Prozesses, den es aber aus seinen spätmittelalterlichen Voraussetzungen heraus zu erklären gilt. Die Frage nach dem Primat einer bestimmten im Unterschied zu den anderen neuzeitlichen Handlungsinstanzen stellt sich erst in dem Maße, als diese Instanzen historisch entstanden sind. So werden die folgenden Seiten verständlich, auf denen Taylor die historische Andersartigkeit am Beginn des neuzeitlichen Veränderungsprozesses noch vertieft, indem er auf die „Zähmung oder Domestizierung des Feudaladels" von einer alten Kriegerkaste zum Dienstadel für den Hof (370, 373) verweist. Erst am Ende des Prozesses trat, so in Adam Fergusons *An Essay on the History of Civil Society* (1767), die „kommerzielle Gesellschaft der eigenen Zeit" als der „Gipfelpunkt" der ganzen Menschheitsgeschichte hervor, der nun rückwirkend aus früheren Ökonomien erklärt werden sollte (375 f.).

Taylor ist durch die Einführung der sozialen Vorstellungsschemata in seine hermeneutische Ontologie der moralischen Ordnung ein großer Schritt aus dem hermeneutischen Idealismus, der unter dem Primat des Selbstverstehens steht, gelungen. Abgesehen von dem so ermöglichten Einbau der Disziplinargesellschaft, die es zuvor in Taylors *Quellen des Selbst* nicht gab, unterbreitet er dadurch einen Vorschlag zur Entstehung von kollektiven und marktförmig individuellen Handlungsinstanzen. Man könnte diese wechselseitige Verflechtung von Praktiken und Hintergrundverständnissen durch soziale Vorstellungsschemata als Taylors konzeptionelle Version von einer historisch gewachsenen *Lebenswelt* auffassen, die bei ihm keinen transzendental überhistorischen Status (Husserl) mehr hat, aber auch nicht wie in Habermas' *Theorie des kommunikativen Handelns* die transzendentalpragmatische Kontextualisierung des kommunikativen Handelns bildet, sondern dem narrativen Gewebe der Mitwelt bei Arendt ähnelt (Krüger 2009, 31– 38, 200 – 297). Taylor schloss demgegenüber an Heideggers ontisch-ontologische Differenz an (169, 297, 339, 360; Taylor 1994, 67, 209, 318, 796; vgl. dagegen Taylor/Krüger 2012, 763 – 767). Das Ganze der *human condition* bleibe dilemmatisch (1028, 1120), eine Unbestimmtheit (298) und daher geschichtlich für die Zukunft offen (1117– 1119; Taylor/Krüger 2012, 776 – 783).

Obgleich Taylor diese offene Sichtweise mit Arendts historischer und Plessners philosophischer Anthropologie teilt, kann Taylor zwischen dem *Selbst*verständnis und einem darüber hinausgehenden *Welt*verständnis nur anhand der handlungstranszendenten Gründe von Religion unterscheiden (1123). Taylor, der begründet einen Humanismus kritisiert, der Religiosität ausschließt, schließt selbst hermeneutische Naturauffassungen aus, die das menschliche Leben auf säkulare, also Religiosität einschließende Weise in der Vertikale der Natur verstehen. Personales Leben bedarf eines utopischen Standorts zwischen der Transzendenz der lebendigen Natur und der Nichtigkeit menschlicher Selbstermächtigungen (Plessner 1975, 341–346). Da Taylor die vertikale Frage der Naturphilosophie und des Herstellens von Welt auf der Erde im Universum aufgibt, hat er keinen Zugang zu Arendts kritischer Diagnose: „Weltentfremdung und nicht Selbstentfremdung" sei das Kennzeichen der Neuzeit (Arendt 1981, 325).

Zitierte Literatur

Arendt, H. 1981: Vita activa oder Vom tätigen Leben, München u. a.
Bourdieu, P./Wacquant, J. 1992: An Inivitation to Reflexive Sociology, Chicago.
Foucault, M. 1981: Überwachen und Strafen. Die Geburt des Gefängnisses, Frankfurt/M.
Habermas, J. 1985: Die Krise des Wohlfahrtsstaates und die Erschöpfung utopischer Energien, in: ders., Die Neue Unübersichtlichkeit. Kleine Politische Schriften V, Frankfurt/M., 141–163.
Joas, H. 2011: Die Sakralität der Person. Eine neue Genealogie der Menschenrechte, Berlin.
Krüger, H. 2009: Philosophische Anthropologie als Lebenspolitik. Deutsch-jüdische und pragmatistische Moderne-Kritik, Berlin.
Krüger, H. 2010: Gehirn, Verhalten und Zeit. Philosophische Anthropologie als Forschungsrahmen, Berlin.
Lindemann, G. 2009: Das Soziale von seinen Grenzen her denken, Weilerswist.
Lindemann, G. 2014: Weltzugänge. Die mehrdimensionale Ordnung des Sozialen, Weilerswist.
Maclure, J./Taylor, C. 2011: Laizität und Gewissensfreiheit, Frankfurt/M.
Plessner, H. 1975: Die Stufen des Organischen und der Mensch. Einleitung in die philosophische Anthropologie, Berlin.
Plessner, H. 1982: Die verspätete Nation, in: ders., Gesammelte Schriften VI, Frankfurt/M.
Taylor, C. 1983: Hegel, Frankfurt/M.
Taylor, C. 1994: Quellen des Selbst. Die Entstehung der neuzeitlichen Identität, Frankfurt/M.
Taylor, C. 2004: Modern Social Imaginaries, Durham.
Taylor, C. 2011: What Was the Axial Revolution? In: ders., Dilemmas and Connections. Selected Essays, Cambridge-London.
Taylor, C. zusammen mit Krüger, H. 2012: Glaube und Vernunft. Ironie in der conditio humana?, in: *Deutsche Zeitschrift für Philosophie* 60, Berlin, 763–784.

Veronika Hoffmann
6 Vom Deismus zum ausgrenzenden Humanismus und die Frage der Subtraktion (Kap. 6 und 7)

„Wie konnte es geschehen, dass der ausgrenzende Humanismus für sehr viele Menschen der Eliten und später aller Schichten zu einer tragfähigen Option wurde?" (379) So lautet Taylors Leitfrage für den II. Teil von *Ein säkulares Zeitalter*, der dementsprechend „Der Wendepunkt" betitelt ist.

Taylor zufolge führt der Weg von der Selbstverständlichkeit der Religion zum „ausgrenzenden Humanismus", d.h. einem Humanismus, der sich in keiner Weise mehr auf Transzendenz bezieht,[1] über ein Zwischenstadium, das sich etwas vereinfachend als „Deismus" (379) betiteln lässt, dabei aber mehr umfasst als die übliche Begriffsbestimmung. Dieses Zwischenstadium beobachtet Taylor auf drei Ebenen, die eng miteinander verzahnt sind, so dass sie sich nicht scharf voneinander abgrenzen lassen: der anthropologischen, wo es zu einer „anthropozentrischen Verschiebung" kommt (6.1), der gesellschaftlichen, wo die Idee einer „unpersönlichen Ordnung" in den Vordergrund tritt (6.2), sowie der Ebene eines „geläuterten" Religionsverständnisses (6.3).

6.1 Anthropozentrische Verschiebung

Um die Wende vom 17. zum 18. Jahrhundert beginnt sich die traditionelle Idee der göttlichen Vorsehung zu verändern: „Die Ziele, die Gott für uns im Sinn hat, schrumpfen auf ein einziges zusammen, nämlich die Verwirklichung der von ihm für uns geplanten Ordnung wechselseitigen Vorteils." (380) Das heißt: Die Welt und ihre Ordnung ebenso wie das menschliche Leben haben keine andere Ausrichtung mehr als die auf den Menschen; Gottes Plan für die Welt ist identisch mit der Verwirklichung menschlichen Wohlergehens. In diesem Zusammenhang verliert eine Reihe von traditionell christlichen Schlüsselkategorien an Bedeutung, insbesondere die Rede von Sünde und Erlösung und von der Notwendigkeit der Gnade. Denn in der neuen Vorstellung zielt die göttliche Ordnung weder

---

[1] Auf Taylors Religionsbegriff, der sich wesentlich an der Unterscheidung Transzendenz–Immanenz und der menschlichen Suche nach „Fülle" als einer anthropologischen Grundgegebenheit orientiert, kann hier nicht näher eingegangen werden (vgl. 16–45 und die entsprechende Darstellung in diesem Band).

auf eine eschatologische, rein menschlich unerkennbare und unerreichbare Vollendung noch auf eine Verwandlung des Menschen hin zu Gott. Was Gott vom Menschen erwartet, hat er in dessen Natur und den menschlichen Verstand hineingelegt. So kann es mit rein menschlicher Vernunft erkannt und mit rein menschlicher Disziplin verwirklicht werden. Der Wille Gottes und das Gute für den Menschen zeigen sich, wenn der Mensch seiner Natur folgt – als einzelner wie im gesellschaftlichen Zusammenhang. Übernatürliche „Beeinflussungen" in Gestalt eines speziellen göttlichen Handelns werden dementsprechend unplausibel. So schreitet die „Entzauberung der Welt" voran und die anthropozentrische Verlagerung der menschlichen Ziele fügt sich in die menschliche Selbstwahrnehmung als eines „abgepufferten Selbst" ein: eines disziplinierten, zweckrational orientierten Individuums mit klaren Grenzen zwischen dem „eigenen Inneren" und dem „fremden Außen" (vgl. 234–246 und Taylor 2009).

Im Untergrund dieser Verengungen des religiösen Weltverständnisses liegt Taylor zufolge eine religiöse Erschöpfung nach der vorangegangenen Zeit religiös-politischer Mobilisierung, gar eine gewisse „Religionsverdrossenheit" (386). Eine positivere Wertung religiöser Toleranz verbindet sich mit der Sehnsucht nach einer einfacheren, vernunftgemäßen Religion. Auffällig ist dabei, dass auch die apologetischen Gegenbemühungen (die sich weniger gegen einen nur vereinzelt auftretenden ausdrücklichen Atheismus richten als gegen diese „Religionsverdrossenheit") von entsprechenden Verengungen gekennzeichnet sind. Auch hier tritt beispielsweise die Gnade in den Hintergrund, der Fokus richtet sich vor allem auf Argumente für den Schöpfergott und seine Vorsehung. So haben beide Positionen offensichtlich trotz ihrer inhaltlichen Gegensätzlichkeit an derselben Verschiebung der Grundplausibilität teil, die im größeren Horizont einer neuen Konzeption moralischer Ordnung steht. Nach den Glaubensstreitigkeiten der vergangenen Jahrhunderte rückt jetzt statt der Frage, wie der Mensch von der Sünde erlöst werden und so das Heil erlangen kann, diejenige nach seinem moralischen *Verhalten* in den Vordergrund. Und dieses moralische Verhalten ist wesentlich ein solches, das dem wechselseitigen menschlichen Vorteil dient, denn Pflicht und Eigennutz sind in der von Gott gegebenen natürlichen Ordnung im Tiefsten dasselbe. „Reason, ‚which was the voice of God in him [man – V.H.],' could not but teach him and assure him, that pursuing that natural Inclination he had to preserve his Being, he followed the Will of his Maker." (Locke 1823, I § 86) Der Verwirklichung dieser Ordnung gilt auch eine durch die Verengungen annähernd auf Moral reduzierte, „vorgeschrumpfte Religion" (387) (die in dieser Gestalt später sowohl von der Orthodoxie als auch dem ausgrenzenden Humanismus zurückgewiesen werden wird).

Warum aber wurde das „Universum als eine Ordnung wechselseitigen Vorteils" (398) zu einer so prägenden Vorstellung? Als einen wesentlichen Faktor dafür macht Taylor erhebliche soziale Veränderungen in den oberen Gesellschaftsschichten aus, einen im 18. Jahrhundert wahrgenommenen „Prozess der Zivilisation" (392): „Zunächst einmal breitete sich die Schulung in disziplinierter, nüchterner und tüchtiger Lebensführung so weit aus, dass sie für viele Menschen zur zweiten Natur wurde, von der einzelne zwar abweichen mochten, die aber nicht mehr ständig in Gefahr war, abgeschüttelt und preisgegeben zu werden." (392) An die Stelle des Kampfes gegen die Leidenschaften, des Ringens mit der Sünde, aber auch kriegerischer Auseinandersetzungen im äußeren Bereich rückt jetzt ein diszipliniertes, vernunftgeleitetes, auf Produktion und Handel ausgerichtetes Leben. (Diese „Bejahung des gewöhnlichen Leben" gehört zu den Motiven der Entwicklung, die sich Taylor zufolge bis zur Reformation zurückverfolgen lassen; vgl. 394 f.) Dieses erscheint als eine neue Stufe der Zivilisation und zugleich als das eigentlich „Natürliche". In einer solchen „natürlichen" Ordnung gibt es keinen Gegensatz zwischen Eigennutz und Gemeinwohl: Wenn jeder seine individuellen Interessen verfolgt, ist auch der Gesellschaft am besten gedient – symptomatisch lässt sich dafür Mandevilles *Bienenfabel* lesen, die private Laster als nützlich für das Gemeinwohl preist (vgl. Reinhard 2005). In diesen optimistischen „Lehren von der Interessenharmonie" (393) stimmen also individuelles und allgemeines Wohl zusammen, und beide sind in einen providentiellen Deismus eingebettet: „Whoever acts what is best for himself both in a publick, and private Capacity, does all that either God or Man can require." (Tindal 1730, 20 f).

Diese moralische Ordnung bildet das umfassende Gerüst, in das sich religiöse Positionen einzupassen haben. Die religiösen Fragen, um die in den vorangegangenen Jahrhunderten so heftig gerungen worden war, verlieren damit an Relevanz. „Enthusiastische" oder „fanatische" Formen von Religion werden fragwürdig, nicht nur weil sie dem gesunden Menschenverstand widersprechen, sondern auch weil sie der Ordnung einer „kultivierten Gesellschaft" zuwiderlaufen. Ebenso verdächtig sind alle Formen von „heroischem Verhalten", weil es die Interessenharmonie stört.

Taylor zufolge wird dieses neue Ordnungsmodell gewissermaßen mehr Erfolg haben als geplant und damit den Weg für den „ausgrenzenden Humanismus" bereiten. Eine doppelte Linie von Entwicklungen in diese Richtung hat sich bereits gezeigt: Zum einen kommt es im Bereich der religiösen Vorstellungen zu einer „Schrumpfung", die die traditionell zentralen Fragen nach Sünde und Erlösung, dem Bösen und dem eschatologischen Heil an den Rand drängt und statt dessen den Fokus auf das menschliche Handeln richtet. Dies geschieht zum anderen zu Gunsten der Idee einer Ordnung, die das innerweltliche Gedeihen des Menschen in den Vordergrund rückt und ihm die Möglichkeit gibt, dieses Gedeihen in der Verfolgung seiner natürlichen Interessen zu erkennen und zu verwirklichen. Dabei dient gemäß der Idee von der Interessenharmonie die Verwirklichung der je eigenen natürlichen Ziele durch den Einzelnen zugleich dem Wohl der Gesellschaft. Diese zweckrationale, disziplinierte Ordnung steht in Übereinstimmung mit dem zweckrationalen, disziplinierten „abgepufferten Selbst": „Sie baut der abgepufferten Identität eine abgepufferte Welt." (409)

Noch ist der Gottesgedanke in dieser Ordnung von nicht unerheblicher Bedeutung: In der Erschaffung der Welt und ihrer auf das Wohl des Menschen ausgerichteten Struktur zeigt sich Gottes sorgende Vorsehung. Ergibt sich daraus eine Pflicht zu Dankbarkeit und Verehrung, so motivieren außerdem die Aussicht auf Lohn oder Strafe in einem jenseitigen Leben dazu, die von Gott gegebenen Möglichkeiten in seinem Sinn zu nutzen, d. h. an der Erfüllung seines Plans für das Wohl der Menschheit mitzuwirken. Beide Elemente, die dankbare Verehrung des Schöpfers und die moralische Verpflichtung auf seine Ordnung, wird der ausgrenzende Humanismus jedoch in Formen transformieren, die den Transzendenzbezug endgültig abschneiden: Wenn der Bezug auf einen Schöpfer und die Quellen moralischen Handelns sich daraus ergeben, dass man sein Wirken hinter der Ordnung der Natur erkennt, dann kann die Betrachtung dieser Natur *selbst* dem Menschen Ziel und Motivation für sein Handeln geben und die Verehrung eines transzendenten Schöpfers entfallen. Und man kann folgerichtig annehmen, dass nicht nur die Ziele in der Natur des Menschen angelegt sind, sondern auch die Kraft zur Gestaltung der Welt aus Quellen schöpft, die *im Menschen selbst* liegen.

6.2 Die unpersönliche Ordnung

Mit der Veränderung der Vorstellung von der Vorsehung Gottes, der Idee einer „kultivierten Gesellschaft" und dem „abgepufferten Selbst" sind bereits Aspekte genannt, die auch für die zweite zentrale Verschiebung von Bedeutung sind: den Primat der „unpersönlichen Ordnung".

Das entscheidende Merkmal dieser Ordnung besteht in der mit dem eingangs genannten Stichwort des „Deismus" zentral verknüpften grundlegend veränderten Verhältnisbestimmung zwischen Gott und Welt. Gott gilt nun wesentlich als der „Baumeister des Universums", der ausschließlich über seinen Schöpfungsakt mit der Welt verbunden ist. Ein göttlicher Einfluss auf aktuelles Geschehen ist ausgeschlossen – weshalb die aufklärerische Wunderkritik alles bestreitet, was auf einen solchen „übernatürlichen Einfluss" hinweisen würde. Die Idee eines persönlichen Gottes, der sich um jeden einzelnen sorgt und in das aktuelle Weltgeschehen eingreift, wird abgelöst von der einer unpersönlichen Macht, auf die die Existenz und die Ordnung des Universums zurückgehen. Und wiederum wird es von dieser deistischen Vorstellung aus nicht weit sein zu der atheistischen, dass Gott nicht unbeteiligt ist, sondern nicht existiert. (Die Vorstellung, dass die Natur nicht in einer für den Menschen guten Weise geordnet, sondern gleichgültig und grausam ist, wird erst im 19. Jahrhundert einflussreich, stellt dann aber eine massive zusätzliche Anfrage an den providentiellen Deismus dar.)

An dieser Stelle sei ein Argumentationsstrang in den Fokus gerückt, der die Darstellungen dieses II. Teils durchgehend mitprägt. *Ein säkulares Zeitalter* will bekanntlich eine „Erzählung" bieten, wie es zu unserem „säkularen Zeitalter" kam und was seine Säkularität bedeutet. Diese Erzählung versteht sich wesentlich als Alternative zu einer anderen, weit verbreiteten „Erzählung von der Säkularisierung": Religion sei zwangsläufig immer dort im Schwinden, wo aufgeklärte Vernunft und naturwissenschaftliche Forschung das Heft in die Hand nähmen und den Illusionen der Religion ein Ende bereiteten. Taylor nennt das eine „Subtraktionsgeschichte" – wenn man Religion abziehe, bleibe die „natürliche Welt" übrig – und versucht in diesen zwei Kapiteln zu zeigen, dass eine solche Erklärung, die nur auf die Betonung der Vernunft und das Aufkommen der Naturwissenschaften abhebt, für die Entwicklungen des 17. und 18. Jahrhunderts nicht ausreicht. So ist auch der Deismus nicht einfach ein Kind aufgeklärten Denkens. Es gibt Taylor zufolge vielmehr eine ganze Reihe von Faktoren, die ein Handeln Gottes in der Geschichte fragwürdig werden ließen. Dazu gehört die mit der Entzauberung zusammenhängende Vorstellung eines Universums, das nicht von in ihm wirkenden höheren Mächten, sondern von Kausalgesetzen regiert ist. Aber auch das Verständnis von Zeit und Geschichte verändert sich. Denn ebenso wie die Unterscheidung der Lebensbereiche in „weltliche" und „geistliche" in Frage steht – es gibt nur noch den einen Bereich des gewöhnlichen, „natürlichen" Lebens, in dem der Mensch seine Erfüllung findet –, löst sich die zugehörige Vorstellung von verschiedenen Zeiten, der profanen Zeit und der „höheren Zeit", die an Gottes Ewigkeit partizipiert, auf. Geschichte wird damit zu einem strikt chronologisch ablaufenden Geschehen. Das schlägt sich auch in der neuen Weise des Umgangs mit der Bibel nieder, die jetzt ihrerseits als ein historisches Dokument analysiert wird.

Die Vorstellung eines Handelns Gottes in der Geschichte wird also nicht deswegen abgelehnt, weil man jetzt eine „bessere Erklärung" gehabt hätte. Vielmehr sind klare Wertungen mit im Spiel: Der biblische Gott scheint in seinem Handeln vielfach moralisch fragwürdig, traditionelle religiöse Vorstellungen, insbesondere der Wunderglaube, wirken naiv und abergläubisch, die Lehre von der erbsündlichen Schuld und Verdammnis des Menschen wie eine Tyrannei. Die neue Perspektive, die sich dem entgegenstellt, ruht nicht einfach auf „Tatsachen", sondern stellt ihrerseits ein bestimmtes „Deutungsraster" (468) dar – ein Gedanke, den Taylor in den folgenden Kapiteln weiter entfalten wird, wenn er betont, dass im „säkularen Zeitalter" *alle* Deutungen der Welt eben dies sind: mögliche, aber nicht sich alternativlos aufdrängende *Deutungen* (vgl. vor allem Taylors Auseinandersetzung mit den „abgeschlossenen Weltstrukturen" in Kap. 15).

Die Plausibilität des deistischen Deutungsrasters ergibt sich wesentlich aus seiner Einbettung in eine größere Gesamtperspektive. Diese ist nicht nur eine „unpersönliche", insofern an die Stelle des persönlich handelnden Gottes eine von Naturgesetzen gesteuerte Ordnung tritt, hinter der, in der oder die Gott ist. Auch der gesellschaftliche Rahmen konstituiert sich jetzt nicht mehr aus persönlichen, hierarchischen oder komplementären Beziehungen, sondern aus Institutionen und der Idee gleichberechtigter Bürger. Und zu dieser gesellschaftlichen Vorstellung scheint eine deistische Gottesvorstellung besser zu passen als die eines persönlich einwirkenden Gottes.[2] So stehen die Unpersönlichkeit der gesellschaftlichen und die der natürlichen Ordnung in einem Entsprechungsverhältnis. Eine weitere Entsprechung lässt sich im Bereich der Ethik beobachten. Hier verschiebt sich Taylor zufolge das Leitkonzept weg von einer christlichen Liebesethik, die auf der Idee der *agape* aufruht. Dieser galt das Kommen Jesu Christi als Offenbarung der Liebe Gottes zu den Menschen, die in den zwischenmenschlichen Verhältnissen nachzuahmen und sichtbar zu machen sei: „Wenn Gott uns so geliebt hat, müssen auch wir einander lieben" (1Joh 4,11). Im Rahmen der neuen Ordnung und der neuen Vorstellung vom Menschen treten demgegenüber rechtliche Strukturen und eine deontologische Ethik in den Vordergrund.

Mit der Vorstellung einer unpersönlichen Ordnung verbindet sich schließlich die Idee einer „desengagierten Vernunft". „Alle diese Ordnungen – die natürliche ebenso wie die soziale und die ethische Ordnung – haben die Tendenz, diese Bewegung hin zum Unpersönlichen voranzubringen. Aber man kann diese Bewegung auch aus einem anderen Blickwinkel sehen, nämlich als eine Entwicklung, deren Motor unser Selbstverständnis als distanzierte, rationale Akteure ist." (483) „Distanziert" ist ein solcher rationaler Akteur zum einen im Sinn des abgepufferten Selbst, das sich selbst klar von seiner Umwelt unterscheidet und sich als ein autonomes, von seinen eigenen inneren Antrieben und Prinzipien gesteuertes Subjekt versteht. Zum anderen bezieht sich die Distanzierung auf die je eigene partikulare Position, von der ein moralischer Akteur abstrahieren soll. Er

---

[2] Hier wie auch andernorts in der Darstellung betont Taylor, dass es sich nicht um strenge Implikationsverhältnisse handelt, wie in diesem Fall z.B. das Beispiel der USA zeigt, wo zwar die Gründergeneration dem Deismus zuneigte, dann aber ein zweites religiöses Erwachen sich durchaus positiv mit den Strukturen der amerikanischen Gesellschaft verbinden konnte (vgl. 479f.).

soll, so die Forderung, in der Lage sein, von seinen eigenen Interessen abzusehen und den Standpunkt eines unparteiischen Beobachters einzunehmen.

Abpufferung, Distanznahme, Desengagement: Menschen leben jetzt nicht mehr in einem Kosmos, der in sich bedeutungsvoll ist und in den sie sich einfügt finden. Die Welt ist vielmehr eine, die dem Menschen gegenübersteht als ein Objekt seiner distanzierten Beobachtung und instrumentellen Indienstnahme. Eine „objektive" Wahrnehmung der Wirklichkeit hat deswegen aus der Perspektive der dritten Person, derjenigen der „desengagierten Vernunft" zu erfolgen.[3]

Es ist dieses Zusammenspiel einer ganzen Reihe von Faktoren, das Taylor zufolge zu einem machtvollen neuen Gesamtbild führt: „Aus dieser dezidierten Vorstellung von einer unentrinnbaren unpersönlichen Ordnung, die soziales Vorstellungsschema, Erkenntnisethik und historisches Bewusstsein in sich vereinigt, wird eine der (in gewissem Sinne verborgenen) Leitideen der Moderne, und zwar bis heute." (493) *Dass* diese neue Sicht zu einer solchen leitenden Idee wurde, hängt jedoch neben den skizzierten inhaltlichen Aspekten mit noch einem weiteren entscheidenden Faktor zusammen: der Bewertung dieser Verschiebungen als *Fortschritt*. Man versteht sich als aus dem Barbarismus und Aberglauben früherer Zeiten in ein neues, höheres Stadium eingetreten, die Entwicklung der Menschheit ist einen wichtigen Schritt vorangekommen. Diese Fortschrittsidee ist in Taylors Augen deshalb so entscheidend, weil sie zu einer Art „Sperrklinkeneffekt" (vgl. 493 u. ö.) führt: Eine „Rückkehr" zu „überwundenen" Vorstellungen wäre irrational (selbst wenn man an der einen oder anderen Stelle Bedauern empfinden sollte). Wie es keinen Rückweg aus dem Erwachsenenalter in die Vorstellungswelt der Kindheit gibt, so gibt es kein Zurück hinter die „Errungenschaften" des neuen Denkens.

6.3 Geläuterte Religion

Mehrfach war bereits die Rede davon, wie der providentielle Deismus die Möglichkeit einer Transformation zum atheistischen ausgrenzenden Humanismus in sich trägt. Das bedeutet Taylor zufolge aber keineswegs, dass wir eine Entwicklung vor uns hätten, die durchgängig durch eine zunehmende Abwendung von der Religion gekennzeichnet wäre. Vielmehr wird die Fortschrittsidee mindestens in der Phase des Deismus nicht nur *gegen* die überkommene christliche Religion in Anschlag gebracht, sondern auch *innerhalb* ihrer: Man strebt nach einer auf-

---

[3] Insofern diese desengagierte Vernunft sich auch vom eigenen Körper distanziert, kommt es Taylor zufolge zudem zu einer „Exkarnation" (vgl. Kap. 16 und 20).

geklärten Gestalt von Religion, die auf der Linie der neuen Ordnungsvorstellungen ihrerseits den Aberglauben und die Ungebildetheit früherer Zeiten hinter sich lässt. Dadurch entsteht eine „gebändigte Lesart des Christentums, die auf diese Ordnung zugeschnitten" ist (497). So fand man, mit George Tyrrell gesprochen, „a moralist in a visionary; a professor in a prophet; the nineteenth century in the first; the natural in the supernatural. Christ was the ideal man; the Kingdom of Heaven, the ideal humanity. As the rationalistic presupposition had strained out, as spurious, the miraculous elements of the Gospel, so the moralistic presuppositions strained out everything but modern morality. That alone was the substance, the essence of Christianity" (Tyrrell 1910, 42).

Damit sind wir bei der dritten zentralen Facette des „Zwischenstadiums" im Übergang zum ausgrenzenden Humanismus angekommen: der Vorstellung einer „geläuterte[n] Religion" (497). Einige typisch aufklärerische Topoi kamen bereits zur Sprache, so neben der Verengung auf Moral auch die Notwendigkeit der Vernunftgemäßheit von Religion. Wenn Gott sich über die Schöpfung an die Menschen wendet, braucht es keine zusätzliche übernatürliche Offenbarung. Zumindest kann diese dem Menschen nicht mehr sagen, als er bereits durch seine Vernunft wissen kann. Daraus folgt jedoch, dass partikulare religiöse Wahrheiten nicht nur keine Bedeutung für die Lebensführung haben, die Unterschiede zwischen den Religionen sind letztlich auch künstlich und falsch. Man muss stattdessen zurückgehen zu der natürlichen Basis, die allen Religionen gemeinsam ist.

Taylor zufolge ist die Veränderung hier weitreichender, als der erste Blick vermuten lässt. Denn es geht nicht darum, dass alte Fragen neu beantwortet werden, vielmehr hat die Debatte „das Thema gewechselt" (501). Der gesamte Horizont hat sich gewandelt, vor dem man über Gott nachdenkt, und damit verschiebt sich auch die Fragestellung. Hatten früher beispielsweise die so genannten Gottesbeweise ihre Funktion *innerhalb* einer christlichen Weltperspektive, so scheint es jetzt, dass man die Existenz Gottes und seine wesentlichen Eigenschaften zuerst von einem gewissermaßen neutralen Standpunkt aus beweisen müsse, um eine religiöse Weltsicht plausibel zu machen. Taylor macht hier einen paradoxen Effekt aus: Gerade ein solches apologetisches Unterfangen „scheint im nachhinein die Tür zum Atheismus gerade in dem Augenblick zu öffnen, in dem man glaubt, sie endgültig verriegelt zu haben" (500). Die apologetischen Versuche, die Existenz Gottes und die Vernünftigkeit der Religion zu erweisen, untergraben ihr eigenes Projekt. Denn ihre Argumentation beruht darauf, „dass man den Standpunkt wechselt. Zumindest aus theoretischen Gründen wird angenommen, dass sowohl die Befürworter der Argumente, die sich auf den Gedanken des wohltätigen Weltplans stützen, als auch ihre Adressaten außerhalb des bisherigen christlichen Horizonts aus Praxis, Gebot und Hoffnung stehen. Gott ist für den Rahmen ihres Lebens nicht unentbehrlich, sondern er ist ein (freilich wichtiges) Wesen, zu dem wir uns aus diesem Rahmen heraus *denkend hinarbeiten* müssen" (500).

6.4 Die Entstehung des ausgrenzenden Humanismus: Negative und positive Faktoren

Immer wieder weist Taylor darauf hin, dass er nicht beansprucht, eindeutige Kausalzusammenhänge zu eruieren. Vielmehr beobachtet er eine Reihe von ineinandergreifenden Faktoren, die zu einer kontingenten Entwicklung beitragen und diese verständlich werden lassen – verständlich, aber nicht zwingend, als hätte sie gar nicht anders verlaufen können. Auf der Linie dieses Verstehensversuchs fragt Taylor noch einen Schritt über die bisherigen Überlegungen zur Denkbarkeit des ausgrenzenden Humanismus hinaus. Providentieller Deismus, unpersönliche Ordnung, geläuterte Religion: Diese drei Aspekte (mit einem Akzent auf dem mittleren) haben Taylor zufolge wesentlich dazu beigetragen, einen ausgrenzenden Humanismus *denkbar* zu machen. Lassen sich zusätzliche Gründe angeben, die dazu geführt haben, dass er auch faktisch *gedacht* wurde? Auch hierfür haben sich bereits Faktoren abgezeichnet, vor allem zwei „negative":

(1) Die „moralisch-spirituellen Ressourcen" zur Erlangung menschlicher Ziele werden als im Menschen selbst liegend gedacht, so dass das Konzept der Gnade seine Bedeutung verliert. Ebenso reichen (2) diese Ziele selbst nicht über das menschliche Wohlergehen hinaus. „Negativ" sind diese Faktoren insofern, als dadurch die Bedeutung des Transzendenzbezuges schwindet. Versteht man sie als Folgen der „Entzauberung der Welt", kommt damit eine Facette einer von Taylor häufiger „ironisch" genannten Entwicklung in den Blick: Diese Entzauberung war ja zunächst Teil eines Reformprogramms, das gerade der *Stärkung* des Religiösen dienen sollte, insbesondere seiner individuellen Verinnerlichung. Die klarere Unterscheidung von Immanenz und Transzendenz sollte magischen Vorstellungen und Praktiken ein Ende machen und die Gläubigen allein auf Gott hin orientieren, zu dem sie in eine wirklich personale Beziehung treten sollten (vgl. Kap. 1). Faktisch jedoch wurde damit auch die Entwicklung des ausgrenzenden Humanismus ermöglicht.

Wo aber liegen die *positiven* Gründe für diese Entwicklung, wie sind die neuen „moralisch-spirituellen Ressourcen" genauer zu verstehen? Diese Quellen werden Taylor zufolge wesentlich im Rückbezug auf ethische Theorien der Antike gewonnen, so z. B. im besonders einflussreich gewordenen Neostoizismus. Dabei werden die antiken Auffassungen nicht einfach repristiniert, sondern vor dem Hintergrund des geänderten Kontextes erhalten sie jetzt eine „ausgrenzende"

Gestalt, die sie in der Antike (zumeist) nicht hatten. Und sie werden mit einem neuen Universalismus imprägniert, den man aus der christlichen Tradition übernimmt: Die Ordnung der Dinge muss jetzt *allen* dienen (so zumindest die Theorie). Um sowohl die Fähigkeit als auch die Motivation zur Gestaltung des menschlichen Lebens und der Gesellschaft aus eigenen Quellen plausibel zu machen, ist deshalb eine Art immanent gedachter „funktionaler Ersatz für die christliche Agape oder für die selbstlose Barmherzigkeit der Neostoiker" (419) notwendig. Diese moralische Ressource sah man in einer den Menschen wesentlich eigenen Fähigkeit zu Güte und Wohltätigkeit: „Wenn ich, damit ich meiner Würde als eines vernünftigen Wesens gerecht werde, im Sinne der allgemeinen Wohltätigkeit und Gerechtigkeit handeln muss, dann muss eine gewisse Neigung zu dergleichen mit zu den Bedingungen der Rationalität gehören, also mit zu den definierenden Merkmalen, die der rationale Akteur in sich selbst vorfindet." (427)

Wie die von Taylor insgesamt beschriebenen Veränderungen, so wäre auch die Idee der inneren Quellen der Moral als ein bloßes neues Erklärungsmuster missverstanden. Der Wandel reicht vielmehr bis ins Erleben hinein, weil Erleben und Deutung nicht scharf voneinander getrennt werden können. „Was wir hier in dieser Entdeckung neuer moralischer Motive vor uns haben, ist etwas Zusammengesetztes – eine These, die sowohl das Erleben als auch die Realität betrifft." (431) Wiederum bietet die klassische Subtraktionsgeschichte nur eine verkürzende Erklärung, wenn sie meint, sobald die religiösen Überzeugungen verschwunden seien, blieben schlicht die reinen menschlichen Begierden übrig (zur Diskussion vgl. Steinfath 2011 und Taylors Replik in Taylor 2011, 821–828). Diese werden jetzt vielmehr in neuer Weise interpretiert und bewertet. Während die einen die natürliche menschliche Selbstliebe als ethisch neutral betrachten – es ist Aufgabe der Vernunft, ihr eine entsprechende moralische Ausrichtung zu geben –, gehen andere davon aus, dass die „natürlichen", „unverdorbenen" Formen menschlicher Motivation in sich bereits eine Neigung zur Solidarität und zum Mitgefühl enthalten. Das zeigt zugleich, dass die Ablehnung von Vorstellungen einer kosmischen oder transzendenten moralischen Ordnung nicht zwingend dazu führen muss, jede „ontische Komponente" (436) einer solchen Ordnung prinzipiell zu bestreiten. Vielmehr versteht auch der ausgrenzende Humanismus – jedenfalls in seinen frühen Formen – die moralischen Ordnung in einer solchen Weise, nur dass im Unterschied zu vorneuzeitlichen Vorstellungen jetzt „die Natur der Dinge in ihrem ‚Inneren' liege, und zwar in so ausschließlicher Weise, dass es den Theorien der traditionellen Philosophie völlig zuwiderläuft" (439 mit Verweis auf Taylor 2009).

Die Verortung der moralischen Quellen im Inneren des Menschen ist in Taylors Augen „eine der großen Errungenschaften unserer Zivilisation und die

Stiftungsurkunde der modernen Ungläubigkeit" (438). Zugleich begegnet die schon erwähnte Ironie der Entwicklung wieder, insofern die Bewegung der Verinnerlichung, bevor sie eine ausgrenzende Gestalt annahm, auf eine erneuerte, persönlichere religiöse Praxis zielte. Diese Ironie findet gewissermaßen ihre Fortsetzung in einem anhaltenden Streit der Interpretationen: Ist die Entdeckung der Moralquellen im eigenen Inneren die Befreiung von einer religiösen Illusion, die die Quellen nach außen projizierte? Oder ist sie eine Täuschung des menschlichen Hochmuts, der für den Menschen beansprucht, was doch nicht aus ihm selbst kommen kann?

Damit ist, gewissermaßen emblematisch für die Quellen der Moral formuliert, die für Taylors Werk insgesamt zentrale Frage nach der *Wertung* der von ihm skizzierten Entwicklung angesprochen. Immer wieder ist Taylor vorgeworfen worden, er plädiere nicht nur für ein Weiterbestehen der *Möglichkeit* einer transzendenzoffenen Weltinterpretation (manche Kritiker betrachten schon das als philosophisch unerschwinglich; vgl. Steinfath 2011), er halte sie sogar für die letztlich einzig gangbare. Für das von ihm diagnostizierte „Unbehagen an der Moderne" empfehle er als „Therapie" die Rückkehr in eine („katholische") vormoderne „verzauberte Welt" (vgl. z. B. Thomas 2013; und manche, die selbst diese Position vertreten, sehen ihrerseits Taylor auf ihrer Seite, vgl. die Beobachtungen bei Ward 2010).

Ob diese Kritik berechtigt ist, lässt sich nur im Gesamtblick auf *Ein säkulares Zeitalter* wirklich profund diskutieren (vgl. Taylor 2010 und die m. E. überzeugende Darstellung bei Kühnlein 2011, vor allem 388–398). Was Kapitel sechs und sieben betrifft, schließen die dargestellten Verschiebungen für Taylor Verengungen ebenso wie Fortschritte ein und werden von ihm eindeutig nicht als eine „Verfallsgeschichte" gelesen. Ebenso ist deutlich geworden, dass eine Gleichsetzung von „verzaubert" mit „religiös" und „entzaubert" mit „rein immanenzorientiert" mindestens eine irreführende Vereinfachung darstellt. Eine religiöse Lesart der Welt für möglich zu halten, muss deswegen keineswegs mit dem Plädoyer für eine „Wiederverzauberung" einhergehen. Und wenn Taylor in den folgenden Kapiteln ein „Unbehagen an der Moderne" thematisiert, dann geschieht das zunächst in deskriptiver Manier, indem er das Auftreten eines solchen Unbehagens schlicht diagnostiziert. Allerdings macht sich Taylor Aspekte dieses Unbehagens durchaus zu eigen. So wenig er eine bloße Verfallsgeschichte erzählt, so wenig erzählt er eine reine Fortschrittsgeschichte. Im Blick auf die Entwicklung zu Deismus und ausgrenzendem Humanismus scheint mir deshalb Taylors Position im genannten Streit der Interpretationen am deutlichsten an Passagen wie diesen ablesbar zu sein: „Drittens könnte man, wie ich es täte, geltend machen, dass keine dieser Deutungen wirklich überzeugt. Die Auffassung à la Feuerbach ist außerstande, das ganze Unbehagen zu erklären, das wir angesichts des rein immanenten Humanismus empfinden. [...] Die Auffassung, wonach es sich hier um eine bloße Täuschung handelt, kann ihrerseits nicht erklären, wieso verschiedene Spielarten des Humanismus die Menschen darin bestärkt haben, Gutes zu tun." (441)

Wie auch immer man sie bewertet: In jedem Fall handelt es sich um eine Entwicklung, die in Rechnung zu stellen ist. Taylor zufolge bleibt sie auch für das Verständnis der Gegenwart prägend. Inwiefern?

6.5 Die Bedeutung für das Verständnis der gegenwärtigen Situation

Die Behauptung, dass die Veränderungen in Richtung hin auf einen ausgrenzenden Humanismus zur Deutung unserer heutigen Situation beitragen können, gliedert Taylor in drei Teilthesen: (1) Der ausgrenzende Humanismus ist entstanden als eine alternative Idee moralischer Quellen im Kontext einer Ethik des wechselseitigen Vorteils – das rekurriert auf die gerade dargestellten „positiven Faktoren" der Entwicklung. (2) Er hätte sich damals in keiner anderen Form bilden können. Denn, wie Taylor nicht müde wird gegen die „Subtraktionsgeschichte" zu betonen, die „negativen" Faktoren der Verdrängung der Transzendenz allein genügten nicht, um den ausgrenzenden Humanismus zu einer tragfähigen Alternative zu machen. Damit eine solche Entwicklung nicht nur im Denken Einzelner, sondern auf breiter Front einsetzen konnte, musste man den Kräften der Religion eine positive Alternative entgegenstellen können. Die „Subtraktionsgeschichte", die den Wandel im Wesentlichen erkenntnistheoretisch als Verdrängung von Religion durch Wissenschaft erklärt, übersieht deshalb die entscheidende Rolle des „Humanismus der wohltätigen Ordnung" (456). (3) Diese Herkunft des ausgrenzenden Humanismus ist schließlich von bleibender Relevanz, weil dessen Selbstverständnis bis heute auf einer doppelten geschichtlichen Verankerung beruht: zum einen auf der Abgrenzung von einer religiösen Weltdeutung – Taylor zufolge bleibt der atheistische Humanismus davon bestimmt, sich als Überwindung des Gottesglaubens zu verstehen (vgl. 457); zum anderen auf der Bezugnahme auf die frühen Gestalten des „bahnbrechenden Humanismus der Freiheit, der Disziplin und der Ordnung" (459).

6.6 Kontext und Kritik

In der Rezeption von Taylors Werk haben die Kapitel sechs und sieben wenig spezifische Diskussion auf sich gezogen. Umstritten sind eher die größeren Zusammenhänge, in denen der II. Teil ein Scharnier bildet, sowie deren Bewertung: die Sachgerechtheit der Linien, die Taylor von der Hildebrandtschen Reform über die Reformationsbewegungen zur neuen moralischen Ordnung zieht (vgl. Thomas 2013) sowie insbesondere die bereits erwähnte Frage, wie tragfähig moralische Konzeptionen auf der Basis des ausgrenzenden Humanismus sind, jedenfalls hinsichtlich ihrer Motivationskraft (vgl. Steinfath 2011). Diese Debatten müssen jedoch vor dem Hintergrund von Taylors Gesamtwerk geführt werden und zeigen zum Teil ihre ganze Brisanz auch erst im letzten Teil von *Ein säkulares Zeitalter*.

Nun ist die in „Der Wendepunkt" vertretene These, dass Deismus und Aufklärungsreligion den Zwischenschritt hin zur Denkbarkeit einer weniger „gottlosen" als „gottfreien" Welt bilden, auch nicht neu. Bei Taylor steht sie freilich im spezifischen Zusammenhang seines Gesamtwerks, das die Wandlung der „sozialen Vorstellungsschemata" (*social imaginaries*) beobachtet (vgl. die Darstellung von Krüger in diesem Band). Diese Perspektive schlägt sich hier vor allem in seiner Kritik an der „Subtraktionsgeschichte" nieder und für diesen Argumentationsstrang seines Werkes dürften die Kapitel ein zentrales Element darstellen. Bemerkenswert ist dabei, dass Taylor ein neues soziales Vorstellungsschema skizziert, das sich auf weite Strecken gewissermaßen selbst missversteht. Denn der von ihm kolportierte Satz, dass „Darwin die Bibel widerlegt" (17) habe, stammt bezeichnenderweise nicht aus einer gelehrten Abhandlung, sondern ist die Aussage eines Schuljungen des 19. Jahrhunderts. Das heißt: Die „subtraktionstheoretische" Erzählung vom Sieg der Wissenschaft über die Religion ist schon damals kein Phänomen von Expertenzirkeln, sondern Teil des sozialen Vorstellungsschemas jener Zeit.

Man kann bei der Lektüre der Kapitel sechs und sieben den Eindruck gewinnen, dass Taylor reduktiv „Transzendenz" mit „(christlichem) Gottesglauben" in eins setzt, der in seinen deistischen und aufklärerischen Formen gewissermaßen „verblasst" und sich „zurückzieht" in den Bereich des durch die menschliche Vernunft Kontrollierbaren und Einhegbaren, um schließlich in bestimmten Weltperspektiven ganz zu verschwinden. In den folgenden Kapiteln wird Taylor mit seiner Skizze der „Nova" religiöser und nichtreligiöser Weltperspektiven den Eindruck einer solchen Gleichsetzung jedoch aufbrechen.

Zitierte Literatur

Kühnlein, M. 2011: Religion als Auszug der Freiheit aus dem Gesetz? Charles Taylor über die Vermessungsgrenzen des säkularen Zeitalters, in: ders./Lutz-Bachmann, M. (Hg.): Unerfüllte Moderne? Neue Perspektiven auf das Werk von Charles Taylor, Frankfurt/M., 388–445.

Locke, J. 1823: Two Treatises of Civil Government, London (Works, A New Edition Corrected; V).

Reinhard, W. 2005: Die Bejahung des gewöhnlichen Lebens, in: Joas, H./Wiegandt, K. (Hg.): Die kulturellen Werte Europas, Frankfurt/M., 265–303.

Steinfath, H. 2011: Subtraktionsgeschichten und Transzendenz. Zum Status der „modernen moralischen Ordnung", in: Kühnlein, M./Lutz-Bachmann, M. (Hg.): Unerfüllte Moderne? Neue Perspektiven auf das Werk von Charles Taylor, Frankfurt/M., 599–622.

Taylor, C. 2009: Quellen des Selbst. Die Entstehung der neuzeitlichen Identität, Frankfurt/M.

Taylor, C. 2010: Afterword: Apologia pro Libro suo, in: Warner, M./VanAntwerpen, J./Calhoun, C. (Hg.): Varieties of Secularism in a Secular Age, Cambridge/Mass., 300–321.

Taylor, C. 2011: Replik, in: Kühnlein, M./Lutz-Bachmann, M. (Hg.): Unerfüllte Moderne? Neue Perspektiven auf das Werk von Charles Taylor, Frankfurt/M., 821–861.

Thomas, G. 2013: Die Versuchung religiöser Nostalgie. Eine protestantische Lektüre von Charles Taylors „Ein säkulares Zeitalter", in: Evangelische Theologie 73, 421–436.

Tindal, M. 1730: Christianity as old as the Creation. Or, the Gospel, a Republication of the Religion of Nature, Volume I, London.

Tyrrell, G. ^{2}1910: Christianity at the Cross-Roads, New York u. a.

Ward, G. 2010: History, belief, and imagination in Charles Taylor's *A Secular Age*, in: Modern Theology 26, 337–348.

Christoph Seibert
7 Modernes Unbehagen, Entwicklung der Nova, Fragilisierung des Glaubens (Kap. 8, 9 und 10)

Taylors große Erzählung von der Entwicklung des säkularen Zeitalters erreicht im dritten Hauptteil des Werkes ein neues Stadium. Um dessen Zielrichtung möglichst klar zu erfassen, soll der Text in den Kontext des bisherigen Erzählungsverlaufes eingebettet werden.

(A) *Kontext:* Die Klärung der Ausgangsfrage, wie es dazu kommen konnte, dass der religiöse Glaube in den westlichen Gesellschaften der Gegenwart nur noch als eine Option neben anderen, ebenfalls für plausibel erachteten weltanschaulichen Positionen auftritt, kreist in Taylors Narrativ bekanntlich um die Entstehung und Ausbreitung des von ihm so genannten ausgrenzenden Humanismus („*exclusive humanism*"). Während im ersten Teil des Werkes dessen Entstehungszusammenhänge vor dem Hintergrund der vielgestaltigen Reformbewegungen des ausgehenden Mittelalters und der frühen Neuzeit analysiert werden, geht der zweite Teil der Frage nach, wie er sich unter den Eliten des ausgehenden siebzehnten und achtzehnten Jahrhunderts zu einer weit verbreiteten lebendigen Option, die Welt zu erleben und zu verstehen, entwickeln konnte. Zusammengenommen sollen die Ausführungen der beiden ersten Hauptteile des Werkes also eine Erklärung dafür liefern, „wie es dazu gekommen ist, daß eine ausgrenzende humanistische Alternative zum christlichen Glauben entstand" (507). Dieser rückblickende Selbstkommentar ist so zu lesen, dass die Klärung der Ausgangsfrage am Ende des zweiten Teils ein erstes wichtiges Ergebnis erzielt hat und in der Folge in ein weiteres Stadium übergeht. Der Übergang selbst hat mindestens zwei Seiten: Das Erzählstadium, in das im dritten Hauptteil eingetreten wird, ist einerseits vor dem Hintergrund des bisherigen Erzählungsverlaufes zu verstehen. Dieser fungiert als eine Art „Matrix" (502). Andererseits ist zu erwarten, dass die entwickelten mentalitätsgeschichtlichen Konstellationen einem weiteren Entwicklungsschub ausgesetzt werden und dadurch neue Konturen entfalten. Es geht also nicht einfach nur um eine narrative Fortschreibung des Bestehenden, sondern vor allem darum, weitere Dynamisierungsprozesse zu erfassen, durch welche die inneren Spannungen zwischen den bereits entwickelten Konstellationen intensiviert werden.

(B) *Zielrichtung:* Um diese Bewegung zu verdeutlichen, redet Taylor von einem „Nova-Effekt", der sich schließlich zu einer „Supernova" steigert. Beide Begriffe entstammen dem Vokabular der Astronomie, sie werden allerdings in einer Weise verwendet, die von der astronomischen Verwendung absieht. Indirekt knüpft Taylor zwar an den historischen Sinn des Begriffs „Nova" als „stella nova" an, versteht den Ausdruck dann aber als einen metaphorischen Sammelbegriff für die fortschreitende Entstehung einer neuen „Vielfalt moralisch-spiritueller Optionen" (507), die im Zuge der Auseinandersetzungen mit dem exklusiven Humanismus im ausgehenden achtzehnten und neunzehnten Jahrhundert einsetzt. Wie zuvor werden auch hier vor allem die gesellschaftlichen Eliten als Träger dieses Prozesses angesehen. Das ändert sich in der nächsten Phase, die vom zwanzigsten Jahrhundert bis in die Gegenwart reicht. Diese Entwicklung wird im Begriff „Supernova" zusammengefasst, wobei hier nicht an Vernichtung oder Vergehen zu denken ist. Das Präfix „super" sollte vielmehr im Sinne von „über ... hinaus" gelesen werden. Denn jetzt geht es darum, die Vervielfältigung jener Lebensoptionen über die Eliten hinausgehend in der Breite der Gesellschaft zu verankern. Diese Bewegung eines „galoppierenden Pluralismus auf geistiger Ebene" (508), der gleichermaßen alle gesellschaftliche[n] Milieus erfasst, ist es, was mit der Rede von einer „spirituellen Supernova" (ebd.) in den Blick kommen soll. Die Kapitel des dritten Hauptteils beschreiben diese zunehmende Pluralisierung, und zwar mit einer klaren Ausrichtung: Es soll nachvollzogen werden, wie sich im Horizont des ausgrenzenden Humanismus eine zunehmende Bandbreite an nichtreligiösen Lebensoptionen einstellt.

Diese Zielbestimmung folgt freilich keinem historisierenden Interesse. Sie ist ihrerseits als Ausdruck eines vorausliegenden ethisch qualifizierten Grundanliegens zu erkennen, das darauf aus ist, ein Konzept für einen konstruktiv-kritischen Umgang mit kultureller Pluralität zu entwickeln. Wie immer man dieses Konzept positiv bestimmen mag, negativ ist es jedenfalls durch den systematischen Ausschluss zweier Strategien ausgezeichnet: der formalisierenden Aufhebung von inhaltlicher Komplexität und der stigmatisierenden Abschottung gegenüber anderen Positionen. Dieses hintergründige Anliegen Taylors kann als eine Art Kompass fungieren, um in der vielschichtigen Darstellung Kurs zu halten. Ich werde am Ende auf dessen positive Bestimmung zurückkommen. Nur so viel sei an dieser Stelle bereits gesagt: Es geht im Kern darum, andere Positionen aus deren eigenen Gründen heraus zu verstehen und zu respektieren.

7.1 Die Entfaltung der Prämissen

Die Erzählung besitzt ein systematisches Zentrum, das den Umgang mit der Stofffülle einigermaßen strukturiert. Dabei kommt dem achten Kapitel eine zentrale Funktion zu. Ich gehe deshalb so vor, dass ich ausgehend von einer Erinnerung an zwei anthropologische Grundentscheidungen die Darstellung im Lichte zentraler Einsichten des achten Kapitels rekonstruieren werde.

Die Ausführungen der Kapitel folgen zwei strategischen Leitannahmen: (A) *Die Suche nach Lebenssinn als anthropologisches Grundfaktum.* Die erste besteht darin, dass Menschen nicht nur einzelne Handlungen, Handlungskomplexe oder Ereignisse von anderer Art als sinnvoll erachten, sondern gleichermaßen darauf aus sind, ihrem Leben als Ganzem einen Sinn abzugewinnen (vgl. Taylor, 1999, 34–43). Was immer man dabei unter „Sinn" näher verstehen möchte, in der Regel sagen wir, dass etwas Sinn macht oder sinnvoll ist, wenn wir in der Lage sind, es in einem größeren Zusammenhang zu begreifen. Etwas, das nicht in Bezug auf Anderes verstanden werden bzw. in Kontexte eingeordnet werden kann, scheint sinnlos zu sein. Sinn generiert sich somit im Zuge des Entdeckens und Stiftens von Beziehungen und Beziehungsmustern. Das geschieht sowohl mit Blick auf einzelne Handlungen oder Ereignisse, wenn sie im Rahmen der Situation, in der sie auftreten, verstanden werden, als auch mit Blick auf das, was wir interpretationsoffen und ideal vereinheitlichend „unser Leben" nennen.

Ich verwende das Attribut „ideal" deshalb, weil es angesichts der empirischen Komplexität des Lebensprozesses mit seinen vielfältigen Bedürfnissen, Zwecken, Rollen und Aufgaben schwer fallen mag, eine Einheitsperspektive zu entwickeln. Die Perspektive, um die es hier geht, ist somit empirisch nicht ableitbar, mithin „ideal" zu nennen. Unter dieser Voraussetzung erscheint eine Lebensphase u. a. dann als sinnvoll, wenn es möglich ist, sie vor dem Hintergrund umfassender Bezugsgrößen zu verstehen, beispielsweise moralisch bedeutsamer Aufgaben, von denen gesagt wird, dass es sich für ihre Erfüllung zu leben lohne. Die Erlebnisqualität, der diese Sinnperspektive in bestimmten Fällen korrespondiert, wird von Taylor zu Beginn seines Werkes als „Gefühl der Fülle" (19) bezeichnet. Das Leben wird dabei als „voller, reicher, tiefer, lohnender, bewundernswerter" empfunden, mithin als „in höherem Maße das, was es sein sollte" (18) erachtet. Der letzte Aspekt ist wichtig. Denn er hebt hervor, dass es sich bei der Kategorie der Fülle immer auch um eine kontrafaktische Bestimmung handelt, die nicht nur meint, was ist, sondern ausdrücken soll, „what really, fully, authentically living *would be* [kursiv, C.S.]" (Taylor 2010, 317).

Es ist diese Differenzierungsleistung zwischen dem, was das Leben faktisch ausmacht, und dem, was aus ihm wünschenswerter Weise werden kann, die dem Selbstverständnis eines Menschen eine Art artikulierter Tiefe verleiht (vgl. Taylor 1985a, 15–44, besonders 25f.). Das liegt daran, dass es erst vermittels dieser Unterscheidung möglich ist, das Leben im „Horizont wichtiger Fragen" (Taylor 1997, 50) zu führen. Jedenfalls vollzieht sich der Akt des Fragens, indem ein Zustand auf Möglichkeiten hin geöffnet wird, die in ihm noch nicht realisiert sind. Über das bloß Faktische ist das Frageverhalten also immer schon hinaus, es rückt von ihm ab, löst sich von ihm mit Blick auf etwas, das im Gegebenen nicht aufgeht (vgl. Sartre 1997, 49–53; 81–83). Insofern setzt es eine Differenz, deren Bezugspunkte beliebig erweiterbar sind, so dass schließlich auch zwischen „trivialen" und „wichtigen" Fragen differenziert werden kann. Die Frage nach einem erfüllten Lebensentwurf gehört für Taylor zu den letzteren. Daraus resultiert die erste anthropologische Einsicht: Jeder Mensch, egal ob er sich als religiös, religiös unmusikalisch oder nichtreligiös versteht, ist darauf aus, das eigene Leben unter Einschluss solcher Momente der „Fülle" zu begreifen. Ihr Begriff bezeichnet „a general facet or dimension of the human condition" (Taylor 2010, 317), sollte also nicht in einem religiös eingeschränkten Sinn missdeutet werden.

Unter methodischen Gesichtspunkten bleibt die Rekonstruktion von Pluralität somit rückgebunden an das organisierende Zentrum einer alle Differenzen in sich begreifenden anthropologischen Gemeinsamkeit. Deren Idee mag freilich so vage erscheinen, dass ihre Annahme trivial klingt. Denn wer wollte ernsthaft bestreiten, dass menschliches Leben darauf aus ist, sich selbst als ein eminent sinnorientiertes Projekt zu begreifen? Mehr noch: Führt es nicht zwangsläufig dazu, der Begegnung mit Differenz ihre Risiken zu nehmen, wenn sie sich unter den Bedingungen einer unterstellten Gemeinsamkeit einstellt? Wie immer man diese Fragen entscheiden möchte, in der Darstellung des „Nova"- und „SuperNova"-Effekts erfüllt das Motiv der „Fülle" jedenfalls die Funktion, in der Härte der Konflikte zwischen verschiedenen Realitätsdeutungen einen gemeinsamen Sachbezug, ein Verbindungsglied in der Differenz, zu identifizieren. Damit scheint zumindest für die Zukunft eine Aussicht auf wechselseitige Lernprozesse eröffnet, wenngleich die historische Erfahrung oftmals in andere Richtungen weist.

(B) *Referenzrahmen der Suche nach Lebenssinn:* Die zweite Grundentscheidung, die in den Ausführungen eine strategische Funktion übernimmt, betrifft die Verstehensmuster, vermittels derer sich Menschen in ihrer Welt verorten und in deren Licht deshalb auch die Suche nach einem erfüllten Leben verläuft. Dabei ist allerdings zu sehen, dass die Rede vom Verstehensmuster nicht subjektiv gemeint ist. Gemeint sind vielmehr kulturelle Formen, vermöge derer sich bestimmte Auffassungen von Selbst, Welt und dem Göttlichen am Ort subjektiven Lebens überhaupt erst bilden können. Im Hintergrund steht dabei Taylors Konzeption von „social imaginaries" (Taylor 2004). Dabei unterscheidet er zwischen den Verstehensmustern des sogenannten „porösen" und „abgepufferten Selbst" (*„porous self"*/*„buffered self"*). Diese Gegenüberstellung irritiert und kann durchaus die kritische Rückfrage nach der hermeneutischen Orientierungskraft solcher sehr schlicht dual organisierten Standards aufwerfen (vgl. Gerhardt 2011). Doch auf diese Problematisierung soll es an dieser Stelle nicht ankommen.

Mit Blick auf den Textbestand ist zunächst ziemlich klar, dass Taylor das Deutungsmittel des „porösen Selbst" einem tendenziell vorneuzeitlichen Menschenbild zugeordnet, während das „abgepufferte Selbst" als konstitutiv für moderne Bewusstseinslagen angesehen wird. Im Zentrum des ausgrenzenden Humanismus steht folglich nicht mehr ein gegenüber dem Einfluss von Geistern, Engelwesen und Göttern durchlässiges Selbst, sondern ein Menschenbild, für das die Welt entzaubert ist und das sich im Modus rationaler Selbstdistanzierung gegenüber seiner Umwelt gemäß eigens gesetzter Standards an einer überwiegend instrumentell verfahrenden Vernunft orientiert. Der Mensch hat zwischen sich und seiner Umwelt gewissermaßen einen „Puffer" errichtet, mittels dessen er in der Lage ist, sich in sich abzuschirmen, mithin eine radikale Innenorientierung an die Stelle eines bloßen Bestimmtwerdens durch äußere Einflüsse zu setzen. Dieses Bewusstsein eigener Souveränität geht mit Gefühlen der „Unverwundbarkeit" (509) und des „Stolz[es]" (510) einher.

Allerdings kann der Rekurs auf diese Errungenschaften kultureller Identitätsbildung für sich allein genommen noch nicht erklären, wie es zu der bereits angezeigten Vervielfältigung ethischer Optionen kommen kann. Das Deutungsmuster des „abgepufferten Selbst" wirkt in der bisherigen Darstellung noch viel zu statisch, um solche Prozesse auch nur annähernd in sich abbilden zu können. So ist es offenbar aber auch nicht gemeint. Im Kern zielen Taylors Ausführungen vielmehr darauf ab, die „abgepufferte" Identität als ein sich gespaltenes, gewissermaßen unglückliches Bewusstsein zu profilieren. Das liegt daran, dass in der Gewissheit des eigenen Freiheitsgewinns sich zugleich ein tiefsitzendes, allerdings auch diffuses Gefühl für einen erlittenen Verlust meldet. So gesehen enthüllt Taylor die Identität des in sich selbst abgeschirmten modernen Bewusstseins als Spannungsfeld zwischen mehreren Polen: Das Selbst, so heißt es, unterliegt einem „doppelten Druck" (514). Dieser besteht zwischen dem souveränen Bewusstsein, das sich selbst und seiner Welt ohne Bezug auf Göttliches inne sein will, und dem Empfinden, dass dadurch möglicherweise auch etwas verloren gegangen ist. Es ist diese, permanent ihre eigene Zerreißprobe inszenierende Mentalitätskonstellation, die Taylor als einen wesentlichen Wirkungsfaktor in der Entwicklung des sogenannten „Nova-Effektes" ansieht. Sie begründet daher auch das, was er als Grundsignatur unserer geistigen Lage hervorhebt: ein allgemeines „Unbehagen an der Immanenz" (525) und die dadurch hervorgerufene „Suche" (512; 846) nach neuen sinnerfüllten Lebensformen, also nach neuen Orten der „Fülle". Was dabei auf dem Spiel steht, soll im Folgenden näher in den Blick kommen.

7.2 Das Unbehagen und seine Artikulationen

(A) *Vorgehen:* Es ist aufschlussreich, wie Taylor verfährt. Zunächst wendet er sich dem Gefühl des Unbehagens zu und sichtet dabei die Formen, die dieses Gefühl annehmen kann (520–525). In einem zweiten Schritt richtet er die Aufmerksamkeit auf die verschiedenen Artikulationen dieses Gefühls, die er als „Achsen der Kritik" am ausgrenzenden Humanismus entfaltet (527–542). Dieses Vorgehen macht sich zugleich in einem Methodenunterschied bemerkbar. Während die Untersuchung des Unbehagens im Zuge einer „phänomenologische[n] Beschreibung" (521) erfolgt, die bewusst vage und interpretationsoffen bleibt, werden in der Darlegung der Kritik mehr oder weniger präzise „analytische [...] Unterscheidungen" (527) bemüht. Ähnliches wiederholt sich in den folgenden Kapiteln, in denen die Ebene der Empfindung von ihren jeweiligen Artikulationen in Wissenschaft, Philosophie (544–590) oder Kunst (591–605) unterschieden wird, ohne damit eine Trennung behaupten zu wollen.

Ich erwähne dieses Vorgehen deshalb, weil sich hier eine frühe Einsicht Taylors zeigt, die hilft, die Fülle des historischen Materials zu organisieren. Sie betrifft das Verhältnis zwischen dem Gefühl für die Bedeutsamkeit moralischer Güter, einem „sense of what is of decisive importance" (Taylor 1985a, 38) und dessen Interpretation auf dem Wege sprachlicher Artikulation. Wie immer dieses Verhältnis im Detail bestimmt ist, es sollte jedenfalls nicht nach dem Modell einer einseitigen Determination verstanden werden. Weder geht Taylor von einem vollständig interpretationsfreien Gefühlsleben als Basiskategorie aus noch von einem prädikativen Verständnis moralischer Güter, das sich von emotionalen Bindungsmomenten radikal entkoppeln lässt. Aus diesem Grund sollte der wiederholte Verweis auf das Gefühl des Unbehagens auch nicht so verstanden werden, als würde dadurch das Argument auf ein unangreifbares mystisches Residuum gegründet werden. Vielmehr gilt, dass jenes Gefühl überhaupt nur dann von moralischer Prägnanz sein kann, wenn es Teil derjenigen Selbstbeschreibungen ist, die ethische Subjekte als *„self-interpreting animals"* von sich geben. Seine motivationalen und epistemischen Funktionen erfüllt es daher als Moment von interpretativen Akten, als Rohmaterial kann ihm keine orientierende Bedeutung zukommen: „But it is not as though we started off with a raw material of repulsions and attractions, élans and uneases, which were then interpreted [...]. On the contrary, human life is never without interpreted feeling." (Taylor 1985b, 63)

Hinzu kommt, dass ein spontanes Empfinden für das, worauf es in einer Handlungssituation ankommt, erst im Medium solcher Artikulationsverläufe zur Klarheit über sich gebracht wird, in diesem Prozess also selbst einer Entwicklung ausgesetzt ist, deren Ende nicht abgesehen werden kann (zur Artikulation vgl.

Abbey 2000, 41–47; in religionsphilosophischer Perspektive Kühnlein, 2008 und 2014). Beides ist somit auf einem Kontinuum anzusiedeln. Deshalb sollte auch nicht von einem einseitigen Fundierungsverhältnis ausgegangen werden, sondern eher von einem Verhältnis wechselseitiger Rückkopplungen zwischen Artikulation und Gefühl, wobei dem sprachlichem Ausdruck eine zentrale Funktion zukommt: „Language articulates our feelings, makes them clearer and more defined; and in this way transforms our sense of the imports involved; and hence transforms the feeling" (Taylor 1985b, 71). Vor diesem Hintergrund soll nun die weitere Gedankenführung betrachtet werden.

(B) *Phänomenologie des Unbehagens:* Mit der an Freuds Kulturschrift (vgl. Freud 1999b, 419–506) erinnernde Überschrift des Kapitels werden Assoziationen an Taylors gleichnamiges Buch geweckt. Schon dort identifiziert er drei Ursachen des „Unbehagens an der Moderne": (a) den Verlust moralischer Tiefe im Zuge eines einseitig verstandenen Individualismus, (b) die Dominanz instrumenteller Rationalitätsformen und ihrer ökonomischen Effizienzlogik, mit der Folge eines (c) Mangels an politischer Freiheit (vgl. Taylor 1997, 7–17). Im aktuellen Zusammenhang greift er vor allem das erste Thema auf, spezifiziert es als „Unbehagen an der Immanenz" und weitet die Betrachtungsperspektive historisch aus. Dabei fällt es extrem schwer, präzise zu definieren, wie das Gefühl des Unbehagens genau beschaffen ist. Genau das könnte aber zugleich eine Stärke für diese Begriffswahl sein. Es ist weder zu verwechseln mit Beunruhigung oder Unzufriedenheit noch mit Furcht, Angst oder Ekel, wobei es Aspekte von allen diesen Gefühlszuständen umfassen kann. Es ähnelt einer Art des Unwohlseins, ist aber nicht auf somatische Krankheitszustände reduzierbar. Das Phänomen, das gemeint ist, schillert förmlich in mehreren Facetten, Eindeutigkeit lässt sich allenfalls an seiner negativen Bedeutung festmachen. Man möchte sich nicht unbehaglich fühlen; ein solcher Zustand, so die erste Reaktion, ist nicht aus sich selbst heraus erstrebenswert. Es ist diese sehr offene Charakteristik, die sich Taylor zunutze macht, um schließlich sagen zu können, dass das, um was es ihm geht, „potentiell jedem zugänglich ist" (521), wenngleich damit noch nicht definitiv geklärt ist, in welcher distinkten Form jenes Unbehagen auftritt. Angesichts seines Facettenreichtums sind freilich viele Formen denkbar. Von ihnen sollen einige besonders typische mittels einer Phänomenbeschreibung näher erhoben werden, wobei er sich durchaus bewusst ist, dass auch noch andere Beschreibungen möglich sind. Die Plausibilität der von ihm ausgewählten Fälle hängt somit von der Überzeugungskraft der Beschreibung selbst ab.

Dieses methodische Risiko vor Augen, wendet er sich Ausprägungen jenes Gefühls zu, die in irgendeiner Weise bereits das Bewusstsein eines empfundenen Mangels artikulieren. Dabei identifiziert er drei Formen: den Mangel an einem hinreichend gefestigten Lebenssinn; den Mangel an „Tiefe" bei der Gestaltung von biographischen Übergängen wie Geburt, Eheschließung oder Tod; den Mangel an „Tiefe" bei der Gestaltung des Alltags. Wir alle, so die These, sind mit der einen oder anderen Form vertraut, wenngleich damit noch nicht gesagt ist, wie diese Erfahrung inhaltlich spezifiziert ist. Man könnte deshalb auch meinen, die damit evozierte Beunruhigung mit dem Verweis auf die Dimension einer wie auch immer verstandenen Transzendenz zu beruhigen. Doch darauf kommt es hier nicht an, sondern auf den Aufweis, dass im „Rahmen der Immanenz" Spielarten eines kreativen Umgangs mit diesem Mangelbewusstsein entwickelt werden, die aus sich selbst heraus auf ein Erleben von „Fülle" und „Tiefe" drängen.

(C) *Analyse der Kritik:* Es entspricht wiederum seiner Hintergrundtheorie, wenn Taylor das Gefühl des Unbehagens an den kulturellen Errungenschaften des ausgrenzenden Humanismus nicht in einem einzigen Typ von Kritik zum Ausdruck kommen sieht, sondern mehrere „Achsen der Kritik" voneinander unterscheidet. Dieses Vorgehen entspricht ihr deshalb, weil solche Gefühle Indikatoren des Bezugs zu moralisch qualifizierten Gesamtauffassungen sein können, im Rahmen derer sich unsere Identität als ethische Subjekte generiert. So gesehen fungieren sie gewissermaßen als Anzeigen implizit wirksamer Sinnressourcen, die im Zuge von Artikulationsakten zunehmend, wenngleich auch nicht abschließend expliziert werden können. Letzteres ist ausgeschlossen, weil eine „[v]ollständige Artikuliertheit" als „ein Ding der Unmöglichkeit" (Taylor 1999, 68) angesehen wird. Und da, wie oben erwähnt, keine Artikulation durch solche Gefühlsindikatoren vollständig determiniert ist, liegt es nahe, dass sich ganz unterschiedliche Ansichten entwickeln, in denen jeweils verschiedene Aspekte der Hintergrundauffassung jeweils verschieden gedeutet werden und rückwirkend wiederum die Qualität der ersten Gefühlsbestimmtheit nachhaltig modifizieren können.

Der in der Modalität des Unbehagens eröffnete semantische Spielraum lässt folglich eine Vielzahl an Interpretationen zu, deren versöhnliche Vermittlung indessen problematisch ist. Taylor insistiert somit vor allem auf zwei Punkten: Erstens bildet der Pluralismus moralischer Güter die Regel, nicht die Ausnahme, der man mittels rationaler Verfahren unentwegt Herr werden könnte. Dem entspricht, dass die Grunderfahrung des ethischen Subjekts in der Erfahrung des Konfliktes zwischen mehreren moralischen Ansprüchen zu suchen ist, deren gelungener Ausgleich niemals a priori feststeht. Unter den Bedingungen der Moderne befinden sich Personen „always in a situation of conflict between moral demands, which seem to them to be irrecusable, but at the same time uncombinable" (Taylor 1994, 213). Die kulturtheoretischen Dimensionen dieser Einsicht bestehen zweitens darin, dass die Beschreibung moderner kultureller Konfliktlagen mittels binärer Einteilungen wie etwa der Unterscheidung „religiöse Tradition/säkulare Vernunft" zu kurz greift. Sie sollten eher nach dem Bild eines

„großen Gerangel[s]" vorgestellt werden, also als „Schauplatz eines Kampfes zwischen drei und letztlich vielleicht vier Parteien" (627). Darin besteht zumindest für Taylor die neue Unübersichtlichkeit und Instabilität, die er unserer Situation in ethisch-religiösen Hinsichten attestiert.

Exakt darauf läuft deshalb auch die Erzählung zu. In ihr konzentriert er sich zwar auf das ausgehende achtzehnte und neunzehnte Jahrhundert, die historische Einbettung wird zugleich aber in einem gegenwartshermeneutischen Sinn gedeutet, wenn es heißt, dass die damals wirksamen kritischen Perspektiven ebenfalls „einen großen Teil der heutigen Debatte" (543) strukturieren. In Kontinuität mit zentralen Einsichten von *Quellen des Selbst* werden drei „Achsen der Kritik" an der „abgepufferten Identität" unterschieden: (1) Achsen der Resonanz, (2) Achsen der Romantik, (3) Achsen der humanismuskritischen Gegenaufklärung. Dabei soll die Achsenmetapher wohl deutlich machen, dass nicht so sehr einzelne Positionen im Blick sind, als vielmehr Koordinationslinien, anhand derer sich die Ausrichtung ganz verschiedener Einzelstandpunkte orientieren lässt. Letztere können dann als Momente von jeweils drei Grundmustern begriffen werden; ihre Zuordnung erfolgt aufgrund von Ähnlichkeiten in der darin jeweils wirksamen Fragestellung.

Ad (1): In den Achsen der Resonanz werden Positionen gebündelt, die ungeachtet ihrer Differenzen darin übereinkommen, dass sie den überkommenen Moralauffassungen des desengagierten und nach der Logik instrumenteller Vernunft verfahrenden Subjekts Oberflächigkeit und bloße Konventionalität unterstellen. Dieser Vorwurf ist freilich nur unter Voraussetzung zielführend, wenn er das für sich beansprucht, was dem kritisierten Gegenüber abgesprochen wird, nämlich ein „Gefühl für Tiefe" (526) und daran gekoppelt eine Erkenntnis des Moralischen, die in lebendiger Beziehung zu den „inneren Moralquellen" (529) steht. Letzteres dürfte auch ein Grund dafür sein, die Stimmen der Kritik, die hier erwähnt werden, unter den Begriff der Resonanz zu fassen: Ohne das Paradigma der „abgepufferten Identität" im Ganzen zu problematisieren, sollen also diejenigen Aspekte daran in Zweifel gezogen werden, die einen Widerhall der moralischen Ordnung in der Tiefenstruktur der menschlichen Natur nur unzureichend zulassen. Taylor erachtet beispielsweise Rousseaus und Kants Moraltheorien, aber auch die Kritik am Moralismus, wie sie etwa in Schillers Überführung des Moralischen ins Ästhetische – nach dem Motto: Der Mensch „*ist nur da ganz Mensch, wo er spielt*" (Schiller 2004, 15. Brief, 618) – vorgetragen wird, als exemplarische Vertreter dieser ersten Gruppe.

Ad (2): Die Erwähnung Friedrich Schillers leitet dabei schon auf die sogenannten „romantisch[en]" (530) Achsen der Kritik über. Das zeigt, dass die dargelegten analytischen Unterscheidungen diverse Überschneidungsflächen bieten, sie also alles andere als vollständig gegeneinander abgegrenzt werden können. Im

Rahmen dieses zweiten Typs der Kritik werden Positionen vereinigt, deren historischer Entstehungszusammenhang die Zeit der Romantik bildet und die in jeweils unterschiedlicher Ausrichtung darauf zielen, die Trennungsmotive, die für die Realitätssicht des „abgepufferten Selbst" konstitutiv sind, zu überwinden. Zu denken ist an die epistemologische Trennung von Subjekt und Objekt, an die moralische Entkoppelung der Pflicht von der Neigung, an das ontologische Auseinanderfallen von Natur und Geist oder das sozialtheoretische Gegeneinander von Individuum und Gemeinschaft. Gegenüber derartigen Tendenzen kommt es bis heute zur Profilierung von Einheitsfiguren unterschiedlichen Typs, die nicht nur darauf aus sind, die Abstraktheit jener Dualismen herauszustellen, sondern auf diesem Weg zugleich dem Menschen ermöglichen wollen, sich Formen eines „erfüllten", d. h. ganzheitlichen Lebens neu zu erschließen. Dabei werden neben Schiller und Goethe u. a. so unterschiedliche Positionen wie Rousseau, Zinzendorf, D.H. Lawrence oder die zeitgenössische ökologische Bewegung genannt. Autoren wie Herder oder Hegel, die ansonsten im Zentrum von Taylors Arbeiten stehen, bleiben zumindest hier unerwähnt.

Ad (3): Diese auf Einheit hin orientierten Positionen werden in der dritten Gruppe schließlich mit einem Muster konfrontiert, das nicht nur Aspekte der „abgepufferten Identität", sondern gleichermaßen auch Motive der ersten und zweiten Gruppe einer scharfen Kritik unterzieht. In ihnen wendet sich die aufgeklärte Kritik somit gegen sich selbst. Es bietet sich daher an, diese vor allem ab der Mitte des neunzehnten Jahrhunderts zu findenden Positionen als Achsen einer humanismuskritischen Gegenaufklärung zu bezeichnen. Sie profiliert Elemente des Tragischen, die es anmaßend und lächerlich erscheinen lassen, den gesuchten „Ort der Fülle" (20) mit der Erfahrung versöhnter Gegensätze zu identifizieren. Nicht Versöhnung und Einheit, sondern „unabänderliche Formen der Trennung" (537) sind es, zu denen sich der Mensch in ein Verhältnis setzen muss, um „Tiefe und Größe" (538) zu erlangen. Doch wie soll dieses Verhältnis aussehen? In ethischer Perspektive werden dazu jedenfalls Tugenden erfordert, die weitestgehend in Vergessenheit geraten sind, nämlich Tugenden einer heroischen Kriegerethik, die ihre Bezugsgröße weder im Christentum noch in der Stoa findet, sondern in archaischen Traditionen der Antike. Es verwundert daher nicht, wenn Taylor vor allem Nietzsche mitsamt seiner variationsreichen Rezeptionsgeschichte als Träger dieses „Antihumanismus" (627) erblickt.

Im Ganzen gesehen bestätigt sich die Ausgangsthese, der zufolge das Gefühl des „Unbehagens an der Immanenz" einen Spielraum für kritische Artikulationen ganz unterschiedlicher Art eröffnet. Dadurch kommt es einerseits innerhalb des „immanenten Rahmens" zu einer Vielzahl an neuen Definitionen von „Fülle" und „Tiefe"; andererseits nimmt mit dieser Pluralisierung nicht nur die Verunsicherung zu, die der religiöse Glaube im Zuge des neunzehnten Jahrhunderts erleidet, sondern auch diejenige, für die sich die neuen Positionen wechselseitig Anlass bieten. In beidem, sowohl in der zunehmenden Pluralisierung als auch in der gegenseitigen Destabilisierung lebensorientierender Gewissheiten, zeigt sich der „Nova Effekt". Man kann daher auch sagen, dass sich in dieser Situation ein gesteigertes Kontingenzbewusstsein Ausdruck verleiht. Davon sollen nun ausgewählte Aspekte weiter bedacht werden.

7.3 Neue Orte der Fülle

In den nachstehenden Kapiteln werden verschiedene Facetten dieses Wandels perspektivisch vertieft. Dabei ist eine doppelte Zielsetzung wirksam: Zum einen soll gezeigt werden, dass der „Vormarsch des Unglaubens" (543) im neunzehnten Jahrhundert von qualitativ anderer Art ist als ein Jahrhundert früher. Zum anderen wird diese Entwicklung jedoch nicht so rekonstruiert, als habe der religiöse Glaube keinen Platz mehr. Es geht vielmehr darum, in der neuen kulturellen Unübersichtlichkeit einen „Freiraum" (591) zu erkennen, in dem zwischen den unterschiedlichen Positionen gependelt werden kann, „ohne sich klar und endgültig für eine bestimmte zu entscheiden" (590). Zur Charakterisierung dieser instabilen Lage, in der man „spürt, wie man vom Wind mal zum Glauben, mal zum Unglauben hingedrückt wird" (915), wählt Taylor in Anspielung auf William James' *The Varieties of Religious Experience* die Metapher vom „Jamesian open space"(Taylor 2007, 549, 551). Da hier nicht auf alle Details dieser Entwicklung gleichermaßen eingegangen werden kann, werde ich mich schwerpunktmäßig den Veränderungen in der Auffassung der Natur und den Ausdrucksformen der Kunst zuwenden. Beiden gemeinsam ist ihre Relativierung der anthropozentrischen Perspektive des „abgepufferten Selbst".

(A) *Wissenschafts- und Naturverständnis:* Mit Blick auf die Konzeption der Natur hat Taylor schon in anderen Kapiteln ausführlich davon gehandelt, wie die geschlossene Welt des vorneuzeitlichen Kosmos zum unendlichen Universum wird (vgl. Koyré 2008). Darum soll es hier nicht gehen, sondern insbesondere darum, in welcher Weise die Idee der Natur selbst einen Platz im Repertoire moralischer und ästhetischer Überzeugungsbestände einnimmt. Damit wird sie zu einer Kategorie erklärt, die in der Suche nach „Fülle" eine wichtige Funktion übernimmt, sich also einer engen, rein naturwissenschaftlichen Fassung entzieht. Zwei systematisch wichtige Themenstellungen geraten dabei in den Blick: (1) Den weiteren Kreis bildet die Analyse des wissenschaftlichen Fortschritts, (2) im engeren Kreis stehen Überlegungen zum gerade angezeigten Wandel der Naturauffassung, verdeutlicht an der Idee des Erhabenen.

Ad (1): Es ist im Grunde genommen *eine* These, die im neunten und zehnten Kapitel variantenreich entfaltet wird. Sie besagt, dass der kulturell weitreichende Fortschritt der Naturwissenschaft im achtzehnten und neunzehnten Jahrhundert nicht allein im Rekurs auf einzelne wissenschaftliche Tatsachen erklärt werden kann. Er impliziert vielmehr epistemische und ethische Leitorientierungen, die über das bloß beobachtbare Material hinausreichen und die es erst ermöglichen, die inneren Kräfte jenes Fortschrittes umfassend zu verstehen. Sie lassen sich deshalb auch „durch keine Einzelauffassung wirklich in den Griff [...] bekommen" (589). Damit erscheint der bis heute immer wieder aufkommende Konflikt zwischen *„science and religion"* in einem neuen Licht. Er lässt sich nämlich nicht mehr nach einem Einteilungsschema verstehen, das rein wissenschaftliche Handlungsmotive, die auf eine „adäquate Erklärung unbestreitbarer Fakten setzen", der einen Seite zuordnet, und das leidenschaftliche, aber doch vorurteilsbefangene „Festhalten[wollen] an liebgewonnenen Überzeugungen" (558) auf die andere Seite setzt. Taylor zufolge widerspricht die „wirkliche Geschichte" (ebd.) bis heute dieser binären Zuteilung. Das gilt in mehreren Hinsichten: Ihre Rekonstruktion führt in einer ersten Hinsicht vor Augen, dass die Gewichte auf beiden Seiten durchaus ähnlich verteilt sind und sich daher die beliebten Trennungsmodelle von Glauben und Wissen, Leidenschaft und Vernunft oder Wertung und Faktum nicht aufrechterhalten lassen. Damit formuliert er eine mittlerweile sowohl wissenschaftstheoretisch (vgl. Polanyi, 1958) als auch wissenschaftshistorisch (vgl. Daston, 2003) gut belegte Einsicht und kontextualisiert sie zugleich in den Debatten des siebzehnten und achtzehnten Jahrhunderts am Beispiel von Thomas Burnets *Telluris theoria sacra* (1680) und Giambattista Vicos *Scienza Nuova* (1725). In beiden Werken zeigt er auf, wie sich die neu formierende Weltbetrachtung zugleich auch in den religiösen und ethischen Vorstellungen der Autoren niederschlägt.

Umgekehrt gilt Entsprechendes. Sie enthüllen neue Dimensionen der „Tiefe", einmal mit Blick auf die unvordenkliche Geschichte der Erde (Burnet), ein andermal mit Blick auf die Entwicklung der Menschheit aus dem Dunkel des animalischen Lebens (Vico). Bereits mit Blick auf diese prominenten Beispiele lässt sich somit zeigen, wie unhaltbar die angeführten dichotomischen Einteilungen sind. Taylor geht von hier aus dann einen Schritt weiter und zeigt in einer zweiten Hinsicht auf, dass der sogenannte „Szientismus" des neunzehnten Jahrhunderts, der sich in scharfer Opposition zur Religion versteht, nur deshalb so erfolgreich ist, weil er mit Glaubensunterstellungen operiert, die weit über wissenschaftlich zwingende Erklärungen hinausgehen. Im Letzten sind es „ethische Gründe" (612), die hier den Ausschlag geben (vgl. Kühnlein, 2008, 184–186; 2014, 133 ff.). Damit wird an frühere Überlegungen angeknüpft: Bereits in den *Quellen des Selbst* weist er am Beispiel der viktorianischen Zeit auf, dass es im Kern drei ethische

Grundmotive sind, die der sich bahnbrechenden wissenschaftlichen Weltanschauung ihren kulturellen Rang sichern (vgl. Taylor 1999, 704–707): ein emphatisch vertretenes Freiheitsideal gepaart mit einer Glaubensethik, die vorsieht, nur solchen Sachverhalten Glauben zu schenken, die sich mit hinreichender empirischer Evidenz belegen lassen (vgl. Clifford 1999). Beides zielt schließlich darauf ab, die eigenen intellektuellen Ressourcen zu nutzen, um zum menschlichen Wohlergehen beizutragen.

Es dürfte ersichtlich sein, dass keines von diesen drei Motiven als direktes Resultat einer wissenschaftlichen Forschungsperspektive begriffen werden kann. Sie liegen ihr allesamt voraus. Der „Szientismus", so folgert Taylor in fast kierkegaardscher Manier, „setzt einen auf nichts als Glauben basierenden Sprung voraus. Was diesem Glauben Kraft verleiht, ist seine eigene moralische Sichtweise" (Taylor 1999, 704). Dieser Grundthese führt er in *Das säkulare Zeitalter* nichts wesentlich Neues hinzu, er weist allenfalls darauf hin, inwiefern wissenschaftliche Weltanschauungen „mehr Tiefe und größere Fülle erlangt" haben und „vielfältiger geworden" (617) sind. Mit Blick auf das Ganze lässt sich damit folgendes festhalten: In den angezeigten historischen und gegenwärtigen Konfliktszenarien wendet sich nicht eine rein auf hinreichend gesicherten empirischen Tatsachenaussagen basierende wissenschaftliche Einstellung gegen die unvernünftigen Mutmaßungen der Religion, sondern eine epistemisch und ethische qualifizierte Gesamtauffassung steht in Konkurrenz zu einer anderen. Es geht somit immer auch um die „spirituellen Implikationen" beider Seiten, deren Plausibilität sich mit vernünftigen „Beweisen" (614) jedenfalls nicht begründen lässt. Darin zeigt sich ein gewisses dezisionistisches Moment des menschlichen Weltbezugs, das in seinen semantischen Gehalten zwar explizit, aber nicht mehr von Prämissen, die ihm erkennbar voraus liegen, zwingend abgeleitet werden kann. So scheinen nicht nur die Urzeit der Erde und die kulturelle Evolution des Menschen an ein Unvordenkliches zu stoßen, sondern ebenfalls auch Entscheidungen von Konflikten innerhalb kultureller Zusammenhänge.

Ad (2): Vor dem Hintergrund dieser Konstellation muss es daher auch nicht wundern, dass das Konzept der Natur dem rein wissenschaftlichen Standpunkt entgleitet und darüber hinaus eine wichtige Funktion auf der existentiellen Suche nach „Fülle" und „Tiefe" übernimmt. Taylor untersucht diesen Wandel anhand der Idee des „Erhabenen" (564). Allerdings interessiert er sich dabei kaum für eine Bestimmung dieser Idee unter Rückgriff auf bereits erwähnte Autoren wie Burke, Kant und Schiller. Ihre begriffliche Klärung fällt somit auch weitgehend aus. Als Leitfaden fungiert vielmehr ein mit dem Konzept der Wildnis verbundenes Vorstellungsarsenal, das mittels der Unterscheidung zwischen „poröser" und „abgepufferter" Identität entwickelt wird: Beiden gemeinsam ist die Abgrenzung der Wildnis vom Kulturland, sie unterscheiden sich jedoch mit Blick auf die erlebten

Eigenschaften, die sie ihr beilegen. Im Rahmen der „porösen" Auffassung des Menschen ist die Wildnis sowohl ein Ort des Schreckens als auch des Gottesbezugs. Der Mensch ist hier dämonischen Mächten ebenso ausgesetzt wie dem Göttlichen. Zwar verliert sie im Zuge der Wandlungen des Menschenbildes nicht den Charakter, als das Andere des Kulturlandes in gewisser Weise immer noch ein unheimlicher Ort zu sein. Unter „unheimlich" verstehe ich dabei eine Qualität, die sich zeigt, wenn ein Bekanntes/Vertrautes in einer anderen, mithin entfremdeten Gestalt auftritt (vgl. dazu Freud, 1999a, 227–268).

Allerdings erscheint diese Qualität im Erfahrungsraum der „abgepufferten Identität" in einer „anderen Tonlage" (567). Einerseits wird sie in einer Situation erlebt, in welcher der Mensch sich nicht mehr als Spielball fremder Mächte betrachtet, sondern sich als Herr im eigenen Hause wähnt. Was auch immer an der Andersartigkeit der Wildnis als bedrohlich und unheimlich erlebt wird, es scheint die Selbstmächtigkeit des Subjektes weder gefährden zu können noch ist es seiner rationalen Beherrschbarkeit prinzipiell entzogen. Das blanke Entsetzen tritt damit hinter ein nicht lebensbedrohliches Erschauern zurück. In diesem Sinn redet selbst Kant noch davon, dass die „Natur, im „ästhetischen Urteil" zwar „als Macht" vorkomme, aber als eine solche, „die über uns keine Gewalt hat" (Kant, 1957, § 28; B 103).

Doch damit ist nur ein Aspekt in den Blick genommen. Da in der „abgepufferten" Weltsicht das Kontroll- und Beherrschbarkeitsdenken instrumenteller Vernunft eine maßgebliche Rolle übernimmt, sogar bis heute zu einer recht einseitigen Sicht der *conditio humana* führt, übernehmen die Konzepte der Wildnis und des Erhabenen auch eine ethische Funktion. Ihre Ursprungssemantik erfährt damit eine kulturkritische Neubestimmung. So führt Taylor vor allem mit Blick auf den neuzeitlichen Mythos von Arkadien und Thoreaus *Walden* und *Walking* vor, wie die Wildnis zum Entdeckungszusammenhang von einem Lebenssinn wird, der die Anthropozentrik der „abgepufferten Identität" durchbricht. Sie wird dadurch zwar noch nicht zum eigentlichen Wohnort des Menschen erklärt, wohl aber als „Ort der Fülle" erlebt, von dem aus alles andere in einem neuen Licht erscheint. In diesem Sinn kann Thoreau sagen, „[...] that in Wildness is the preservation of the World [...]. Life consists in wildness. The most alive is the wildest. Not yet subdued to man, its presence refreshes him [...]. Hope and the future for me are not in lawns and cultivated fields, not in towns and cities, but in the impervious and quaking swamps" (Thoreau 1982, 609, 611). Damit ist eine Umgangsweise mit dem Konzept der Natur gewonnen, der es auf die „Wiedergewinnung unserer inneren Tiefe" (578) ankommt. Dabei ist es zwar möglich, das Erlebte im Rahmen religiöser Symbolwelten zu deuten, dieser Schritt ist jedoch weder notwendig noch selbstverständlich.

(B) *Kunstverständnis:* Da Taylor den menschlichen Weltbezug als interpretatives Ausdrucksgeschehen versteht und in diesem Prozess der Sprache eine zentrale Funktion zuschreibt, ist es sehr naheliegend, den skizzierten Wandel auch hinsichtlich seiner verschiedenen Ausdrucksdimensionen zu untersuchen. Im Fokus stehen dabei die „Sprachen der Kunst" (591), und zwar der Dichtung, der Malerei und der Musik. Die Veränderungen, die sich in diesem Feld abspielen, werden mittels der Unterscheidung zwischen Kunst als Nachahmung/Mimesis und Kunst als freie Schöpfung aufgefasst. Während im Horizont des „porösen Selbst" das künstlerische Schaffen noch überwiegend unter dem Aspekt der Nachbildung einer vorgegebenen Ordnung verstanden und seinen Ausdrucksformen daher auch eine Art ontologischer Referenz inhärent ist, wird diese ontologische Bindung im Laufe des neunzehnten Jahrhunderts zunehmend uneindeutig oder löst sich sogar ganz auf.

Um diese komplexen Veränderungsprozesse näher zu charakterisieren, redet Taylor von einer ersten und einer zweiten „Entbettung" (596). Beide brechen mit dem Mimesis-Verständnis der Kunst, tun das aber in unterschiedlicher Radikalität. Im ersten Fall behalten die künstlerischen Ausdrucksformen, etwa liturgische Texte oder Liebesgedichte, einen Bezug zu ihrem ursprünglichen Handlungskontext, ihre Wertschätzung als Kunst ist jetzt aber nicht mehr an den faktischen Mitvollzug dieser Handlungen gebunden. Es genügt deren „kontemplative [...] Betrachtung" (ebd.), und zwar mit dem Effekt, dass sie sich von ihrem Sitz im Leben lösen. Dieser spielt nur noch im Sinne eines vagen Verweises eine Rolle. Im Fall der zweiten „Entbettung", die Taylor an der sogenannten „absoluten Musik" des neunzehnten Jahrhunderts festmacht, werden diese kontextuell eingelagerten Semantiken in den Kunstausdruck selbst mit aufgehoben, mithin sogar entbehrlich, um die Bedeutsamkeit des Gehörten zu erfassen. Zwar kann ein Musikstück seine Zuhörer emotional zutiefst bewegen und ihnen ein Erlebnis von „Fülle" und „Tiefe" bescheren. Auf was sie sich dabei aber genau beziehen, bleibt opak. Es „fehlt" ein Objekt, obgleich die Zuhörer durchaus das Bedürfnis verspüren können, dass es „ein Objekt geben" müsse (597), ohne es allerdings sprachlich benennen zu können. Die Musik ist insofern „absolut" geworden, als sie keinen ihr äußerlich bleibenden semantischen Bedingungen mehr unterliegt. Die Kunstform folgt hier allein ihren eigenen Gesetzen.

Im Rückblick gesehen läuft die Rekonstruktion somit auf einen bereits bekannten Punkt zu: Auch die neuen Ausdrucksmittel der Kunst tragen dazu bei, den Spielraum der Weisen, sich selbst und die Welt zu verstehen, weiter zu öffnen. So bieten sie „eine Zuflucht für die Irreligiosität der Moderne" (598), ohne dabei die religiöse Option zwingend ausschließen zu können. Damit zeigt sich wiederholt, dass der „Jamesian open space" immer mehrere, gleichermaßen lebendige Optionen zulässt, die zu keinem rationalen Ausgleich gebracht werden können. Allerdings weiß Taylor darum, dass die meisten Zeitgenossen diese spannungsvolle Situation meiden. Für sie sind die Grenzen zwischen „Glaube und Unglaube, Offenheit und Abgeschlossenheit" (16) eindeutiger markiert als es die Erfahrung des „open space" suggeriert. Der Philosoph scheint diesen Platz also stellvertretend einzunehmen. Wozu tut er das? Dieser Frage wende ich mich in einem letzten Gedankengang zu.

7.4 Schluss

Indem ich diesen Fokus wähle, lasse ich andere Gesichtspunkte für eine Beurteilung der Erzählung außen vor. Dazu zählen Fragen danach, wie es um die historische und soziologische Genauigkeit der Darstellung (vgl. Joas 2010), ihre methodische Stringenz oder die Orientierungskraft ihrer Leitannahmen bestellt ist (vgl. Rentsch 2010). Die Ausrichtung auf das „Wozu" knüpft vielmehr an die zu Beginn aufgeworfene Frage nach dem ethischen Subtext der Darstellung an. Ich habe ihn bereits als Bemühen um einen konstruktiv-kritischen Umgang mit weltanschaulich-religiöser Pluralität entziffert. Im Rückblick redet Taylor selbst von einem verständnisorientierten Gespräch, zu dem er mit *Ein säkulares Zeitalter* einen Beitrag liefern möchte: „I think what we badly need is a conversation between a host of different positions, religious, nonreligious, antireligious, humanistic, antihumanistic, and so on, in which we eschew mutual caricature and try to understand what ‚fullness' means for the other" (Taylor 2010, 318). Dabei geht es im Kern darum, einen wechselseitigen Lernprozess anzustoßen, der es ermöglichen soll, in anderen Positionen Aspekte der eigenen zu sehen (und umgekehrt), sich also nicht primär in Entgegensetzung zu begegnen, indem man andere Auffassungen negativ nur als das Nicht-Eigene klassifiziert (vgl. Taylor 2010, 319). So gesehen lässt sich die Darstellung zu weiten Teilen auch als eine Einübung in die Empathie des Verstehens lesen, die ihrerseits durch die Überzeugung orientiert ist, dass wir alle ‚irgendwie doch in einem Boot sitzen'.

Ich stimme Taylors Diagnose darin zu, dass solche Lernprozesse etwas sind, „[that] we badly need". Die Frage ist nur, ob dieses Projekt nicht doch noch ein weitergehendes philosophisch-kritisches Instrumentarium erfordert, um nicht bei einer bloßen Affirmation stehen zu bleiben. Wie immer man diesen Punkt im Einzelnen beurteilen mag, er betrifft jedenfalls nicht nur die den „Achsen der Kritik" zugerechneten Positionen, sondern bezieht sich auf nichtreligiöse und religiöse Lebensdeutungen gleichermaßen. Ohne an dieser Stelle ein solches Instrumentarium auch nur annähernd entwickeln zu können, möchte ich zum Schluss wenigstens einige Richtwerte dafür nennen. Im Ganzen gesehen ist es wichtig, die umfassenden Lebensdeutungen, die Taylor im Blick hat, daraufhin zu befragen, ob sie in einem funktionalen Sinn überhaupt gleichermaßen in der Lage dazu sind, die von ihnen identifizierten Probleme zu lösen, oder ob sich in dieser Hinsicht Abstufungen zwischen ihnen ausmachen lassen.

Dabei können mehrere Gesichtspunkte eine Rolle spielen. Sie lassen sich in zwei eher formal-rationale und zwei eher inhaltlich-empirische unterteilen (vgl. Whitehead 1978, 3–17; Ferré 1961, 159–163; Löffler 2006, 157–159): Was die formale Aufbaustruktur von umfassenden Lebensdeutungen angeht, kann zum einen gefragt werden, ob sie in sich widerspruchsfrei, d.h. logisch konsistent ist, und zum anderen, ob ihre verschiedenen Teilfunktionen, misst man sie an ihrem jeweiligen Problemlösungsanspruch, in einem kohärenten Zusammenhang zueinander stehen. Formale Konsistenz und Kohärenz fungieren hier als Richtlinien. Was den Erfahrungswert von umfassenden Lebensdeutungen betrifft, können sie ebenfalls in zwei Perspektiven beurteilt werden. Zum einen kann ganz grundlegend nach der Spezifität ihres Erfahrungsbezuges gefragt werden, und zum anderen können sie daran gemessen werden, ob es ihnen infolge möglich ist, der Komplexität erfahrbarer Wirklichkeit begrifflich angemessen Rechnung zu tragen. Hier spielt der Gesichtspunkt der „Offenheit für beliebige – auch widerspenstige – Erfahrungen" (Löffler 2006, 159), d.h. die Integrationsfähigkeit der jeweiligen Lebensdeutung, eine Rolle. Applikabilität und Adäquatheit fungieren hier als Richtwerte. Diese Gesichtspunkte, die hier nur kurz markiert werden können, müssen schließlich durch einen wichtigen ethisch-normativen ergänzt werden, der direkt in Taylors Programm steckt.

Aus dessen Orientierung an „*conversation*" ergibt sich nämlich eine Minimalbedingung, an denen weltanschaulich-religiöse Positionen unter allen Umständen zu messen sind: Sie müssen aus eigenen Gründen prinzipiell dazu in der Lage sein, sich selbst annäherungs- und versuchsweise am Ort des Anderen zu sehen. Denn allein unter dieser Voraussetzung dürfte das, was den Anderen auszeichnet, auch für die eigene Position in einem positiven Sinn bedeutsam werden können. Da das auch im besten Fall nur unter Einschluss gegenseitigen Missverstehens möglich ist, müssen sie zudem Varianten des so genannten *principle of charity* umfassen, mithin der Bereitschaft, sich selbst und dem Anderen Spielräume des Missverstehens zuzubilligen. Wo immer das nicht der Fall ist, werden die Grenzen des kommunikativen Ethos, dem Taylor verpflichtet ist, überschritten. Um diese Grenzen positionsspezifisch auszuloten, wäre daher die reflexive Selbstanwendung dieses Minimalstandards hinsichtlich der dargelegten „Achsen der Kritik" und ihres religiösen Pendants unbedingt von Nöten.

Zitierte Literatur

Abbey, R. 2000: Charles Taylor, London u. a.
Clifford, W. 1999: The Ethics of Belief and Other Essays, Introduction by Madigan, T., New York.
Daston, L. ²2003: Wunder, Beweise und Tatsachen. Zur Geschichte der Rationalität, Frankfurt/M.
Ferré, F. 1961: Language, Logic and God, New York.
Freud, S. 1999a: Das Unheimliche, in: ders., Gesammelte Werke, hg. von Freud, A. u.a, Bd. XII, Frankfurt/M., 227–268.
Freud, S. 1999b: Das Unbehagen in der Kultur, Bd. XIV, 419–506.
Gerhardt, V. 2011: Säkularisierung. Eine historische Chance für den Glauben, in: Unerfüllte Moderne? Neue Perspektiven auf das Werk von Charles Taylor, hg. von Kühnlein, M./Lutz-Bachmann, M., Frankfurt/M., 547–572.
Joas, H. 2010: Die säkulare Option. Ihr Aufstieg und ihre Folgen, in: Kommunitarismus und Religion, hg. von Kühnlein, M., Berlin, 231–241.
Kant, I. 1957: Kritik der Urteilskraft, in: ders., Werke in sechs Bänden, hg. von Weischedel, W., Band V Darmstadt 1957
Koyré, A. ²2008: Von der geschlossenen Welt zum unendlichen Universum, Frankfurt/M.
Kühnlein, M. 2008: Religion als Quelle des Selbst. Zur Vernunft und Freiheitskritik von Charles Taylor, Tübingen.
Kühnlein, M. 2014: Immanente Ausdeutung und religiöse Option: Zur Expressivität des säkularen Zeitalters in: Schmidt, Th. M./Pitschmann, A. (Hg.), Religion und Säkularisierung. Ein überdisziplinäres Handbuch, Stuttgart 2014, 127–139.
Löffler, W. 2006: Einführung in die Religionsphilosophie, Darmstadt.
Polanyi, M. 1958: Personal Knowledge. Towards a Post-Critical Philosophy, London.
Rentsch, T. 2010: Transzendenz und Moderne, Religion und Philosophie. Kritische Bemerkungen zu Charles Taylors *A Secular Age*, in: Kommunitarismus und Religion, hg. von Kühnlein, M., Berlin, 243–249.
Sartre, J. 1997: Das Sein und das Nichts. Versuch einer phänomenologischen Ontologie, Reinbek.
Schiller, F. 2004: Über die ästhetische Erziehung des Menschen in einer Reihe von Briefen, in: ders., Sämtliche Werke, Bd. V, hg. von Riedel, W., München.
Taylor, C. 1985a: What is human agency?, in: ders., Philosophical Papers I, Cambridge, 15–44.
Taylor, C. 1985b: Self-interpreting animals, in: ebd., 45–76.
Taylor, C. ³1997: Das Unbehagen an der Moderne, Frankfurt/M.
Taylor, C. ³1999: Quellen des Selbst. Die Entstehung der neuzeitlichen Identität, Frankfurt/M.
Taylor, C. 1994: Reply and Rearticulation, in: Tully, J./Weinstock, D. (Hg.), Philosophy in an Age of Pluralism: The Philosophy of Charles Taylor in Question, Cambridge, 213–257.
Taylor, C. 2004: Modern Social Imaginaries, Durham.
Taylor, C. 2010: Afterword, in: Warner, M./VanAntwerpen, J./Calhoun, C. (Hg.), Varieties of Secularism in a Secular Age, Cambridge Mass., 300–321.
Thoreau, H. 1982: Walking, in: The portable Thoreau, ed. by Bode, C., London u. a. 592–630.
Whitehead, A. 1978: Process and Reality. An Essay in Cosmology, ed. by Griffin, D./Sherburne, D., New York.

Peter Nitschke
8 Immanente Gegenaufklärung und ihre moralischen Foren im 19. Jahrhundert (Kap. 11)

Das säkulare Zeitalter, das sich als Moderne versteht, hat einen Gegentypus initiiert, der an genau jener säkularen Form der Selbstauslegung massive Kritik nimmt, auf welcher die Moderne sich und ihre Erfolge gründet. Das ist die zentrale Botschaft jener Argumentation, die Taylor in seinem epochalen Werk *A Secular Age* systematisch formuliert. Die Anzeige eines Paradigmas der Gegenmoderne, die sich aus der Moderne heraus wie von selbst ergibt, die sich als *Gegenaufklärung* verstehen lässt, ist keineswegs der einzige wichtige Erkenntnispunkt in der Beweisführung von Taylor, wohl aber insofern ein zentraler, weil hierdurch die Moderne in Bezug auf ihr Hauptattribut, nämlich der Säkularität, anders gesehen, d.h. anders begriffen werden muss. Um dies angemessen herleiten zu können, ist eine sukzessive Herangehensweise an Taylors Argumentation notwendig. Denn Taylor entwickelt seine Begründung des intrinsischen Gegenmodells zur Moderne nicht einfach an einer Stelle in einem einzigen Kapitel, sondern formuliert die analytischen Anhaltspunkte sukzessive im Kontext der übrigen Leitfragestellungen seiner Abhandlung.

8.1 Das Moment der Fülle und das Kriterium der Vernunft

Um verstehen zu können, weshalb die Aufklärung als das zentrale heuristische Großunternehmen für die Herstellung und Einleitung des säkularen Zeitalters zugleich auch einen Widerpart in Form des eigenen Antityps generiert hat, muss man auf die Ausgangslage verweisen, bzw. den ideellen Ausgangspunkt, den die Aufklärung selbst als ein zu überwindendes Lagebild formuliert und kämpferisch für *ihre* Lösungen als Feindbild angenommen hat. Bekanntermaßen ist dies das mittelalterliche Weltbild gewesen – und dies nicht nur wegen seiner religiösen, sondern (heuristisch) eben auch ontologischen Konnotation in der Bestimmung des Menschen und seiner Natur. Die Vorteile dieser ontologischen Welt-Auslegung charakterisiert Taylor als Moment der *Fülle:* Die Fülle ist ein Zustand in der Zeit, die einen Referenzanspruch auf die Ewigkeit macht. In der Fülle liegen Erfahrungen bereit, die um ein Mehrfaches über den Zustand der Normalität hinausreichen (vgl. Taylor 2012, 20). Die Fülle zeigt (platonisch gedacht) das Sein im Seienden an. Sie ist damit transzendent gegenüber dem bloßen Dasein als einem *Hiersein*. Die Fülle ist ontologisch das, was als ein Etwas vollkommen ist, was ihrem Wesen entspricht. Leider erfährt man subjektiv diese Fülle nur in bestimmten Momenten. Die ontologische Struktur des Zustands dieser Welt zeichnet sich dadurch aus, dass man gerade der Fülle nicht oder nur sehr eingeschränkt teilhaftig wird. Aber die Fülle bringt sich immer ein und man spürt sie an zwei Prinzipien, in und mit denen sie sich mitteilt: 1) an der Moral und 2) an und *in* der Zeit.

Das säkulare Zeitalter hat mit dieser Fülle gebrochen, weil seit der Aufklärung die Frage der Moral als nicht von Gott-gegeben konstruiert ist und die Zeit als eine rein empirisch zu vermessende Angelegenheit von Lebensachsen erscheint. Die Moral ist dann gut, wenn sie *vernünftig* ist und die Zeit ist einfach Zeit im Sinne des Nutzens, den sie für die Lebensspanne der Menschen bereitstellt. Beides erweist sich als sehr materiell orientiert und folglich ist der Siegeszug des säkularen Zeitalters der des Empirismus und des Utilitarismus. Doch gerade an diesem Verständnis artikuliert Taylor seine Kritik, die er mit dem Verschwinden der Fülle begründet. Denn die Vernunft separiert stets nur, allein der Glaube führt die widerstreitenden Vernunftargumente zusammen: „Die Vernunft allein ist borniert, blind gegenüber den Forderungen der Fülle und wird – wenn sie keine Grenzen anerkennt – vielleicht zur Zerstörung der Menschheit und ihrer Umwelt voranmarschieren." (26)

Im Grunde ist dies eine Erneuerung der augustinischen Maxime (vgl. auch Körner 1978): *credo ut intelligam*. Die Vernunft, so, wie sie von Kant und auch Max Weber paradigmatisch für den säkularen Geist der Moderne entwickelt worden ist, führt die Menschen nicht zusammen, allenfalls bei materiellen Genussfragen, sondern trennt sie eher hinsichtlich ihrer Interessen. Der Ausgang ist bekannt (und wird seit der Aufklärung fortwährend praktiziert): ein permanenter Prozess der Ausdifferenzierung im Sinne des trennenden Wissens der Vernunft. Dieser Prozess ist technisch betrachtet keineswegs schädlich, sondern sogar eine Grundvoraussetzung für den Siegeszug der Naturwissenschaften in der Moderne und damit auch der Säkularität. Doch hierbei bleibt etwas auf der Strecke, nämlich der Anspruch auf eine allgemeine, d. h. *universale* Moral. Diese kann nicht durch die fortwährenden Separationsübungen der Vernunftgründe zustande gebracht werden. Hier bedarf es der Dignität von Glaubensaussagen mit ihrer Verbindlichkeit für die Moral. Deshalb Taylors Forderung: „Daher müssten wir den Bruch heilen, den die von allen losgelöste, distanzierte Vernunft in unserem Inneren verursacht hat, indem sie das Denken von Gefühl, Instinkt und Institution getrennt hat." (26)

8.2 Die Kritik an der Moderne

Da Taylor die Vernunftbegründung seit der Aufklärung kritisch betrachtet, geht er folglich auch entsprechend distanziert mit dem Theoriebezug der Moderne um. Im säkularen Zeitalter neigt man all zu oft von *Theorien* zu sprechen, obwohl es sich doch meist nur um Hypothesen handelt (vgl. 29). Das ist vielleicht der entscheidende Schwachpunkt im Prozess der Säkularisierung, dass ausgerechnet das, was die Moderne groß und stark gemacht hat, nämlich ihr theoretisches Programm im Rahmen der Szientifizierung des Lebens letztlich in Konfusion mündet. Zwar verdrängt der theoretische Mensch als *homo rationalis* die Fülle der Theologie, indem er alles und jedes in separierende Einzelfälle empirisch zerlegt, um sodann eine je konkrete *Theorie* zu Diesem und Jenem zu finden. Aber all diese schönen Theorien der Naturwissenschaften und erst recht die der Sozialwissenschaften können das nicht mehr leisten, was hermeneutisch ganz simpel das Motiv der *Fülle* ist: einen lebensweltlichen Sinnbezug umfassend herzustellen. Damit weichen auch die Gewissheiten – alles wird relativ oder scheint es zumindest zu werden (vgl. auch 30). Die Naivität (oder besser: die Einfachheit) des vormodernen Menschen ist dahin. Damit aber auch eine Beständigkeit vom Sinn dieser Welt.

In dieser Hinsicht ist die Botschaft Jesu Christi mehr als nur existenziell, sie ist geradezu bis ans Ende aller Tage reichend (vgl. auch 40). Wer sich hierzu bekennt, der handelt immer schon sozial. Mit der Botschaft Christi wird aber auch deutlich gemacht, dass sich der Mensch nicht zum Maßstab aller Dinge machen sollte. Es gibt eine Dignität außer- und oberhalb der menschlichen Existenz. Und dieses Bewusstsein für die Ein- und Unterordnung in ein kosmologisches Gesamt, wenn man es so nennen will, war bis zum Beginn der Neuzeit den Menschen bewusst: dass er als Species zwar an der Spitze des *ordo Dei* steht, aber eben auch (nur) ein Teil dieser Ordnung ist (vgl. 42). Indem die Säkularisierung hier eine schwerwiegende Umdeutung vornimmt, zerstört sie damit auch das Moment der Fülle in seinem existenziellen Bezug. Das neue, säkulare Zeitalter liefert gerade diese Fülle nicht mehr, auch wenn die Sehnsucht und das Verlangen danach zweifellos geblieben sind. Nur die Religion erinnert an diese Fülle und liefert die erfahrbaren Momente dafür. Insofern kann Taylor berechtigterweise sagen, dass eine säkulare Epoche dann gegeben ist, wenn „der Niedergang aller über das menschliche Gedeihen hinausgehenden Ziele denkbar wird" (43). Im Moment der Fülle ist der Mensch immer bei sich selbst, im säkularen Tun richtet er sich konkret nach diesem oder jenem Ziel und bleibt doch immer limitiert, kann nicht teilnehmen am Moment der Unendlichkeit, die sich in der Fülle manifestiert.[1]

Mit der Naivität des nichtsäkularen Menschen habe erstmals der *ausgrenzende Humanismus* gebrochen (vgl. 46), indem die Rationalität von der Welt des Glaubens, also der Theologie, separiert worden sei. Aber das ist im Grunde eine zu einfache Konstruktion, die Taylor da vornimmt. Der Kultus des Göttlichen ist der mittelalterlichen wie auch der antiken Welt immanent gewesen. Der Bezug auf (den einen) Gott beinhaltet eine dreifache Ausrichtung, in der alles dem Gottesgedanken unterworfen wird: das betrifft a) die Natur, b) die Gesellschaft und c) die Verzauberung der Denk- und Handlungsprozesse des Menschen insgesamt (vgl. 51). Schon die „bloße Existenz der Gesellschaft" ist abhängig vom Gottesgedanken (ebd.), was wohl auch für einen Leibniz gilt (vgl. Nitschke 2015a), schon aber nicht mehr für die Aufklärer des 18. Jahrhunderts. Sofern die Welt *verzaubert* ist, erfährt der Mensch den Sinn und Unsinn, der ihn umgibt, als etwas durchaus Magisches: Wunder kommen vor und gehen, schon gar nicht kann hier alles logisch erklärt werden. Der Siegeszug der Naturwissenschaften im 17. Jahrhundert stellt insofern zunächst auch keinen Angriff auf den Gottesgedanken dar, wohl aber zentral auf die verzauberte Welt und ihre Magien (vgl. auch 53). Allerdings bleibt bei allen Enttarnungen durch die naturwissenschaftliche Logik und Praxis die ontologische Dimension erhalten, weshalb Taylor diese auch zu Recht als Gegenangebot im Prozess der Moderne sieht (vgl. 55), und zwar in Form der Moral!

Doch grundlegend hat die Entzauberung ihren Preis: Er besteht u. a. darin, dass der Gottesbezug in der Säkularität meist nur noch negativ konnotiert ist (vgl. 57). Das heißt, er ist passiv ausgerichtet, eine Welt-Ordnungserklärung findet damit nicht mehr statt und es geht nur noch um Schadensbegrenzung im Sinne einer Abwehr allzu hedonistischer oder atheistischer Lebensbezüge, was mitunter auf das Gleiche hinausläuft. Allerdings ist dieser Befund nur insofern universal, wie er als Schema verstanden wird. Bezogen auf die konkrete Realität von modernen Gesellschaften erweist sich der religiöse Bezug durchaus standhafter als (zunächst) gedacht. Denn Säkularisierung ist nicht gleich *Säkularisierung*, zu unterschiedlich sind hier die jeweils nationalen Entwicklungen im Prozess der Moderne verlaufen (vgl. auch 58).

---

[1] Taylor hält gleichwohl diese Perspektive auf die Fülle im Prinzip für *naiv* und meint allen Ernstes, dass eine derartige Naivität im Zeitalter der Globalisierung nicht mehr gegeben bzw. überwunden sei (vgl. 46). Dabei kommt die Fülle in der Globalisierung erst recht zum Tragen, wobei man heuristisch durchaus bei manchen Wissenschaftlern und (vielen) Politikern eine gewisse Form der Naivität ausmachen kann, wenn man sich anschaut, wie einfach sie es sich mit den Interpretamenten zur Globalisierung machen (vgl. hier Nitschke 2014).

8.3 Die Veränderungen als Verformungen

Die insgesamt rationale Zusprechung von personaler Verantwortung verändert allerdings das Verständnis vom Menschen als handelnden Akteur nachhaltig. Während in der prämodernen Welt ein von Magie umhauchter Akteur immer von Kräften abhängig blieb, die er nicht wirklich steuern und befehlen konnte, die weit über sein Selbstvermögen hinausgingen (vgl. auch 65), wird dieses Vermögen nun intrinsisch allein auf den Menschen als Selbstverantwortung zurückgeschrieben. Die entscheidende Frage hierbei ist jedoch, die Taylor allerdings nicht stellt, ob der moderne Mensch mit dieser rationalen Selbstzuschreibung seiner Verantwortung nicht komplett strukturell überfordert wird? Zumindest dann, wenn wir nicht gleich alle kleine Kants oder Habermas-Inkarnationen sind.

Und noch etwas ist anders in der verzauberten Welt gewesen gegenüber der säkularisierten Fassung: das Denken in symbolischen Formen (vgl. auch 72). Das symbolische Denken ist jedoch ein äußerst substanzielles Denken, es substantiiert im analogischen Format. Damit ist es immer auch schon ontologisch und verweist mit den symbolischen Zeichen nicht nur auf eine Qualität der Repräsentation von Etwas, sondern besteht auf dem Bewusstsein, dass es dieses *Etwas* auch tatsächlich in einer höheren Form als der empirisch wahrnehmbaren gibt. Der Rationalismus der Säkularität durchbricht diese ontologische Zeichenfunktion, aber er gebraucht sie zugleich auch in Form der Lächerlichmachung, der Belustigung, indem er sie als *irrational* brandmarkt.[2] Im Prinzip demonstriert die moderne Gegenüberstellung zur Irrationalität eine metaphysisch versteckte Notwendigkeit, sonst könnte das säkulare Zeitalter nicht bestehen. Am Ende müsste man sich sonst fragen, ob nicht gerade diese säkulare Behauptung von Rationalität lächerlich ist?

Insofern liegt unter dem Firnis der Moderne weiterhin eine Matrix der prämodernen Verzauberung versteckt (vgl. auch 76). Der moderne Mensch ist keineswegs so rational, wie es die Ideologie vom säkularen Zeitalter glauben machen will. Pegida-Demonstrationen und nicht zuletzt der Aufstand des islamischen Fundamentalismus gegen eben diese Moderne zeigen in aller (schrecklichen) Deutlichkeit, dass wohl eher Hobbes Recht behalten hat als Kant. Zwar verhält sich der neuzeitliche Mensch abgestuft, Taylor nennt dies *abgepuffert* (79), gegenüber dem religiösen Wahrheitsanspruch und der hier immanenten Verzau-

---

[2] Das zeigt Taylor u. a. sehr anschaulich an unserer Einstellung zu Horrorfilmen und entsprechender Literatur. Man frönt ihr, obwohl (oder gerade) weil man sie für nicht *real* hält. Weshalb aber, so seine berechtigte Frage, sollten wir etwas wertschätzen, was wir für nicht real erachten (vgl. 73)?

berung, gleichwohl bleibt er diesem auch zugänglich. Es ist keine vollkommene Abschottung, eher eine Form der Neuorientierung, die allerdings auch bis zur Desorientierung führen kann. Verbunden ist damit eine Form der kognitiven Distanzierung, die, wenn man sie sozial wie politisch als Handlungsfrage betrachtet, bis hin zu einem fehlenden Engagement in jeder Hinsicht führen kann.

Die Vorstellung von der Macht Gottes war für die prämoderne Welt „eine allgegenwärtige Gegebenheit", Zweifel daran zu haben wäre so, als würde man heute eine „Steckdose reparieren und gleichzeitig die Existenz der Elektrizität bezweifeln" (81). Insofern ist der Aufbruch zur Säkularisierung auch kein schlagartiger, mit einem einmaligen Erkenntnisakt verbundener Vorgang, sondern ein langsamer, in Zick-Zacklinien verlaufener Prozess, den man sich noch am ehesten dialektisch vorstellen muss, aber auch dies nicht im Sinne einer simplen These-Antithesenbildung. Eher sind es Antinomien, die zeitversetzt erzeugt werden, und die ihrerseits (zeitversetzt) mit Gegenantinomien beantwortet werden. So lange man davon ausgeht, dass es das Böse in dieser Welt gibt, weil die Sündenstruktur des Menschen dieses prinzipiell begünstigt (und nicht nur zulässt, das wäre zu passiv gedacht), so lange ist Gott eine gesellschaftlich notwendige Realität, denn nur der Gottesgedanke rettet wirklich vor dem Bösen in der Welt. Gott ist konstitutiv für die Existenz der Gesellschaft als Gemeinschaft (vgl. auch ebd.).[3]

8.4 Gegenstrukturen

In der christlichen Religion selbst verortet Taylor das Fundament einer Antinomie, die sich dialektisch als Gegenstruktur bemerkbar machen kann. Der Karneval ist für ihn so ein klassisches Beispiel einer *Ordnungsumkehrung*, welche ritualisiert die Durchbrechung aller christlichen Normen für einen bestimmten Zeitraum duldet (86, Anm. 15).[4] „Alle Kodizes brauchen ein Gegengewicht und gelegentlich sogar das Eintauchen in ihre Verneinung, sonst drohen Starrheit, Schwächung, Atrophie der sozialen Kohäsion, Blindheit und letzten Endes vielleicht Selbstzerstörung." (93) Taylor diagnostiziert hier zu Recht ein produktives Spannungsverhältnis zwischen dem Irdischen und dem Spirituellen im Leben der Menschen in der Vormoderne, doch die entscheidende Frage im diagnostischen Sinn ist (ebd.): „Was ist heute daraus geworden?"

---

3 Das ist im Übrigen auch der epistemologische wie glaubensorientierte Ausgangspunkt für Leibniz wie auch für Locke!
4 Vgl. dazu auch Burke 1998, 203 ff.

Der Befund kann hier nur ambivalent ausfallen, in systemtheoretischer Hinsicht sogar gedoppelt: Mit der Aufklärung ist die *Gegenstruktur* zum Prinzip erhoben worden! Zugleich ist aber auch mit der Aufklärung das System der säkularen Vernunft zum Maßstab gemacht worden, dem sich alles (und damit auch jede spirituell angehauchte Verweigerung oder Ablehnung) unterordnen muss! Hieraus resultiert nicht nur einfach eine dichotomische Struktur, sondern eine aporetische Konstellation. Gegenstruktur und ordnungsgebende Struktur wetteifern in immer größerer Dynamik miteinander um das bestimmende Formprinzip. Dieser mittlerweile in und durch die Globalisierung hochgradig antinomische Wettkampf bedingt Unordnung allenthalben. Weder wird so recht deutlich, was die maßgebliche Gegenstruktur sei, geschweige denn ist ein Ordnungssystem allein für sich verbindlich, die Interaktionen zwischen den Individuen setzen und bestimmen zu können.

Taylor hingegen macht eine Überbewertung der ordnungsgebenden Struktur aus, die er meint mit dem Siegeszug des säkularen Zeitalters verorten zu können (94): „Eine Konsequenz des Niedergangs der Antistruktur bestand zweifellos in dieser Neigung zu glauben, der vollkommene Kodex [der Ratio] bedürfe keiner Einschränkung: man könne und solle ihn schonungslos durchsetzen."

Deshalb muss eine jeweils rückständig erscheinende Gesellschaft rationalisiert, d.h. umstrukturiert werden. Was die so genannten Reformer, eigentlich: Weltverbesserer, hier an den Tag legen, ist ein *Tunnelblick:* Nur noch ihre *speech codes* sind erlaubt, alles andere fällt weg bzw. muss (logischerweise) nihiliert werden (vgl. ebd.). Von diesem Elan sind zwei Ideologien der Modernen massiv angetrieben: die Rassenlehre des Nationalsozialismus und die Klassenlehre des Kommunismus. Die *Arbeitsergebnisse* sind bekannt – sie haben in die Perversion des Menschseins geführt. In der aktuellen Konstellation lauert im Islamismus der Dschihadisten eine weitere Option auf eine derart menschenfeindliche Weltverbesserung. Einzig allein der Liberalismus ist bei seinem Optimismus in die Verbesserung von Welt grundsätzlich offen geblieben, der Konservatismus hingegen eher pessimistisch, was überhaupt den Sinn solcher Weltverbesserungsannahmen betrifft.

Allerdings ist der systemische Befund, wie ihn Taylor versucht herauszufiltern, auch nicht eindeutig. Denn die Antistruktur verfällt keineswegs mit der Französischen Revolution, wie er meint (vgl. ebd.).[5] Es ist eher eine Form der voluntaristischen Selbsttäuschung, die hier stattfindet. Wenn die Revolutionäre

---

5 Man muss hier auch berücksichtigen, dass Taylor kein Historiker ist. Er analysiert sein Thema auf der Grundlage der Perspektiven der Politischen Theorie – und zwar denen der Moderne! D. h., es geht hier um analytische Bedingungssätze, um bestimmte formale Logiken, die er anhand der Deskriptionen der Geschichtsschreibung präskriptiv zuordnen will. Und zwar in neuer Form.

tatsächlich meinen, wie Rousseau dies vorgeschlagen hat, die „Identität von Zuschauer und Ausführendem" gleich einem Theaterstück vorzuführen (95, Anm. 27), dann ist dies ein grotesker romantischer Unsinn! Der *neue* Bürger spielt sich selbst als groß geschriebenes Schauspiel! Was für ein Missverständnis für die Politik der Moderne! Aus den ins Blaue geschossenen Kommentatoren bei Twitter und Facebook werden noch längst nicht allesamt rationale Bürger, geschweige denn handelnde Politiker.

Eine Antistruktur bleibt auf jeden Fall (mindestens) übrig seit der Aufklärung: die des Privatismus, des Rückzugs ins Private (vgl. 97).[6] Doch das Private ist in der heutigen Form der Kommunikationslandschaft da, wo es Platon und andere immer schon gesehen haben, nämlich als ein *Öffentliches!* Private Sphären, das erkennt Taylor an, artikulieren mittels Literatur, der Kunst, der Musik, der Religion und letztlich dem Denken selbst ihre Ansprüche an die Öffentlichkeit (vgl. auch ebd.). Insofern ist die Antistruktur eben doch gegeben, wobei die Gefahr „der Isolation und des Sinnverlusts" für das Individuum, eben weil es sich nur privatistisch zu betrachten weiß, stets gegeben ist (ebd.). Dieses *Selbst* des reflektierenden bürgerlichen Subjekts ist das alles beherrschende große Thema, welches Taylor in seinen früheren Studien intensiv behandelt hat (vgl. hier Meyer-Heidemann 2015). Im Stadium der Säkularität wird aus diesem bürgerlichen Subjekt aufgrund der Überzeichnung der Rationalität fast schon ein Fall für die Psychoanalyse. Doch dies gilt eigentlich auch für das Zeitalter vor Beginn der säkularen Umdeutungen. Insofern ist auch die Reformation so etwas wie eine erste Welle der Aufklärung. Eigentlich eine *Gegenaufklärung* im Sinne einer Erneuerung des von Luther, Calvin und Zwingli behaupteten wahren Christentums gegen die verderbte (katholische) Kirche, de facto aber zugleich eine Rationalisierung des Glaubens durch sehr starke Zucht- und Disziplinierungsmittel, die nunmehr weitaus stärker in das Individuum hinwirken als es die traditionale Kirche zuvor vermocht hatte.

Die Logik der Welt wird umso umfassender, je genauer man in diesem Buch Gottes (nämlich *seiner* Welt) zu lesen in der Lage ist. Der Mensch erfährt sich bei dieser (seiner) Lesung in Gott, er erfährt seine Normalität zugleich als einen göttlich intendierten Akt des Daseins in der Welt (vgl. auch 166 f.). Von dem Moment an, in dem man die Spiritualität des Heiligen als dem Außergewöhnlichen

---

6 Dies beinhaltet zugleich eine höchst bemerkenswerte Paradoxie der Moderne: Angetreten mit der Forderung einer vernunftsorientierten Öffentlichkeitssetzung, mit der man die grundsätzlich apolitische Struktur der Ständegesellschaft des Ancien Régime überwinden wollte (und auch erfolgreich überwunden hat), erlaubt (und fördert) die humanistische Aufklärung der Moderne zugleich jedoch die Einkapselung in die privatistische Sphäre des Selbst. Damit wird *Antipolitik* im Sinne eines apolitischen Bewusstseins strukturell erneuert.

aus der verzauberten Welt rational ausschließt, wird zugleich diese Verzauberung ins Innere des Selbst getragen und dort rational verkapselt eingehegt. Eigentlich ist diese Einhegung nicht wirklich *rational*, aber man kann es ja behaupten! Ein nicht unwesentliches Problem des modernen Menschen besteht in dieser Form der Selbstinterpretation, die spezifisch einer Selbsttäuschung gleichkommt. Psychologisch betrachtet im Prinzip ein Akt der Schizophrenie.

Die Säkularisierung der Welt fällt nicht linear aus, und sie ist auch keineswegs eine Einbahnstraße, sondern eher ein „Zick-Zack"-Kurs (169). So, wie uns Taylor die Erfolgsgeschichte erklärt, hat man den Eindruck, dass es sogar fast mehr noch die Gegenkräfte der Säkularität sind, die am Ende den Siegeszug der Säkularisierung mit verursachen. Die Gegenaufklärung ist so gesehen der Aufklärung immanent zu Eigen: Rationalität erscheint als dialektische Form. Doch das Problematische daran ist, dass die dialektische Natur der Rationalität von der Aufklärung geleugnet wird. Die meisten Vertreter eines aufgeklärten Status von Welt verstehen ihre Interpretation einseitig als alles beherrschendes Moment der Sinnaussage – ohne Duldung und Akzeptanz von konkurrierenden Aussageformen. Damit wird etwas Zwanghaftes für die Logik in die Welt gesetzt. Der Zwangscharakter der modernen Existenz gewinnt an Format: Pathologisch wird nun alles, was nicht der idealen Normalform entspricht. Deshalb Therapien des Sozialen allenthalben: *Social Engineering* wird zum beherrschenden Paradigma der Moderne.

Dagegen gibt es Widerstand vor allem im Bereich der moralischen Begründung. So gesehen ist Nietzsche einer der großen Protagonisten für den Aufruf zum Widerstand. Der *Übermensch* verhält sich antinormal, er passt in keine Schablone der Säkularität (vgl. auch 427). Insofern gehört das Sperrige dialektisch mit zum Siegeszug der normierenden Vernunft.

Damit wird aber auch ein „Unbehagen an der Moderne" nicht erst seit gestern artikuliert, sondern dieses Unbehagen war und ist im Siegeszug der Immanenz des Säkularen gleichsam mit imprägniert (507). Formen des geistigen Widerstands gegenüber dem grundsätzlich atheistischen Kode für die moderne Gesellschaft existieren in Wellenbewegungen bereits seit der Renaissance.

Ein Problem der Säkularisierung ist kognitiv ausgerechnet an einem Faktor abzulesen, der eigentlich mit zu den Erfolgsquellen für die säkulare Transformation gehört: den Umgang mit der Historizität der Erscheinungsformen. Gerade indem die Bibel historisiert wurde, hat man seit den Tagen von Spinoza in immer neuen Anläufen die ehemals grundständige Ordnung der Ontologie erschüttert. Doch am Ende kehrt sich die Historisierung gegen sich selbst: Man ist immer weniger bereit und in der Lage, die eigene Dimension historisch zu deuten, weil dies a) eine Faktenanalyse, b) ein historisches Bewusstsein an sich und c) insbesondere eine darin inkludierte normative Grunderzählung vom Menschen in der

Geschichte seines Selbst und der seiner Gattung voraussetzt. Zu all dem ist der säkulare Geist immer weniger in der Lage. Wenn (a) nicht funktioniert, dann leidet auch (b) darunter und am Ende ist (c) gar nicht mehr in der Wahrnehmung. Je schneller und je einfacher im digitalen Zeitalter Informationen (= Fakten) abrufbar sind, desto relativer und umso weniger sinnvoll erscheinen diese Fakten als *ein Wissen*, das zur Selbstvergewisserung *gewusst werden muss*. Wenn also in der Gegenwart als dem *High Noon* der Säkularität immer weniger Menschen über ein gezieltes und handlungsorientiertes historisches Wissen verfügen (vgl. auch 510), hier als eine Folge des funktionalen Utilitarismus, dann ist dieses ahistorische Bewusstsein eigentlich schon eine Ideologie.

Die Rückorientierung zum Religiösen als dem Transzendenten manifestiert sich daher in Schüben zu allen Zeiten der Aufklärung in Form konkreter Gegenbewegungen (Wesleyaner, Pietisten und evangelikale Christen), die darauf verweisen, dass in der rein utilitaristischen Marktwelt eine Leerstelle empfindlich offen bleibt – nämlich die für Visionen und für Gott (vgl. auch 512). Das bedeutet: Säkularisierungsschübe und religiöse Erneuerungsbewegungen (wie etwa bei den Levellern, den Wiedertäufern zu Münster etc.) vollziehen sich wechselseitig, sind ein in sich reziprok strukturierendes Phänomen. Aber auch die religiöse Gegenbewegung erscheint jedoch nicht als homogener Vorgang, sie ist mehrdeutig und in sich widersprüchlich. Zum einen ist sie eine Abwendung vom rationalen Kriterium durch den klassischen Verweis auf das Glaubensbekenntnis, welches als Primat zu gelten habe. Zum anderen erwächst die Kritik aus dem Vernunftanspruch selbst, der in sich gekehrt (am Deutlichsten bei den Skeptizisten) gegen die reine Form der Säkularität und damit der Selbstzuschreibung des Ichs grundsätzliche Bedenken anmeldet. Insofern gibt es „mehr als nur *eine* Antwort" auf die Säkularisierung durch die Aufklärung (517, Hervorhebung v. Taylor).

8.5 Die moralische Ordnung als natürliche Ordnung

Kant wird von Taylor gleich in mehrfacher Hinsicht als Protagonist der neuen säkularen Lebens- und Erkenntnisform kritisch vorgeführt. Insbesondere deshalb, weil der logistische Humanismus, der mit der Kantischen Lehre etabliert wird, eine heuristisch wie auch sozial ausgrenzende Funktion hat: „Obwohl Gott und Unsterblichkeit in Kants System nach wie vor ihren Ort haben, spielt er auch in der Entwicklung des ausgrenzenden Humanismus eine entscheidende Rolle und zwar gerade weil er die Kraft der inneren Moralquellen so überzeugend artikuliert." (529) Das hat mit dem pietistischen Hintergrund zu tun, was Taylor auch anzeigt (vgl. ebd.). Daraus resultiert in gewisser Weise auch der moralische Rigorismus mit seiner Perspektive des apriorischen Denkens. Das Ding ist die *Sache an sich*, eine völlig verkorkste Ontologie, wenn man dies mit Platons Lehre vergleicht. Nun betont zwar gerade Kant mit dem kategorischen Imperativ rationalistisch die persönliche Verantwortung eines jeden Einzelnen für das Gesamt (vgl. Kant 1991). Dennoch aber kann gerade mit dieser Philosophie auch das unpersönliche Universum perspektivisch gesteigert werden. *Gott* kommt ja nicht mehr vor, nur noch *die Sache an sich*. Hat schon irgendjemand bemerkt, dass Kantianer auch zum Fatalismus neigen, weil die *wahre Vernunft* schon alles richten wird?

Dabei ist die pietistische Gegenseite sehr eindeutig und klar mit ihrer Interpretation von Glaube und Moral. Wie Graf von Zinzendorf formuliert: „Wer Gott im Kopffe fassen wollte etc. der wird ein Atheiste" (hier zitiert nach 533). Von der pietistischen Lehre aus betrachtet, sind also alle Aufklärungsphilosophien der Moderne, insbesondere hier der Kantianismus, reine atheistische Kopfgeburten. Dagegen richten sich alle Rückbezüge auf eine vermeintlich bessere Welt, wie sie besonders in der Romantik akzentuiert wird.

Bei Vorstellungen dieser Art liegt die Perspektive darin, dass man annimmt, dass das Beste für die Menschheit schon hinter ihr liege, so, wie etwa im Mittelalter oder in der Antike (vgl. auch 534). Eine Perspektive, die einem Renaissancemenschen wie Machiavelli völlig fremd, ja geradezu abstrus erschienen wäre! Im modernen Kult von *Fantasy* liegt insofern ein Rest dieser Vorstellung (begraben). Die imaginierte Ersatzwelt erscheint dann als Stimulanz, um sich den Widrigkeiten der realen Welt der Säkularität zu entziehen oder mit dieser abzurechnen. Ersatzwelten werden umso erfolgreicher, wie die reale Welt ihren großen Erzählungen nicht mehr entspricht bzw. diese *Erzählungen* ihr überhaupt abhanden gehen.

Die christliche (wie die islamische) Heilsgeschichte liefert in dieser Hinsicht allerdings weiterhin so etwas wie die Metaerzählung aller Erzählungen – ein Stoff, der nicht vergeht. Diese Art der Metaerzählung hält die Variablen des Lebens, so widersprüchlich sie auch erscheinen mögen, in einem Gleichgewicht. Der Sinn des Lebens erschließt sich eben nicht, wie die Säkularisten behaupten, aus reiner Zweckrationalität. Im Gegenteil: Die Zweckrationalität selbst vermag die Widersprüche, die rein logisch auftreten, nicht zu vereinbaren. Insofern ist die Gegenreaktion auf die Säkularisierung entweder die Flucht in die Mystik oder in die Religion, oft beides in einer kruden Mischung zusammen.

Aber auch gänzlich unreligiöse Denker (wie etwa Nietzsche) können in ihrer Steigerung der Säkularität bis hin zum Nihilismus völlig reaktionär, d. h. antiaufklärerisch werden (vgl. auch 540). Gerade bei Nietzsche wird die Säkularisierung als eine moderne Variante eines auf lau gewendeten Christentums dechiffriert und deshalb abgelehnt (vgl. ebd.). Jedoch bleibt auch Nietzsche in einem christlichen Grundton befangen, wenn er die Apokalypse als heroisch auffasst (vgl. 541). Fantasy-Literatur und deren populäre Verfilmung wie etwa derzeit *Game of Thrones* erweisen sich dann als Angriffsfläche auf den säkularen Humanismus: Das Wilde, das Grausame obsiegt über den schön lackierten Posen der vermeintlichen Zivilisation. Auch hier schlägt dann ein schonungsloser Nihilismus durch, denn auch die religiöse Dimension vermag die Welt nicht zu retten, sondern verdunkelt sie nur durch ihre Zutaten.

So, wie der Nihilismus als Antiprogramm auf den säkularen Humanismus wirkt, so bleibt auch die Religion im Widerstreit zur reinen Nützlichkeitsmaxime der Moderne erfolgreich erhalten. Das oft totgesagte Christentum lebt und regeneriert sich an anderen Orten auf der Welt, auch wenn in Europa die Lichter auszugehen scheinen. Doch der Schein ist immer trügerisch. Erst recht, wenn man, wie in der Säkularität, die Erscheinung nicht als Erscheinung *von Etwas* begreifen kann, sondern nur als *Erscheinung* (vgl. auch 546, Anm. 1). Damit laufen die *Dinge* einfach davon, d. h. immer weiter: Nirgends gibt es einen festen Grund. Es ist gerade der säkulare Empirismus, der *ad infinitum* taumelt (vgl. auch 548).

Das, was *fassbar* übrig bleibt, sind dann die Erscheinungsformen des Materialismus. Deshalb ist dieser in der Gegenwart auch so beliebt (vgl. auch 615). Wenn nur noch die Materie klar zu sein scheint, was sie eigentlich aber nicht ist, tendieren moderne Gesellschaften zur Vermeidung normativer Streitpunkte zu einer Form des Unpersönlichen. *Kategoriale Identitäten* werden vorausgesetzt, damit man alle Widersprüche des Lebens rationalisieren kann (618). Das schafft aber eigentlich nur neue Widersprüche und so begibt sich die aufgeklärte Gesellschaft in einem fortlaufenden Wettbewerb mit sich selbst, bei dem der Sinn in der Zusammenführung für das Ganze so manchem (oder mitunter auch vielen) völlig abhandenkommt.

Das wiederum begünstigt und forciert die *immanente Gegenaufklärung* (620, Hervorhebung von Taylor), die einerseits zur Rückkehr an die religiöse Grundformel allen Daseins gemahnt oder aber (wie im Falle Nietzsches) die Kritik überdehnt bis ins nihilistische Absurdistan. In der Besonderheit, wie Taylor die Immanenz der Gegenaufklärung in der Aufklärung versteht, ist diese Form des Antityps *naturalistisch* (vgl. auch ebd.). D. h., es wird nicht einfach nur der Rückbezug zu den religiösen Grundwerten postuliert, sondern diese werden vielmehr oft ergänzt bzw. erweitert durch eine Perspektive auf die angeblich *wahre Natur* des Menschen, der mit der Vernunft allein nicht beizukommen sei. Insbesondere die Romantik liefert hier die besten Argumente nicht nur für die Kunst, sondern eben auch für die Praxis des Daseins schlechthin. Leben und Sterben, das Sterben selbst, werden nun bevorzugt aufgesuchte Themen, in und mit denen man die Rationalität des Geistes überbieten kann, indem man sie an ihr materiell-immanentes Ende führt. Nietzsche ist in dieser Hinsicht das Maß der Dinge für das

Projekt der immanenten Gegenaufklärung (vgl. auch 625 ff.). Nirgends wird radikaler, total negativistisch, aber auch zugleich sich selbst überbietend transzendentalistisch argumentiert. Mit der Wiederkehr der Aufwertung des Todes und der Tötung von Menschen avanciert zugleich die Erneuerung einer Kultur der Gewalt in fast schon homerisch-epischer Form (vgl. auch 627).

Nicht nur bei Nietzsche, sondern generell bei den Denkern des 19. Jahrhunderts wird das Pathos der Aufklärung kulturalistisch in sublimer Weise negativ gewendet: gegen die Vernunftmaxime wird die Natur der Kultur ins Spiel gebracht. So ist die Hinwendung zur Kulturbetrachtung auch Ausdruck einer ambivalenten Form von Gegenaufklärung: Die *Kultur* erscheint nun als Rettungsanker im Prozess der Moderne (vgl. auch 637). Der Individualismus wird gerettet, indem man auf seine *natürliche* Gemeinschaftsform als Ausgangspunkt verweist. Mit dem Topos der Kultur verbindet sich zugleich nun auch die Kritik an eben dieser *Kultur*: Kultur des Todes, Kultur des Hedonismus, Kultur des Spießers, es gibt fast nichts, was man nicht an Zuschreibungen zur Moderne formuliert hätte in den letzten 200 Jahren (vgl. auch Nitschke 2015b). Taylor konstatiert: „Unsere Zivilisation ist sowohl spießig als auch atomistisch. Die fragmentierte Gesellschaft ist das Gegenstück zum fragmentierten Selbst." (638) Aus einem Materialismus heraus kann auch nichts anderes als ein Spießertum entstehen. Es ist der moderne *Idiot*, der sich hier fragmentarisch austobt. Das Idiotendasein wird noch übersteigert, indem man ihm einredet, er sei wohlmöglich gar kein Idiot, sondern ein Star, nein, sogar ein *Superstar!*

Zwei Varianten werden hierzu als Gegenströmungen im Verlauf des 19. Jahrhunderts kreiert: a) die radikale Absage an den Geist der Moderne als etwas Verheißungsvollem mit einer völligen Überbetonung des neuen Menschen, der sich zerstörerisch von allem frei macht, was ihn umgibt. Lord Byron formuliert diesen Typus für die englische Literatur (vgl. 641), für die Philosophie ist es Nietzsche, der hier das nihilistische Selbstermächtigungsparadigma inszeniert. Dagegen setzen b) Autoren wie Thomas Carlyle, Ralph Waldo Emerson und Matthew Arnold im 19. Jahrhundert die Vorstellung, dass die Kultur (weiterhin) die Rettung sein kann, weil sie einen Wandel zum Besseren bringe (vgl. 637 und 642). Kultur wird hier verstanden hier als Suche nach dem Optimum (des Heiligen Grals)!

Im Grunde ist auch die hegelsche Philosophie von diesem (emphatischen) Kulturbewusstsein getragen, auch hier gibt es ein Gespür für den Verlust des transzendentalen Bewusstseins in Gott. Der Mensch und die Menschheit schreiten in der Moderne in einer scheinbar objektiven Progression des Geistes voran, aber damit wird zugleich der Sinn der Transzendenz entleert. Heraus kommt am Ende eher ein größerer Subjektivismus als je zuvor (vgl. auch 644). Das Festhalten an Gott als etwas Unbestimmten ist da zu wenig, wie das Zitat aus dem Roman *Robert*

Elsmere von Mary Augusta Ward zeigt (hier zitiert nach ebd.): „Es muß etwas geben, das wir lieben und verehren, um Menschen zu sein und nicht nur Tiere."

Gerade die Religion bietet hier Schutz und Trost gegen einen reinen Utilitarismus, der sich auch in der biologistischen Variante des Darwinismus zeigt: die Religion ist das „unentbehrliche Bollwerk der Kultur" im Kampf gegen die Anarchie der materiellen Zwecke (645). Die romantischen Bezüge, die Carlyle wie Arnold hier in der Adaption der Deutschen Romantik einbringen (vgl. 664),[7] lassen die Theodizee-Frage (wieder) in einem neuen Licht erscheinen: Es macht durchaus Sinn an Gott zu glauben, auch wenn der Darwinismus etwas anderes sagt (und der Utilitarismus den Sinn des Lebens gänzlich anders auslegt). Man muss die Negativität des Daseins auch aushalten können. Wenn in der Materialität der Dinge etwas schief geht, was eigentlich der Regelfall in der Realität ist, dann kann man epistemologisch betrachtet nur zum Nihilisten werden oder aber man verbleibt in der normativen Nische der Glaubensexistenz, in der Gott ein *Helfer* in den Dingen bleibt (651).

In dieser Hinsicht ist auch Hobbes nicht völlig utilitaristisch zu lesen.[8] Denn so lange der Satz gilt, dass *Jesus der Christus ist*,[9] so lange ist auch das Volk, mag es auch über den Vertrag hin zu Stande gekommen sein, von einer göttlich immanentisierten Aura umgeben. Es ist nicht zufällig *ein* Volk, denn, wenn der Satz seine Gültigkeit hat, dann ist dies das *Volk Gottes* (vgl. auch Krause 2005). Es ist insofern folgerichtig, dass Hobbes Wert legt auf ein hierarchisches Modell: Herrschaft bedeutet Hierarchie! Und diese Hierarchie setzt die Maßstäbe für die Moral. „Die Geschichte der letzten drei Jahrhunderte ist die Geschichte einer manchmal graduellen, manchmal rapiden Verdrängung des vertikalen Modells durch das horizontale", konstatiert Taylor (656). Aber das ist nur scheinbar, denn selbst in den noch so basisdemokratischen Variationen der Moderne manifestieren sich massive Herrschaftsansprüche von einzelnen Subjekten. Im Übrigen setzt sich als Gegenbewegung im säkularen Zeitalter der Autoritatismus durch,

---

7 Zur hermeneutisch-kritischen Funktion der Deutschen Romantik vgl. Bohrer 1989 u. Ries 2012. Es bleibt etwas unverständlich, warum sich Taylor hier so intensiv mit literarischen Textaussagen als Belege für die Logik seiner Beweisführung auseinandersetzt. So unbestritten die Rolle (auch) der englischen Romantik für die Gegenbewegung zur Säkularität ist, so wirkt doch die starke Überbetonung von bestimmten Textpartien bzw. Reimversen, die hier rezitiert werden (vgl. 638 ff.), befremdlich. Mitunter drängt sich der Eindruck auf, dass Taylor hier eine spezifische Vorliebe für die erbauliche Lektüre dieser Literaturrichtung als Exempel für eine Erklärung offeriert und strukturiert, die er anderweitig hätte philosophisch überzeugender formulieren können.

8 Was Taylor kurioserweise nicht bemerkt, wie überhaupt auffällt, dass er um den Begründer der modernen Vertragstheorie einen weiten Bogen macht.

9 Vgl. Hobbes 1984, 384.

von dem wir in der aktuellen Ausprägung den Putinismus und den Monopolismus der kommunistischen Partei Chinas erleben dürfen, und, wie es den Anschein hat, auch die erstarkte Variante des Hindunationalismus in Indien.

In England, dem von Taylor neben den USA vielfach als Referenzmodell für seine Argumentation bemühten Fallbeispiel, geht die Säkularisierung eine eigenartige Mischung mit dem Rückbezug auf den Glauben ein: Im Verlauf des 19. Jahrhunderts erneuert sich die anglikanische Kirche und führt zu einem kulturellen Bewusstsein, das in der Verbindung von „britisch, protestantisch, anständig" geradezu einen Zivilisationsstandard auszumachen meint (659). Dieser hält in gewisser Weise bis heute vor. Nicht zuletzt Arnold J. Toynbee ist davon in seiner Geschichtsphilosophie wesentlich geprägt (vgl. hier Toynbee 1970 und dazu Kleinschmidt 2014). Selbst bei Samuel P. Huntington, allerdings eher viel skeptischer, halten sich Reste eines solchen Bewusstseins (vgl. Huntington 2002). Verbunden mit diesem Zivilisationsanspruch ist dann auch *natürlicherweise* (kann man sagen) ein deutliches „Überlegenheitsgefühl" gegenüber anderen Zivilisationen und Kulturen gegeben (660). Dies ist programmatisch: Eine jede Zivilisation hält sich (und ihre Standards) für überlegen (gegenüber dem Rest der Welt).

Taylor schreibt dem britischen Zivilisationismus eine *irreligiöse Philosophie der Selbstbeherrschung* zu (661). Das ist der rationalistischen Form des Deismus geschuldet, der epistemologisch die Überhöhung des je eigenen Selbst in Verbindung mit dem ausgrenzenden Humanismus vorantreibt (vgl. auch ebd.). *Demokratie* erscheint hierbei als eine Art von Religionsersatz (vgl. auch 673), ein ungemein problematisches Unterfangen. Denn damit wird ein bleibendes Moment von *Unbestimmtheit* in die Welt gesetzt (vgl. 675), die nun eben nicht mehr mit der herkömmlichen Vagheit aus der Transzendenz vergleichbar ist, sondern diese neue Form der Unbestimmtheit rührt nun daher, dass die Dinge in ihrer schieren Materialität ihren Platz in der Ordnung verlieren und scheinbar beliebig gleichwertig sind. Wenn alles für sich seinen Sinn hat, wie erfährt man dann noch das übergeordnete Gesamt? Was bleibt, ist oft nur noch der vermessen hohe Anspruch, die Materialität an sich in ihrer komplexen Widersprüchlichkeit mit einem innerweltlichen Masterplan erkannt zu haben. Dies führt (wie im Darwinismus) zur Behauptung einer jeweils bestimmten Logik, gegen die es unbedingt keinen Widerspruch geben darf. Das jeweils Neue überbietet das Alte – und was *neu* ist, erscheint schon recht bald selbst als *alt*.

Die jeweilige Neuwendung wirkt in ihrem kognitiven Anspruch geradezu totalisierend, wie Taylor am Beispiel der so genannten *Bloomsbury-Gruppe*, einem

Zirkel der kulturellen Avantgarde in England nach der Jahrhundertwende,[10] festmacht: „Ungefähr im Dezember 1910 änderte sich die menschliche Natur" meinte allen Ernstes Virginia Woolf als Mitglied der Bloomsbury-Gruppe konstatieren zu können (hier zitiert nach 678). Wenn man scheinbar im Besitz des Wissens über die totale Existenz des Menschen und seiner Natur ist, dann hat das Konsequenzen für die Ethik selbst. Wenn das Individuum sich als der neue, der wahre Mensch begreift, dann ist auch seine (eigentlich solipzistische) Ethik die, welche (allein) die richtigen Normen beinhaltet. Was *richtig* ist, erscheint dann auch stets als *anständig*. Insofern ist die „Ethik der Anständigkeit" für Taylor das neue Moment (ebd.), mit welchem sich die Moderne in ihrer gesteigerten Säkularität begreifen lässt.

Mit dieser *richtigen* Ethik wird nicht nur die Frage der Moral zur individuellen Totalität erhoben, sondern auch das Wissen selbst. Mit einem solch totalisierenden Bewusstsein wird das Individuum sich und seine Umwelt stets reziprok begreifen. Es fehlt dann etwas, was in der Welt der Transzendenz immer vorhanden war, nämlich das Bewusstsein und die Anerkennung, dass es etwas außerhalb der subjektiven Erkenntnisfähigkeit liegendes gibt, dem auch mit noch so vielen *data empirica* nicht beizukommen ist.[11] Je umfassender, d. h. je *totaler* das Bewusstsein hier innerweltlich agiert, desto ideologisch überzeugter lässt sich alles vom *eigenen* Standpunkt aus rechtfertigen: etwa der Kampf der wahren Zivilisation (der Briten) gegen die Hunnen Europas im Ersten und Zweiten Weltkrieg oder die Position der angeblich wahren Rasse gegen den Rest der Welt usw. (vgl. 681). Totalität allenthalben. Keine Seite schenkt sich da etwas, die Ansprüche der rein zweckimmanenten Säkularität schimmern überall durch. Deshalb gibt es auch keine wirkliche Differenz mehr zwischen einer Elite und der jeweiligen Masse, sie synthetisieren sich wechselseitig (vgl. auch 685).[12]

---

10 In der *Bloomsbury-Group* haben sich Literaten, Künstler und Wissenschaftler mit der Betonung des Individualismus und der Absage an jegliche Konformität seitens der Gesellschaft versammelt. Die Mitglieder dieses Kreises verstanden sich als kognitive Avantgarde der Moderne (vgl. hier D'Aquila 1989).
11 Natürlich ist dies vom Standpunkt des Intellekts aus betrachtet ein zutiefst intrinsischer Vorgang, der schon nicht mehr allein zur systematischen Kulturbetrachtung, sondern in den Bereich der Psychologie gehört. Eben deshalb ist der Siegeszug des therapeutischen Programms als sozialer Normalfall für die Bürger der Moderne Bestandteil des säkularen Zeitalters geworden (vgl. auch 425 ff.).
12 So gesehen scheitert in der Moderne auch jede Avantgarde an sich selbst, indem sie von der Masse irgendwann erfolgreich infiltriert, kopiert und schließlich in den Erscheinungsformen gesättigt aufgesogen worden ist. Die Avantgarde stirbt dann, wenn alle oder die Mehrheit nach ihrem Muster lebt.

Die Idee des wechselseitigen Vorteils ist Grundlage eines modernen Republikanismus geworden, der nicht unbedingt atheistisch formuliert wird, durchaus aber antichristlich: „Demokratie und Menschenrechte gelten als untrennbar mit der Anschauung verbunden, die Menschen seien von Natur aus unschuldig oder im Grunde gut." (688 f.) Eine solche Geisteshaltung führt immer wieder zu einer Enttäuschung über die Zustände dieser Welt, weil die Welt nicht so wahrgenommen wird, wie sie ist, sondern wie sie sein sollte. Das ist mehr als nur naiv. Die Bezeichnung *Idealismus* verbietet sich hierfür eigentlich schon von der Sache (d. h. ihrer ontologischen Grundlage) her. Im Grunde führt die deontologische Positivierung von Politik und Gesellschaft im Verlauf des 19. Jahrhunderts zu einer Reihe von normativen Kehrtwendungen, die sich in allen europäischen Ländern unter dem Begriff der *Restauration* anzeigen lassen (vgl. auch 690). Doch diese Kehrtwendungen sind nicht eindeutig: die scheinbare Restauration der alten Ordnung produziert eigentlich stets eine *neue Ordnung* gleichermaßen. Letztendlich wird die Aufklärung nicht zurückgedreht. Kein noch so überzeugter Vertreter der Romantik diskreditiert wirklich die Maßstäbe der Vernunft radikal. Der Anspruch auf die Belehrung der Öffentlichkeit bleibt allen Kritikern der Aufklärung gleichermaßen zentral.

Der hermeneutische Grundkonflikt des 20. Jahrhunderts ist insofern auch nicht einfach auf eine Konfrontation zwischen funktionaler Säkularität versus christlicher Transzendenz reduzierbar, eigentlich ist dies ebenso ein Konflikt zwischen Aufklärung und *immanenter Gegenaufklärung*, die hierbei eben nicht transzendental argumentiert, sondern zutiefst existenzialistisch und negativistisch formuliert wird (vgl. auch 693). Um der (eigenen) Existenz willen muss gekämpft und das jeweils gegnerische Moment im Dasein der Zivilisationen nicht nur überwunden, sondern systematisch vernichtet werden. Deshalb ist der Krieg das spezifische Medium mit und an dem sich eine Zivilisation in ihrer eigenen Identität erkennt und bestätigt fühlt (vgl. 695). Dazu passt dann auch der *Große Krieg* zu Beginn des 20. Jahrhunderts (vgl. Münkler 2013): Er ist nicht einfach eine Fortsetzung der Kriegsallianzen des 19. Jahrhunderts, sondern wirkt hier einmal mehr in der kathartischen Funktion als großes „Reinigungsmittel des Denkens" (hier zitiert nach 696).

Die jeweilige Katharsis führt aber nicht zwangsläufig zu einer besseren Welt. Die große Reinigung bedingt nur die Öffnung zu etwas Anderen als einem *Neuen*. Dieses Neue ist zweifellos der Faschismus, der nun eine Synthese von Elite und Masse in einem ganz anderen Sinn herstellt: der Führer und die Volksgemeinschaft als symbiotische Einheit, die in der Moral der gleichen Rasse ihre Identität behauptet. Für Taylor ist dies zu Recht ein „Paradebeispiel für ein Format des Gegenideals der modernen Ordnung" (698). Doch das Paradoxe hieran ist, dass dieses Gegenideal jedoch der gleichen Logik entstammt wie die liberale säkulare

Ordnung der Moderne. Sie ist das *alter ego* des modernen Individualismus: der Mensch als Massenwesen.

Interessanterweise, so die Diagnose bei Taylor, findet diese Art der sozialen Identität (einer Vergemeinschaftung als *besonderes Volk*) vorrangig in den katholischen Ländern (Spanien, Italien und Frankreich unter dem Vichy-Regime) statt: Sie erweisen sich als besonders affin für den Faschismus. Insofern ist auch die deutsche Variante des *Nationalsozialismus* durchaus etwas anderes. Man kann vielleicht sogar sagen, dass die Radikalität des funktionalen Negativismus aus der Logik des protestantischen Utilitarismus heraus erfolgt: Auschwitz ist eine deutsche Erfindung. Hier wird ein extremes moralisches Null-Summenspiel mit der Behauptung einer Logik der Natur angelegt. Allen faschistischen Bewegungen gemeinsam ist jedoch die Logik einer „todesbezogenen Machtverehrung" (699), die den Einzelnen in ein heroisches Moment mit dem (völkischen) Gesamt verbindet.[13] Die Religion spielt dann keine Rolle mehr: Sie wird quasi annulliert zugunsten der gesellschaftlichen Formation, der Bewegung des Volkes *an sich* (vgl. auch 700).[14]

8.6 Die ständige Wiederkehr des religiösen Moments

Bei der Gegenüberstellung der Moderne und der christlichen Moralität des Mittelalters ist Taylor weit davon entfernt, die Frömmigkeit des Mittelalters idealisieren zu wollen (711): „Selbst in Zeiten des Glaubens war nicht jeder wirklich fromm." Es geht ihm deshalb nicht einfach um die Diagnose vom Schwund des Religiösen in der Welt des Faktischen, sondern um das, was er *Säkularität 3* nennt: die „Veränderungen der Bedingungen des Glaubens" (703, vgl. auch 720). Mit dieser Perspektive lässt sich dann auch klarer ausdifferenzieren, warum und wieso die Religion in der Moderne nicht wirklich stirbt, sondern tatsächlich (wie in der Gegenwart) eine wahre Renaissance erfährt. Taylor orientiert sich auf „eine neue Platzierung des Heiligen oder Spirituellen" im Leben der Menschen (730).

---

13 Darauf hatte bereits Carlyle hingewiesen, indem er den *heros* und die Heldenverehrung zum Gegentypus des rationalen bürgerlichen Subjekts stilisiert hat (vgl. hier Carlyle 1973, dezidiert dazu Cassirer 1978, 259 ff.).
14 In dieser Hinsicht kommt die Analyse Taylors der Deutung von Eric Voegelin in Bezug auf die modernen Ideologien als *politische Religionen* sehr nahe, den er allerdings nicht erwähnt. Vgl. Voegelin 1993.

In gewisser Hinsicht nimmt er dabei eine Dekonstruktion und Neukonstruktion der Idealtypen Max Webers vor. Die Französische Revolution (oder überhaupt die *Revolution* der Moderne) sei von ihrem Wesen her antichristlich gewesen (vgl. auch 738). Das gilt allerdings nicht für die Amerikanische Revolution und – bezogen auf die Religion allgemein – erst recht nicht für die Iranische Revolution! Insofern muss man für die Gegenwart viel stärker den Impetus des Religiösen untersuchen. Allein die Feststellung materieller Schieflagen und Missstände reicht nicht aus. Religiös betrachtet sind Elite und Masse in der Prämoderne stets gemeinsam aufgetreten. Das gilt für die moderne Konstellation nicht mehr: hier ist eher der umgekehrte Fall zu konstatieren (vgl. auch 739 f.) – im *Arabischen Frühling* sind es die Gläubigen in der Masse (Muslimbrüderschaft etc.), die die Eliten vor sich hertreiben (vgl. Jünemann/Zorob 2013, Abdel-Samad 2014, Hajjaj 2017). Das zeigt sich dann aber auch im (vorläufigen) Endergebnis: die Differenz zwischen Elite und Masse schlägt zurück, indem sich die Elite als (globale) Avantgarde behauptet. In dieser Konstellation wandelt sich auch die Kirche, muss sich notwendigerweise wandeln (vgl. auch 742 f.). Sie muss viel stärker auf das Bewusstsein der Masse hin wirken. Insofern ist es kein Zufall, dass die Katholische Kirche sowohl mit einem Papst aus Polen wie nunmehr einem aus Argentinien die Rückerinnerung im Glauben leitet. Das demonstriert dann auch u. a. die Befremdung, die diese beiden Päpste in Deutschland hervorrufen, wo die Vorstellung vom Glauben eher elitistisch im Singular des Subjektivismus vorhanden ist.

Insofern kann man die Glaubensfrage nicht von der Vorstellung der Progression in der Säkularität trennen: „Das Muster des religiösen Lebens unter Bedingungen der Säkularisierung ist ein Muster der Destabilisierung und der neuerlichen Entspannung – und das ist ein Prozeß, der häufig wiederholt werden kann." (769) De facto, auf eine längere Zeitreihe hin betrachtet, gewinnt überall im Westen der Staat den Kampf um die moralische Konkurrenz gegenüber der Kirche in der Mobilisierung der Menschen bezüglich der Transformation vom Untertanen zum Bürger. Damit hat aber notwendigerweise nicht die Aufklärung gesiegt, sondern nur ein bestimmtes Theorem aus der Aufklärungsdebatte – nämlich jenes bezüglich der Selbstbindung der Macht durch das Votum des Volkes. Ob das Volk sich als *heilig*, gar *auserwählt* fühlt, oder gar nicht weiter über solche Attribute nachdenkt, ist damit noch nicht entschieden. Tatsächlich, das zeigt der Verlauf von Nationalismus und Etatismus im 20. Jahrhundert, sind die Dinge recht unausgegoren gewesen.

Wenn sowohl der klassische Etatismus als auch der Nationalismus als gefühlte Konsequenz aus den Perversionen des Dritten Reiches etwa in Deutschland verpönt sind, dann bleibt noch ein *expressiver Individualismus* übrig (788), wie er derzeit im Internet massenhaft zu beobachten ist. Die Solidarisierung mit dem

Gesamten, ja das Interesse daran überhaupt, nehmen dramatisch ab. Wenn etwas überhaupt die Interessenslagen der Individuen (in ihrer Automatenfunktion) verbindet, dann ist es der Konsum – oder zumindest die Aussicht auf den Konsum (vgl. auch 790).

Insofern ist die Religion keineswegs am Ende und die Entzauberung durch die Rationalitätstypen des säkularen Denkens führt keineswegs zu einer größeren Aufklärung – im Gegenteil (vgl. auch 921 f.). Die theoretische Orientierung der Aufklärung überfordert das bürgerliche Subjekt der Moderne. Mit der Verkopfung der Existenz kommen viele Menschen eben nicht mit, weil ihre konkreten lebensweltlichen Erfahrungen zunächst immer *andere* sind (vgl. auch 925). Deshalb tendiert die Aufklärung auch am stärksten gar nicht zu einer wirklich anspruchsvollen *Metaphysik der Sitten*, sondern lediglich zu primären, etwas simplen Auslegungen des Utilitarismus und des Materialismus. Und diese wiederum bedingen reziprok die immanente Gegenaufklärung stets von Neuen.

Zitierte Literatur

Abdel-Samad, H. 2014: Der islamische Faschismus, München.
Bohrer, K. 1989: Die Kritik der Romantik. Der Verdacht der Philosophie gegen die literarische Moderne, Frankfurt/M.
Burke, P. 1998: Eleganz und Haltung. Die Vielfalt der Kulturgeschichte. Über Selbstbeherrschung, Schabernack, Zensur, den Karneval in Rio und andere menschliche Gewohnheiten, Berlin.
Carlyle, T. 1973: Sartor Resartus. On Heroes and Hero Worship, first published 1908, Reprint London u. a.
Cassirer, E. ²1978: Der Mythos des Staates. Philosophische Grundlagen politischen Verhaltens, Zürich u. a.
D'Aquila, U. 1989: Bloomsbury and Modernism, New York u. a.
Hajjaj, A. 2017: Land ohne Hoffnung. Arabischer Nationalismus, Politischer Islam und die Zukunft Palästinas, Paderborn.
Hobbes, T. 1984: Leviathan oder Stoff, Form und Gewalt eines kirchlichen und bürgerlichen Staates, Frankfurt/M.
Huntington, S. ⁷2002: Kampf der Kulturen. Die Neugestaltung der Weltpolitik im 21. Jahrhundert, München.
Jünemann, A./Zorob, A. (Hg.) 2013: Arabellions. Zur Vielfalt von Protest und Revolte im Nahen Osten und Nordafrika, Wiesbaden.
Kant, I. ⁹1991: Die Metaphysik der Sitten. Werkausgabe Bd. VIII, Frankfurt/M.
Kleinschmidt, H. 2014: Toynbee und die Deutung der Weltgeschichte, in: Nitschke, P. (Hg.), Der Prozess der Zivilisationen – 20 Jahre nach Huntington. Analysen für das 21. Jahrhundert, Berlin, 87–113.

Körner, F. ²1978: Augustinus – Das Grundproblem der Existenz. Die Frage nach der Ratio im Dasein und Denken des Menschen, in: Speck, J. (Hg.), Grundprobleme der großen Philosophen. Philosophie des Altertums und des Mittelalters, Göttingen, 129–176.

Krause, J. 2005: Der Bund im Alten Testament und bei Hobbes. Eine Perspektive auf den Leviathan, in: Politisches Denken Jahrbuch 2005, S. 9–39.

Meyer-Heidemann, C. ²2015: Selbstbildung und Bürgeridentität. Politische Bildung vor dem Hintergrund der politischen Theorie von Charles Taylor, Schwalbach/Ts.

Münkler, H. ²2013: Der Große Krieg. Die Welt 1914–1918, Berlin.

Nitschke, P. ²2014: Formate der Globalisierung. Über die Gleichzeitigkeit der Ungleichheit, Frankfurt/M.

Nitschke, P. 2015a (Hg.): Gottfried W. Leibniz – Die richtige Ordnung des Staates, Baden-Baden.

Nitschcke, P. 2015b: Kulturwissenschaften im 20. Jahrhundert – eine Einleitung, in: ders. (Hg.) Kulturwissenschaften der Moderne. Bd. 3 – Das 20. Jahrhundert, Frankfurt/M., 7–16.

Ries, K. (Hg.) 2012: Romantik und Revolution. Zum politischen Reformpotential einer unpolitischen Bewegung, Heidelberg.

Toynbee, A. 1970: Der Gang der Weltgeschichte. Bd. 1 – Aufstieg und Verfall der Kulturen, München.

Voegelin, E. 1993: Die politischen Religionen, hg. und mit einem Nachwort versehen von Opitz, P., München.

Gottfried Küenzlen
9 Säkularisierung, Mobilisierung und Authentizität (Kap. 12 und 13)

In seinem Gedicht „Die Götter Griechenlands" beschwört Friedrich Schiller um 1800 die idealische Welt der griechischen Antike, in der Götter, Menschen, Natur und Kosmos in harmonischer Einheit und Ganzheit lebten: Eine Harmonie, gegründet in der Anwesenheit der Götter bei den Menschen und in der Natur – eine Welt, in der galt: „Da die Götter menschlicher noch waren/Waren Menschen göttlicher." Doch diese in der griechischen Mythologie aufbewahrte Einheit ist in der modernen Welterfahrung zerbrochen. Denn die Götter haben die Welt verlassen und mit ihnen entschwand der Zauber, den sie über die Welt legten: „Ja sie kehrten heim und alles Schöne/Alles Hohe nahmen sie mit fort/Alle Farben, alle Lebenstöne/Und uns blieb nur das entseelte Wort." (Schiller 1816, 179) Die Götter, nach ihrem „Heimgang", ließen die Menschen zurück – allein in der „entgötterten Natur". Dies aber heißt: Die Welt, in die der Mensch neuzeitlich gestellt ist, seine Welterfahrung und Weltbezug sind nicht mehr getragen von einer durch die Anwesenheit der Götter verbürgten Einheit und Harmonie. Zurückgeblieben sind einzig: „die entgötterte Natur" und „das entseelte Wort". Rund achtzig Jahre nach Schiller, der als Dichter auch Philosoph war, lesen wir bei Friedrich Nietzsche, der als Philosoph auch Dichter war: „Wie sieht nun der Philosoph die Cultur in unserer Zeit an? Sehr anders freilich als jene in ihrem Staat vergnügten Philosophieprofessoren. Fast ist es ihm, als ob er die Symptome eine völligen Ausrottung und Entwurzelung der Cultur wahrnähme, wenn er an die allgemeine Hast und zunehmende Fallgeschwindigkeit, an das Aufhören aller Beschaulichkeit und Simplicität denkt. *Die Gewässer der Religion fluthen ab und lassen Sümpfe und Weiher zurück;* ... *Die Wissenschaften,* ohne jedes Maas und im blindesten laisser-faire betrieben, zersplittern und *lösen alles Festgeglaubte auf*; die gebildeten Stände und Staaten werden von *einer großartig verächtlichen Geldwirtschaft fortgerissen. Niemals war die Welt mehr Welt, nie ärmer an Liebe und Güte.*" (Nietzsche 1988, 366; Hervorhebung G.K.).

Lage und Schicksal der Kultur, in die Nietzsche seine Zeit gestellt sah, war also gekennzeichnet von drei diagnostischen Merkmalen. Erstens: „Die Gewässer der Religion fluthen ab [...]": Der Herkunftsreligion Europas entspringen keine frischen, die Kultur durchflutenden und inspirierenden Wasser mehr, die kulturelle Entmächtigung des europäischen Christentums ist gegenwartsbestimmende Realität. Zweitens: „Die Wissenschaften lösen alles Festgeglaubte auf": Die Problematisierung, Hypothetisierung und damit Relativierung aller Daseinsverhältnisse und insbesondere aller Herkunftstraditionen durch Wissenschaft ist das, was von den einstigen Versprechen und Hoffnungen, mit denen die neuzeitliche Wissenschaft einst antrat, zurückblieb. Drittens: Die Macht der „großartig verächtlichen Geldwirtschaft": Der Triumph einer bloßen utilitaristischen Ökonomie als bestimmender und alles verdrängender Kulturmacht ist Signum der europäischen Gegenwart.

Für Schiller und Nietzsche war – in selbstverständlich je eigenem Zugriff – die Beschreibung des Weges, den die europäische Moderne genommen hat, auch die Beschreibung eines ungeheuren *Verlustes*: Bei Schiller blieb übrig „die entgötterte Natur" und „das entseelte Wort" und Nietzsche blieb im Blick auf seine Gegenwart nur die Diagnose, vielleicht sogar Klage: „Niemals war die Welt mehr Welt, nie ärmer an Liebe und Güte".

Bei Schiller und Nietzsche scheint schon auf, was dann später als These von der „Entzauberung der Welt" und vom neuzeitlichen Prozess der „Säkularisierung" zu einem zentralen Deutungsmuster der Kultur- und Sozialwissenschaften wird. Doch dem Hauptstrom der dann entstehenden soziologischen „Säkularisierungstheorie" galt (und gilt in Teilen noch) deren These vom modernitätstypisch-notwendigen Rückgang der historischen Religion nicht als Beschreibung eines *Verlustes*, sondern als eines humanen *Gewinns:* Der so genannten „Säkularisierungsthese" war von ihren Anfängen an eine, im Erbe der Religionskritik des 19. Jahrhunderts stehende, aufklärungsbestimmte Fortschrittsgewissheit einverwoben, nach der die Religion immer mehr schwinde, je mehr die menschliche Vernunft emanzipatorisch sich der Welt bemächtige.

So stand auch die Religionssoziologie *Emile Durkheims* ganz in der Tradition der französischen Aufklärung, so etwa Comtes und Renans, der alle historische Religion vor dem Forum wissenschaftlicher Rationalität als überwunden galt. Hier war Wissenschaft nicht nur bloße Quelle der richtigen Erkenntnis, sondern wurde Quelle zur richtigen, den Zwecken des Menschen gemäßen Einrichtung und Ordnung der gesellschaftlichen Wirklichkeit. So war für Durkheim die überwundene historische Religion abgelöst von einem neuen Glauben, in dem die Gesellschaft sich nun ihres Zusammenhalts versichert: der Glaube an die Wissenschaft, die nun selbst zur säkularreligiösen Garantiemacht der gesellschaftlich-moralischen Ordnung wird.

Ganz anders *Max Webers* Deutung der „Entzauberung der Welt". Durkheim und Weber werden zwar in der einschlägigen Literatur immer wieder als gemeinsame Vertreter der sogenannten „Säkularisierungsthese" benannt; dies übersieht und verdunkelt aber den bleibenden Gegensatz zwischen diesen beiden „Klassikern" (Küenzlen 2003). So hätte Weber niemals der Wissenschaft eine solch säkular-religiöse Bedeutung zuweisen können, wie Durkheim dies tat. Denn die Wissenschaft ist für Weber in dem Prozess der Entzauberung selbst entzaubert und hat ihre sinnstiftende Kraft verloren. Auch war Webers Werk von Anfang an getragen von der Absage an jede aufklärungsbestimmte Fortschrittsgewissheit. In der vollends entzauberten Welt, in der die okzidentale Religion, die einst am Prozess der Entzauberung selber bestimmend mitwirkte, selbst sich aufhob, sah Weber nicht die Morgenröte aufklärerischer Vernunft; vielmehr: die vollends entzauberte Welt ist nicht der Sieg des geschichtsprovidentiell-emanzipatorischen Fortschrittes und humaner Gewinn, sondern ist „Verhängnis" und „stahlhartes Gehäuse", in das wir unentrinnbar gebannt seien.

Wie nun aber beschreibt und versteht *Charles Taylor* den Weg, den die Religion in der säkularen Moderne – zwischen Verlust *und* Gewinn – genommen hat? Hierzu einen Einblick zu geben, ist Aufgabe der folgenden Rekonstruktion der hier vorzustellenden Texte.

9.1 Säkularisierung

Die kulturelle und soziale Ausgangslage, in die die „Säkularisierung" – vor aller inhaltlichen Bestimmung von Begriff und Sache – hineingestellt ist, lautet: Der *Ort* der Religion im sozialen Leben hat sich im Laufe des 19. und 20. Jahrhunderts verlagert. Genauer: War zuvor noch die Position eines sich gegenüber dem überlieferten Christentum „ausgrenzenden Humanismus" *und* die auf ihn reagierenden und so neu sich bildenden religiösen Lebensauffassungen als „Alternativenpluralismus" Sache intellektueller Eliten, so ist nun, bis in unsere Gegenwart hinein, der Pluralismus säkularer oder religiöser Optionen zum Kennzeichen ganzer Gesellschaften geworden. Um diesen Vorgang, bei dem „aus Alternativen für wenige Menschen solche für viele wurden" (704), zu verstehen, drängt sich der Rückgriff auf *die* soziologische Theorie auf, die diesen Wandel und dessen Ergebnisse zu beschreiben und gültig zu erklären beansprucht: die „*Säkularisierungstheorie*".

Deren vielfach variierende Sachaussagen und theoretische Grundierungen beiseite lassend, lässt sich die „Standardthese" der Säkularisierungstheorie in das Bild eines dreistöckigen Gebäudes fassen: „Das Erdgeschoß steht für die Tatsachenbehauptung, daß der religiöse Glaube und die religiöse Praxis zurückgegangen sind" (720) und damit auch Reichweite und Einfluss der religiösen Institutionen. Im Kellergeschoss finden sich die, vor allem modernisierungstheoretischen Erklärungsversuche, *wie* diese Veränderungen soziologisch zu fassen und zu deuten sind. Im Obergeschoss des säkularisierungstheoretischen „Bauwerks" geht es um die gegenwartsdiagnostische Beschreibung und Analyse der heutigen Religionsverhältnisse.

Die kritische Durchmusterung solcher „Standardtheorie(en)" von Säkularisierung zwingt freilich zu einer teils relativierenden, teils alternativen Sicht der säkularisierungstheoretischen Erklärungsmodelle und Deutungsangebote. So unbestreitbar ein bestimmter Rückgang der religiösen Praxis und der Deklaration konfessioneller Zugehörigkeiten in den westlichen Ländern, vor allem ab den 1960er Jahren auch ist: die Erklärung und das Verstehen solcher Veränderungen, gerade unter dem Leitthema „Säkularisierung", bedarf einer reflexiv vielschichtigeren und historisch gelehrteren Perspektive als die „orthodoxe" Säkularisierungstheorie sie bietet. Erste Bedenken gegen die gängige These von Säkularisierung als allgemeiner Beschreibung für einen generellen Niedergang von Religion im Lauf der Moderne lassen sich etwa schon in Fragen fassen, wie: Ist der behauptete durchgehende Niedergang von Religion nicht ein bloßer Rückgang der überlieferten großen historischen Bekenntnisse und der sie verwaltenden Institutionen und eines *bestimmten* Glaubens an das „Übernatürliche"? Ein Rückgang, der aber nicht *notwendig* gleichgesetzt werden kann mit dem Rückgang von „Religion" selbst, die auch in einer anhaltenden Vielfalt von spirituellen und „halb-spirituellen" Orientierungen sich formiert? – Oder: Waren in vor- oder frühmodernen Zeiten, die uns in der Rückschau als „Zeit des Glaubens" erscheinen, die Menschen in ihrer realen Lebensführung wirklich „frömmer"?

Noch zentralere Einwände gelten der in der Säkularisierungstheorie weithin gängigen Gleichsetzung von sozialer Differenzierung und Säkularisierung. Gewiss war die Geschichte der Moderne wesentlich begleitet von einem Prozess sozialer Differenzierung, in dem sich nunmehr eigene selbstständige Sphären (Politik, Ökonomie, Wissenschaft, Recht usw.) herausbildeten, die vormals von Religion und Kirche wesentlich bestimmt wurden, die nun aber ihrer eigenen innerweltlichen Rationalität folgen. Doch die umstandslose Gleichsetzung dieses Prozesses mit Säkularisierung ist problematisch: „Daß die Aktivitäten eines bestimmten Bereichs ihre eigene innere Rationalität kennen und die ältere Form der religiös fundierten Normsetzung nicht mehr zulassen, bedeutet keineswegs, daß solche Tätigkeiten nicht nach wie vor stark durch den Glauben geprägt werden können." (707) So ist zum Beispiel eine ursprünglich magisch begründete Behandlung von Krankheit durch die innerweltliche Rationalität ärztlichen Handelns abgelöst und insofern „entzaubert"; aber auch das berufliche *Selbst*verständnis eines Arztes kann gleichwohl in einem religiösen Glauben gründen. Generell ist die säkularisierungstheoretische Gleichsetzung von Entzauberung und Säkularisierung – weil ohne Anhalt in der historischen und empirischen Wirklichkeit – zurückzuweisen; dazuhin ist (Max Weber und anderen folgend) auf die Bedeutung der Religion (Judentum und Christentum) selbst als wirkender Kraft im Prozess der Entzauberung zu verweisen.

In noch größerer Tiefenschärfe lassen sich die Defizite der gängigen Säkularisierungstheoreme in den Blick nehmen, wenn man – einen Begriff von Foucault aufnehmend – das „Ungedachte" aufzudecken sucht, von dem die Säkularisierungstheorien mit bestimmt sind. Darunter sind insbesondere aufklärungsgestimmte normative Vorannahmen zu verstehen, die, ohne explizit-reflexiv zu werden, gerade als „Ungedachtes" in die Thesen und Theoreme über Säkularisierung eingehen können und häufig eingegangen sind. Hierher gehört insbesondere eine *lineare* modernisierungstheoretische Vorstellung, nach der Religion, geradezu geschichtsprovidentiell, immer weiter schwinde und ihr schließlicher Niedergang unausweichlich sei. Summarisch lässt sich festhalten, dass das einer Säkularisierungstheorie eingewobene „Ungedachte" immer dann wirksam wird, wenn folgende Thesen – auch in ihrer jeweiligen Kombination – argumentative Kraft erlangen: Die Religion müsse untergehen, (a) weil sie, wie die Wissenschaft gezeigt habe, falsch sei; (b) weil sie immer belangloser werde, da wir zum Beispiel der Ringelflechte jetzt medizinisch beikommen könnten; (c) weil die Religion auf Autorität basiere, während moderne Gesellschaften immer größeren Wert auf Autonomie legen. (714)

So ist die gängige Säkularisierungstheorie selbst, insbesondere in ihren impliziten Vorannahmen, aufklärungsbedürftig und manche ihrer theoretischen Grundaussagen, so etwa das differenzierungstheoretische Modell, oder ein linear-evolutionäres Geschichtsverständnis, müssen kritisch befragt werden. Dies freilich kann nicht bedeuten, jeden Prozess von „Säkularisierung" überhaupt zu negieren: „Irgendetwas" an Lage und Stellung der Religion hat sich im Laufe der Moderne geändert und die Zeichen eines *bestimmten* Niedergangs von Religion sind unübersehbar. Um dieses „Irgendetwas" aber genauer bestimmen zu können, bedarf es eines Blicks auf Religion, der sich als „Transformationsperspektive" fassen lässt: Der religiöse Glaube als Glaube an unbedingte Transzendenz („alias ‚Gott'", 717) geht notwendig einher mit einer Transformation des Menschen – als einer Transformation, in der der Mensch über das rein Diesseitige hinausgeführt wird und so seinen Weltbezug und sein Handeln in der Welt nicht mehr in eine bloße Immanenz gestellt weiß.

Doch zur Signatur des „säkularen Zeitalters" gehört, dass gegen solche Transformationsperspektive im Laufe der Moderne – mit allen auch gegenstrebigen Tendenzen – eine „Immanenzperspektive" sich durchzusetzen begann, in der Weltbezug und Handeln des Menschen vom höchsten Ziel des auf gegenseitigen Vorteil gestützten eigenen Glücks geprägt wurden. So ließe sich als – freilich nur vorläufiges – Fazit festhalten: „Die Moderne hat einen Niedergang der Transformationsperspektive herbeigeführt." (719)

Doch an der Interpretation eben dieses Befundes lassen sich die grundsätzlichen Einwände gegen die „(orthodoxe) Theorie der Säkularisierung" festmachen. Dieser Theorie wird die Beobachtung eines bestimmten Rückgangs der Transformationsperspektive zum Beleg ihrer These eines linear-ablaufenden, unaufhaltsamen Verlustes der Religion als „eigenständig-unabhängiger" Kraft. Die in Geschichte und Gegenwart der Moderne freilich weiterhin bestehende Präsenz von Religion ist dieser These allenfalls ein Indiz dafür, dass Religion nunmehr in einem Prozess ihrer funktionalen Umformung Aufgaben ursprünglich „nichtreligiöser" Art übernommen habe. Diese funktionale Neuverortung der Religion ist der Säkularisierungstheorie deshalb zwingend, da die Transformationsleistung der Religion, die den Menschen in ein Verhältnis zum Übernatürlichen („Gott") setzt und so eine eigenständig-unabhängige und durch nichts ersetzbare „Funktion" begründet, im säkularen Umschmelzungsprozess ihre Kraft unrettbar verloren habe.

Demgegenüber gilt es, „einen alternativen Ausblick auf die letzten Jahrhunderte zu präsentieren, der ein anderes Bild der Säkularisierung darbietet" (727). Dabei ist – auch hier *zunächst* ganz im Einklang mit der gängigen Säkularisierungstheorie – festzuhalten, dass die Formen überlieferter Religion durch tiefgreifende soziale und kulturelle Veränderungen (wie z. B. Urbanisierung, Industrialisierung, Migration und Zerfall herkömmlicher Gemeinschaft) einen massiven Bedeutungsverlust erfahren haben oder gar gänzlich zerrüttet sind. Doch noch einmal: Der Trugschluss des Hauptstroms der Säkularisierungstheorie ist es aber, darin einen generellen, unaufhaltsam sich vollziehenden Prozess des Abschiedes von Religion als unabhängiger, eigenständig-produktiver Kraft zu sehen. Doch diese wirkt vielmehr *in* den sozialen und kulturellen Umbrüchen fort – als Eigensinn der Religion, der in keiner funktionalen Umdeutung aufgehen kann. Der gegenwartsdiagnostische und historisch-empirisch belehrte Blick zeigt, dass die „unabhängige religiöse Motivation" neue Formen schafft, „die an die Stelle jener Formen getreten sind, die zerrüttet oder durch die ‚säkularisierenden' Faktoren ihrer Lebenskraft beraubt wurden. Der Vektor dieser ganzen Entwicklung weist nicht in eine Richtung, die zum Wärmetod des Glaubens führt" (729).

9.2 Mobilisierung

So hat also das „säkulare Zeitalter" überlieferte Formen der Religion (gerade auch in ihrer institutionalisierten Gestalt) aufgelöst und zum Verschwinden gebracht, hat aber auch im Laufe seiner Entwicklung neue und andere Präsenzen des Religiösen heraufgeführt. Um diesen Vorgang in seinen unterschiedlichen Stufen und Stadien genauer erfassen, beschreiben und deuten zu können, werden „Idealtypen" im Sinne Max Webers eingeführt (Weber 1973, 190–209); dies vorrangig deshalb, da solche „Idealtypen" ein heuristisches Mittel darstellen sollen, um – durch die Komplexität und Mannigfaltigkeit des Historischen hindurch – das wesentlich Kennzeichnende und die jeweilige Eigenart eines geschichtlichen Verlaufs heraus zu präparieren.

Um diese Aufgabe anzugehen, werden also zwei Idealtypen konstruiert, mit denen Gestalt, Form und Wandlung der Religion in Europa und Nordamerika in den vergangenen rund zweihundert Jahren erfasst und gedeutet werden sollen: „Ancien régime" und „Mobilisierung". Dabei ist vorweg die Einsicht entscheidend: Nicht nur, dass selbstverständlich – dem Konstrukt des Idealtypus gemäß – die historische Realität nie der „Reinheit" des Idealtypus entsprechen kann, sondern auch: Die unterschiedlichen Stadien der historischen Entwicklung sind nicht als aufeinander zeitlich folgende, konsekutive Epochen aufzufassen, sondern können in – zumindest zeitweiliger – Kopräsenz auftreten. Und ebenfalls vorweg: Die argumentativ-hermeneutische Pointe diese Zugriffs, nämlich die beiden Idealtypen gegenüber und nebeneinander zu stellen, liegt darin, zu verdeutlichen, dass im historischen Verlauf das „Zeitalter der Mobilisierung" sich mehr und mehr durchsetzt, um so schließlich zur Signatur der sozialen und kulturellen Lage und Stellung im Entwicklungsgang der Moderne zu werden.

Ein signifikantes Kennzeichen des „Ancien-régime-Modells" zeigt sich in der sozialen und religiösen Verortung des Einzelnen, in einem bestimmten Verhältnis von Kirche und Staat und in der Präsenz Gottes im gesellschaftlichen und politischen Gefüge. Staat und Kirche sind ineinander verwoben, die (hierarchische) irdische Ordnung, die dem Einzelnen in seinem „Stand" seinen Platz zuweist, ist göttlich legitimiert, die weltliche Autorität weiß sich gegründet im Willen Gottes selbst. In genereller Zusammenfassung: Das Ancien régime lebt in und von der verzauberten Welt, verstanden als ein gottgewollter Kosmos, der alles durchwirkt und in dem so die fraglose „gesellschaftliche Präsenz Gottes" (745) gilt.

Doch im Fundament der Ancien-régime-Form mit der Annahme eines geschlossenen gottgewollten Kosmos zeigen sich früh schon bestimmte „Lücken". Zum einen sind es Lücken von „innen", produziert und zu historischer Realität gebracht vom System selbst. Dazu gehört etwa eine immer tiefer greifende Differenz zwischen religiösen (und sozialen) Eliten und der Volksfrömmigkeit. Dies zeigt sich zum Beispiel an der unterschiedlichen Auffassung und im unterschiedlichen Erleben der religiösen Riten und Rituale; deren Deutung durch die Eliten setzt sich zunehmend von Deutung und Erleben der Volksfrömmigkeit ab: Religiöse Riten und Rituale und das sie tragende Element magischer Weltauffassung, erfahren von Seiten der Eliten eine bestimmte „Entzauberung" und verlieren so ihre Einbettung in den Ancien-régime-Kosmos. War dieser also bestimmt vom „Wesen der Religion in einer verzauberten Welt" (736), das die religiöse Praxis der *ganzen* Gesellschaft umfasst und bestimmt, so kann dies, im nunmehr auftretenden Gegensatz zwischen religiöser und sozialer Elite und

Volksfrömmigkeitskultur nicht mehr gelten. Damit aber begannen sich Einheit und Organizität der Ancien-régime-Form aufzulösen. Dieser Prozess wird noch entschiedener vorangebracht durch „Lücken", die sozusagen von „außen" sich bildeten: voranschreitende Urbanisierung, Industrialisierung und die damit verbundenen Wanderungs- und Umsiedlungsbewegungen bewirken notwendig eine zunehmende Erosion des organisch-geschlossenen Ancien-régime-Kosmos, in den der Einzelne sich eingebunden wusste – gerade auch in seiner religiösen Zugehörigkeitsgewissheit. Die religiös-kirchliche Zugehörigkeit, so sehr sie sozial immer lokal gebunden war, war Ausdruck, Teil und Anteil der Präsenz Gottes im Ganzen der Gesellschaft.

Die zunehmende Auflösung der früheren Ancien-régime-Formen führte in eine soziale, kulturelle und religiöse Dynamik, die sich in den Typus „Mobilisierung" fassen lässt. Dieser besteht – in zunächst allgemeinster Formulierung – in einem „Prozess, durch den die Menschen mittels Überredung, Druck, Zwang oder Schikanen dazu gebracht werden, sich neuen Formen von Gesellschaft, Kirche oder Verband anzuschließen" (743). Im Zeitalter der Mobilisierung verlieren die Individuen ihre Einbettung in einen umgreifenden Kosmos und in dessen hierarchisch-gottgefügter Ordnung; sie sind nun „entbettete Individuen, die sich nach und nach zusammentun" (746). Diese Auflösung einer vordem fraglos gültigen Ordnung, in der die Menschen sozusagen „vorindividuell" verortet waren, führte durch den mobilisierungsdynamischen Zwang immer mehr dazu, sich neue Formen selbst zu schaffen, oder doch in solche neu sich einzugliedern. Dies betrifft im Kern auch wesentlich Lage und Stellung der Religion.

Hier lassen sich – wiederum idealtypisch – zwei Entwicklungswege unterscheiden: der katholisch-„barocke" und der protestantische Weg, der insbesondere in seiner anglophonen Ausprägung in den Blick genommen wird. Für letzteren wurde es typisch, sich dem Faktor „Mobilisierung" offensiv zu stellen: Dazu gehörte etwa die zunehmend sich verbreitende Einsicht, dass nur frei gewählte Religionsgemeinschaften der mobilisierungstypischen Freisetzung des Individuums Rechnung tragen können. Dies lässt sich unter anderem am Beispiel der Wesleyanisch-methodistischen Kirche zeigen – wie denn generell gilt: Die Entstehung von *Konfessionen* sind selbst Ausdruck des Zeitalters der Mobilisierung. Die Ancien-régime-Form kannte keine „Konfessionen" und konnte sie auch gar nicht kennen, da Kirche selbst als Teil und Ausdruck der ewig-unverrückbaren Ordnung galt, in der ein auf voluntaristischen Zusammenschlüssen gegründeter Pluralismus der Konfessionen undenkbar war. Dieser aber fand – alle weiteren historischen Befunde zur Entwicklung des Protestantismus hier beiseitelassend – seinen klarsten Ausdruck in der religiösen Kultur der Vereinigten Staaten von Amerika.

Der katholische Weg im Zeitalter der Mobilisierung, insbesondere nach der Französischen Revolution, war ein anderer. *Eine* bestimmende Ausprägung dieses Weges war der Versuch, durch Restitution und Restauration der abgelebten Ancien-régime-Formen, den neuen sozialen, kulturellen und religiösen Lagen Rechnung zu tragen. Doch gerade *in* diesen Anstrengungen hin zur Restauration zeigt sich ein Merkmal von Mobilisierung: die *alten* Formen mussten *neu* behauptet und begriffen werden: „Zu guter Letzt wird das auch von jenen ‚Reaktionären' erkannt, deren Paradigmen im Ancien régime wurzeln. Häufig sind sie dazu genötigt, dieser Einsicht gemäß zu handeln, ehe sie sich dazu durchringen können, sie gelten zu lassen. Aber früher oder später ändert sich ihr Diskurs, und aus den Merkmalen der alten Ordnung, die sie wieder einsetzen wollen, werden Formen, die zwar vielleicht […] ewig gültig sind, aber dennoch erst etabliert werden müssen. Es geht um ein Ideal, das noch nicht existiert, sondern erst verwirklicht werden muß. Sobald sich diese Einsicht auf allen Seiten des politischen und kirchlichen Spektrums durchsetzt, beginnt das Zeitalter der Mobilisierung." (744)

So also lässt sich die postrevolutionäre katholische Restauration, insbesondere im Frankreich des 19. Jahrhunderts – vielfach entgegen ihrem eigenen Selbstverständnis – als „Triumph der Mobilisierung" (766) begreifen. Dem katholischen Weg blieb unter dem Druck der neuen Realität keine andere Wahl, als sich selbst auf den Mobilisierungspfad zu begeben: So bedurfte der post-revolutionäre kirchliche Wiederaufbau einer Organisation, in die zunehmend auch Laien einzubinden waren; sodann waren gerade jene Konzeptionen, die dem Restaurationsdenken entspringend, eine Rückkehr zur vorrevolutionären Ordnung vorsahen, „anfällig für die Modernisierungstendenzen dieses Jahrhunderts: die Entwicklung der Städte, der Industrie, des Nachrichtenwesens und der Mobilität" (771); und schließlich setzte schon der Versuch, die restaurativen Antriebe, Ziele und Formen offensiv zu vertreten und zu verteidigen, „Organisation und Aktivierung – kurz: Mobilisierung – voraus, die ihrerseits zur Zerrüttung dieser Formen beitrugen" (771). – So lässt sich der religionskulturelle Unterschied zwischen der protestantisch-anglophonen und der katholischen Welt im Entwicklungsgang der Moderne nicht als Differenz zwischen Mobilisierungsbejahern und Mobilisierungsgegnern beschreiben, sondern als je eigener Weg hin zur modernitätstypischen, unverweigerbaren Mobilisierung.

In einem weiteren Zugriff werden den beiden Idealtypen „Ancien régime" und „Mobilisierung" zwei zusätzliche Idealtypen zugeordnet. In ihnen geht es um die nähere Bestimmung des Zusammenhangs von Kirche und Staat und generell von Religion und Politik: die „paläodurkheimische" und die „neodurkheimische" Form dieses Zusammenhangs. Das Epitheton „durkheimisch" verweist – auf dem Hintergrund der Gesellschaftstheorie Émile Durkheims – auf eine bestimmte

Verortung des Sakralen im Gefüge einer Gesellschaft, als eines den gesellschaftlichen Zusammenhalt verbürgenden Ordnungsprinzips (Durkheim 1981,1976). Die „paläodurkheimische" Auffassung und Gestaltung des Verhältnisses von Kirche und Staat, von Religion und Politik, fand ihren klarsten Ausdruck im Zeitalter des Ancien régime, in dem die gottgewollte und gottverbürgte Legitimität von König und Kirche die Sakralität der Gesellschaft und damit deren Zusammenhalt sicherte – (und eben darin „durkheimisch" war).

Für die vom Katholizismus geprägten Länder gilt eine, zwar nicht durchweg, aber häufig zu beobachtende, auch nach der Ancien-régime-Ära sich haltende Nähe zur „Paläo-Form", insofern das sakrale Element der Gesellschaft weiter von der Kirche bestimmt und beansprucht wird. Hier wirkte das Bewusstsein der „ontischen Abhängigkeit des Staates von Gott und höheren Zeiten" weiter fort, „auch wenn es durch Entzauberung und zweckrationale Gesinnung an Kraft verloren hat" (759).

In den protestantischen, auch hier: insbesondere protestantisch-anglophonen Ländern hingegen dominiert der „neodurkheimische" Typus. Zentral wird hier die Vorstellung eines *Planes Gottes* für die politische Gemeinschaft. Die Präsenz Gottes in Staat und Politik ist hier nicht mehr wie in der verzauberten Welt sakral bestimmt und symbolisiert etwa in einem von Gott eingesetzten Königtum, vielmehr: es geht nun darum, den Plan Gottes für einen Staat, ein Volk, ein politisches Gemeinwesen zu erkennen und ihm politisch-gesellschaftlichen Raum zu verschaffen. Die Mitglieder eines politischen Gemeinwesens werden so zu Beauftragten, gar Werkzeugen der Verwirklichung des Planes Gottes in Staat und Gesellschaft – eine Aufgabe, die auch zur Einhaltung einer diesem Plan gemäßen Lebensführung zwingt. „Wer einer solchen Gesellschaft angehört, lebt in einer Gesellschaft, in der Gott präsent ist, allerdings nicht im Sinne der durch das Sakrale verzauberten Welt, sondern dadurch, daß man seiner Planung gehorcht. Präsent ist Gott als Planer unserer Lebensweise." (747)

Unter anderem im Rückgriff auf Robert N. Bellahs Konzept einer amerikanischen *civil religion* (Bellah 1967) lassen sich die Vereinigten Staaten von Amerika als Paradigma und geradezu vollständige Realisierung des „neodurkheimischen" Idealtyps verstehen: Amerikas Berufung ist es, als ausgewählte Nation den Plan Gottes zu verwirklichen. Dabei gilt: Die in einem radikalen Verständnis von Religionsfreiheit gründende amerikanische Trennung von Staat und Kirche und der amerikanische Konfessionspluralismus, sind kein Hindernis für eine gelebte, den Zusammenhalt und den politisch-religiösen Auftrag verbürgende *civil religion*, vielmehr eine ihrer Voraussetzungen. Der Staat gewährt und garantiert den Kirchen ihre Freiheit und die Kirchen halten das gottgewollte Ethos lebendig, dessen die politisch-nationale Identität des Staates bedarf.

Zusammenfassend lässt sich noch einmal festhalten: Das religiöse Leben im Zeitalter der Mobilisierung, die Zeit zwischen etwa 1800 und 1950/60 umfassend, lässt sich als prozesshaftes Geschehen verstehen, in dem dessen frühere Formen häufig destabilisiert wurden oder ganz verschwanden, in dem aber neue religiöse Formen entstehen konnten – nicht immer und überall, aber immer wieder: „Das Muster des modernen religiösen Lebens unter Bedingungen der Säkularisierung ist ein Muster der Destabilisierung und der neuerlichen Entspannung" (769) – ein Prozess, der in immer neuen Phasen und Formen Gestalt annehmen konnte. Dabei ist eine Einsicht entscheidend, die schon im vorigen Abschnitt („Säkularisierung") hervorzuheben war: Die neuen „mobilisierten" Formen religiösen Lebens sind nicht Ausdruck „uneigentlicher", etwa bloß funktional abzuleitender Religion, sondern treten auf als eigenständig-unabhängige Kraft, die darum auch nur als solche soziale und politische Wirksamkeit ausüben konnte.

9.3 Authentizität

Waren die vorangegangenen Abschnitte konzentriert auf die Gesellschafts-, Kultur- und Religionsentwicklung der vergangenen rund zwei Jahrhunderte, geht es nun um die Zeitepoche, die etwa Mitte des 20. Jahrhunderts begann und bis in die Gegenwart andauert. Der Leitbegriff für dieses Zeitalter lautet: Authentizität.

Um die Eigenart und gegenwartsdiagnostische Bedeutung dieses „Zeitalters der Authentizität" – in einem ersten Anlauf – wahrzunehmen, gilt es, sich eines generellen Befundes zu versichern: Was immer dieses Zeitalter im Einzelnen kennzeichnen mag – es geht in ihm zunächst und vor allem um einen sozialen, kulturellen und religiösen *Bruch*. Auf die Religion bezogen heißt dies: Die (Konfessions-)Kirchen der Zeit der Mobilisierung sind nun hineingerissen in einen „jähen Sturz" (787) und in den Zusammenbruch ihres Anspruchs, Spiritualität, Disziplin, politische Identität und das Zielbild einer zivilisatorischen Ordnung in sich zu präsentieren. Doch nicht nur für die Kirchen, sondern für das Gesamt der nordatlantischen Kulturen und Gesellschaften gilt: Sie sind hineingestellt in einen grundstürzenden kulturellen Wandel, der ab Mitte des 20. Jahrhunderts sich vollzog und geradezu als „Kulturrevolution" zu verstehen ist. Diese besteht im Kern in einer neuen Auffassung und Selbstauffassung des Individuums, die sich als „expressiver Individualismus" formiert.

Als dessen zunächst äußeres Zeichen lässt sich die „Revolution der Konsumwelt" (790) nennen, die insbesondere eine neu aufkommende Jugendkultur, dann aber weite Teile der ganzen Gesellschaft erfasst: Kleidungsstil, Musikkonsum, Modelabels usw. sind „expressiv" ausgerichtet und sollen die Individualität, den Nonkonformismus und damit die „Authentizität" des Konsumenten hervorheben, ja verbürgen. Dabei ist die (kritische) Außenwahrnehmung, dass solche Konsumwelttendenz in ihrer massenhaften Verbreitung gerade nicht zu nichtkonformistischer Individualität, sondern zu höchst nichtindividueller Konformität führt, allenfalls kulturkritisch interessant: Entscheidend aber ist die *Selbstdeutung* des Konsumenten, der in der Wahl seines Kleidungs- oder Musikstils usw. sich selbst „expressiv" als authentischen Individualisten sieht und dies seiner Außenwelt signalisiert.

Was am Beispiel der Konsumwelt aufscheint, ist genereller Ausdruck der „Kultur der Authentizität": Es geht in ihr um eine (Selbst-)Auffassung des Lebens, „wonach es wichtig ist, den eigenen Stil zu finden und auszuleben, im Gegensatz zur Kapitulation vor der Konformität mit einem von außen – seitens der Gesellschaft, der vorigen Generation oder einer religiösen oder politischen Autorität – aufoktroyierten Modell" (792). Diese Auffassung vom Leben, das sich expressivistisch und authentizistisch und im Gegenüber zur Konformität der überkommenen Gesellschaft versteht, entwickelt vor allem auch ihre eigene *Ethik:* die „Ethik der Authentizität". Diese bestimmt weithin die Lebensführung des Einzelnen und so auch die Richtung seines Handelns.

Solche Ethik der Authentizität hatte ihre historischen Vorläufer schon in der Romantik, dann vor allem in bestimmten Strömungen der Kulturintelligenz gegen Ende des 19. und zu Beginn des 20. Jahrhunderts, die vom Pathos der Authentizität sich angetrieben wussten, gegen die etablierten gesellschaftlichen Ordnungen und Mächte sich nicht nur theoretisch zu wehren, sondern gegen sie in eigengewähltem Lebensentwurf zu „leben". Doch ab etwa 1960 wird diese Ethik der Authentizität zu einer kulturellen Kraft, die die Einstellungen der gesamten Gesellschaft zu prägen begann. – Dabei zeigt eine kulturdiagnostische, aber auch normativ geleitete Außenperspektive freilich vielfach höchst ambivalente, auch kritikbedürftige, soziale, kulturelle und moralische Wirkungen der Ethik der Authentizität.

Dies lässt sich exemplarisch verdeutlichen am Beispiel der freien, autonomen „Wahl" als selbstbestimmter „Entscheidung", die – neben „Autonomie", „Selbstverwirklichung", „Antiautoritatismus" usw. – einen der Leitbegriffe und Zielbilder der Ethik der Authentizität und damit des expressiven Individualismus darstellt. Wenn hier die „reine Wahl" als solche, letztlich unabhängig von den Inhalten, die gewählt werden sollen, als gesellschaftlich oberster Wert gilt, heißt das: Vergleichgültigung der Auseinandersetzung zwischen alternativen, konkurrierenden Daseinsorientierungen und Verharmlosung der moralischen Dilemmata, die sich mit ihnen möglicherweise verbinden. Wenn etwa das Argument „freie Wahl" von Gegnern und Befürwortern einer bestimmten Regelung von Schwangerschaftsabbruch gleichermaßen beansprucht werden kann, weil dies das gesellschaftlich letztgültige Argument darstellt, „das [...] alles andere aussticht" (797), dann verliert sich dieses Leit- und Zielbild von „Authentizität" in soziale und moralische Beliebigkeit.

Insgesamt führt die Diagnose der stetig sich durchsetzenden Kultur der Authentizität zu der generellen Frage: „Auf welche [...] Weise ändert der Vormarsch des expressiven Individualismus unser soziales Vorstellungsschema" (806) und das Wertgefüge unserer moralischen Ordnung? Hier ist zunächst festzuhalten: die Änderungen und Umbrüche dieses „Vormarschs" vollziehen sich häufig in einem allmählichen Prozess, in dem die neue „Authentizität" mit kulturellen Herkunftsbeständen immer wieder auch vereinbar ist; ein Beispiel hierfür: Der expressive Individualismus kann sich mit dem (kollektiven) Zugehörigkeitsbewusstsein zu einer Nation und Volk durchaus verbinden. Gleichwohl ist aber unübersehbar: Die Authentizitätskultur hat sich dominierend durchgesetzt und zwar gerade deshalb, weil sie eine *Ethik* von Authentizität proklamierte – mit ihren eigenen Botschaften vom richtigen und guten Leben. Hierher gehören Beobachtungen wie: „Offenbar geht die Ethik der Authentizität mit einem sanften Relativismus einher, der besagt: Jeder darf tun, was er mag, und die ‚Werte' des jeweils anderen dürfen nicht kritisiert werden. Gerade dieser Relativismus basiert auf einer festen ethischen Grundlage [...] Man soll die Werte der anderen nicht kritisieren, weil sie genauso wie man selbst das Recht haben, ihr eigenes Leben zu führen. Intoleranz ist die Sünde, die nicht toleriert wird." (806 f.).

Die auf solchem Relativismus gründende Ethik der Authentizität macht erst nachvollziehbar, warum insbesondere eine neue Sexualmoral, mit ihrer Relativierung herkunftsbestimmter Auffassungen von Familie und Ehe, mit ihrer Aufwertung tabufreier Sexualität, vorrangig auch der Homosexualität, ihrer Akzeptanz von Pornographie usw. zum Kern der „Kulturrevolution" des expressiven Individualismus werden und ihren Siegeszug in den westlichen Ländern antreten konnte.

Es ist offenkundig, dass der skizzierte Umbruch im Zeitalter der Authentizität tief greifende Wirkungen auf die Lage und Stellung der Religion und deren institutionalisierten Formen hat und haben *muss*. Um diese neuen Lagen systematisierend benennen und begreifen zu können, ist die Wahl eines weiteren Idealtyps von Nöten, der „postdurkheimisch" genannt werden soll. Im Rückblick auf das Kapitel „Mobilisierung" ist zu erinnern: Zur Zeit der Geltung des „paläodurkheimischen" Ordnungsprinzips war die Verbindung zum Sakralen eingebunden in die fraglos-vorindividuelle Zugehörigkeit zur Kirche, die prinzipiell die ganze Gesellschaft umfasste. Das „neodurkheimische" Ordnungsprinzip war dagegen geprägt von der Möglichkeit sich zu einer selbstgewählten Konfessionskirche zu entscheiden. Beiden Formen war – in je eigener Gestaltung – die gesellschaftliche Funktion und Bedeutung des Sakralen eingewoben, als einer

„Verbindung zwischen der Treue zu Gott und der Loyalität gegenüber dem Staat" (811).

Im „postdurkheimischen" (eigentlich: *un*durkheimischen) Stadium entwickeln sich ganz andere Formen des Religiösen und es verändert sich der Ort des Sakralen. Im expressiven Individualismus wählt sich der Einzelne seine religiöse Praxis nicht nur selbst; vielmehr: Das Kriterium dieser Wahl ist ausschließlich, oder zumindest vorrangig, das subjektiv-eigene spirituelle Erlebnis. Ob diese individuelle religiöse Erfahrung sich im Rahmen einer Kirche ereignet oder nicht, ist fortan nicht mehr von Bedeutung: Es ist dies eine Form eines religiösen Individualismus, der den Außenhalt einer institutionellen Ordnung nicht mehr bedarf. Das heißt dann aber: „Das Spirituelle als solches steht nicht mehr in innerer Verbindung zur Gesellschaft." (817)

Die gesellschaftliche und kulturelle Tiefendimension des expressiven Individualismus und das mit ihm aufbrechende Drama, zeigt der weitere Befund: „Die expressive Revolution [hat] die Verbindung zwischen dem christlichen Glauben und der zivilisatorischen Ordnung untergraben." (821) Diese Verbindung bestand in der Gewissheit, dass die Ethik des christlichen Glaubens, als einer Ethik auch von Disziplinierung und Selbstbeherrschung, ja Entsagung, ein fundamentierendes Element auch der zivilisatorischen Ordnung war. Dieser Zusammenhang aber hat sich – postdurkheimisch – aufgelöst; auch hier war es insbesondere die neue, immer kulturbestimmender werdende Sexualmoral, die der Formen und Normen überlieferter, nun als „restriktiv" geltender Sexualethik sich emanzipatorisch entledigte – und so einen Hiatus zwischen den Botschaften und Lehren der Kirche und der „Welt" schuf.

Vor welche weitere und besondere Herausforderungen die neuen, durch die Ethik der Authentizität geschaffenen Lagen die christlichen Kirchen, insbesondere die römisch-katholische Kirche stellen, ist weitgehend Thema des Schlussabschnitts, dessen genauere Darlegung hier unterbleiben muss. – In der Perspektive eines katholischen Christen, der von den Wegen und Abwegen seiner Kirche im Zeitalter der Authentizität umgetrieben ist, bleibt als Resümee: „Was die Vorschriftenmacher im Vatikan ebensowenig erkennen können wie die Ideologen des Säkularismus, ist, daß es mehr Möglichkeiten gibt, katholischer Christ zu sein, als sich beide Seiten bisher ausgemalt haben. [...] Doch solange dieses monolithische Bild die Szene dominiert, wird es im Zeitalter der Authentizität viele Bereiche geben, in denen es nicht leichtfällt, der christlichen Botschaft in ihrer von der katholischen Kirche übermittelten Form Gehör zu schenken. Allerdings sind diese Bereiche für borniertem Säkularismus ebenfalls nicht sonderlich empfänglich." (842)

9.4 Außenperspektive: Fragmentarische Nachbemerkungen

Der vorstehende Versuch, in systematisierendem Zugriff die Grundlinien der Taylor'schen Aussagen in den genannten Abschnitten vorzustellen, bedarf einer ersten Nachbemerkung: Diese Texte entziehen sich einer wirklichen „Zusammenfassung". Sperrig in ihrer Komposition, vieldeutig und vielgesichtig in ihren Befunden und Belegen, dazu das Ineinander der Wege, Abwege und Seitenpfade der vorgestellten historischen Entwicklung, die muntere Mischung, in der analytisches Theorieangebot und normative Positionierung ineinander gehen – alles ohne Furcht vor Redundanz: diese Eigenart der Texte kann eine halbwegs stringente Systematisierung nicht wiederspiegeln, die so – gerade in diesem Fall – die Lektüre selbst nicht ersetzen kann; eine Lektüre, die, neben allem gelehrten und belehrendem Wissen, vor allem eines bietet: intellektuelles Vergnügen, gerade auch bei manchen Ratlosigkeiten, in die sie führt und so den Leser zu eigener reflexiver Anstrengung ermuntert.

Die folgenden Nachbemerkungen tragen durchweg fragmentarischen Charakter. Sie sind eine höchst begrenzte *Auswahl* aus einem Ensemble von Punkten, in denen wir die besondere Bedeutung des Taylor'schen Beitrags sehen, sowie auch die kritischen Rückfragen, zu denen er nötigt. Freilich können die Sachgehalte unserer Auswahl hier nicht breiter ausgeführt, sondern nur skizzenhaft und stichwortartig benannt werden. Auch beziehen wir uns durchweg auf die hier vorgestellten Texte selbst und nicht auf das Gesamtwerk – und dies zudem ohne Seitenblicke auf die mit Taylor sich beschäftigende Sekundärliteratur.

Erstens: Der gegenwärtige, in den einschlägigen Wissenschaften geführte, aber auch bis in die Feuilletons reichende Diskurs über Recht und Grenze der „Säkularisierungsthese" (so z. B. Pollack 2003, 2009) im Gegenüber zu Recht und Grenze der These einer „Wiederkehr der Religion" (so z. B. Casanova 1994, 2009) droht immer steriler und überraschungsfreier zu werden. Dies gilt für die jeweiligen (religions)-theoretischen Zugänge ebenso, wie für die jeweils aufgebotenen empirischen Befunde, die ohnedies – wie stets – höchst deutungsbedürftig sind. Im Blick auf die obige Rekonstruktion des Taylor'schen Zugriffs auf „Säkularisierung" lässt sich feststellen: Die Fruchtbarkeit der Taylor'schen Diagnosen und Analysen von Säkularisierung und vom Weg, den die Religion –mit ihrem Niedergang *und* ihrer Bildung neuer Formen – in der Moderne genommen hat, zeigt sich auch darin: sie ermöglichen, eingeschliffene Positionen, die häufig auf ein schlichtes Pro oder Contra zur „Säkularisierungsthese" hinauslaufen, aufzulösen.

Zweitens: Dass Taylor am *Eigensinn* der Religion als „eigenständig-unabhängiger Kraft" (gerade auch in ihren modernitätstypischen Transformationen) festhält und dies an historischen Befunden auch belegt, ist eigens hervorzuheben. Denn damit ist ein Gegenhalt formuliert zu einem sozialwissenschaftlich, aber auch darüber hinaus verbreitetem funktionalen Reduktionismus, der Religion nur in ihrer jeweiligen Funktion für Individuum und vor allem Gesellschaft wahrnehmen kann – Funktionen, die überdies jederzeit durch funktionale Äquivalente ersetzt werden können. Solch funktionale Religionstheorie, die ihre eigene Begrenztheit nicht mehr kennt und von keinem Eigensinn der Religion mehr weiß, besteht im Kern in der Frage nach der Nützlichkeit von Religion. Dass aber Religion in der Selbstauffassung ihrer Gläubigen, aber auch in diagnostischer und geschichtlich belehrter Außenansicht nie in der Frage nach ihrer Nützlichkeit aufgeht, auch das zeigen Taylors historisch gesättigte Analysen durchweg. Mit Taylor und gegen den Reduktionismus bloß funktionaler Religionstheorie ist festzuhalten: Nutzen und Funktion für eine Gesellschaft wird Religion nur dann haben, wenn sie nicht um dieses Nutzens willen gelebt wird.

Drittens: So fruchtbar, vielleicht gar unabdingbar Idealtypen sein mögen, um in das Gestrüpp der unendlichen Mannigfaltigkeit der historischen, kulturellen und sozialen Wirklichkeit Schneisen der Erkenntnis zu schlagen, so verführerisch können sie auch sein: Sie können reale Eindeutigkeit vorgaukeln, die in der historisch-empirischen Wirklichkeit keinen Anhalt mehr findet. Unabhängig von der Frage, ob die Taylor'schen Idealtypus-Aufstellungen die Anforderungen wirklich einlösen, die Max Webers Wissenschaftslehre einforderte, lässt sich doch grundsätzlich fragen: Ist die *Epochenkonstruktion*, die Taylor mit seinen Idealtypen „Ancien régime", „Mobilisierung" usw. zu belegen sucht, wirklich tragfähig? Allen im Text immer wieder formulierten Beteuerungen zum Trotz, es handele sich hier nur um Idealtypen, drängt der Eindruck sich auf, hier würden immer wieder „Typen" reifizierend mit der historischen Wirklichkeit gänzlich zusammenfließen – *oder* auch so auseinanderfallen, dass der „Typus" nichts mehr wirklich erklären kann. Wenn zum Beispiel der Idealtypus „Ancien régime" eine Epoche bezeichnen soll, die von der „verzauberten Welt" bestimmt sei, die dann in einem Prozess der Entzauberung auf- und abgelöst werde, heißt die schlichte Frage: Was war *vor* diesem „Ancien régime"? Genauer: Lassen „Verzauberung" und „Entzauberung" sich so an die jeweiligen epochalen Einteilungen heften, die Taylor vornimmt? Diese auf Verzauberung und Entzauberung gestellte Epochenkonstruktion scheint auf unsicherem Grund zu stehen; sie verstellt sich jedenfalls der Einsicht – nicht nur Max Webers –, dass Entzauberung historisch ein Prozess von weither war und in der Religionsgeschichte selbst ihren Anfang nahm, als eines „in der okzidentalen Kultur durch Jahrtausende fortgesetzten Entzauberungsprozesses" (Weber 1995, 19). Darauf verweist Taylor zwar nebenbei, ohne aber daraus wirklich Folgen für seine Epochenkonstruktion zu ziehen

Viertens: So anregend und vielfach überzeugend das Panorama auch ist, das Taylor vom Weg der Religion, auch in ihren institutionellen Formen, im „säkularen Zeitalter" entwirft: Nach unserem Verstehenszugang bedarf es einer weiteren Dimension für die Diagnose und Analyse von Moderne und Säkularität, die sich in den von uns dargestellten Texten Taylors kaum findet: die Wahrnehmung *auch* der eigenen säkularen *Glaubensgeschichte der Moderne*, ohne die deren Genese und Verlaufsgeschichte nicht wirklich zu begreifen sind (Küenzlen 1995, Tenbruck 1989). Gemeint sind damit die säkularen, diesseitsgewendeten Verheißungen, Hoffnungs- und Erlösungsziele – als Formationen und Antriebe *säkularer Religion*, die vor allem wirkungsmächtig wurden als Glaube an einen universalen, innerweltlichen Fortschritt, als Glaube an die Wissenschaft als säkular-religiöser Garantiemacht des diesseitigen Fortschritts, als messianistischer Glaube an die Politik als Macht zur Herstellung menschlichen Glücks und Heils und als Glaube an die herstellbare Perfektibilität des Menschen.

In zeitdiagnostischer Perspektive ist nun aber festzustellen: Nicht nur die überlieferte Religion, auch die säkularen Glaubensmächte erfahren einen kulturellen Geltungsschwund, sofern sie nicht gänzlich zerronnen sind. Die Beachtung von Aufstieg, Krise und Zerfall *auch* der Botschaften und Lehren säkularer Religion, hätte vermutlich den Taylor'schen Analysen zusätzliche Tiefenschärfe verschaffen können. Das „Zeitalter der Authentizität" zum Beispiel könnte sich so auch darstellen als kulturelle Melange noch anhaltend wirksamer säkularer Glaubenskräfte *und* der Erfahrung ihres Zerfalls.

Zitierte Literatur

Bellah, R. 1967: Civil Religion in America, in: Daedalus 96, Boston (Mass.), 1–21.
Casanova, J. 1994: Public Religions in the Modern World, Chicago.
Casanova, J. 2009: Europas Angst vor der Religion, Berlin.
Durkheim, E. 1981: Die elementaren Formen des religiösen Lebens, Frankfurt/M.
Durkheim, E. 1976: Soziologie und Philosophie, hg. von Adorno, T., Frankfurt/M.
Küenzlen, G. ²1995: Der Neue Mensch. Zur säkularen Religionsgeschichte der Moderne, München.
Küenzlen, G. 2003: Der bleibende Gegensatz: Die Religion in der Soziologie Max Webers und Emile Durkheims, in: ders., Die Wiederkehr der Religion, München, 153–169.
Nietzsche, F. 1988: Schopenhauer als Erzieher, in: Sämtliche Werke Bd. 1, hg. von Colli, G./Montinari, M., München.
Schiller, F. 1816: Die Götter Griechenlands, in: ders., Sämtliche Werke, Bd. 5, Carlsruhe, 175–180.
Pollack, D. 2003: Säkularisierung – ein moderner Mythos? Studien zum religiösen Wandel in Deutschland, Tübingen.

Pollack, D. 2009: Rückkehr des Religiösen? Studien zum religiösen Wandel in Deutschland und Europa, Bd. 2, Tübingen.
Tenbruck, F. 1989: Die Glaubensgeschichte der Moderne, in: Die kulturellen Grundlagen der Gesellschaft. Der Fall der Moderne, Opladen, 126–142.
Weber, M. 1973: Die „Objektivität" sozialwissenschaftlicher und sozialpolitischer Erkenntnis, in: Gesammelte Aufsätze zur Wissenschaftslehre, Tübingen, 146–214.
Weber, M. 1995: Wissenschaft als Beruf, Stuttgart.

Oliver Flügel-Martinsen
10 Religion und Moderne (Kap. 14)

Taylor nimmt unter der Überschrift „Religion heute" eine mehrdimensionale Bestandsaufnahme und Analyse vor, in deren Zentrum die Erkundung von Formen des Religiösen in der Gegenwart steht.[1] Indem sich Taylor in diesem Kapitel – das den Teil IV seiner Studie beschließt, der *Erzählungen von der Säkularisierung* gewidmet ist – den Erscheinungsformen des Religiösen in positiv anzeigender Hinsicht zuwendet, führt er in gewisser Weise exemplarisch sein alternatives Denken von Säkularität aus.

10.1 Einleitung: Formen des Religiösen in der Gegenwart

Schon in der Einleitung seiner Studie hatte Taylor ja betont, dass die beiden dominanten Säkularitätsnarrative zwar Teilaspekte des Wandels der Rolle religiösen Glaubens in der Moderne ansprechen, verabsolutiert verstanden aber die Entwicklung verzeichnen, indem sie sie verkürzen. Anstatt Säkularität wesentlich als Trennung von Staat bzw. Öffentlichkeit und Kirche (Säkularität 1) oder als Niedergang religiösen Glaubens (Säkularität 2) zu verstehen (11–14), schlägt Taylor dort vor, eine Gegenwartsdiagnose im Lichte eines dritten Säkularitätsverständnisses zu betreiben, aus dessen Sicht unter Säkularität wesentlich eine Optionsvervielfältigung zu verstehen ist, die religiösen Glauben zu einer Option neben anderen macht, ihn aber nicht zwangsläufig zum Verschwinden bringt (14 f.).

Die beiden vorangegangenen Kapitel von Teil IV lassen sich nun aber tatsächlich so verstehen, dass die realhistorischen Niederschläge von Säkularität 1 und 2 vergegenwärtigt werden. Zunächst geht es nämlich um die Auflösung der Ancien-régime-Form der Religion, in der durch kirchliche Organisation getragene Glaubensformen die grundlegenden Legitimationsinstanzen für die staatlich-politische Ordnung darstellten (744), ohne dass dabei die einzelnen Subjekte aktiv einbezogen werden, und ihren Übergang in eine von Taylor Zeitalter der Mobilisierung genannte gesellschaftliche Formation, in der den einzelnen Subjekten

---

[1] So übrigens auch der Titel einer kurzen Monographie Taylors (Taylor 2002), die Vorarbeiten zu der großen Studie *Ein säkulares Zeitalter* enthält und deren Passagen zum Teil in überarbeiteter Form in sie Eingang gefunden haben.

nun eine aktive Rolle zukommt, da sie im Wortsinne mobilisiert werden müssen.[2] Hernach wird dann der Wandel vom Zeitalter der Mobilisierung hin zu einem Zeitalter der Authentizität beschrieben, das nicht nur durch eine bis dahin unbekannte radikale Pluralisierung, sondern wenigstens in Teilen auch durch einen beispiellosen Niedergang des Glaubens gekennzeichnet ist (Kap. 13).

Grob gezeichnet ließe sich also in einem gewissen Umfang tatsächlich von einer Trennung von Religion und Öffentlichkeit (Säkularität 1) und einem Niedergang des Glaubens (Säkularität 2) sprechen. Die Erkundung der Religion in der Gegenwart, die sich Taylor für dieses Kapitel vorgenommen hat, nimmt aber dieses aus seiner Sicht zu einfache Narrativ nicht hin und wendet sich deshalb stattdessen der Frage zu, welche Formen religiöser Glauben im weiten Sinne verstanden nach diesen Wandlungsprozessen in den westlichen Gegenwartgesellschaften annimmt. Taylor bestreitet dabei keineswegs, dass die negativ-auflösenden Entwicklungen, die er ja in den beiden anderen Kapiteln von Teil IV selbst geschildert hat, stattgefunden haben, er ist aber nicht bereit zu akzeptieren, dass damit bereits die ganze Geschichte erzählt ist.

Kennzeichnend ist deshalb insbesondere für dieses Kapitel, wie auch für andere Partien der gesamten Studie, dass Taylor sich nicht auf die analytisch-distanzierte Perspektive eines Betrachters der von ihm rekonstruierten Entwicklung zurückzieht, sondern im Grunde in einer Doppelrolle auftritt: Während er auf der einen Seite als Forscher die Ideengeschichte der Wandlungsformen religiösen Glaubens in der westlichen Welt narrativ nachzeichnet, schreibt er auf der anderen Seite auch als ein engagierter Intellektueller, der selbst erklärtermaßen ein Gläubiger ist. In der letztgenannten Rolle bemüht sich Taylor nicht um eine neutrale Beschreibung, sondern benennt ein klar engagiertes Erkenntnisinteresse. Taylor fragt nämlich immer auch aus der Perspektive desjenigen nach den Formen des Religiösen in der Gegenwart, der „nicht dazu bereit ist, die Auffassung zu akzeptieren, das religiöse Streben des Menschen werde nachlassen" (861).

Taylors Überlegungen zu den Formen des Religiösen in der Gegenwart lassen sich nach verschiedenen Gesichtspunkten strukturieren, die wir im Folgenden sukzessive betrachten werden: Da Taylor keineswegs das empirische Faktum einer abnehmenden Zahl von Kirchenmitgliedern bzw. aktiven Kirchgängerinnen bestreitet, spielt in seinen Überlegungen ein weitgefasster Begriff religiösen Glaubens eine zentrale Rolle, von dem aus er die vielfach übliche Unterscheidung von Religion und Spiritualität in Frage stellt (vgl. Abschnitt 10.2). Im Zuge der Erkundung neuerer, aus Taylors Perspektive in dieser Dichotomie nicht hinrei-

---

2 Zur Abgrenzung dieser beiden Idealtypen vgl. 766 ff.

chend verständliche Zwischenformen religiösen Glaubens greift er auf seine moral- und kulturtheoretischen Überlegungen zur normativen Struktur der Moderne zurück, die er wesentlich in seiner bahnbrechenden Großstudie *Die Quellen des Selbst* (Taylor 1996) ideengeschichtlich entwickelt und wenig später in der kleinen Monographie *Das Unbehagen an der Moderne* (Taylor 1995) zeitdiagnostisch zugespitzt hat – an diesen größeren systematischen Zusammenhang, vor dessen Hintergrund sich Taylor Neufassung eines weiten Begriffs religiösen Glaubens erst beurteilen lässt, gilt es daher auch hier kurz zu erinnern (vgl. Abschnitt 10.3).

Obwohl der Gegenstand dieses Kapitels von Taylors Studie im Versuch einer positiven Auszeichnung gegenwärtiger Glaubensformen besteht, verschließt Taylor nicht vor dem Umstand die Augen, dass insbesondere in Westeuropa in Teilen auch eine Niedergangsgeschichte des Glaubens zu erzählen ist – auffällig ist dabei aber, dass sich die zeitgenössischen Glaubenswelten in den USA und Europa recht unterschiedlich darstellen (vgl. Abschnitt 10.4). Bevor wir uns an die Erkundung dieser unterschiedlichen Dimensionen dessen machen, was Taylor als Religion heute bezeichnet, ist es wichtig hervorzuheben, dass zwei wesentliche Dimensionen von Taylor hier nicht diskutiert werden: Erstens beschränkt er sich, wie in der Säkularitätsstudie insgesamt, im Kern auf christliche Glaubensformen und ihr Schicksal bzw. ihre Entwicklung in der westlichen Welt und widmet dem Pluralismus unterschiedlicher Glaubensformen, wie er gerade für westliche Gegenwartsgesellschaften kennzeichnend ist, keine gesonderte Aufmerksamkeit, sondern berührt sie nur dann am Rande, wenn sie sich mit christlichen Glaubensformen zu jenen Zwischenpositionen amalgamieren, die aus seiner Sicht wesentlich für die Gegenwart des Glaubens sind, wie wir weiter unten noch genauer sehen werden (vgl. Abschnitt 10.2).

Zweitens ist auch die Beziehung zwischen Religion und öffentlichem Leben im Sinne des Verhältnisses zwischen Glauben und Politik nicht Gegenstand seiner Erörterung. Zwar kommt er, wie auch schon in vorangegangenen Teilen seiner Studie, immer wieder auf den Befund eines Rückgangs des institutionalisierten Glaubens aus dem Bereich des Politischen zu sprechen, aber er interessiert sich allenfalls für die deskriptive Fragestellung einer genaueren Beschreibung dieses Verhältniswandels, wohingegen er der normativen Frage nach dem Verhältnis von Staat bzw. Politik und Religion unter den Bedingungen weltanschaulichen Pluralismus an dieser Stelle keine Aufmerksamkeit schenkt; dieser letztgenannte Aspekt ist allerdings Gegenstand einer wenige Jahre nach der Veröffentlichung des Säkularitätsbuches erschienenen, gemeinsam mit Jocelyn Maclure verfassten Studie über Laizität (vgl. Maclure/Taylor 2011).

10.2 Jenseits der Entgegensetzung von Religion und Spiritualität

Da Taylor im Kapitel über das *Zeitalter der Authentizität* (788–842) in zeitdiagnostischer Perspektive selbst den Niedergang des kirchlich organisierten Glaubens konstatiert hat, liegt es auf der Hand, dass er sich anderen Glaubensformen zuwenden muss, wenn er sich auf die Suche nach gegenwärtigen Erscheinungsformen religiösen Glaubens begibt. Taylors Überlegungen lassen sich nun so verstehen, dass die nach seiner Einschätzung dominante Unterscheidung zwischen einer kirchlich organisierten Religion, die zunehmend an Boden verliert, und einer Spiritualität, die innerhalb dieser Unterscheidung als eher privatistisch, subjektivistisch und letztlich banaler als Religion gilt (vgl. 848), epistemische Hürden errichtet, die es verhindern, ein angemessenes Verständnis dessen zu entwickeln, was Taylor als die „spirituelle [...] Realität unserer Zeit" (849) bezeichnet und worunter er einen Pluralismus an durchaus reichhaltigen Glaubensformen begreift.

Taylor zielt mit dieser Infragestellung der Unterscheidung von Religion und Spiritualität gewissermaßen darauf, in einem Zug einen weiteren Religionsbegriff zu etablieren, mit dessen Hilfe sich erst der Blick für eine Reihe von aus seiner Sicht durchaus als religiös zu verstehenden Phänomenen schärfen lässt, die üblicherweise unter dem Rubrum einer verflachten Spiritualität zu so etwas wie Life-Style-Erscheinungen herabgewürdigt werden, die aber nach Taylors Überzeugung stattdessen als Bausteine der gegenwärtigen Glaubenswelt begriffen werden müssen. Hierzu gehören neben ökumenischen Jugendcamps wie dem berühmten Taizé eine ganze Reihe an personalen Einstellungen und Haltungen, die Taylor als Zwischenpositionen zwischen kirchlich organisierter Religion und eher frei schwebender Spiritualität charakterisiert. Zu denken ist hier an nichtpraktizierende Kirchenmitglieder, die gleichwohl nicht aus ihrer Kirche austreten, ebenso wie an Menschen, die keinen kanonisierten Glauben an einen persönlichen Gott vertreten, aber die dennoch die Wirkmächtigkeit höherer Kräfte bejahen oder auch eine Vielzahl heterodoxer Beziehungen zu den Regeln der eigenen Religionsgemeinschaft, wie sie sich etwa bei Personen finden, die sich selbst als katholisch verstehen, aber eine ganze Reihe zentraler Dogmen zurückweisen oder ignorieren (vgl. 856 ff.).

Klar ist, dass es sich bei diesen Phänomenen unseres gegenwärtigen Zeitalters der Authentizität um Erscheinungen handelt, die von teils massenhaften Rückzugsbewegungen aus den kirchlichen Organisationsformen gekennzeichnet werden (868) und in diesem Sinne kann von einem „Rückzug des Christentums" (859) gesprochen werden. Gleichzeitig scheint es Taylor aber ganz entschieden darum zu gehen, dass dieser Vorgang nicht mit einem Verschwinden religiösen Glaubens verwechselt werden darf. Dieser fächert sich, legt man Taylors weiten Begriff zu Grunde, vielmehr in neue und sich nur partiell berührende, jedenfalls kaum vereinheitlichte Formen des Glaubens auf, so dass die spirituelle Realität unserer Zeit durch eine weite Skala unterschiedlicher Zwischenpositionen gekennzeichnet ist.

Gleichzeitig wäre es aber verfehlt, sie „mit einer trivialisierten und völlig privatisierten Spiritualität zu verwechseln" (861) oder davon auszugehen, dass es sich bei diesen durchaus individualistischen Glaubenspraktiken zwangsläufig um gemeinschaftsaverse Phänomene handelt, denn viele solchermaßen Gläubige werden, so Taylors Eindruck, auf die eine oder andere Weise Anschluss an Gemeinschaften suchen. Von Taylor nicht sehr deutlich herausgestellt, aber durch seine Einschätzungen nahegelegt ist dabei natürlich, dass es sich in den vermutlich allermeisten Fällen nicht um gewissermaßen experimentelle Glaubensformen handelt, die früher oder später in eine stabile gemeinschaftliche Organisation überführt werden. Viel wahrscheinlicher ist wohl einerseits die zeitdiagnostisch geradezu massenweise konstatierbare Praxis temporärer Mitgliedschaft, die man vielleicht als eine Form der seriellen Gemeinschaftszugehörigkeit bezeichnen könnte, und andererseits eine teilweise korrespondierende Praxis multipler Mitgliedschaften.

Der erste Fall begegnet uns in biographischen Glaubenswegen, die von einer Abfolge unterschiedlicher, mehr oder weniger formalisierter Zugehörigkeiten und Konversionen gekennzeichnet sind; beim zweiten Fall könnte man etwa an eine Protestantin denken, die regelmäßig an buddhistischen Seminaren teilnimmt, aber dennoch nicht aus ‚ihrer' Kirche austritt. Taylor lässt seinerseits keinen Zweifel daran, dass es diese Phänomenbereiche sind, denen sich der religiös interessierte Betrachter zuwenden muss, wenn er ein Bild gegenwärtiger Glaubensformen nachzuzeichnen sucht: „Wenn man nun, wie ich selbst, nicht dazu bereit ist, die Auffassung zu akzeptieren, das religiöse Streben des Menschen werde nachlassen, dann fragt es sich, wo der Zugang zur religiösen Praxis und zur eingehenden Beschäftigung mit der Religion liegt. Die Antwort lautet: in den verschiedenen Formen der spirituellen Lebenspraxis, zu denen man sich hingezogen fühlt." (861)

10.3 Expressivismus und Ethik der Authentizität

Zwar liegt es aus den genannten zeitdiagnostischen Gründen nahe, sich diesen neuen Glaubensformen und -praktiken zuzuwenden, aber es ist darüber hinaus auch in werksystematischer Hinsicht alles andere als ein Zufall, dass sich Taylors

Suchbewegungen rasch in diese Richtung bewegen. Diese neuen Glaubenspraktiken teilen nämlich eine ganze Reihe an Merkmalen mit jener normativen Struktur moderner Gesellschaften, die Taylor – schon lange bevor er sich explizit Glaubensfragen als Untersuchungsgegenstand zugewendet hat – mithilfe des Konzepts einer Ethik der Authentizität zu ergründen gesucht hat. Auf diesen weiteren theoretischen Rahmen kann Taylor daher ohne Weiteres zurückgreifen, um seine Überlegungen zu den Formen des Religiösen in der Gegenwart zu verorten.

Die aus den früheren Untersuchungen, vor allem aus der Großstudie *Quellen des Selbst* (Taylor 1996) und der kleineren Monographie *Das Unbehagen an der Moderne* (Taylor 1995), stammenden Überlegungen sind auch schon durch jenen Doppelfokus auf Analyse und Rettung gekennzeichnet, der nun für Taylors Beschäftigung von Glaubensformen maßgeblich ist: Taylor ging es nämlich in diesen Studien nicht nur in sozialtheoretischer Hinsicht darum, die normative Struktur moderner Gesellschaften in ihrer Genese und ihrer Gegenwart zu erfassen, sondern er zielte darüber hinaus auch auf die Korrektur eines üblichen pessimistisch oder kulturskeptisch eingefärbten Bildes, wie es etwa in MacIntyres Beschreibung der moralischen Struktur moderner Gesellschaften mithilfe der Formel vom *Verlust der Tugend* (MacIntyre 1995) zum Ausdruck kommt.

Wiewohl Taylors Diagnose zahlreiche Berührungspunkte mit MacIntyres Studie aufweist, will sich Taylor schon in diesen früheren Arbeiten ebenso wenig mit dem einfachen Befund eines moralischen Niedergangs zufriedengeben, wie er nun bereit ist, die Einschätzung hinzunehmen, Formen religiösen Glaubens seien, zumindest in einem nicht geringen Teil westlicher Gesellschaften, im Schwinden begriffen. Sicherlich spricht Taylor mit Blick auf die Untersuchung der normativen Struktur moderner Gesellschaften selbst von Niedergang (Taylor 1995, Kap. 1) und er wählt nicht umsonst einen Begriff wie den des Unbehagens (bzw., im englischen Original, den nicht minder negativ konnotierten Terminus *malaise*), um den Zustand der Moderne zu charakterisieren. Aber wie er auch in der Säkularismusstudie eine engagierte argumentative Volte vollzieht, indem er vom Niedergang der institutionalisierten Religion *und* vom Aufkommen neuer und anderer Formen religiöser Spiritualität spricht, so bemüht er sich in seinen sozialphilosophischen und moraltheoretischen Studien darum, den Nachweis zu erbringen, dass die normative Struktur der Moderne nicht einfach negativ durch ein Verschwinden von Ethik und Moral charakterisiert werden kann, sondern durchaus nicht unemphatisch selbst als eine spezifische Ethik begriffen werden muss – als ein zentrales Problem moderner Gesellschaften ließe sich dann allerdings der Umstand begreifen, dass sie zu diesem tieferen Verständnis ihrer eigenen Struktur als einer ethischen Struktur vielfach nicht vordringen.

In zeitdiagnostischer Perspektive kommt hier die von Taylor so genannte Ethik der Authentizität ins Spiel, die ideenhistorisch auf eine Strömung zurückverweist, die er als Expressivismus bezeichnet und die ihre Quellen im ausgehenden 18. Jahrhundert und dort genauer in der romantischen Reaktion auf die Moderne hat (vgl. Taylor 1996, Kap. 21).[3] Taylor greift diese Überlegungen zur expressiven Revolution des 18. Jahrhunderts in der Säkularismusstudie und auch in dem hier behandelten Kapitel auf (vgl. bspw. 846): Die von ihm als Expressivismus bezeichnete Strömung ist dabei als eine Gegenbewegung gegen die moderne Nüchternheit zu verstehen, die gegen deren technisch und rationalistisch geprägtes Weltbild die Untiefen des Selbst und der Selbst-Welt-Beziehungen auch jenseits der Grenzen bloßer Vernunft ins Spiel bringt. Zu denken ist hier an Denkfiguren wie sie uns in Herders Kritik des Aufklärungsmaterialismus begegnen, von dem er sagt, er bringe „leider so viel Licht" (Herder 1963, 322) in die Welt und überblende damit deren feinere Strukturen oder an Überlegungen, wie sie Hölderlin in seinen sehnsuchtsvollen Briefroman *Hyperion* einflicht, wenn er die Kühle der Philosophen des Nordens beklagt, mit deren Rationalismus sich weder Geistesschönheit erkennen noch Vortrefflichkeit erreichen lasse (Hölderlin 1979, 147 f.).

Während der romantisch geprägte Expressivismus des ausgehenden 18. Jahrhunderts mit der Ethik der Authentizität die Hinwendung zum eigenen Selbst und dessen Stellung in der Welt teilt, handelte es sich bei ihm noch wesentlich um ein Elitenphänomen, wie Taylor auch in einem früheren Kapitel der Säkularismusstudie betont (Kap. 13).

Die von ihm als Zeitalter der Authentizität bezeichnete Periode, als die nach Taylors Dafürhalten unsere Gegenwart begriffen werden muss, zeichnet sich demgegenüber dadurch aus, dass expressivistische Haltungen geradezu zu Massenphänomenen werden. Taylor sieht den Wendepunkt in den 1960iger Jahren, in denen sich ein radikaler Haltungswandel vollzieht, den er deshalb auch als „expressive [...] Revolution" (845) bezeichnet. Während, wie Taylor am Beispiel der USA ausführt (843 ff.), noch bis in die 1950iger Jahre die neodurkheimische Trias von Familie-Religion-Staat weitgehend und wesentlich unkontestiert Geltung behaupten konnte, änderte sich das geradezu schlagartig durch die kulturellen Umbrüche, die ab den 1960iger Jahren einsetzten und in deren Folge nicht nur überkommene Geschlechterrollen, sondern auch die konventionellen Beziehungs- und Gemeinschaftsformen radikalen Befragungen und mit ihnen einher-

---

3 Parallelen scheinen mir hier zu der Studie seines akademischen Lehrers aus Oxforder Tagen, Isaiah Berlin, über die *Wurzeln der Romantik* (Berlin 2004) zu bestehen.

gehenden Gestaltwandlungen unterworfen wurden, die auch die institutionalisierten Glaubensformen in starkem Maße tangiert haben (868).

Wie wir schon gesehen haben, folgt Taylor aber gerade nicht den üblichen narrativen Strukturen kulturkonservativer Beobachter, sondern lenkt den Blick stattdessen darauf, dass es sich bei diesem Gestaltwandel eben um einen Wandel und nicht um ein Verschwinden spiritueller Einstellungen handelt. Indem er die vielfältigen spirituellen Suchbewegungen und Erfahrungen bis hin zu Rockkonzerten (863) mit in die Erkundung der Glaubensstrukturen unserer Gegenwartsgesellschaften einbezieht, zeichnet er ein facettenreicheres Bild als das des bloßen Verfalls. Das führt, wie gesagt, nicht dazu, dass Niedergangsphänomene ausgeblendet werden, denn die abnehmende Bedeutung traditionell institutionalisierter christlicher Glaubensformen konstatiert Taylor durchaus (859 und 868). Aber Taylor sucht eben gleichzeitig den Blick für neue Glaubensformen zu schärfen, die aus seiner Sicht zudem auch unzureichend mit dem Etikett des bloßen Individualismus und also gemeinschaftsaverser Einstellungen charakterisiert werden: „Der neue Rahmen hat zwar eine ausgeprägt individualistische Komponente, doch heißt das nicht unbedingt, daß auch der Inhalt individuierend ist. Viele Menschen werden sich überaus starken religiösen Gemeinschaften anschließen, denn das ist der Ort, an den sie von ihrem spirituellen Empfinden geführt werden." (862)

10.4 USA und Europa: Unterschiedliche Formen des Religiösen in der Gegenwart?

Wiewohl Taylor in diesem Kapitel wie auch in der Studie insgesamt die Entwicklung des christlichen Glaubens in der von ihm sogenannten atlantischen Welt, also in Westeuropa und Nordamerika untersucht, darf diese aus seiner Sicht keineswegs vorschnell als einheitlicher Raum aufgefasst werden. Zwar lassen sich die Wandlungsprozesse durchaus in allen Ländern dieses auch vage als westliche Welt bezeichneten Raumes beobachten. Aber sie nehmen, vor allem wenn man einen komparativen Blick auf die USA und Westeuropa wirft, doch einen jeweils deutlich anderen Verlauf und führen auch zu anderen Ergebnissen. Taylor folgt hier der in der Religionssoziologie üblichen Unterscheidung zwischen der religiösen Lage in Europa (vgl. Casanova 2007) und derjenigen in den USA (Joas 2007), wobei die Situation in Europa tatsächlich durch einen weit stärkeren Niedergang des Glaubens, vor allem jener Glaubensformen im öffentlichen Leben gekennzeichnet ist, als es in den USA der Fall ist.[4] Taylor interessiert sich dabei weniger für die Frage, welche der beiden Entwicklungen als Ausnahme zu verstehen ist (873), sondern sehr viel stärker dafür, wie sich diese Unterschiede sozialphilosophisch und kulturdiagnostisch erörtern lassen. Erwartungsgemäß lassen sich diese Differenzen nicht in einem mehr oder weniger zusammenhängenden Grund bündeln, sondern machen eine differenzierte Betrachtung verschiedener Einflussfaktoren erforderlich.

Der erste Faktor verweist auf die unterschiedlichen „sozialen Vorstellungsschemata" (*social imaginaries*) und ihre jeweiligen Beziehungen zu Migrationsbewegungen (873 ff.): Während nach Taylors Auffassung die ältere US-amerikanische Verknüpfung von politischer Kultur und sie tragender Religion im Laufe des 19. und vor allem des 20. Jahrhunderts eher einen Pluralisierungsprozess, der auch andere Religionen als protestantische Bekenntnisse in den Kreis der gesellschafts- und, zivilgesellschaftlich vermittelt, staatstragenden Glaubensformen aufnimmt, ist die Entwicklung in den westeuropäischen Ländern, wenngleich mit regionalen Unterschieden, so doch aber generell eher durch Laizität gekennzeichnet. Das führt nach Taylors Lesart dazu, dass „man als Amerikaner *durch* sein Bekenntnis oder seine religiöse Identität integriert werden kann" (875, Herv. i. O.), worin auch immer diese im Einzelnen bestehen mag, während man als Einwanderer in europäische Staaten eher unter Beweis stellen muss, dass man in der Lage ist, seine religiösen Überzeugungen im öffentlichen Bereich zu invisibilisieren.

Daneben beobachtet Taylor eine unterschiedliche Wirkmächtigkeit intellektueller Diskurse für das vorherrschende gesellschaftliche Selbstverständnis: Während Ungläubigkeit unter akademischen Intellektuellen in den Europa wie auch den USA vermutlich gleichermaßen verbreitet ist, spielen diese intellektuellen Eliteüberzeugungen nach Taylors Eindruck in Europa eine entscheidende, in den USA hingegen eine nebensächliche Rolle für das gesellschaftliche Selbstverständnis (876 f.), wodurch Religiosität in Europa in einem höheren Maße als rückständige Orientierung gilt, die man entweder nicht hat oder zu der man sich

---

[4] Von manchen Religionssoziologen wird aber auch die These vertreten, dass die USA gar keine Ausnahme seien, da sich auch in ihrer Entwicklung ein Wandel des Glaubens weg von jenseitigen Orientierungen hin zu psychologischen und auf das diesseitige gute Leben ausgerichteten Orientierungen beobachten lassen (vgl. Bruce 2013); allerdings lässt sich erstens auch aus dieser Perspektive kaum an dem Befund rütteln, dass diese Glaubensformen in den USA mehr Zulauf haben als in Europa und zweitens ließe sich aus Taylors Perspektive kommentieren, dass dieser Wandel zu neuen Glaubensformen der allgemein konstatierbare Wandel ist und deshalb weiterhin die Frage nach den Unterschieden zwischen den USA, in denen diese Glaubensformen eine stärkere Rolle spielen, und Europa zu stellen ist.

zumindest weniger öffentlich bekennt. So zumindest deutet Taylor Umfrageergebnisse, die zeigen, dass Amerikaner die Zahl ihrer Kirchenbesuche „übertreiben, während sie von Europäern tendenziell untertrieben wird" (877).

Eine sehr entscheidende, da strukturell tiefgreifende Bedeutung dürfte aber nach Taylors Eindruck ein dritter Faktor haben: Ging die Entwicklung in den europäischen Ländern von Ancien-régime-Formen aus und war daher der Modernisierungsprozess mit einem Kampf gegen die Einheit von Staat und Kirche verbunden, war die amerikanische Gesellschaft von vornherein neodurkheimisch geprägt (877): Moderne zivilgesellschaftliche Demokratisierungsbewegungen haben sich also in Europa immer auch gegen die Machtstellung der Kirchen und damit gegen Religion gerichtet, die Teil der unterschiedlichen monarchischen Regierungssysteme waren, während die Zivilgesellschaft in den USA von Anfang an religiös geprägt war.

Hinzu kommt viertens in der Fluchtlinie dieser Überlegung die unterschiedliche Stellung, die positive Bezugnahmen auf die eigene kollektive, in diesen Fällen nationale Identität in den USA und in Europa überhaupt spielen können: In den USA ist Patriotismus und damit auch der positive Rekurs auf die *one nation under God*, der heute verschiedene christliche, ebenso wie jüdische oder muslimische Bekenntnisse meinen kann, ungebrochen positiv besetzt, in Europa hingegen erfahren vergleichbare Haltungen, wo sie im Laufe des 20. Jahrhunderts in die Abgründe zweier Weltkriege geführt haben, ungleich weniger Zuspruch (879–883).

Neben diesem ersten Faktorenbündel, von dem Taylor meint, es liefere die „eine Hälfte der Antwort" (884), ist zudem in Betracht zu ziehen, dass in den USA die individualistische Perspektive der Wahlfreiheit und der eigenen Auslegung auch in religiösen Belangen von Anfang an eine so große Rolle gespielt hat, dass, wie Taylor es fasst, „[d]ie ganze religiöse Kultur Amerikas […] schon irgendwie auf das Zeitalter der Authentizität vorbereitet" (884) war, bevor es dann das entscheidende Gepräge unserer Gegenwartsgesellschaften wurde.

10.5 Perspektiven

Natürlich unterliegt auch Taylors Rekonstruktion der Formen des Religiösen in der Gegenwart Hegels berühmtem Diktum, dass „die Eule der Minerva […] erst mit der einbrechenden Dämmerung ihren Flug" (Hegel 1986, 28) beginnt, dass aus sozialphilosophischer Perspektive also Entwicklungstendenzen vergegenwärtigt, aber nicht in die Zukunft vorausgeblickt werden kann. Taylor verteidigt daher in diesem Kapitel ganz entschieden die These, dass Formen religiösen Glaubens, wird dieser nur hinreichend weit gefasst verstanden, in zeitdiagnostischer Perspektive durchaus weiterhin eine wichtige und aus seiner Sicht auch entscheidende Rolle in unseren westlichen Gegenwartsgesellschaften spielen. So gesehen lässt sich, folgt man Taylors weit gefasstem Glaubensbegriff, als Ergebnis dieses Erkundungsgangs eher ein Wandel als ein Schwinden religiösen Glaubens konstatieren. Taylor unterstützt diesen eher empirischen Befund immer wieder, so auch am Ende dieses Kapitels, mit normativ-anthropologischen Verweisen auf menschliche Bedürfnislagen, durch die Menschen zum Glauben bewegt werden können. Gleichwohl kommt auch Taylor, wiewohl er sich als engagierter Intellektueller um eine Verschiebung des gängigen Niedergangsnarrativs bemüht hat, am Ende seiner Erörterung über die Gegenwart des Glaubens nicht umhin zu konzedieren, dass mit Blick auf die Entwicklung des Glaubens in Westeuropa „die Zukunft ganz unklar" (893) sei.

Zitierte Literatur

Berlin, I. 2004: Die Wurzeln der Romantik, Berlin.
Bruce, S. 2013: Amerika ist keine Ausnahme. In: Willems, U. (u. a. Hg.): Moderne und Religion, Bielefeld, 331–354.
Casanova, J. 2007: Die religiöse Lage in Europa, in: Joas, H./Wiegandt, K. (Hg.): Säkularisierung und die Weltreligionen, Frankfurt/M., 322–357.
Hegel, G. 1986: Grundlinien der Philosophie des Rechts, in: Werke 7, Frankfurt/M.
Herder, J. 1963: Auch eine Philosophie zur Geschichte der Bildung der Menschheit, in: Ausgewählte Werke 2, Berlin, 279–378.
Hölderlin, F. 1979: Hyperion oder der Eremit in Griechenland, Basel u. a.
Joas, H. 2007: Die religiöse Lage in den USA, in: ders./Wiegandt, K. (Hg.): Säkularisierung und die Weltreligionen, Frankfurt/M., 358–375.
MacIntyre, A. 1995: Der Verlust der Tugend. Zur moralischen Krise der Gegenwart, Frankfurt/M.
Maclure, J./Taylor, C. 2011: Laizität und Gewissensfreiheit, Berlin.
Taylor, C. 1995: Das Unbehagen an der Moderne, Frankfurt/M.
Taylor, C. 1996: Quellen des Selbst. Die Entstehung der neuzeitlichen Identität, Frankfurt/M.
Taylor, C. 2002: Formen des Religiösen in der Gegenwart, Frankfurt/M.

Mark Wrathall
11 Our Fragilized World and the Immanent Frame (Kap. 15 und 16)

"The salient feature of Western societies", Charles Taylor argues, "is not so much a decline of religious faith and practice, […] but rather a mutual fragilization of different religious positions, as well as of the outlooks both of belief and unbelief" (595/991).[1]

"Fragilization" is Taylor's term for describing what I would call the "optionalization" of forms of life. A world is fragilized when its inhabitants experience their identities (or salient aspects of their identities) as optional – as one of a number of different contingent ways they could be. In our fragilized world, it is not just religious commitments which are optionalized. We can select from among a variety of existential options in *all* aspects of our lives – options that, in earlier times, were either not genuinely up for choice or, if they were, were experienced as demanding a commitment that would foreclose a range of alternatives. An important feature of options – the aspect that makes "selecting an option" distinct from "making a decision" or "forming a commitment" – is that alternatives are not extinguished by the choice. Moral or political stances, membership in organizations, physical appearance, career, place of residence, practices of all variety, now are presented as options available for us to opt in or out. And having once opted in or out does not necessarily decide the issue once and for all.

11.1 Our Fragilized World

Optionalization not surprisingly, not surprisingly, changed the status of religious commitment. The "present scene", Taylor notes, "is different and unrecognizable to any earlier epoch. It is marked by an unheard of pluralism of outlooks, religious and non- and anti-religious, in which the number of possible positions seems to be increasing without end. It is marked in consequence by a great deal of mutual fragilization, and hence movement between different outlooks. It naturally depends on one's milieu, but it is harder and harder to find a

---

[1] All parenthetical page references are to Charles Taylor, *A Secular Age*, Cambridge, MA 2007, followed by references to the German edition: *Ein säkulares Zeitalter*, translated by Joachim Schulte, Frankfurt/M. 2009.

niche where either belief or unbelief go without saying" (437/729f.). Because of the process of fragilization that our culture has undergone over the last several centuries, "religious belief now exists in a field of choices which include various forms of demurral and rejection; Christian faith exists in a field where there is also a wide range of other spiritual options" (ibid./730).

But – and his recognition of this fact is a key virtue of Taylor's account – the proliferation of options does not affect religious faith alone. Optionalization also changes the status of secularist stances. It is true that the impact of optionalization on religious communities has been more pronounced: "the proportion of belief is smaller and that of unbelief is larger than ever before" (ibid./ibid.). But secular stances, too, are fragilized. "In milieux in which this stance" – that is, the secular stance – "dominates, it can seem very hard to understand why anyone can believe in God, unless through a failure of reason, or a culpable self-indulgence. And yet even there, as in the islands of unchallenged faith, there is a lively sense that the alternative exists" (591/985). In fact, the fragilization of secular forms of life goes beyond the mere awareness of the availability of alternative options. In our age, secularism defines itself as a kind of courageous resistance to the consolations of religion. It is thus perpetually "aware of the vanquished enemy" (ibid./986). "The religious alternative can't disappear," Taylor notes, "because it is part of the official story" of the emergence of secularism (ibid./985).

The language of "fragilization" can be misleading in one respect. The fact that I experience my commitment to a form of life as a choice of one option among many does not necessarily mean that I am only weakly commited to that form of life: ",Fragilization' here means only that the issue of a possible change of belief is kept alive for us in a way which has few precedents in earlier ages [...]. But this says nothing about the firmness or depth of the faith (or atheist belief) once espoused. On the contrary, the faith which confronts alternatives can be deeper and stronger" (808, n. 4/515, n. 4).

And yet, in a fragilized world, it is inevitable that the significance of a commitment to a life of faith will change. The continued availability of other options will mean that my "sense of the thinkable/unthinkable [distinction is] uncertain and wavering" (556/928). And so the field of live possibilities for me to pursue, given my identity, will be surrounded by a very broad and variegated zone of other possible actions – actions I can imagine myself as performing even if I am neither inclined to nor interested in actually performing them.

The essence of fragilization, then, is found in the fact that choosing to live in one way in no sense extinguishes alternatives as live options. This is a function of the interplay of two distinct features of modern society. The first is pluralism – the sheer number of positions, stances, and practices with which we are familiar.

In a pluralist world, "many forms of belief and unbelief jostle, and hence fragilize each other" (531/889). But as long as the other positions are not genuinely open to me, pluralism alone isn't enough to undermine the significance or status of my commitment to my own form of life. The bare existence of pluralism need not fragilize a form of life: "The fact is that this kind of multiplicity of faiths has little effect as long as it is neutralized by the sense that being like them is not really an option for me. As long as the alternative is strange and other, perhaps despised, but perhaps just too different, too weird, too incomprehensible, so that becoming *that* isn't really conceivable for me, so long will their difference not undermine my embedding in my own faith" (304/515).

Thus, true fragilization requires a second feature: the increasing homogeneity of modern societies. "the condition of modern society, within the modern idea of moral order, and the democratic, direct-access society which has entrenched this, is one of maximum homogeneity. We are more and more like each other. The distances which keep the issue between us at bay get closer and closer" (ibid./516). The lives lived by others show up as options for me, only to the degree that I see them as like me in important respects: "Through increased contact, interchange, even perhaps intermarriage, the other becomes more and more like me, in everything else but faith: same activities, professions, opinions, tastes, etc. Then the issue posed by difference becomes more insistent: why my way, and not hers? There is no other difference left to make the shift preposterous or unimaginable" (ibid./ibid.). The intersection between pluralism and homogeneity is what makes it the case that I view my own positions, stances, practices, and commitments not as necessary or essential, but as contingent and revisable choices. My sense of the distinction between what is thinkable and unthinkable is, consequently, "uncertain and wavering" (556/928).

In our fragilized world, then, "a whole gamut of positions, from the most militant atheism to the most orthodox traditional theisms, passing through every possible position on the way, are represented and defended somewhere in our society" (ibid./927). And yet, one might doubt that secular stances are fragilized in the same way that religious forms of life are. Many secularists would flat-out deny that religion remains a rational alternative on a par with non- or anti-religious outlooks. For them, secularism is the natural, rational, and direct consequence of the advance of science and the social progress of humankind. If there are still certain communities recalcitrantly clinging to religion – pockets of resistance to the progress of science and society – these don't genuinely fragilize the secularist position. They've just failed to recognize the necessary consequences of the advance of science, technology, and rationality.

While Taylor concedes that our world is, in certain ways, "tilted" against taking religion seriously as an option, a central aim of *A Secular Age* is "to examine the illusion of the rational ‚obviousness'" of the secularist perspective (ibid./ibid.). In order to do that, we need to understand the broader background against which different existential alternatives show up. Taylor calls this background "the immanent frame." I will review Taylor's account of the immanent frame in section 2. Taylor argues that, although the background practies of our world do indeed tilt toward secularism (we take up this argument in section 3), the immanent frame is nonetheless genuinely open to transcendence. The openness of the immanent frame will be the focus of section 4. I'll conclude in section 5 by exploring Taylor's suggestion that human existence, at its best, is profoundly cross-pressured – that we own up to our responsibility for ourselves by simultaneously standing within the secularist pull of the immanent frame, while also being drawn toward transcendence (and with it, the limits of the immanent frame).

11.2 The Immanent Frame

The question that drives *A Secular Age* is: "Why is it so hard to believe in God in [...] the modern West, while in 1500 it was virtually impossible not to?" (539/899) Much of the book is taken up with answering the question in the form of a review of a series of "interlocking and mutually reinforcing changes" that have fundamentally changed our world over the last 500 years – changed it in ways that dispose us away from a religious interpretation of the world. Taylor's name for the "self-sufficient [...] constellation of orders, cosmic, social and moral" that organizes, shapes, and constrains our experiences (543/905) is "the immanent frame." The immanent frame structures our actions by determining what stands out as salient to do, but also by shaping our sense of what's possible and impossible in any given situation. The framework thus subtly guides and directs what we are inclined to believe in because it "inhibits," "blocks out" (239/409), or "screen[s] out, for those who inhabit[] it, all phenomena which fail [...] to fit this framework" (288/491).

In calling it a "frame," Taylor means to direct our attention to "the shared context in which we develop our beliefs" (549/915). The focus thus is on the broader *conditions* of belief rather than on belief itself. The "conditions of belief" are the conditions that circumscribe and define the moral or spiritual quality of the forms of life available to us, the "context in which all search and questioning about the moral and spiritual must proceed" (20/46).

The "immanent frame" is a not a *conceptual* framework, that is, a system of articulable categories and other cognitive structures that organizes and provides the concepts that we bring to bear in understanding ourselves and the world around us. While our conceptual repertoire undoubtedly plays a role in structuring our experience of the world, the frame that Taylor has in mind operates at an even deeper, background level – a level which shapes even the concepts we form and the cognitive resources we bring to bear in thinking and talking about the world. The immanent frame is a background of practices and habits and perceptual forms that is "common to all of us in the modern West" (543/906). It is embedded in the concrete artifactual structure of the world we inhabit, and embodied in bodily skills and dispositions. As a result of the frame, we come to any given situation with a prior set of normative expectations and attitudes.

In saying that it is an *immanent* frame, of course, Taylor invokes a certain distinction between immanence and transcendence, between "within" and "without." Obviously, there are many ways to conceive of the in and out. Indeed, part of the richness and complexity of the immanent frame derives from the fact that it operates simultaneously in several different in/out dimensions. In fact, Taylor's genealogical account of the development of the immanent frame is at pains to point out and trace how these different dimensions of immanence interact, alter, and reinforce each other.

For the sake of exposition, and at the risk of oversimplification, I'll look at just three aspects of Taylor's extremely rich account of the development of the immanent frame – three dimensions along which the immanent frame was constructed.

Dimension 1: *The efficient-causal dimension*. The immanent is what belongs to the order of natural causation. The transcendent is the supernatural. "Systems of immanent order," Taylor explains, "can be explained and accounted for in their own terms. That is what the modern idea of the ‚natural', counterposed to the ‚supernatural' means" (732/1210). The way to the immanent frame is paved by the constitution of "nature" as "an independent, free-standing level [...] which may or may not be in interaction with something further or beyond" (14/34). Indeed, Taylor quite rightly argues that "the great invention of the West was that of an immanent order in Nature, whose working could be systematically understood and explained on its own terms, leaving open the question whether this whole order had a deeper significance, and whether, if it did, we should infer a transcendent Creator beyond it. This notion of the 'immanent' involved denying – or at least isolating and problematizing – any form of interpenetration between the things of Nature, on one hand, and 'the supernatural' on the other, be this understood in terms of the one transcendent God, or of Gods or spirits, or magic forces, or whatever" (15 f./37).

Enframing in immanence was carried a step further through the gradual "disenchantment" of the world and the "eclipse of mystery" as we came "to see the immediate surroundings of our lives as existing on this ‚natural' plane, however much we might believe that they indicated something beyond" (143/247). Once the universe is experienced as "self-contained" (meaning that "its workings can be understood in its own terms") and thus as "freed from miraculous interventions and special providences from God, operating by universal, unrespondent causal laws" (290/494), it is a relatively short step to an experience of the world as completely closed off to outside forces, "a universe whose outer limits touch nothing but absolute darkness; a universe with its corresponding human world in which we can really experience Godlessness" (376/630). This kind of imminence is reinforced by, for instance, scientific and technological practices which achieve an understanding of and astonishing measure of control over the universe without needing to posit a supernatural realm. By superseding many of the prior functions performed by religious modes of discourse – for instance, the function of making natural events intelligible, or of securing us and our communities from hardship and needless suffering – these practices seem to directly undermine our openness toward the transcendent and thereby reinforce our sense of existing in a closed causal order.

One aspect of causal immanence – perhaps deserving of analysis as a separate dimension – is the creation of and our immersion in a purely secular time. Time comes to be understood as a uniform, neutral container of events. Something is "in" time, on this account, if it is of such a nature as to come into being and / or go out of being, and while it exists, it undergoes changes in a predictable, uniform, orderly succession. This is the *chronos* time that, since Aristotle, has been understood as containing physical entities (see Aristotle, *Physics*, book IV). Aristotle, of course, had a sense of a different order of time – *kairotic* time, a time that was not uniform and neutral, but that was differentiated into right and wrong, appropriate and inappropriate moments. In the Christian tradition, *kairotic* time was understood as a differentiated, higher order of time that intervenes in the cyclical time of nature. In the past, the celebration of the holy days of the religious calendar helped keep us alive to a transcendent time, a time outside of and beyond the everyday natural orderly succession of events. One aspect of our increasing immurement in the immanent frame of the natural physical order is the gradual erosion of practices for marking the intervention of this higher order of time in the everyday world. *Kairotic* time is still experienced in the form of, for instance, commemorations of world-altering events, or of turning points in our shared and individual lives. But this is a levelled-down and flattened-out version of a vibrant experience of transcendent time.

Dimension 2: *The teleological dimension*. Within the immanent frame, an action is justified by appealing to ordinary human flourishing as its end or goal. The teleologically transcendent invokes a notion of the "highest" or "best life" as something that "involve[s] our seeking, or acknowledging, or serving a good which is beyond, in the sense of independent of human flourishing" (16/38). That is, in a transcendent understanding of teleology, final goals (things done for their own sake and not merely instrumentally – the sources of "joy and fulfillment") are located beyond ordinary human flourishing. Thus, a religious life is teleologically transcendent to the degree that its adherents feel called upon "to detach themselves from their own flourishing" (17/40) and are willing to renounce their own merely human fulfillment. Of course, "the call to renounce doesn't negate the value of flourishing; it is rather a call to centre everything on God, even if it be at the cost of forgoing this unsubstitutable good; and the fruit of this forgoing is that it become on one level the source of flourishing to others, and on another level, a collaboration with the restoration of a fuller flourishing by God" (ibid./ibid.).

To the extent that ordinary human flourishing eclipses the idea of a higher good, we find ourselves enframed within "a purely immanent world" (145/250).[2] The immanent frame is reinforced to the degree that we come to see our lives as entirely bounded by natural limits of birth and death, without any extension beyond. And a doubling-down on immanence occurs when "the intrinsically valuable" comes to be seen as something which is not just immanent to ordinary human flourishing, but also actually "identified with the inner, the mental, with experience and sensibility" (406/679; see the following section on the dimension of identity). All other goods are "instrumentalized to goods which were experiential" (ibid./ibid.) – that is, they are good only to the degree that they serve the goal of promoting good inner states (beliefs, feelings, volitions, and so on).

Teleological immanence is also sustained and reinforced by practices of instrumental rationality in the construction of a social space that is ordered to "protect life and property" (246/420). As we come to accept as natural the "constructed social space" of modern liberal democracies – societies organized so as to "foster[] peace and economic development" (290/495) as efficiently as possible – we become increasingly less open to the thought of any kind of transcendent aim or goal as a possible justification for action. Legal codes and social norms in an immanent frame "centre on the purely human flourishing": "We

---

[2] Ironically, an important step toward full teleological immanence came with the Protestant development of "a strong Incarnational spirituality" that "hallow[s] the ordinary contexts of life" (144/249). By reaffirming in this way the solidity and reality of ordinary life, it made it possible to imagine everyday life without the justification of a transcendent teleology: "The need to make God more fully present in everyday life and all its contexts [...] led people to invest these contexts with a new significance and solidity. The irony is that just this, so much the fruit of devotion and faith, prepares the ground for an escape from faith, into a purely immanent world." (145/250)

have a social order, designed for us, which we have to come to discern by reason, and establish by constructive activity and discipline. Finally the Law which defines this order, whether as political/constitutional law, or ethical norms, can be expressed in rational codes, which can be grasped quite independent of any special relationship we might establish with God, and by extension with each other" (290/494).

Dimension 3: *The dimension of identity*. The immanent is what belongs to a particular individual – for example, personality traits, dispositions, beliefs, private experiences, volitions, and intentions. This is in contrast to the transcendent understood as relational properties (so that who a person *is* is defined by the specific interactions to people or things outside of his or her inner mental realm). In an age that is immanent along this dimension, we come to understand our identity as something that is interior to us, and thus buffered or immune to outside influence. One upshot of possessing a "buffered identity, impervious to the enchanted cosmos" is that I come to experience myself as invulnerable to spirits and powers – both because the natural order in which I appear is cut off from the supernatural (thus I'm buffered against demons, spirits, etc.), but also because I possess inherently the powers I need to govern my own life and order my world (thus buffered against my own unreasoning passions, appetites, drives, etc.).

Identity immanence is established and sustained by practices for plumbing the "inner depths" of our souls. Psychiatric therapy and the reading and writing of novels, to name two examples of such practices, reinforce the sense that each of us has psychic depths that (as Taylor notes) "were previously located in the cosmos, the enchanted world" but now are "more readily placed within" (540/900). Taylor explains: "Where earlier people spoke of possession by evil spirits, we think of mental illness. Or again, the rich symbolism of the enchanted world is located by Freud in the depths of the psyche; and we all find this move very natural and convincing, whatever we might think of his detailed theories." (ibid./ibid.)

Identity immanence is also established and sustained by practices of self-discipline – learning civility, self-control, respect for the law, industry, reliability, frugality, sobriety, developing skills for self-reliance and for rational self-governance – all such practices train us to view ourselves as self-determined and as unaffected by or even impervious to outside forces (at least in principle).

As such practices for the development of human rationality and autonomy proliferate, it becomes easier and easier to imagine that the power to pursue the human good is "a purely human capacity" (84/151). It is "within the range of purely intra-human powers" (245/418). Identity immanence thus becomes increasingly closed off from the idea that our virtues are transcendent in the sense that they are "something that we receive from God" (84/151). Within the immanent frame, we are focused on "open[ing] up new human potentialities" for the disengaged use of human reason (255/434). And as we realize "the awesome power of control" (257/439) and with it an "immanentization of moral sources" (ibid./ibid.), it is only natural that we experience "lesser importance of grace in this scheme, the eclipse of mystery, and the foreshortening of earlier views of eventual human transformation at the hands of God" (290/494).

As identity immanence progresses, we even come to recognize ourselves as the true source of value and meaning in the universe. On a traditional view of our relationship to the transcendent order, meaning and value are paradigmatic of the things that come from outside us (376/630). Within the immanent frame, however, we develop practices for meaning creation – through the arts, through politics, through imagination and self creation.

To inhabit an immanent frame is thus to live in an age where the "outer" realm with respect to each of these three dimensions has systematically been occluded from view or rendered nearly inconceivable. We now make sense of our lives and our projects as being immanent in all these dimension. It comes to seem obvious to us that we inhabit a natural universe, that ordinary human flourishing is the highest end to which we can rationally aspire, and that we are "autonomous subjects" – "beings who can revel in choice," "citizens among others in a a sovereign people" – who are "potentially in control of history" (573/957). Within the immanent frame, our lives seem immune to interventions from the outside. The transcendent loses its power to intervene in, punctuate, or reorganize the immanent. There might still be vestiges of practices that recognize the outer, but by and large, we see our lives as occurring exclusively on the "inside."

The immanent frame, Taylor observes, is "common to all of us in the modern West" (543/906), at least in the sense that it forms the prevailing mode of understanding things even for those who want to reject some aspect of it. The frame defines the terms in which the frame itself can be rejected or resisted. It makes it appear, for instance, that in order to reject causal immanence we have to affirm the causal efficacy of supernatural agents.

If immanence is taken as the natural, obvious, rational, default condition of human existence – if "a race of humans has arisen which has managed to experience its world entirely as immanent" (376/630) – then it is perhaps not hard to see why a secularist stance might show up as enjoying a kind of ease and comfort compared to religious forms of life. Religion, after all, is generally equated with a certain orientation toward the transcendent – a transcendent that one might think is blocked or ruled out of the picture by the immanent frame. But before we can conclude that the frame alone is sufficient to secure secularism against a fragilization posed by the continuing vitality of religious forms of life, we ought to look more carefully at the ways in which the immanent frame inclines us toward secularism.

11.3 Tilting toward closure

Of course, the immanent frame itself does not *compel* anyone to adopt a particular way of life, a determinate identity, or a specific set of practices. But it does provides the background of sense or intelligibility – "the background to all our thinking" (780 n. 17/37, n. 17) – that sustains many different possible ways of being in the world. I call each different way or style of taking up or inhabiting the world opened up by this background sense an "interpretation" of the immanent frame. "Interpreting" the frame does not require an explicit description or theory about the frame (although describing and theorizing are also possible ways of interpreting what it means to inhabit the frame). The most basic way in which we interpret the frame is by simply living in a way that makes sense, given the frame. As the continuing vibrancy of religion in the West attests, not all interpretations of the frame experience the world as devoid of transcendence – as "touch[ing] nothing but absolute darkness" at its "outer limits" (376/360). This suggests that, despite the manifold dimensions in which the immanent frame blocks a sense of transcendence, there still remain vectors of openness to something beyond, ways of interpreting ourselves and the immanent world that maintain a contact with something higher than merely natural orders and human values. Taylor describes interpretations of the immanent frame that remain oriented toward the transcendent as "open spins" of the frame. Those who inhabit the immanent frame with an open spin remain susceptible to an experience of transcendence.

A form of life, by contrast, that interprets the immanent frame in such a way as to block a sense of transcendence gives the frame a "closed spin." One way to think about the problem of fragilization, then, is to ask whether a closed spin is a stable, secure interpretation of the immanent frame – secure enough that the mere existence of religious communities on the horizon of one's world will be insufficient to make religious forms of life show up as viable options. If the secularist closed spin is sufficiently well-grounded and stable, then religious forms of life could not offer a genuine alternative option because religion would show up as an ungrounded distortion or an irrational veil thrown over the natural, immanent order of things.

A closed spin undoubtedly draws considerable reinforcement from the immanent frame itself, which "tilts" toward closure in a number of respects. Before considering Taylor's arguments to show that secularism is nevertheless susceptible to fragilization, let's consider some of the ways in which the immanent frame is tilted toward closure.

Consider first the causal dimension of immanence that I outlined in the last section. Against a background that privileges materialist and efficient-causal modes of explanation, it should come as no surprise that a certain picture of epistemology is readily embraced. On the picture of epistemology that has prevailed in the West since at least the early 17th century, knowledge of the world is built up by combining representations of information that is acquired through the causal impingement of the world on our sensory surfaces. "Characteristic of this picture," as Taylor notes, "are a series of priority relations" – such as, the belief that "the knowledge of reality as neutral fact comes before our attributing to it various ‚values' and relevances. And, of course, knowledge of the things of ‚this world', of the natural order precedes any theoretical invocation of forces and realities transcendent to it" (558/931). The success of such an epistemology in certain domains returns the favor by helping to reinforce the causal immanence that made it a plausible picture of the structure of knowledge in the first place. But the important point is to recognize how having the immanent frame as a background tilts us toward a view of epistemology that further inclines us against the transcendent. The modernist epistemology's mutually reinforcing relation to the immanent frame is an example of what Taylor refers to as "closed world structures" – pictures or models or narratives that shape our experience of the world and, ultimately, tend to "restrict[] our grasp of things" to a purely immanent understanding (551/919).

To those in the grip of the epistemological closed world structure, then, the world "in itself" will show up immediately as something neutral, without transcendent values or significations. And any knowledge of God or a transcendent order is something that "I must accede to [...] if at all, by inference from the natural" (558/931). Thus, the secularist stance comes to seem stable, well-grounded and easily sustained. Religious belief, by contrast, shows up as something that can only be supported by a tenuously constructed chain of inferences from the immediate, readily accessible natural facts of the universe: "Because it is obvious that the inference to the transcendent is at the extreme and most fragile end of a chain of inferences, it is the most epistemically questionable. And, indeed, granted the lack of consensus surrounding this move, as against earlier steps in the chain [...] it is obviously highly problematic" (558/931). Meanwhile, the ground-level, materialist and scientific explanations of the universe show up as functioning just fine without the superstructure of religious belief.

Other examples of the "closed world structures" that operate within and reinforce the anti-transcendent tilt of the immanent frame are the various "death of God" narratives. Causal immanence tilts the field away from transcendence in a number of respects. The modern science that emerges out of a causally-immanent picture suggests that humans hold no special place in the universe (a universe that we now know to be so mind-numbingly immense both temporally and spatially as to reduce us to utter insignificance). Modern science, moreover, leaves no room for the causal interventions of a divine power: the material universe is "refractory to the interventions of Providence" (566/945). This tilting away from the transcendent gives rise to a certain story about the historical development of modern science, according to which progress depended on our shedding religious or spiritual modes of explaining our place in the world – explanations that ultimately failed because they offered "wrong and mythical explanations" such as the intervention of demonic forces. But now, given the manifest success of science in helping us understand, predict, and control our physical environment, it seems obvious that "it is no longer possible, honestly, rationally, without confusions, or fudging, or mental reservation, to believe in God" (560/935). Thus, this scientific version of the "death of God" narrative supports a closed interpretation of the significance of the immanent frame.

Or, consider how what I called "teleological immanence" disposes us toward goods such as health, economic development, peace through tolerance, and so on. This tilt gives rise to (and is reinforced by) a story about the historical development of modern liberal democracy according to which we were only able to realize fully those goods once religious fanaticism, irrationality, and rejection of sensuality were overcome. Thus, the immanent frame is experienced as calling upon us "to take responsibility for our own take on reality and our place in it" (575/960). The prevailing "narrative of political modernity […] sees it as arising against, in combat with, and/or at the expense of ‚religion'" (579/967). And now, having arrived at political and social enlightenment, it looks like regress, like a betrayal of the signature achievements of political enlightenment, to continue to cling to a picture of teleological transcendence. Here again, the moral version of the "death of God" narrative lends support to a closed interpretation of the immanent frame.

Both the scientific and moral versions of the 'death of God' narrative depict the last several centuries of Western history as our culture's "courageous coming to adulthood" (575/960). Both naturalize the current materialist and teleological dimensions of immanence, viewing it as the obvious, default view of the world that emerges once we've "subtracted" or "sloughed off the old beliefs" (572/955). And, finally, both involve a story about human motivation, according to which we fall victim to the distorted view of ourselves and the world advanced by religious modes of discourse out of a kind of desperation: "Belief is a product of deprivation, humiliation and a lack of hope" (572/956). Under conditions that permit flourishing, belief in a divine or spiritual order is neither natural, rational, nor beneficial.

Taylor is quick to point out that, however effectively these closed world structures operate at the level of a background picture, they fail to provide an adequate and secure rational justification for a closed interpretation of the world. Upon a closer examination of the standard epistemology, for example, we can see that "our grasp of the world does not consist simply of our holding inner representations of outer reality. [...] [T]hese only make the sense that they do for us because they are thrown up in the course of an ongoing activity of coping with the world, as bodily, social and cultural beings. This coping can never be accounted for in terms of representations, but provides the background against which our representations have the sense that they do" (558/932). There are any number of gaps in the "death of God" narratives. For instance, religious modes of discourse are rarely (and never simply) meant as explanatory accounts of the causal genesis of the universe, and thus can't be refuted by materialism. Religions need not be, and often are not, committed to opposing the goods and values of the enlightenment. Thus, the moral version of the death of God narrative misses the mark. Indeed, the historical development of Western liberalism was to a considerable degree driven by religious commitments. And, of course, there's the issue of what Taylor dubs "the Desdemona analogy." Othello's error was to ignore the direct evidence he had of Desdemona's faithfulness. Likewise, those who have a direct and immediate experience of transcendence need not be swayed when secularists tell them that "the brute facts of the universe contradict" their faith (568/949). Those, for instance, who have learned to distinguish good from bad in a religious context, or who have experienced incomparability between different orders of goods (thus pointing to something incommensurably higher than the everyday), or who have experienced a religious conversion that empowered them to live up to the demands of morality – all such people may well find themselves unswayed by epistemological and "death of God"-type closed world structures.

The point here is not to adjudicate such arguments over the proper spin to give to our interpretations of the immanent frame. It is instead to raise questions about just how decisively the immanent frame tilts us away from transcendence. The closed world structures, when examined carefully, look less like the natural consequence of the immanent frame, and more like historically contingent creations of a new moral outlook on ourselves and our place in the world. "Western modernity," Taylor argues, is "powered by its own positive visions of the good, that is, by one constellation of such visions among available others, rather than by the only viable set left after the old myths and legends have been exploded" (571/954). Recognizing this point orients us to the most interesting problem with a naturalized view of the "closed spin." If we experience the immanent frame as leading inexorably toward closure, thus obscuring the fragility of a secularist stance toward the world, that paradoxically undermines our ability to own responsibility for the stance. (The paradoxicality stems, of course, from the fact that the secularist stance portrays itself as a mature and courageous willingness to take responsibility for what we believe and value). Before elaborating on this point (in § 5 below), however, let's look at some motivations internal to the closed spin itself that end up pushing toward openness.

11.4 Malaises of immanence

We've suggested thus far that, despite the immanent frame's tilt toward closure, a secularist stance on the world is not rationally secured against fragilization. The embrace of a closed interpretation of the immanent frame is secured by an affective state – a certain anticipatory confidence in the rationality of closure, rather than a well-founded argument in support of closure.[3] But quite apart from the question whether this anticipatory closure is adequately secured, there are other reasons to suspect that a secular stance is inherently fragile. There are factors internal to closed interpretations of the immanent frame that might positively push toward fragilization. Taylor describes these fragilizing factors as "malaises of immanence" – experiences of profound dissatisfaction that "come onto our horizon [...] with the eclipse of transcendence" (309/525).

One fragilizing factor is a nagging sense of existential fragility, the feeling that the life I have chosen to lead lacks an ultimate sense or a redeeming purpose. As Taylor puts it, "almost every action of ours has a point; we're trying

---

3 There are other affective grounds that might push us toward closure as well. A closed spin brings with it certain consolations. For instance, there is a strain or anxiety that comes from trying to find meaning in suffering, and correspondingly a sense of release when one gives up on that search. In the words of Pastor Tomas Ericsson, the unforgettable character from Bergman's *Winter Light*, "if there is no God, would it really make any difference? Life would become understandable. What a relief. And thus death would be a snuffing out of life, the dissolution of body and soul. Cruelty, loneliness and fear – all these things would be straightforward and transparent." Taylor describes the same phenomenon as the "peace in being on my/our (human) own, in solidarity against the blind universe which wrought this horror" (306/520). He elaborates: "There is a fight to go on remaining in the love of God. It's a relief to flip over and to give vent to anger. You can say, I don't want to pardon God; but in another way, you can say: I see it all as blind nature, and I can let myself go to hate this, or consider it my enemy; I no longer have the burden of having to see it as benign. I can just let fly, take it as my implacable adversary; and there is relief in this."

to get to work, or to find a place to buy a bottle of milk after hours. But we can stop and ask why we're doing these things, and that points us beyond to the significance of these significances. The issue may arise for us in a crisis, where we feel that what has been orienting our life up to now lacks real value, weight. So a successful doctor may desert a highly paid and technically demanding position, and go off with Médecins Sans Frontières to Africa, with a sense that *this* is really significant. A crucial feature of the malaise of immanence is the sense that all these answers are fragile, or uncertain; that a moment may come, where we no longer feel that our chosen path is compelling, or cannot justify it to ourselves or others [...]. [T]he fragility that I am talking about concerns the significance of it all [...]. [T]he doubt concerns its worth" (308/522).

There are certain moments where we are especially prone to such doubts – for instance, the "identity crisis" of adolescence; the "mid-life crisis" of adulthood. But even in normal, non-crisis situations, an experience can arise of what Heidegger calls "uncanniness," *Unheimlichkeit*, the sense of not really belonging or being at home in one's form of life.

Another, less dramatic but no less significant fragilizing factor is the craving we experience for an imprimatur of the transcendent to lend weight and solemnity to certain significant moments in life – for instance, at birth, marriage, death, the transition from childhood to adulthood. "The way we have always done this is by linking these moments up with the transcendent, the highest, the holy, the sacred. Pre-Axial religions did this. But the enclosure in the immanent leaves a hole here. Many people, who have no other connection or felt affinity with religion, go on using the ritual of the church for these rites de passage" (308/522). When, in the course of life, we feel compelled to reach for something transcendent, to yearn for an order of significance that is incommensurable with the every day, then the inadequacy of closed interpretations of the immanent frame manifests itself. This experience of flatness, pronounced at certain solemn moments in life, can pervade our lives in general. Taylor explains: "We can also just feel the lack in the everyday. This can be where it most hurts. This seems to be felt particularly by people of some leisure and culture. For instance, some people sense a terrible flatness in the everyday, and this experience has been identified particularly with commercial, industrial, or consumer society. They feel emptiness of the repeated, accelerating cycle of desire and fulfillment in consumer culture; the cardboard quality of bright supermarkets, or neat row housing in a clean suburb; the ugliness of slag heaps, or an aging industrial townscape. We may respond negatively to the outsider's élite stance, the judging of ordinary people's lives without real knowledge, that these feelings seem to reflect. But however mixed with unacceptable social distance and superiority, these feelings are easy to understand and hard to shake off. And if we think of the immense popularity in our civilization of the flight away from certain townscapes, to the country, the suburb, even to wilderness, we have to admit the virtual universality of some reactions of this range. The irony of the suburb, or garden city, is that it provokes in more fortunate others some of the same feelings, viz., of the emptiness and flatness of an urban environment, which were responsible for its existence in the first place" (309/524 f.).

We all know (or at least know of) people who, while otherwise "drawn towards unbelief," recoil from the banality of ordinary, everyday life and "feel the solicitations of the spiritual – be they in nature, in art, in some contact with religious faith, or in a sense of God which may break through the membrane" (360/605).[4] There is thus a profound ambivalence for many "between the unacceptability of Christianity [...] and a strong dissatisfaction with the flatness, emptiness of the world, and/or the inner division, atomism, ugliness or selfenclosed nature of human life in modernity" (39/654).

To the extent that closed interpretations of the immanent frame remain susceptible to such experiences of malaise, Taylor argues, they are inherently unstable and thus fail to show up as the inevitable and rationally right stance to take on the world. Indeed, he argues that such malaises are not a universal feature of human existence, but a product of the specific texture of our background understanding of existence: "What you won't hear at other times and places is one of the commonplaces of our day (right or wrong, that is beside my point), that our age suffers from a threatened loss of meaning. This malaise is specific to a buffered identity, whose very invulnerability opens it to the danger that not just evil spirits, cosmic forces or gods won't ‚get to' it, but that nothing significant will stand out for it" (303/514).

Thus, life in the present age "is defined by a kind [i. e., one kind] of crosspressure" – an instability produced by feeling the pull of incompatible demands and aspirations. On the one hand, we are drawn to "the relative invulnerability" and security and control that we enjoy in virtue of our "buffered identities." On the other hand, we suffer from the "sense that something may be occluded in the very closure which guarantees this safety" (303/515).

When we combine this instability inherent in a closed interpretation of the frame, with the manifest presence of open interpretations of the frame, the result is an optionalization of the secularist position. "This fragilization," Taylor notes, "is then increased by the fact that great numbers of people are not firmly embed-

---

[4] We likewise know of religious people with an appreciation for the scientific and technological form of modern life, who fear religious enthusiasm and fanaticism. I don't dwell on such examples, however, because I take it that the fragile status of open interpretations is not in doubt.

ded in any such context, but are puzzled, cross-pressured, or have constituted by bricolage a sort of median position" (556/928 f.). We live in a world, to sum it up, where everybody understands their possibilities largely within the constraints of the immanent frame. But against that shared background, there are any number of different interpretations of the world available – open, closed, and somewhere in between. And for each of us, the other interpretations inform our sense of what is possible – even if we don't at the moment want to inhabit them. We are all "cross-pressured," not in the sense "that all or even most people in this culture feel torn, but rather that virtually all positions held are drawn to define themselves at last partly in relation to these extremes" (676/1120).

11.5 Embracing fragility

We come back around, then, to the idea with which we started – Taylor's claim that the salient feature of our world is the mutual fragilization of the different positions or stances one can take towards religion.

Of course, different people will feel this fragilization to different degrees. The degree to which we are capable of recognizing the optionality of our own stance might largely be a function of the milieux within which we find ourselves. Taylor describes three different levels of recognition of the fragility of one's own interpretation. At the lowest level, one's own "spin" will have "sunk to the level of [...] an unchallenged framework, something we have trouble often thinking ourselves outside of, even as an imaginative exercise" (549/915). At a slightly higher level, one becomes "capable of seeing that there is another way of construing things," although one still has "great difficulty making sense of it" (549/916). At this level, possibilities open up for exploring the limits of one's own interpretation and the strengths of others. One can respond experimentally and inquisitively, trying out different practices in order to make sense of the cross-pressures one experiences. Or one might recoil, driven by anxiety in the face of the uncertainty of one's interpretation, to search for props to reinforce one's anticipatory confidence in one's own interpretation of the frame. These props often take the form of "some depreciating story about the alternatives." Taylor explains: "Protestants and Catholics walked around for centuries with highly negative stereotypes about the other, which didn't really resist examination. One reaction to fragilization in my sense can be an increasing reliance on such crutches. [...] So one hears ‚arguments' today from believers about the possible immoral and violent consequences of atheism (look at Stalin, Pol Pot, etc.); and then counter-arguments from 'secularists' warning against the same consequences flowing inevitably from religion (look at Torquemada, the Crusades, etc., etc.). All such ‚arguments' represent triumphs of selective attention over reality. [...] In fact, a faith which can throw away such crutches is much stronger, more rooted in its own sources. It is one of the advantages of our modern predicament that it can and does push people to jettison such demeaning defences" (834, n. 19/928, fn. 20).

Level 1 and, to a lesser degree, level 2 both involve a thinking that is "clouded and cramped by a powerful picture which prevents one seeing important aspects of reality" (551/918). Both are still victim to the illusion that there can be a right answer to the paradox of existence, a position that is immune to fragilization.

The highest level – the level of "full lucidity" or, as Taylor sometimes refers to it, the level of an awareness of the "Jamesian Open Space" – consists in feeling the pull in both directions at once. One recognizes and is drawn to the attractions of immanence, but also longs for transcendence. This highest level, in which one inhabits one's position *as fragile*, is not a failure or a defect of one's interpretation to the world. It is rather the only position which is capable of understanding the character of our world because it stands "at the mid-point of the cross-pressures that define our culture" (592/987).

Moreover, on Taylor's view, it is in the express sense for the fragility of one's own position that one is first capable of an authentic commitment to one's interpretation – a commitment not propped up by denigrating the interpretations of others, but rather rooted in its own sources (however shifting and unstable and inconclusive those might be). In recognizing one's interpretation of the world as contingent, one is liberated to own the interpretation – to live it as a free repetition of the possibilities opened up by one's commitments.

"Life in a secular age," Taylor notes, "is uneasy and crosspressured, and doesn't lend itself easily to a comfortable resting place" (676/1120). But this in fact affords us a unique opportunity for embodying a deep truth about human existence – that in its consummate form, it embodies paradoxical and contradictory longings for both security and freedom, for truth and creativity. Thus, Taylor concludes that "both sides need a good dose of humility, that is, realism. If the encounter between faith and humanism is carried through in this spirit, we find that both sides are fragilized; and the issue is rather reshaped in a new form: not who has the final decisive argument in its armory—must Christianity crush human flourishing? must unbelief degrade human life? Rather, it appears as a matter of who can respond most profoundly and convincingly to what are ultimately commonly felt dilemmas" (675/1119).

Burkhard Liebsch
12 Humanismus, Gewalt und Religion (Kap. 17 und 18)

Mit seinem Buch *Ein säkulares Zeitalter* unternimmt Charles Taylor den Versuch, „das Schicksal des in weitem Sinne aufgefassten religiösen Glaubens in der westlichen Welt der Moderne zu untersuchen", den er durch zwei Merkmale bestimmt sieht: durch „den Glauben an eine transzendente Realität" und durch das „Streben nach einer Transformation, die über das normale menschliche Gedeihen hinausgeht" (851). Nichts anderes fordert dieses Streben derart heraus wie Gewalt, die sich scheinbar nicht abschaffen lässt, obwohl sie als unerträglich erlebt und als inakzeptabel bewertet wird. Liegt im Glauben an eine transzendente Realität demgegenüber nicht das Versprechen ihrer endgültigen, vom ‚normalen' Leben niemals zu gewährleistenden Überwindung? Wenn ja, wie stellt es sich dann in einem säkularen Zeitalter (336) dar, das Taylor als Diagnostiker einer Verlustgeschichte rekonstruiert, gegen die er eindeutig Partei ergreift? Dabei ist sein Hauptgegner ein so genannter „ausgrenzender Humanismus" (227, 420, 440 f.), dem er zum Vorwurf macht, von einer transzendenten Realität nichts mehr wissen zu wollen (bzw. zu können). Lähmt dieser Humanismus in Folge dessen auch das Streben nach Überwindung dieser Gewalt?

Taylor stellt seine Diagnose so, dass die zentrale Frage nach dem ‚Zusammenhang' von Gewalt und Religion nicht nur im Hinblick darauf zu beurteilen ist, wie sie *als Gegenstand* seines Buches behandelt wird (darauf gehe ich im Teil II meines Beitrags ein), sondern auch in der Art und Weise zu bedenken ist, *wie dieser Gegenstand zur Sprache gebracht wird*. Davon möchte ich zunächst ausgehen (Teil I).

12.1

Schon die ersten Seiten von Taylors Buch machen deutlich, dass sich die wie ein Panorama vor den Lesern ausgebreitete „Gesamtsicht" (971) des Lebens im säkularen Zeitalter einer spezifischen Perspektive verdankt, die darin zum Ausdruck kommt, wie sich Taylor an ein bestimmtes „Wir" wendet, ohne es seinerseits konsequent in Anführungszeichen zu setzen. „Wir", das sind diejenigen, „die wir im Westen leben" (11), dann aber auch „unsere" Vorfahren, für die (angeblich) jene „Realität" noch durchgängig präsent war (was Taylor wie einen realhistorisch-religionssoziologischen Befund ins Spiel bringt), und zugleich diejenigen, die inzwischen die Transzendenz dieser „Realität" aus dem Auge verloren haben und gleichwohl unter ihrem Verlust leiden. So werden alle Menschen des Westens in eine Pathologie spezifisch moderner Säkularisierung integriert, die sie alle um das Wesentliche gebracht zu haben scheint – v. a. durch die moderne Wissenschaft, die eine immanente, sinn-indifferente Ordnung der Natur erfunden habe (37, 161). War einst jene „Realität" derart präsent, dass es schier unmöglich (d. h. auch: *sozial unmöglich*, nämlich nicht geduldet) schien, *nicht* an sie zu glauben (51), so leben „wir" heute angeblich nur noch in einer „immanenten Ordnung", die „uns" den Weg zur „Fülle" versperrt (21 ff., 1006), die jene „Realität" einst in Aussicht gestellt haben mag. „Es ist ein Gemeinplatz, dass sich die Menschen stark zur Fülle hingezogen fühlen – einerlei, wie diese Fülle definiert ist", schreibt Taylor (1035).

Das ist ein erstaunliches Zugeständnis. Denn am „Schrecken", jegliche Orientierung auf den „Ort der Fülle" hin verloren zu haben, die offenbar derart unbestimmt bleibt, hängt Taylors ganze Diagnose. „Wir" wussten einst um diesen Ort, jetzt, im Lichte der modernen Wissenschaften, können „wir" ihn scheinbar auch in einem buchstäblich u-topischen Jenseits nicht mehr lokalisieren (Lang/ McDannell 1990). Und das, so scheint es, ist der ultimative Verlust, der niemals hätte eintreten dürfen, wenn es denn stimmt, dass von ihm jeglicher (Richtungs-) Sinn menschlichen Lebens und Handelns letztlich abhängt, der es verdienen würde, bejaht zu werden. In diesem Sinne setzt sich Taylor mit einer „Krise der Bejahung" auseinander (Kühnlein/Lutz-Bachmann 2011, 28 f., 408).

Aber hat es jenes „Wir" je gegeben? Wenn ja, handelte es sich um eine gewaltförmige Zwangsintegration, in deren Rahmen „man es unmöglich als Sache des einzelnen auffassen [konnte], wenn er ausscherte" und so scheinbar zur „Bedrohung für jeden" wurde (80)? Wirklich für jeden? Wer bedroht hier eigentlich wen? Lag (und liegt noch heute) eine Bedrohung nicht gerade darin, gar nicht oder womöglich nur um den Preis der Einstufung als „Ungläubiger" ausscheren zu dürfen und gewaltsame, gegebenenfalls tödliche Konsequenzen fürchten zu müssen? Taylor bedient sich auch dieser Begriffe wiederholt, ohne sie konsequent in Anführungszeichen zu setzen, so als fürchte er gar nicht, Leser zu verlieren, die sich mit einem derart polemogenen Sprachgebrauch nicht leichthin werden arrangieren können, der unmissverständlich darauf aufmerksam macht, dass sich in jenes „Wir" weder vor der Moderne noch gar heute alle, „die im Westen leben", gewissermaßen eingemeinden lassen konnten bzw. können.

Eingemeindung ist hier das treffende Wort, denn Taylor lässt wenig Zweifel daran, dass er für „die Gemeinschaft der in Gemeinschaft existierenden Menschen" spricht, die „also [!] durch die [katholische] Kirche" vergemeinschaftet sind (475). Der nahe liegende Einwand, Taylor rekonstruiere doch nur fremdes Denken, verfängt nicht. Denn sein rekonstruktiver, auf die Vorsicht einer *oratio obliqua* verzichtende Sprachgebrauch suggeriert vielfach, das Rekonstruierte verhalte sich ‚tatsächlich' so, wie er es beschreibt (vgl. Taylor 2001, 847). Der gleiche Befund ergibt sich, wo Taylor die von ihm geschätzte „Naivität" religiöser Erfahrung (81), die „Heiligung" einer aus den Fugen geratenen Zeit durch religiöse Praktiken (107), eine „gewisse ‚Vertikalität' der Gesellschaft, die von der Fundierung in einer höheren [nicht mehr existierenden] Zeit abhing" (360), oder auch die „ordentliche Weise" beschreibt, in der angeblich in modernen Gesellschaften im Gegensatz zu „unzivilisierten" Gesellschaften regiert wurde (659). Zwar beschleichen Taylor angesichts der europäisch-amerikanischen Gewaltgeschichte des 20. Jahrhunderts dann auch Zweifel an dieser Einschätzung. Haben die Kriege dieses Jahrhunderts nicht „den Begriff der Zivilisation überhaupt in Frage" gestellt (681ff., 695)? Das ändert aber nichts an Taylors Affirmation eines in Wahrheit, wie er meint, nur christlich (bzw. katholisch) zu vergemeinschaftenden ‚Wir', das es in seiner Sicht offenbar umwillen westlicher Zivilisation *wieder zu vergemeinschaften* gilt, wenn die Pathologie des säkularen Zeitalters überwunden werden soll.

Losgelöst von diesem ‚Wir' kann es diesen Prämissen zufolge überhaupt keine wirklich ‚menschliche' Gemeinschaft geben, nur eine äußerlich integrierte Gesellschaft von Individuen, die primär nur an ihrem eigenen Wohl und Fortkommen interessiert sind. Der in der Kunst der Renaissance zum Ausdruck kommenden Individualisierungstendenz (165ff.), die, verstärkt durch die Reformation, schließlich auch einer Intensivierung individuellen Glaubens zugute kommen konnte (247), gewinnt Taylor am Ende wenig ab, denn er spricht von einer „beispiellose[n] Vorrangstellung" des Individuums in der Moderne (252), die er ganz und gar negativ versteht, wo er sie in eine „heidnische Selbstbehauptung" bzw. „-bejahung" münden sieht (260, 822). So wird das bloß noch „innerweltliche Individuum" geboren, das, wie Taylor meint, der modernen Gesellschaft zu Grunde liegt und sich jener Gemeinschaft entzogen hat (267, 291–295). In der Öffentlichkeit reklamiert es Gleichheit für sich (333, 359) und wird so – ungeachtet seiner „expressiven" Individualität[1] – den Anderen in einer scheinbar homogenen Gesellschaft immer ähnlicher (363, 516), die nur noch „von Individuen oder zumindest *für* Individuen" funktioniert (901). Dass eine solche Gesellschaft immerhin mit einer gastlichen „Bereitschaft zur Fremdenintegration" (961) einhergehen kann, ändert nichts am polemischen Verdacht Taylors: Interessiert man

---

[1] Den in früheren Schriften rekonstruierten modernen „Expressivismus" (Isaiah Berlin) begreift Taylor jetzt nur noch als Gefahr der Zerrüttung eines vergesellschafteten Lebens, die im Nationalsozialismus kulminierte (788, 791, 809, 821; Liebsch 2016).

sich nicht nur noch für ein „erbärmliches Behagen" zum allseitigen Vorteil, das bloß Leere zurücklässt, wenn es befriedigt ist (966 f., 1000, 1003)?

Genau daran soll jener „ausgrenzende Humanismus" die Hauptschuld tragen, der es sich scheinbar im buchstäblich sinn-losen Universum der modernen Wissenschaften bequem macht (gegebenenfalls auch durch einen Camus'schen Heroismus des Absurden). Für nicht ganz falsch hält Taylor die aus Camus' metaphysischer „Revolte" (vgl. 26, 912, 1163) abzuleitende Maxime, sich angesichts einer sicheren Niederlage für das Richtige zu engagieren (978); und zwar im „gleichgültigen Universum" (611, 624 f., 635) der post-galileischen Wissenschaft (904, 925, 946). Demnach sind wir eine vergängliche Lebensform auf einem sterbenden Planeten (950), der jeglichen Anspruch auf Sinn und Erfüllung „negiert" (970, 974) und zur Selbstermächtigung einer autonomen, „von allem exogenen Sinn erlöst[en]" Sinngebung verführt (980). Hat jener Humanismus „uns" nicht auf bloß utilitaristisch disponierte Individuen reduziert und damit zufrieden gemacht? Hat er nicht die Substanz jenes „Wir" angegriffen und vielleicht zerstört? Hat *er* sich nicht in dieser Sicht der *Gewalt* schuldig gemacht, jeglichen von einer „transzendenten Realität" abhängenden Sinn zu zerstören?

Als Repräsentanten dieses Humanismus, die man stellvertretend für die bereits in Nikolai Berdjajews Geschichtsphilosophie (895) anklingende *Gewalt moderner Transzendenz-Indifferenz oder -Leugnung* anklagen könnte, kommen aus Taylors Sicht viele, heterogene Kandidaten in Betracht: Pico della Mirandola mit seiner Apologie des freien und schöpferischen Menschen (200 f.); Thomas Hobbes mit seiner Lobrede auf die sterbliche Gottheit des *Leviathan* und mit ihm all jene Theoretiker einer von den Menschen selbst einzurichtenden staatlichen Ordnung von Hugo Grotius über John Locke bis hin zu Jean-Jacques Rousseau (223–235); der moderne Utilitarismus, der sich von Jeremy Bentham bis hin zu Bertrand Russell primär für das menschliche Wohlergehen interessiert (419, 427 ff.); selbst Immanuel Kant mit seiner Beschränkung der Religion auf die Grenzen der „bloßen Vernunft" (Kant 1977a); oder auch Friedrich Nietzsche mit seinem Diktum, Gott sei „tot".

Wohl am ehesten treffen Taylors Invektiven Jean-Paul Sartre (1996), der tatsächlich programmatisch einen säkularen Humanismus verteidigt hat. (Von anderen Kandidaten, die Taylor mit im Blick haben mag, insofern sie tatsächlich für eine reine Philosophie der Immanenz plädiert haben, sehe ich hier ab, zumal sich etwa Michel Foucault und Gilles Deleuze gerade nicht als „Humanisten" verstanden wissen wollen.) Aber selbst bei Sartre treffen wir auf vielfältige Spuren passiver bzw. responsiver Öffnung menschlicher Erfahrung aus das hin, was nicht in ihr aufgeht. So beweisen Sartres kurz nach dem Ende des Zweiten Weltkriegs niedergeschriebene *Entwürfe für eine Moralphilosophie* (dt. 2005), wie nahe er Levinas gekommen ist (Liebsch 2015, Kap. IX), der nach einem großen *Versuch über die Exteriorität* (1961; dt. 1987) einen (keineswegs „ausgrenzenden") *Humanismus des anderen Menschen* (1972; dt. 1989) verteidigt und damit zugleich klar gemacht hat, wie obsolet eine strikte Scheidung von Transzendenz und Immanenz, Religion und Humanismus, Glaube und Wissen im Grunde längst ist (vgl. Janicaud 2004). Demgegenüber kennt Taylor nur einen „vollkommen selbstgenügsamen Humanismus" (41, 1061, 1122,), der das Fenster der Transzendenz schließe oder höchstens noch eine horizontale Transzendenz kenne, sofern er sich nicht ganz und gar auf immanente „Bedürfnisse" und ein gegenwärtig erreichbares Höchstmaß menschlichen Gedeihens beschränkt (914, 1082).

Zeigt sich nicht angesichts des Anderen als des anderen Menschen ein Übersich-hinaus-Weisen unserer Erfahrung, die im Erfahrenen nicht zur Ruhe kommt? Wenn man dies als Erfahrung einer mitten in der Welt anhebenden Transzendenz deuten möchte, muss man dann nicht die Bewegung des Transzendierens selbst herausarbeiten (vgl. Waldenfels 2012), ohne von vornherein, direkt und vermittlungslos in einer „transzendenten Realität" Fuß fassen zu wollen? (Das Gleiche gilt für Taylors Religionsbegriff, der zunächst undefiniert bleibt [36, 38], dann aber eine Definition über den Transzendenzbegriff erfährt [44, 715 f.], der später als „äußerst unklar und unbefriedigend" eingestuft wird [1052, 1253].) Wie kann überhaupt anders von Transzendenz die Rede sein, wenn man nicht auf jene bloße Schwärmerei zurückfallen will, die Kant 1793 in seiner Religionsschrift kritisiert hatte? Mit einem von Taylor selbst bemühten Wittgenstein-Zitat könnte man sagen, ein „Bild" halte ihn gefangen: Das Vorurteil einer Immanenz, die angeblich „nichts" über das Menschliche hinausgehen lässt (915, 919, 935). Aber wenn das Menschliche nur das Menschliche des anderen Menschen *als eines Anderen* sein kann, geht es dann nicht über sich selbst hinaus? Das muss so sein, wenn es stimmt, dass die Ander(s)heit des Anderen auch anders als sie selbst ist und dass sie andernfalls sich geradezu aufhöbe, „indem sie das Selbe wie sie selbst" würde (Ricœur 1996, 426; Ricœur 2015).

Nun statuiert aber Taylor seinerseits, wir seien einer Immanenz, über die hinaus es angeblich „nichts gibt", inzwischen rückhaltlos ausgeliefert, um dagegen seine Erinnerung an eine seines Erachtens durch den Humanismus der Moderne verdrängte Transzendenz zu setzen. Sagt er damit nicht, dass die *in Wahrheit* von ihr überschirmte, als kosmisch qualifizierte Welt keineswegs restlos untergegangen ist und dass sie weder durch die moderne Kosmologie noch auch durch den an sie sich anpassenden Humanismus (115) je wirklich hat zerstört werden können? Wenn der religiöse Glaube jene Realität auf seine Weise verbürgt, ist nicht einzusehen, warum er durch eine Wissenschaft in Frage gestellt worden sein soll, die sich allenfalls bis „*vor* die religiöse Frage" (Jordan ²1964) wagen, zu ihr selbst aber gar nichts beitragen kann. Statt aber die von Taylor einbekannte Schwäche des Glaubens in dieser Lage zu bedenken, lässt er sich auf vielen Seiten über *Andere* aus, die das Bild jenes einheitlichen, angeblich durch die Moderne verloren gegangenen ‚Wir' empfindlich stören. Sie haben bei Taylor ihren Auftritt als „Ungläubige", die im Verdacht stehen, es sich in ihrem „bequemen Unglauben gemütlich machen" zu wollen (1204) und sich mit der pauschal diagnostizierten „Seichtigkeit der modernen Zivilisation" als „hohle Menschen" indifferent zu arrangieren (1215).

Das sind für Taylor die eigentlichen Opfer des säkularen Zeitalters, deren Krankheit, mit Kierkegaard zu reden, gerade darin zu liegen scheint, nicht einmal die Verzweiflung zu ahnen, in die sie angesichts ihrer Lage eigentlich stürzen müssten (1034). Der „nichtreligiöse Mensch der Neuzeit", befindet Taylor, sei nur an seiner eigenen Autonomie und seinem eigenen Innern interessiert; daher sei er im Grunde unfähig, etwas (wie Gnade) von Außen zu empfangen. Selbst in seiner Rezeptivität bleibe er noch ganz bei sich (24 f.). Selbst die erst in der Moderne sich zunehmend durchsetzende Anerkennung menschlicher Quellen der Sensibilität, der Passibilität, der *com-passion*, der *pitié* und der Großzügigkeit (*générosité*) läuft für Taylor nur auf die Anerkennung innermenschlicher, innerzeitiger und immanenter Quellen der Wohltätigkeit und damit auf eine „Stiftungsurkunde der modernen Ungläubigkeit" hinaus (438), der er „die christliche Religion beziehungsweise de[n] Katholizismus als einziges Bollwerk gegen die drohende Desintegration und Unordnung" entgegensetzt (1215).

Spätestens jetzt wird klar, dass Taylor es ablehnt, das säkulare Zeitalter seinerseits „in säkularem Geist" – d. h. hier: im Geist einer Menschen jeglicher Couleur zum freien Austausch einladenden, insofern gastlichen politischen Kultur – zu behandeln und dass er sich in der Frage, ob eine der von ihm behandelten Religionen, ein Atheismus, Agnostizismus oder Humanismus als ‚wahr' einzustufen ist, nicht wie die meisten Religionshistoriker und Religionssoziologen zurückzuhalten bereit ist (vgl. 464, 712). Tatsächlich verteidigt Taylor eine Wahrheit der Säkularisierung, die weitgehend bestimmt, was er über Formen des Unglaubens und der Irreligiosität zu sagen hat (457 f.), bei denen er sich gelegentlich fragt, ob es sich um Weisen der Indifferenz handelt, die, „wie Max Weber sagt, in religiöser Hinsicht unmusikalisch" ist (725), oder ob manche ihrer Manifestationen die Einstufung als „heidnisch" verdienen.

Nicht nur mit Blick auf jene „Enthusiasten", „die lauthals einen Anspruch auf göttliche Inspiration erheben" und sich unter Berufung darauf zu geheiligter Gewalt gegen Andere berechtigt glauben, auch im Hinblick auf jene, die meinen, sich in einem religionswissenschaftlichen oder religionsphilosophischen Diskurs solcher Kategorien ohne Anführungszeichen bedienen zu dürfen, muss man sich fragen, ob sie nicht eine Gefahr für Andere darstellen (467). Dass heute in der religionswissenschaftlichen Forschung der Begriff des Heidentums bzw. des Paganismus vorwiegend nicht in denunziatorischer Absicht, sondern „wertneutral", verwendet wird, um damit Anhänger alter Götterkulte oder auch Nicht-Religiöse von Christen, Juden, Anhängern verschiedener Richtungen des Islams, Manichäern u. a. zu unterscheiden, ohne dass damit eine Abwertung vorgenommen wird, mag sein. Unbestreitbar schreibt sich Taylor aber in eine politische Gegenwart ein, in der nicht nur im kulturellen Horizont des Islams „Heiden" als „Ungläubige" und „Gottesleugner" aufgefasst werden, die von der „richtigen" oder „wahren" Religion ausgeschlossen sind oder von ihr nichts wissen wollen. Genau so diagnostiziert auch Taylor die säkulare Moderne als eine im Grunde ‚heidnische' – wobei das pagane Moment hier zwischen direkter Transzendenz-Leugnung einerseits und Vergleichgültigung der Immanenz-Transzendenz-Unterscheidung selbst andererseits changiert.

Mit einer solchen Moderne mag sich Taylor nicht abfinden. So diagnostiziert und beklagt er, „in der Öffentlichkeit" gebe es „keinen Gott mehr" (13); eine weitgehende (wenn nicht radikale) Entleerung von allem Religiösen habe um sich gegriffen. Es herrsche nur noch die säkulare Zeit, in der sich auch das gesellschaftliche Leben heute vollziehe (101, 903, 1183). Außerhalb dieser Zeit-Ordnung gebe es keine andere Zeit mehr. Ihr Zeit-Rahmen sei das „stahlharte Gehäuse", von dem Max Weber sprach (109). Aber hat man nicht von Henri Bergson über Eugène Minkowski bis hin zu Aaron J. Gurjewitsch, Paul Ricœur und vielen anderen eine Vielfalt praktischer, kairologisch unterbrochener Zeiten zur Geltung gebracht? (Verwiesen sei exemplarisch auf Ricœur 1988–1991; bei näherem Hinsehen verrät auch Taylors Text Spuren anderer Zeitordnungen; vgl. 338, 454, 104, 339, 560 ff., 1180, 1235.) Stimmt es denn, dass sich in der linearen Zeit, in der man aus allem Möglichen Kapital für die Zukunft zu schlagen versucht, alles menschliche Leben abspielt? Stemmt sich dem nicht seit langem eine weitläufige Zeit-Kritik entgegen? Darunter auch religiös inspirierte Stimmen, die die Diagnose einer von jeglicher Religiosität entleerten Öffentlichkeit Lügen strafen? Genießt ‚das Religiöse' nicht seit dem Ende des Kalten Krieges eine bis dahin ungeahnte Aufmerksamkeit – und zwar in allen rhetorischen Registern, von der religionswissenschaftlichen Expertise, ohne die man nicht einmal die religiös Fremden im eigenen Land richtig versteht, bis hin zur ausufernden Redseligkeit ungefragter Sorge um die Seelen Anderer?

Man fragt sich, wie sich Taylor in der unübersehbaren öffentlichen Präsenz des Religiösen selbst platzieren möchte, wenn es stimmt, dass die Säkularisierung bzw. die sog. Entzauberung der Welt, die ihr angeblich jedes Geheimnis raubt, keineswegs das gewaltsame Ende der Religion, des Religiösen oder der Religiosität bedeutete (922; zur Differenzierung von Entzauberung, Geheimnislosigkeit und Säkularisierung vgl. 52, 143 f., 708). Zumal wenn letztere (im Gegensatz zu einer positiven Ausprägung von ‚Religion') zunächst als *pathos, passio*, Passivität, Sensibilität oder Affiziertwerden vom Anspruch des Anderen eine Art Widerfahrnis ist (vgl. Ricœur 1998, 38; Stoellger 2010; Reinmuth 2013), dürfte sie überhaupt keiner diskursiven Ordnung ohne weiteres zur Disposition stehen, wie sie Taylor in der Form eines wissenschaftlich und ökonomisch rationalisierten Weltbildes sich hat durchsetzen sehen. Wenn dennoch das Praktizieren von Religion schwindet oder unvorhergesehene Formen annimmt, dann ist das ein Problem der Gläubigen selbst, ob Juden, Christen, Muslime oder Andersgläubige. Darüber geht Taylor jedoch weit hinaus, wenn er eine infolge modernen „Sinnverlusts" religiöser Orientierung *bei Anderen* ohne erkennbare Bedenken generalisierend „augenscheinlichen Verlust so vieler maßgeblicher Werte", „Oberflächlichkeit", „Leere", „Fragmentierung", „Überdruß" sowie „Verlust der Tiefe" diagnostiziert und „atonales Geheul der aufkommenden Egomanie" und „Kakophonie […] an die Stelle von Sinn" treten sieht (632, 638, 920).

Taylor kann den Zusammenhang von Gewalt und Religion als den gewiss brisantesten Gegenstand seines Buches nur im Lichte einer Gewaltsamkeit zur Sprache bringen, die der Ansatz seiner Säkularisierungskritik selbst heraufbeschwört. Sie nimmt nämlich ein inklusives „Wir" für sich in Anspruch, von dem sie gleichzeitig unzählige Andere ausschließt, die als Objekte einer Diagnostik abgehandelt werden, an denen man die pathologischen Folgen eines scheinbar verheerenden Sinnverlusts studieren kann, der ihnen selbst womöglich gar nicht aufgeht. Nur mit Mühe kann Taylors Diskurs daher an das Selbstverständnis dieser ‚Anderen' anschließen, wo es nicht auf verblassten oder überhaupt unzugänglich gewordenen ‚letzten' Sinn vorgreift und an ihm verzweifelt, um einen „Weg nach draußen", in ein Jenseits-der-Welt (Strasser 2000, 221), zu suchen, sondern die notorische Sinn-Frage an der Negativität des in der Gegenwart sich entzündenden Unerträglichen und Unannehmbaren der Gewalt misst. Nachweislich hat das, was wir in fragwürdiger Allgemeinheit ‚Religion' nennen, an dieser Negativität ebenfalls maßgeblichen Anteil (s. u.). Wie nähert sich nun ein religiöses Denken dem ‚Zusammenhang' von Gewalt und Religion, das seinerseits im Verdacht steht, ihn gewissermaßen im Rücken zu haben und selbst zu reproduzieren? Dieser von Taylor selbst erwogenen selbstkritischen Frage wende ich mich im zweiten Teil meines Beitrages zu.

12.2

Im Zeichen bestimmter Erscheinungsformen des Terrorismus steht heute ‚Religion' grundsätzlich unter einem generalisierten Gewaltverdacht (vgl. Schluchter 2003; Girard 2010), der viele dazu veranlasst hat, die Geschichte aller Religionen daraufhin zu befragen, wie sie sich ursprünglich, in historischer Perspektive und ihrem gegenwärtigen Sinn nach zur Frage der Verletzung Anderer verhalten. Zugleich beteuern Verteidiger insbesondere der den so genannten Westen prägenden Konfessionen deren unbedingte Verpflichtung auf eine Überwindung der Gewalt – welche dieser Position *prima facie* widersprechenden Befunde auch immer den kanonischen Texten zu entnehmen sein mögen, auf die man sich beruft. Demgegenüber wagt sich Taylor weit in die *Naturgeschichte der Gewalt* vor, indem er über deren *biologische* Erklärbarkeit spekuliert.

Liegen die „Wurzeln der Gewalt" etwa in ursprünglichen „Neigungen", deren Spuren sich bis heute in kollektiven Untaten v. a. „junger Männer" zeigen (1090 – 1095)? Handelt es sich um *archaische*, aber kulturell überformte, essenzielle und „untilgbare Bedürfnisse" nach „Unmittelbarkeit und Gemeinschaftlichkeit" (1096, 1101), die die Aussicht auf eine endgültige Überwindung der Gewalt als ganz und gar illusorisch erscheinen lassen? Gehört Gewalt also zum ‚Lauf der Dinge'? Sollten wir uns insofern nicht nur mit ihr *abfinden*, sondern sogar mit ihr *versöhnen* (1102)? Handelt es sich nicht bei der biologisch verwurzelten, gegebenenfalls evolutionär erklärbaren Gewalt um eine „irreduzible Konstante" (1113)? Damit will es Taylor aber nicht bewenden lassen. Denn er hält die mit diesen Fragen systematisch unterschiedenen „reduktionistischen" Ansätze für grundsätzlich verfehlt, insofern sie das Problem des *„metabiologischen"* Sinns der Gewalt (1093) gar nicht aufwerfen. Dieses Problem muss für Taylor aber aufgeworfen werden, bedenkt man die „offenkundige Anziehungskraft" der Gewalt, ihre „befreienden Wirkungen" und die aus seiner Sicht unbestreitbare „Kraft" ihrer „numinosen Qualität" (1114 – 1117).

Aber gibt es ‚die' Gewalt überhaupt? (Die sozialphilosophische Gewaltforschung verneint das; vgl. Staudigl 2014.) Kann man ihr *generell*, auf den Spuren Rudolf Ottos (1917), zuschreiben, in Affekten wie Schauder und Furcht (*mysterium tremendum*) oder Anziehung (*mysterium fascinans*) das „Wunder des Seins" im Sinne der Anwesenheit eines „gestaltlos Göttlichen" zu enthüllen? Gilt das auch für die zweifellos religiös motivierte, nach wie vor aktive rassistische Gewalt des Klu-Klux-Klan, religiöser Fanatiker und Fundamentalisten?

Taylor versucht sich so weit wie möglich einer moralistischen Pauschalverurteilung jeglicher Gewalt zu entziehen und gibt unumwunden zu, wie tief nicht nur „primitive" Religionen (1092) in Gewalt verstrickt waren, sondern „die Religion [!] in ihrer historischen Gegebenheit […] von Gewalt durchsetzt ist" – bis heute (1062). Mit Blick auf René Girard stellt er fest: „Es gibt nichts Befriedigenderes als ein heiliges Gemetzel", denn es verbinde zwei Strategien zur Bewältigung des Schreckens: Es nehme der Gewalt „das Wilde" und nehme sie in die eigene Hand, um sie gegen Andere zu richten (1076; Girard, 1992, 319). Bleibt es dabei unumgänglich bis heute? Vor allem im Kampf gegen „Ungläubige" und „Heiden", die Gott nicht fürchten?

Wenn man sich von ihnen derart distanziert hat, dass es „keine Kompromisse mehr" geben kann (214, 217), wie sollte man dann zögern, Gewalt gegen sie als göttliche zu affirmieren (1109)? In diesem Sinne gibt es „nach wie vor heilige Gewalt", so dass die Gefahr auf der Hand liegt, „daß Greueltaten geschehen, die im Namen Gottes vollbracht werden", wie sie im Alten Testament berichtet werden. Tatsächlich sind „wir [!] im Christentum [...] rückfällig geworden, was vielleicht nicht völlig vermeidbar war. Es gibt also nach wie vor den Segen der Gewalt" (1109). Das mag dem Christentum „Unbehagen" bereiten. Aber besteht nicht eine „logisch-metaphysische Notwendigkeit zur Bestrafung der Verweigerer" des rechten Glaubens? Liegt das nicht unbestreitbar im Sinn einer „göttlichen Pädagogik" (vgl. Ricœur 1974, 105)? Was sollte dann die „Rechtgläubigen" daran hindern, diese selbst einen Genozid wie den Völkermord an den Amalektitern (1. Buch Samuel, 15) nicht ausschließende Pädagogik in die eigenen Hände zu nehmen, um sie auf der Basis einer solchen „strafrichterlichen Anschauung" zu beschleunigen (1110)? Warum nur entwickelt sich diese Pädagogik ihrerseits „in der Geschichte" so, dass zumindest einige Formen der Gewalt, „die heutzutage völlig ausgeschlossen sind, früher eher entschuldbar waren, wie zum Beispiel heilige Kriege oder sogar Menschenopfer" (1116)? *Für wen* waren sie *wirklich* „entschuldbar" (vgl. Taureck 2003)? Hat sich etwa ein Anspruch unbedingter Schonung auch des radikalen Feindes im Sinne einer *Humanisierung der Religion* nach und nach Geltung verschafft? Oder warum sonst sind diese Formen der Gewalt heute „völlig ausgeschlossen" – so „faszinierend" sie manchen auch im Hinblick auf ihren numinosen Charakter nach wie vor erscheinen mögen? Warum ist eine „Leugnung göttlicher Destruktivität", eine Zurückweisung irreversibler Verdammnis und ein „Niedergang der Hölle" (vgl. 1084, 1089, 1112) festzustellen, zu der man die Feinde – nicht nur rhetorisch – nicht selten nach wie vor schicken möchte?

Ist wirklich schon ein Punkt erreicht, wo zumindest in einigen Religionen „für Gewalt gar kein Platz mehr ist" (1018), so dass der frühere ‚Zusammenhang' von Religion und Gewalt nachgerade unverständlich zu werden beginnt (1078) und eine Auskehr aus immer neuen Gewaltverkettungen denkbar wird, die für die Zukunft eine *radikal transformative* Wirkung – und *nicht nur eine Umfunktionierung* der Gewalt – verspricht (1086 f., 1174, 1178)? Mussten die fraglichen Religionen nicht versprechen, den ‚Anderen', der ihnen nicht anhängt, unbedingt vor der in ihnen selbst liegenden Gewalt zu bewahren (vgl. Marquard 1994, 74 ff.; Liebsch 2018)? Sollte es etwa so sein, dass tatsächlich der *Tod des Anderen als des Anderen* ihnen zu denken gab und sie vor einer Selbstgerechtigkeit mehr und mehr bewahrte, die selbst im Krieg und im Genozid noch ein ‚religionspädagogisches' Moment erkennt? Für Taylor muss die Kritik dieser Selbstgerechtigkeit so radikal wie nur möglich ausfallen. Andernfalls droht eine Wiederkehr der Gewalt

„mitten im Herzen der rationalen Moderne" (Taylor 2002, 61) und sogar im Zeichen einer religiös motivierten Verteidigung der Opfer jeglicher Gewalt. Woher rührt aber diese Kritik? Und worauf beruft sie sich?

Taylor verweist auf die Forschungen von Philippe Ariès (1194), die zeigen, wie der Tod des Anderen erst seit dem 19. Jahrhundert als solcher zum Vorschein gekomen ist – aber nicht nur als endgültige Trennung eines bzw. einer Geliebten (was Taylor für den „schlimmsten Tod" hält; 1098), sondern auch als Tod eines anonymen Anderen – schließlich auch des „unbekannten Soldaten" (vgl. Ariès, 1981; Koselleck/Jeismann 1994; Plotke/Ziem 2014), der fortan als nicht zu rechtfertigendes Opfer erscheint.

Haben sich aber nicht die in Europa vorherrschenden Religionen bis weit in die Zeit hinein, die auch unbekannten ehemaligen Feinden die Ehre erwiesen hat, an der Mobilisierung zum Krieg gegen sie beteiligt? Ist *ihnen* die „gebieterische Forderung, der Gewalt ein Ende zu bereiten", zu verdanken (1121)? Wer an dieser Stelle auf das Gebot der Feindesliebe verweist, sollte nicht übersehen, wie sehr eben diese Religionen ihr eigenes Erbe verraten haben. Worin auch immer der von Taylor gesuchte „metabiologische" Sinn der Gewalt liegen mag (1120) – es sind ihre extremsten, radikalsten und exzessivsten Erscheinungsformen im 20. Jahrhundert gewesen, die zu der unbedingten Forderung geführt haben, auch Feinde jeglicher Couleur vor der vernichtenden Gewalt *ihrer Feinde* zu bewahren; und zwar in der aktuellen politischen Gegenwart, jetzt, und nicht erst in einer eschatologischen Perspektive u-topischer Überwindung jeglicher Gewalt, die im „Sinn des Ganzen" aufgehoben zu denken wäre (1121; vgl. Arendt 1986; Liebsch 1999; Traverso 2000, 2008).

Mit Recht macht Taylor darauf aufmerksam, dass auch zivilisatorischer Fortschritt in der Einhegung, Bändigung, Regulierung sowie schließlich der Kriminalisierung und Untersagung von Gewalt mit neuen Gewaltpotenzialen einherging (1096). Bedient man sich nicht gerade im Zeichen solchen Fortschritts mit bestem Gewissen aufs Neue massiver Gewalt (Maier 2000)? Kehrt so nicht die älteste Gewalt wieder, wie sie uns im Mythos vom Sündenbock überliefert ist? Je höher die Standards, an denen man sich und Andere misst, desto größer die Verachtung und der Hass in dem Fall, dass ihnen nicht entsprochen wird (1156 f.). Die Religionen stehen hier vor dem gleichen Problem wie Spielarten eines säkularen, *prima facie* irreligiösen Humanismus: Wie können sie sich dagegen wehren, dass „das Unterdrückte" wieder auftaucht, nämlich der Sündenbockmechanismus (761), der schließlich dahin führt, den Feind auf höchst selbstgerechte, chauvinistische und moralische Art und Weise radikaler, vernichtender Gewalt auszuliefern, in der Meinung, sich vom *malum* (Übel und/oder Bösen), das er verkörpert, ein für allemal befreien zu können (1021, 1166; Colpe/Schmidt-Biggemann 1993; Liebsch 2010)? Wie können sie *der Versuchung der Reinheit wi-*

derstehen, die darin liegt, das Abgelehnte, in diesem Fall die Gewalt, unter keinen Umständen mehr mit sich selbst in Verbindung bringen zu wollen und es in Folge dessen auf ‚Andere' zu projizieren? Lässt sich eine derartige Reinheit nicht allemal nur durch (illusorische) Praktiken der Reinigung herstellen, denen diese ‚Anderen' zum Opfer fallen müssen (1136)? Wer sähe nicht, dass man auch im Zeichen der Achtung der Menschenrechte in die Falle einer solchen Ideologie der Reinheit geraten kann (1148), mit der Folge, dass die Gewalt sich eine neue Basis verschaffen und „um so unerbittlicher, unbarmherziger und gründlicher ausgeübt werden kann" (1139)!

Taylor spricht in diesem Zusammenhang von rationalisierter Gewalt mit „falschem guten Gewissen" (1140–1142), vor der weder Religionen, die nach Überwindung der Gewalt streben, noch auch säkulare Ideologien und Humanismen gefeit sind (1117). So stehen wir vor dem Paradox einer ständig drohenden Wiederkehr von Gewalt gerade durch diverse Varianten der Vorstellung, sich endgültig von ihr befreien zu können. D. h. nicht, dass man sich mit der Unmöglichkeit, damit zum Ziel zu kommen, leichthin arrangieren könnte. Denn man bedient sich der Gewalt, wie schon Maurice Merleau-Ponty (1974, 113) festgestellt hat, mit umso weniger Bedenken, als sie angeblich ‚den Dingen innewohnt'.

Jede derartige ‚Feststellung' von Gewalt läuft auch Gefahr, sie *festzuschreiben* und sie zu *affirmieren* oder zu *bejahen*, so dass man daraus geradezu einen Freibrief ableiten könnte, sich ohnehin unvermeidlicher Gewalt auch zu bedienen. Dagegen hilft wiederum weder religiös noch humanitär motivierte rigorose Abwehr einer als schlechterdings ‚böse' eingestuften Gewalt, denn sie droht einer Aggressivität freien Lauf zu lassen, die gerade aus der vermeintlichen Überlegenheit einer Rechtschaffenheit keimt, die ganz und gar der Gewalt-Kritik verpflichtet ist. So „entdecken wir zu unserer Überraschung und zu unserem Schrecken, daß wir das Böse reproduzieren, das uns doch ex negativo zur Selbstdefinition gedient hat" (1229).

Nicht einzusehen ist aber, dass der von Taylor zurückgewiesene Humanismus von den Abgründen der Selbstgerechtigkeit so wenig Ahnung haben kann, dass er sich solcher Aggressivität blindlings ausliefern müsste (1158). Zweifellos belegen der *terreur* der Französischen Revolution und die kommunistische Ideologie der Brüderlichkeit – aber auch eine gelegentlich wenig selbstkritische Apologie der Menschenrechte (Broch 1978; Koselleck 1989; Lukes 1996) –, wie groß die Gefahr ist, Andere im Zeichen hoher Moral radikaler Gewalt auszuliefern. Doch dagegen ist nicht zuletzt unter Berufung auf die Achtung der Menschenrechte, die auch radikalen Feinden nicht zu verwehren sind, energisch Einspruch erhoben worden, ohne sich auf spezifisch religiöse Motive zu stützen. So hat man aus den Desastern kollektiver Gewalt, die bei Taylor allenfalls schemenhaft auftauchen, politisch deutliche Konsequenzen gezogen, die auch die Zurückweisung eines absoluten Souveränitätsanspruchs der modernen Staaten einschließen. Heute gibt es keine unverfänglichen ‚inneren Angelegenheiten' mehr, die es staatlicher Gewalt gestatten würden, nach eigenem Gutdünken mit ‚eigenen' Bürgern, mit Fremden oder Feinden zu verfahren. Diese Konsequenzen sind historisch nur auf der Folie einer progressiven Sensibilisierung für den ohne Rücksicht auf Zugehörigkeit zu einer partikularen politischen Gemeinschaft oder Gesellschaft ins Spiel kommenden Anspruch des Anderen zu verstehen.

So gesehen zeichnet Taylor ein mindestens einseitiges Bild eines neuzeitlichen und modernen Humanismus, dem er unterstellt, nur ein sich gegen die Welt und Andere abschottendes, irresponsives Selbst hervorgebracht zu haben, das scheinbar kein „wesentlich soziales Leben" mehr führen kann, wie es angeblich in der „verzauberten [...] Welt unserer Vorfahren" noch möglich gewesen sein soll (54, 74, 79). Ist im Zuge des Prozesses der Entzauberung der Welt wirklich weitgehend auch das „Gefühl der Verwundbarkeit [...] verschwunden", ohne das es ein soziales Leben nicht geben kann (70)? Schreibt Taylor hier nicht selbst eine Art (an anderer Stelle nachdrücklich kritisierter) „Subtraktionsgeschichte" (53 ff.)? Hat die Moderne nicht neue Potenziale der Verwundbarkeit und der Verletzbarkeit hervorgebracht, die auch einer rechtlichen, moralischen und ethischen Sensibilität zugute kommen konnten? Hat sie nicht eine global ausstrahlende Sensibilität für Rechtsverletzungen zum Vorschein gebracht, wie sie Kant im seiner Schrift *Zum ewigen Frieden* (1795) beschrieb (Kant 1977b)? Hat die Moderne nicht Spielräume einer weit über das Samariter-Gleichnis (das bereits die gerade nicht spezifisch religiös fundierte Empathie für den Fremden vor Augen führt) und Antigones Trauer um Polineikes (Butler 2000, 2009) hinaus gehenden Sensibilisierung für den Anderen als Fremden bzw. als Feind gezeitigt (272, 421 ff., 473)?[2] Und lässt sich diese Sensibilisierung nicht gerade als Register der Verletzbarkeit durch die Verletzung verstehen, die dem Anderen als solchem widerfährt (vgl. Sontag 2003)? Diese Frage ist so erst aufgeworfen worden, nachdem die neuzeitlichen, intern weitgehend pazifizierten Staaten (Lienemann 1982; Pinker 2013) im Desaster der beiden Weltkriege die Infragestellung ihrer ganzen politischen Substanz erfahren mussten. Erst seitdem wird nach einer radikal ‚sensibilisierten' Vernunft (Levinas; Keintzel/Liebsch 2010) gefragt, die man gewiss nicht als Erbe und Besitz in Anspruch nehmen kann.

Stimmt es, dass „das Zeitalter von Auschwitz und Hiroschima", wo es *Amnesty International* und *Médecins Sans Frontières* hervorgebracht hat, „natürlich [...]

---

[2] Dass es dabei nicht zuletzt um eine moralische Sensibilisierung ging, zeigt Terry Eagleton 2009. Taylor hat nach wie vor erhebliche Bedenken dagegen, sich eine „Moral ohne Gott" vorzustellen (908; Liebsch 2017).

tiefgreifende christliche Wurzeln" – und *nur solche* „Wurzeln" – offenbart (622)? Erklären sich die UN-Konvention über die Verhütung und Bestrafung des Völkermordes (1948) und die aus dem gleichen Jahr stammende Allgemeine Erklärung der Menschenrechte nicht aus der Negativität radikaler, exzessiver und extremer Gewalt, der man jetzt erst wie im Deutschen Grundgesetz die ‚unantastbare' Würde jedes Anderen entgegensetzt? Unter Verweis auf den anti-modernistischen *Syllabus* von Pius IX. bestreitet auch Taylor nicht, dass nachdrückliche Zweifel an jedem Versuch angebracht sind, eingedenk solcher „Wurzeln" eine hermeneutische Vereinnahmung der fraglichen Sensibilität für Gewalt zu versuchen (952). Alles spricht dafür, dass sie sich aus vielfältigen historischen Quellen speist, aber niemals die Form eines von Späteren in Beschlag zu nehmenden ‚Erbes' annehmen, sondern nur immer von neuem in der Gegenwart verletzbarer Subjekte entspringen kann, seien sie nun ‚gläubig' (woran auch immer), ‚ungläubig' oder in dieser Hinsicht unentschieden, abstinent oder indifferent. Der Auseinandersetzung mit unerträglicher und inakzeptabler Gewalt leistet womöglich keinen guten Dienst, wer die Sensibilität für entsprechende Verletzungen nur bestimmten Überlieferungen und Traditionen vorbehalten sehen möchte – um den Preis, sie Anderen im Grunde abzusprechen, solange sie sich nicht in einem eindeutig religiös inspirierten ‚Wir' integrieren lassen, ohne das es menschliche Gemeinschaft in Wahrheit angeblich nicht geben kann, die der Gewalt so weit wie nur möglich entsagt (vgl. Gräb-Schmidt/Menga 2016).

Wer heute, im globalen Horizont, diese Auseinandersetzung voranbringen möchte, muss das Gegenteil tun: jene Sensibilität jenseits aller vorausgesetzten Gemeinschaft und unabhängig von jeglicher Politik der Eingemeindung Fremden in der Hoffnung ansinnen, sie für eine Kritik und Politik der Gewaltreduktion in Anspruch nehmen zu können, die sich in keiner Weise davon abhängig machen darf, dass Andere zu einem ‚Wir' zu zählen sind, das man zuvor für sich selbst exklusiv beansprucht hat – sei es auch nur, um wenigstens mit dem „Eindruck [!] des Elends der Welt fertig zu werden" (1129), unter dem man ohne weiteres zum Misanthropen werden könnte (1088).

Taylor verschweigt seinen Lesern weitgehend, wie sich gerade im Rahmen einer säkularen, jeglichen exklusiven Besitzanspruch jener Art preisgebenden politischen Kultur eine nicht nur psychischer Diätetik verschriebene Sensibilisierung für die Gewalt gezeigt hat, die Anderen widerfahren ist. Davon abgesehen hat seine Mahnung starkes Gewicht, dass jede Kritik der Gewalt, die darauf abzielt, sie sich endgültig vom Halse zu schaffen, Gefahr läuft, sie sich *a tergo* in der eigenen Selbstgerechtigkeit, im exzessiven Moralismus und in der Projektion auf Feinde wieder zuzuziehen. Das gilt auch dort, wo man im Zeichen unbedingter Achtung angesichts des Anderen den Anspruch auf Gewaltlosigkeit in kaum mehr überbietbarer Art und Weise verschärft hat. Gerade dieser Anspruch, der stets nur einem Anderen unter vielen *anderen* Anderen gelten kann, droht in eine maßlose politische Überforderung umzuschlagen, wie die Gewalt-Kritik im Anschluss an Walter Benjamin (^{2}1971), Emmanuel Levinas (s. o.) und Jacques Derrida (1991; Haverkamp 1994) bis hin zu Jacques Rancière (2002), Alain Badiou (2003) und vielen anderen gezeigt hat. Aber auch hier gilt, dass sich eine säkulare, keineswegs jeglicher *religio* an den Anspruch des Anderen abschwörende politische Kultur längst für diese Kritik geöffnet und in ihrem Sinne ‚engagiert' hat, statt nur einem borniertem Wohlergehen verhaftet zu bleiben, wie es Taylor beschreibt (vgl. Delhom/Hirsch 2005; Bröckling/Feustel 2010). Es handelt sich nicht um eine von allen Anderen und von allem Anderem „ungerührte", „kalt" bleibende und „desengagierte" (230, 512, 509), sondern um eine angesichts extremer, exzessiver und radikaler Gewalt sensibilisierte und responsive Vernunft, die auch für den radikalen Feind eintritt und sich auf diese Weise nicht zuletzt selbst davor bewahrt, in schiere Vernichtungspolitik umzuschlagen, in der die Gewalt auch über eine Politik triumphieren würde, die sich ihrer Überwindung verschrieben hat.

Zitierte Literatur

Arendt, H. 1986: Elemente und Ursprünge totaler Herrschaft, München u. a.
Ariès, P. 1981: Studien zur Geschichte des Todes im Abendland, München.
Badiou, A. 2003: Ethik, Wien.
Benjamin, W. ^{2}1971: Zur Kritik der Gewalt, Frankfurt/M.
Berdjajew, N. 1925: Der Sinn der Geschichte, Darmstadt.
Blumenberg, H. ^{2}1983: Säkularisierung und Selbstbehauptung, Frankfurt/M.
Broch, H. 1978: Menschenrecht und Demokratie, Frankfurt/M.
Bröckling, U./Feustel, P. (Hg.) 2010: Das Politische denken, Bielefeld.
Butler, J. 2000: Antigone's Claim, New York.
Butler, J. 2009: Frames of War, London.
Colpe, C./Schmidt-Biggemann, W. (Hg.) 1993: Das Böse, Frankfurt/M.
Delhom, P./Hirsch, A. (Hg.) 2005: Im Angesicht der Anderen, Berlin u. a.
Derrida, J. 1991: Gesetzeskraft, Frankfurt/M.
Derrida, J./Vattimo, G. 2001: Die Religion, Frankfurt/M.
Eagleton, T. 2009: Trouble with Strangers, Chichester.
Girard, R. 1992: Das Heilige und die Gewalt, Frankfurt/M.
Girard, R. 2010: Gewalt und Religion. Ursache oder Wirkung?, Berlin
Gräb-Schmidt, E./Menga, F. (Hg.) 2016: Grenzgänge der Gemeinschaft, Tübingen.
Haverkamp, A. (Hg.) 1994: Gewalt und Gerechtigkeit. Derrida-Benjamin, Frankfurt/M.
Hénaff, M. 2014: Die Gabe der Philosophen, Bielefeld.
Janicaud, D. 2004: Die theologische Wende der französischen Phänomenologie, Wien.
Jordan, P. ^{2}1964: Der Naturwissenschaftler vor der religiösen Frage, Oldenburg u. a.
Kant, I. 1977a: Die Religion innerhalb der Grenzen der bloßen Vernunft, in: Werkausgabe
   Bd. VIII, Frankfurt/M., 645–879

Kant, I. 1977b: Zum ewigen Frieden, in: Bd. XI, Frankfurt/M., 191–251.
Keintzel, B./Liebsch, B. (Hg.) 2010: Hegel und Levinas, Freiburg/Br.
Koselleck, R. 1989: Vergangene Zukunft. Frankfurt/M.
Koselleck, R./Jeismann, M. (Hg.) 1994: Der politische Totenkult, München.
Kühnlein, M./Lutz-Bachmann, M. (Hg.) 2011: Unerfüllte Moderne? Neue Perspektiven auf das Werk von Charles Taylor, Berlin.
Lang, B./McDannell, C. 1990: Der Himmel. Eine Kulturgeschichte des ewigen Lebens, Frankfurt/M.
Levinas, E. 1987: Totalität und Unendlichkeit, Freiburg/Br. u. a.
Levinas, E. 1989: Humanismus des anderen Menschen, Hamburg.
Liebsch, B. 1999: Geschichte als Antwort und Versprechen, Freiburg/Br.
Liebsch, B. 2010: Renaissance des Menschen?, Weilerswist.
Liebsch, B. 2015: Unaufhebbare Gewalt. Umrisse einer Anti-Geschichte des Politischen. Leipziger Vorlesungen zur Politischen Theorie und Sozialphilosophie, Weilerswist.
Liebsch, B. 2016: Die menschliche Stimme und die Tradition des Expressivismus, in: Freiburger Zeitschrift für Philosophie und Theologie, 89–132.
Liebsch, B. 2017: Freiheit im Widerstand gegen sich selbst – zwischen Enttabuisierung und Re-Sakralisierung, in: Philosophische Rundschau 64, Nr. 3, 203–219.
Liebsch, B. 2018: Zur Tradition der Hermeneutik in der Gegenwart einer politischen Kultur des Dissenses, in: Internationales Jahrbuch für Hermeneutik 17, i.E.
Lienemann, W. 1982: Gewalt und Gewaltverzicht, München.
Lübbe, H. ³2003: Säkularisierung, Freiburg/Br.
Lukes, S. 1996: Fünf Fabeln über Menschenrechte, in: Shute, S./Hurley, S. (Hg.): Die Idee der Menschenrechte, Frankfurt/M., 30–52.
Maier, H. (Hg.) 2000: Wege in die Gewalt. Die modernen politischen Religionen, Frankfurt/M.
Marquard, O. 1994: Skepsis und Zustimmung. Philosophische Studien, Stuttgart.
Mayer, M. 2012: Humanismus im Widerstreit. Versuch über Passibilität, München.
Merleau-Ponty, M. 1974: Die Abenteuer der Dialektik, Frankfurt/M.
Otto, R. 1917: Das Heilige: Über das Irrationale in der Idee des Göttlichen und sein Verhältnis zum Rationalen, Breslau.
Pinker, S. 2013: Gewalt, Frankfurt/M.
Plotke, S./Ziem, A. (Hg.) 2014: Sprache der Trauer, Heidelberg.
Rancière, J. 2002: Das Unvernehmen, Frankfurt/M.
Reinmuth, E. (Hg.) 2013: Subjekt werden. Neutestamentliche Perspektiven und politische Theorie, Berlin u. a.
Ricœur, P. 1974: Geschichte und Wahrheit, München.
Ricœur, P. 1988–1991: Zeit und Erzählung I-III, München.
Ricœur, P. 1996: Das Selbst als ein Anderer, München.
Ricœur, P. 1998: Das Rätsel der Vergangenheit, Göttingen.
Ricœur, P. 2015: Anders. Eine Lektüre von *Jenseits des Seins oder anders als Sein geschieht* von Emmanuel Levinas, Wien.
Sartre, J. 1996: L'existentialisme est un humanisme, Paris.
Sartre, J. 2005: Entwürfe für eine Moralphilosophie, Reinbek.
Schluchter, W. (Hg.) 2003: Fundamentalismus, Terrorismus, Krieg, Weilerswist.
Sontag, S. 2003: Regarding the Pain of Others, New York.
Staudigl, M. (Hg.) 2014: Gesichter der Gewalt, München.

Stoellger, P. 2010: Passivität aus Passion, Tübingen.
Strasser, P. 2000: Der Weg nach draußen, Frankfurt/M.
Taureck, B. 2003. Gewalt im Modus der Feindschaft, in: Liebsch, B./Mensink, D. (Hg.): Gewalt Verstehen, Berlin, 287–314.
Taylor, C. 2002: Gewalt und Moderne, in: Transit 23, 53–72.
Taylor, C. 2011: Replik, in: Kühnlein, M./Lutz-Bachmann, M. (Hg.) 2011: Unerfüllte Moderne? Neue Perspektiven auf das Werk von Charles Taylor, Berlin, 821–861.
Theunissen, M. 1991: Negative Theologie der Zeit, Frankfurt/M.
Traverso, E. 2000: Auschwitz denken, Hamburg.
Traverso, E. 2008: Im Bann der Gewalt. Der europäische Bürgerkrieg 1914–1945, München.
Waldenfels, B. 2012: Hyperphänomene, Berlin.

Edmund Arens

13 Sinnsuche, Verlusterfahrungen und Bekehrungserlebnisse (Kap. 19, 20 und Epilog)

In den letzten Kapiteln seines außerordentlich gelehrten, ebenso anregenden wie aufregenden Meisterwerks *Ein säkulares Zeitalter* stellt sich Charles Taylor zunächst die Frage nach den Sinnquellen unseres Lebens; er erkundet diverse Sinnmomente des normalen Lebens, konstatiert den verlorenen tieferen Sinn des Ganzen und bedenkt Möglichkeiten, die verstreuten Sinnmomente zu sammeln. Der kanadische Philosoph legt sodann beeindruckende Beispiele von Menschen dar, die auf verschiedene Weise aus dem immanenten Bereich des gegenüber Transzendenz abgedichteten Rahmens ausgebrochen sind, dabei Bekehrungen erlebt sowie Erfahrungen hin zu lebensverändernden Wahrnehmungen von Fülle gemacht haben und diese anschließend autobiographisch, dichterisch, praktisch-politisch und zugleich spirituell artikuliert und gelebt haben. Mit Blick auf solche paradigmatischen Bekehrungen kommt Taylor zu dem Schluss, dass es neben dem Standardmodell der unaufhaltsamen Säkularisierung ein alternatives Zukunftsszenario auf der Basis von Konversionen und Re-Konversionen gebe.

13.1 Die verstreuten Sinnmomente einsammeln

Entlang der Frage nach dem „Sinn des Sinns" eruiert Taylor im Kapitel 19 „unruhige Fronten der Moderne" (1179–1204). Dabei nimmt er auf den französischen Philosophen Luc Ferry Bezug (1179; vgl. 1121 ff.; Ferry 1997), der alles, was Menschen tun, mit einem Sinn verbindet, jedoch die Metafrage nach dem „Sinn des Sinns" für unbeantwortbar erklärt, weil dieser sich uns entziehe. Zwar akzeptiert Ferry, dass es Ziele und Handlungen gibt, die über den Rahmen des normalen Lebens hinausweisen, doch er erkennt darin einzig eine „horizontale", immanente Transzendenz, bei der Taylor es freilich nicht belassen will. Gegenüber dem durchaus starken und tiefen Sinn des normalen Lebens, welcher durch Liebe, Arbeit, Natur- oder Kunstgenuss erfüllt werden kann, macht der Denker des säkularen Zeitalters den verlorenen Sinn des Ganzen geltend. Dieser sei aus dem modernen horizontalen sozialen Vorstellungsschema, das keine höheren, „vertikalen" Momente und Zeiten mehr kennt, ausgeschlossen. Gleichwohl nimmt Taylor auch in der horizontalen, säkularen Gesellschaft „ein Bedürfnis nach der einen oder anderen Form von gesammelter Zeit" (1184) wahr, dem durch die

Narrative der intensiv erzählten persönlichen Geschichte in Form der Autobiographie bzw. der politischen nationalen Geschichten und deren in Festen gefeierten Knotenpunkten entsprochen werde. Im Erzählen sieht Taylor eine Möglichkeit, die Zeit zu sammeln und „unsere kairotischen Augenblicke" (ebd.) zu markieren. Ist die Erzählung vom menschlichen Fortschritt ihm zufolge tief in die moderne Welt eingebettet, so zieht diese „große" Erzählung von Nietzsche bis zur Postmoderne gleichwohl Angriffe auf sich, in denen „der rote Faden des Gespensts der Sinnlosigkeit" (1189) zum Vorschein komme. Die Krise des Fortschrittsbewusstseins sieht Taylor prägnant bei Max Weber, Baudelaire und Proust artikuliert.

Angesichts des Todes, der in besonderer Weise das Gefühl bedrohe, dass das normale Leben selbst einen höheren Sinn habe, nimmt Taylor den Wunsch wahr, „die verstreuten Sinnmomente zu einem Ganzen zu versammeln" (1193). Dem Wunsch nach Ewigkeit stehe freilich der Tod geliebter Menschen als finale Trennung der Liebenden und radikale Negation der Bedeutung der Liebe entgegen. Indessen biete der Tod zugleich die Gelegenheit, einen Ausweg aus den Beschränkungen und Zwängen des Lebens zu finden und den Sinn des Lebens neu zu erfassen. Als exemplarisch dafür nennt Taylor den Dichter Stéphane Mallarmé. Bei ihm führe die immanente Revolte gegen den Primat des Lebens und die gegenaufklärerische Betonung des „Gegenprimats des Todes" (1200) zur paradoxen Idee einer immanenten Transzendenz, bei welcher der Tod „den paradigmatischen Sammelpunkt des Lebens" (1202) bilde. Ähnliches erkennt der kanadische Philosoph in Heideggers Sein-zum-Tode.

13.2 Verlust der Fülle und Verfälschung des Christentums

Bevor Taylor in extenso auf die in einem ausführlichen autobiographischen Interview konzentrierte, radikale Modernekritik Ivan Illichs eingeht, in dem er offenbar einen Geistesverwandten entdeckt hat, ruft er das in der Einleitung zu *Ein säkulares Zeitalter* aus der Autobiographie von Bede Griffiths[1] zitierte Gefühl der

---

[1] Der Anglikaner Alan Richard Griffiths (1906–1993) konvertierte einige Jahre nach seinem lebensverändernden jugendlichen Erlebnis der Fülle, das er zunächst im Rahmen einer romantischen Auffassung deutete, dann aus christlicher Perspektive verstand und „the golden string" nannte, zur katholischen Kirche. Er trat in den Benediktinerorden ein, nahm den Ordensnamen Bede an und wurde später zu einem Pionier des christlich-hinduistischen Dialogs und der interreligiösen spirituellen Praxis. Seinen Weg zur katholischen Kirche schildert er in Griffiths 1954.

Fülle (19) in Erinnerung. Diesem „‚epiphanischen' Erlebnis" (1205), das ein kontemplatives Erfassen der Fülle beinhalte, stellt er ein ebensolches, von Václav Havel geschildertes Erlebnis einer den immanenten Rahmen sprengenden Erhebung in eine Art „‚Über-Zeit'" mitsamt einer Art „‚höchst glücklichem Einklang mit der Welt und mir selbst'" (ebd.)[2] zur Seite. Was Griffiths und Havel erlebten, sei für sie die Erschließung einer als lebensverändernd verstandenen Realität gewesen, die sie als eine Art von Bekehrung erlebt hätten. Bekehrung kann Taylor zufolge entweder plötzlich oder auch allmählich geschehen. Sie kann Einzelpersonen betreffen oder Kollektive transformieren. Große Bekehrungen, die geschichtlich bedeutsame spirituelle Richtungen hervorgebracht haben, weisen ein auffälliges Merkmal auf. Sie setzen „eine Transformation des Rahmens voraus, in dem Menschen bis dahin gedacht, gefühlt und gelebt haben" (1208f.). Bei den durch Jesus, Buddha, Franz von Assisi oder Teresa von Ávila initiierten Veränderungen handele es sich um einen nicht nur jenseits des bisherigen Rahmens liegenden, sondern dessen Sinn verändernden Paradigmenwechsel mit Bezug auf die zentralen Lebensfragen. Wer einen über den bisherigen Rahmen hinausführenden Paradigmenwechsel einleite, rüttele „an den Grenzen der allgemein akzeptierten Sprache" (1211), errege Argwohn, werde diskreditiert oder müsse sich einer neuen, „subtileren" Sprache bedienen.

In die Ausführungen über Fülle, Transformationen und die existierende Ordnung sprengende Bekehrungen eingebettet ist eine Rekapitulation von Grundgedanken des aus Kroatien stammenden, der Befreiungstheologie nahestehenden und unter anderem Befreiungspädagogik praktizierenden Priesters, Pamphletisten und Professors Ivan Illich (1926–2002), von dem Taylor nach eigenem Bekunden eine Menge gelernt hat (1219).[3] Illich habe ähnlich wie zuvor Max Weber deutlich gemacht, dass die westliche Zivilisation im Christentum wurzele, gegenüber der einseitig progressiven, rationalisierungstheoretischen Deutung dieser Entwicklung jedoch eine Verfälschung des Christentums und ei-

---

2 Das auf den Seiten SZ 1205 f. wiedergegebene Erlebnis ist zitiert aus Havel 1984, 265 f. Der Schriftsteller, Dissident und Politiker Václav Havel (1936–2011) hat sich nie offiziell zu einer christlichen Kirche bekannt, stand als humanistisch gesinnter Existentialist indes in freundschaftlicher Verbindung mit zahlreichen christlichen Intellektuellen und Gläubigen und war von der Frage nach Gott und dem Sinn des Lebens bewegt; vgl. Wanitschke/Erbrich 1994; Halík 2014.
3 Taylor bezieht sich ausschließlich auf die werkgeschichtlich wie biographisch aufschlussreichen Gespräche Illichs mit dem kanadischen Radiojournalisten David Cayley (Illich 2006), zu denen Taylor ein Vorwort beigesteuert hat, in welchem er darlegt, weshalb „Illichs Arbeit heute für uns von so großer Bedeutung" (Taylor 2006, 13) sei. Zur Kritik an den plakativen, undifferenzierten, exegetisch wie historisch fragwürdigen Thesen Illichs vgl. Lehmann 2011, dazu auch Taylors Replik (2011, 858–861). Laut Cayley, 2006, 33, hat Illich selbst seine Werke der 1970er Jahre als Pamphlete bezeichnet.

nen „schlimmen Verrat an der christlichen Botschaft" (1220) konstatiert. Am biblischen Gleichnis vom barmherzigen Samariter veranschaulicht Illich zum einen die Grenzen sprengende Kraft des Evangeliums, das neue Verbindungen ermögliche bis hin zu einem von Beziehungen getragenen Netzwerk, das sich Kirche nennt. Zu Verfälschungen komme es indes, wenn aus dem Netzwerk eine „kategoriale Gruppierung" (1222), ein Stamm bzw. eine von Regeln beherrschte Institution werde. Aus dem verfälschten Agape-Netzwerk heraus habe sich eine bürokratisch verhärtete Kirche etabliert, welche die Sünde kriminalisiert, deren Vergebung verrechtlicht und das eigene Streben nach Macht kultiviert habe. „Aus dem verfälschten Christentum entsteht die Moderne" (1224).

In Illichs Geschichte des verfälschten Christentums findet Taylor eine Reihe von Parallelen zu seinen eigenen Anliegen und zu dem, was er als REFORM analysiert und kritisiert. Durch die von Illich aufgezeigte Errichtung eines Systems, das einen Kodex von Regeln, diverse disziplinäre Verfahren und ein System rational strukturierter Organisationen umfasse, erfolge eine Entkörperlichung und Dezentrierung, „damit wir zu disziplinierten, rationalen und desengagierten Subjekten werden" (1227). Die Geschichte vom barmherzigen Samariter erscheine dann, ihrer Kontingenz und Körperlichkeit beraubt, als Schritt auf dem Weg zur universalen Regelmoral.

Der kanadische Philosoph resümiert, was er von Illich gelernt habe, wie folgt: dass wir ohne Kodizes zwar nicht leben können, jedoch auch ihre entmenschlichenden und entfremdenden Aspekte erkennen müssen; dass Kodizes zur „Krücke unseres moralischen Überlegenheitsgefühls" (1229) werden und insofern zur Gewalt verführen können; dass wir das Zentrum unseres spirituellen Lebens „jenseits des Kodex auf einer tieferen Ebene finden (sollten), nämlich in Netzwerken der lebendigen Anteilnahme" (ebd.). Meines Erachtens lässt sich Taylors Illich-Einschub in das Kapitel über „Bekehrungen" als eine ihm entgegenkommende, scharfzüngige Demonstration für den Verlust der Beziehung zur agapischen Fülle lesen.

13.3 Eine Rückkehr zum Katholizismus

In der Konversion bzw. Re-Konversion zum Christentum bemerkt Charles Taylor zwei divergierende Tendenzen. Aus dem Gefühl, dass die immanenten Deutungen der gegenwärtigen Ordnungen in psychologischer oder moralischer Hinsicht mangelhaft seien und nicht im Einklang mit dem Bewusstsein einer größeren Ordnung stünden, werde ein Mangel konstatiert, der einerseits als ein nur die gegenwärtige Ordnung betreffendes, überwindbares Faktum verstanden werde. Andererseits könne dieser Mangel als eine in der historischen Situation des

Menschen angelegte Lücke bzw. Spannung „zwischen den Forderungen des christlichen Glaubens und den Normen der Zivilisation" (1231) aufgefasst werden. Während ein von der Moderne radikal Entfremdeter sich eher nach einer in der Vergangenheit gefundenen, echten und umfassenden christlichen Ordnung sehne, hätten jene, die Demokratie und Menschenrechte für wichtige zivilisatorische Errungenschaften hielten, den zweiten Weg eingeschlagen und sich der „‚loyalen Opposition'" (1232) der modernen Zivilisation angeschlossen. Ein Musterbeispiel für die zweite „Route" zum Glauben stellt für den kanadischen Kommunitaristen (vgl. Arens 1995; Arens 1998) der französische Dichter und Schriftsteller Charles Péguy (1873–1914) dar.

Der maßgeblich von Henri Bergson beeinflusste und dementsprechend gegen das Vorurteil der wissenschaftlichen Objektivierung des Zeitbewusstseins und der Vergangenheit gefeite Péguy stellt der objektivierenden Geschichte die *im Ereignis verbleibende und es von innen her neu erlebende und verstehende Erinnerung* gegenüber. Dadurch sei „schöpferische Erneuerung" möglich, die Taylor mit Péguy als ein Handeln begreift, das „eine gewisse zeitliche Tiefe aufweist" (1236). Für den radikalsozialistischen Dichter und Dreyfus-Anhänger habe sowohl die Revolution als auch die katholische Tradition zur zu erinnernden tausendjährigen Geschichte Frankreichs gehört. Treue zur Tradition (*fidélité*) sei für ihn das Gegenteil einer mechanisch-traditionalistischen Rückkehr. Ein echtes, lebendiges Verhältnis zur Tradition werde dagegen von einer in den tiefen Überlieferungen und Lebensformen des Volkes verwurzelten *mystique* motiviert. Freilich könne die *mystique* zur *politique* verkommen.[4]

Laut Taylor war Péguys Rückkehr zum Glauben nach seiner frühen Entfremdung vom Katholizismus wenigstens zum Teil eine Reaktion auf die bedrückende Erkenntnis, dass in der französischen Politik sowohl der Rechten wie der Linken eine Verkalkung der spirituellen Quellen und Kräfte des Organischen durch Zwangsregeln und Machtkalkül von Organisationen geschehen sei und somit echtes gemeinsames Handeln in *fidélité* und Freiheit auf der Strecke geblieben sei. Demgegenüber gehe es für jeden Menschen darum, seiner *mystique* zu folgen, wobei diese unterschiedliche, aus verschiedenen Quellen gespeiste, komplexe Formen annehmen könne. Für Péguy selbst gehörten die Antike, das Judentum, der Sozialismus sowie das Christentum zu seinen Inspirationen, die Taylor als „bereits inkarnierte Ideale" (1239) charakterisiert. Péguys Ideal der *cité harmonieuse*, das er in seiner gleichnamigen sozialistischen Programmschrift aus dem Jahr 1898 darlegte, dem er als Endziel auch nach seiner Re-Konversion

---

4 Vgl. den markanten Satz Péguys: „Tout commence en mystique et finit en politique" (1235 f., zitiert nach Mounier 1931, 115); dazu: Balthasar 1962, 783–786.

treu blieb, hat Taylor zufolge auch die „loyale Zusammenarbeit zwischen den Befürwortern solcher Ideale" (ebd.) zum Ziel, was jede Gewalt oder Ausgrenzung ausschließe. Dass in der *cité harmonieuse* niemand ausgeschlossen sei, konvergiere mit Péguys Heilsuniversalismus, in dessen Theologie für die Hölle kein Platz sei.[5]

Taylor stellt dezidiert heraus, dass Péguy weder ein Freund der herrschenden klerikalen Partei noch des autoritären nachtridentinischen Katholizismus war und von der „Kodex-Fixiertheit der Kirche" (1240) weit entfernt war. Als ein der geschichtlichen wie persönlichen Verstrickungen von Gut und Böse bewusstes *mauvais sujet* habe er sich nach einer Zeit kreativen Handelns gesehnt und auf eine erlöste bzw. gesammelte Zeit gehofft. „Was Péguy vor der (Re-)Konversion vielleicht fehlte, war die Hoffnung; und so ist es kein Wunder, daß er die Hoffnung anschließend in den Rang der höchsten Tugend erhob" (1241). Der Dichter fasse die Ewigkeit als gesammelte Zeit im Bild einer Kette, durch die die Gläubigen spirituell und fleischlich mit den lokalen Heiligen, mit Maria, Jesus und mit Gott in der Gemeinschaft der Heiligen verbunden seien. Im Bild der Kette komme zugleich zum Ausdruck, wie sehr Péguys inkarnatorisch geprägter Glaube durch seine Ablehnung der modernen Exkarnation beseelt sei.[6]

Nach Ansicht von Taylor lassen sich im Zweiten Vatikanischen Konzil und in dessen Reformen eine Reihe von Themen und Anliegen Péguys wiedererkennen, wobei es für den kanadischen Philosophen darauf ankommt, wie die von diesem Konzil ausgehende Reform zu beurteilen sei. Im Rahmen einer linearen Fortschrittsgeschichte, in der die Reform zur REFORM würde, könnten wir seines Erachtens „postulieren, daß es um die endgültig und uneingeschränkt richtige Deutung des katholischen Christentums geht" (1243).[7]

Demgegenüber ergäben sich in einem zweiten Rahmen komplementäre Einsichten, deren Zusammenpassen mit Bezug auf die sozialen, theoretischen sowie spirituellen Kontexte ihrer Herkunft zu prüfen sei. Innerhalb des zweiten Rah-

---

5 Vgl. die beiden in seinem Buch (1239) zitierten Passagen aus Mounier 1931, 46 und 182f.; dazu die ausführlichen Darlegungen zu Péguys Ablehnung der Hölle aus theologischen wie ethischen Gründen bei Balthasar 1962, 767–880, passim.
6 Nach einer höchst missverständlichen Aussage Péguys „ist man Christ, weil man einer Rasse angehört, die *wieder aufsteigt*, einer mystischen Rasse, die spirituell und aus Fleisch ist, zeitlich und ewig, von bestimmtem *Blute*" (1242, zitiert nach Mounier 1931, 189). Nach Taylors Auffassung war der Dichter aber kein Rassist. Entscheidend sei „hier der Begriff der Gemeinschaft, des Einander-die-Hände-Reichens; mit anderen Worten: der Begriff einer Gemeinschaft der Heiligen, mit der wir alle verbunden sind" (1242). Die Frage bleibt, ob die *communio sanctorum* ebenso universal gedacht ist wie die *cité harmonieuse*. Zur ersteren vgl. die faszinierende Arbeit von Johnson 1998.
7 Taylor gebraucht für die Reform(en) des Zweiten Vatikanums freilich nie den Begriff REFORM.

mens gehe es nicht um Fragen nach Wahrheit versus Falschheit, sondern um verschiedene, aus unterschiedlichen Lebensformen stammende „Zugangswege zum Glauben" (1245). Für den Denker des säkularen Zeitalters ist der heutige Glaube weder der „Gipfelpunkt des Christentums" noch dessen „degenerierte Form" (1246). Heutiger Glaube sollte jedenfalls bereit sein zu einem Gespräch, das die Gesamtheit seiner Geschichte umfasse und insofern auf die Gemeinschaft der Heiligen verweise. Darunter versteht er „eine Gemeinschaft ganzer Lebenswege, ganzer Routen hin zu Gott" (1247). Die Kirche als Gemeinschaft (*communion*) verschiedener Wege, Völker und Zeitalter, welche im Eschaton zusammenlaufen, werde beschädigt und gespalten, „wenn man einem unfundierten Totalglauben an die eigene Wahrheit anhängt" (1248).[8] Demgegenüber sei immer wieder nach neuen Wegen und Routen zu suchen, die von Pionieren wie etwa Péguy erschlossen wurden.

13.4 Dem Gott der Bibel dichterisch nachspüren

Den englischen Dichter und Philologen, Konvertiten und Jesuiten Gerard Manley Hopkins (1844–1889) führt Taylor als Paradebeispiel eines modernen Pioniers an, dem seine unerhört innovative, dichterische Sprache dazu diene, „einen Weg zurück zum Gott Abrahams zu finden" (1252). Hopkins gehe wie Péguy von der nachromantischen Situation aus, in der die Gegenwart den Blick für die Schönheit der Welt verloren habe, verbunden mit der Überzeugung, dass der Dichtung bei der Wiedergewinnung einer ästhetischen Dimension des Lebens eine Schlüsselrolle zukomme. Dabei lässt sich, wie der kanadische Philosoph in *Quellen des Selbst* ausführlich dargelegt hat, an die Sprachtheorie und Symbolik der deutschen und englischen Romantik anknüpfen.

Hopkins, der wie fast ein Jahrhundert später Taylor selbst, in das Balliol-College in Oxford eintrat, dort bei den Romantikern Matthew Arnold und Walter Pater klassische Philologie studierte und „in die Atmosphäre jener totalen ästhetischen Weltschau eintaucht" (Balthasar 1962, 720), gelangt zu einer jener neuen, „‚subtileren' Sprachen der nachromantischen Poetik" (1252),[9] welche zum

---

[8] Im Original ist die Rede von einem „unfounded total belief" (755). Es handelt sich um einen unbegründeten Glauben, der die von ihm vorgebrachten Wahrheitsansprüche nicht als bestreitbare und begründungspflichtige Ansprüche erkennt, sondern als die Wahrheit verkennt; vgl. dazu: Arens 2007, 239–260.
[9] Zu Arnolds an Schiller anknüpfender Poetik vgl. 636–643; zu Paters Ästhetizismus vgl. 674–676, zum von Shelley stammenden Ausdruck „‚subtilere' Sprachen" vgl. 592–594, 598f.; dazu: Taylor 1994, 729–788.

einen neue Bedeutungen erschließen, die zum anderen aber nicht auf einen einzigen Sinn festgelegt sind, sondern in einer Art ontologischem Schwebezustand bleiben, der für unterschiedliche Deutungen, nämlich sowohl dezidiert auf Transzendenz bezogene als auch entschieden subjektivistische Interpretationen offen ist.

Seine neue, subtilere Sprache fand Hopkins, nachdem der vormalige Anglikaner unter dem Einfluss von John Henry Newman zum Katholizismus übergetreten, zunächst Jesuit, dann Priester geworden war, seine Jugendgedichte verbrannt hatte und nach jahrelangem öffentlichem Schweigen in kurzen Aufsätzen, Predigten und erst nach seinem Tod veröffentlichten, verstörenden Gedichten und Tagebuchnotizen zu einer formal wie inhaltlich höchst originellen Artikulation seiner ästhetischen Erfahrungen und theologischen Einsichten und deren vieldeutigen subtilen Bezügen gelangt war.[10]

Die nachromantische Sprachauffassung reduziert Sprache nicht auf ihre instrumentelle Funktion, erkennt in jener vielmehr eine wirklichkeitskonstituierende und -erschließende Kraft. „Durch die Sprache in ihrem konstitutiven Gebrauch (nennen wir ihn ‚DICHTUNG') stellen wir eine Verbindung zu etwas Höherem oder Tieferem her" (1253; vgl. Taylor 2017). Dabei kann es sich um Gott oder die (menschliche) Natur oder auch das Begehren handeln. „Die DICHTUNG kann als Ereignis mit performativer Kraft aufgefaßt werden" (1253). Dichterische Sprache könne eine bestimmte Realität offenbaren und, damit verbunden, neu freisetzen, was allerdings nur bei denen geschehe, bei denen sie Resonanz finde. Wo die Resonanz indessen ausbleibt oder wieder verhallt, kann die Sprache abstumpfen, zur banalen Routine und zum konformistischen „‚Gerede'" (1255), so Taylor mit Heidegger, verkommen.

Bei Hopkins findet der kanadische Philosoph zwei Merkmale der Fragilität der Sprache angesprochen. Die romantische Vorstellung vom Dichter als Genius könne eine monologische Auffassung nahelegen und zur Konzentration auf das dichterische Einzelwort führen. Demgegenüber setze sich, ausgehend von Herder, Hamann und Humboldt, eine dialogische Sprachauffassung durch, bei der deutlich werde, dass die entscheidenden Resonanzen ganze Gemeinschaften miteinander verbinden. Bei Hopkins findet sich durchaus eine Konzentration auf das Einzelwort. Neologismen wie „*instress*" („Inkraft") oder „*inscape*" („Inbild",[11]

---

[10] Zur ästhetischen bzw. poetischen Theologie von Hopkins vgl. Balthasar 1962, 719–766; Stock 1998, 364–367; McInerney 2012, 39–97. Für seine Sonette erfindet Hopkins zudem einen neuen „Sprungrhythmus" (Balthasar 1962, 726).
[11] Zur Deutung der Worte *instress* und *inscape* vgl. Balthasar 1962, 731f. Mit diesen für Hopkins unentbehrlichen Worten sei „seine Weltschau in Chiffern ausgedrückt […], geselbstet zur persona"

1257) sind Worte von großer performativer Kraft und mit neuem semantischem Gehalt, die freilich nur in einer ganzen Konstellation von Ausdrücken mitsamt ihren intertextuellen Bezügen und adressatenbezogenen, pragmatischen Offerten Resonanz intendieren und womöglich hervorrufen.

Als eine weitere Möglichkeit innerhalb der nachromantischen Tradition die Wiederherstellung der Sprache zu bewerkstelligen, führt Taylor das von der jüdischen Kabbala inspirierte „Thema des NAMENS" (ebd.) an, womit die in der adamitischen Ursprache gegebene Fähigkeit gemeint sei, die Dinge mit den das Wesen ihrer Realität treffenden „eigentlichen NAMEN zu BENENNEN" (1258). Im Unvermögen zeitgenössischer Sprache, dies zu tun, zeige sich unser defizitäres, von „‚Schacher'" und „‚Mühsal'" besudeltes Leben.[12] In der aufmerksamen Betrachtung der Natur in ihrer Rohheit und Unberührtheit, ihrem „‚Wildwuchs'" und ihrer „‚Wildernis'" zeige sich nach Hopkins eine tiefere Realität dessen, worin *instress* und *inscape* zutage trete, nämlich „‚Inkraft'" und „‚Inbild'" geschehen und „‚Einssein' des Dings" (1259) erscheine.

Laut Taylor lässt sich von Hopkins' Lyrik sagen, sie „BENENNE das Inbild der Dinge" (1260), sie offenbare die Kraft spezifischer Einzeldinge, was in seinem Sonett über den „Turmfalken" *The Windhover* auf sprachlich wie inhaltlich einzigartige Weise imaginiert wird.[13] Laut Taylor wird in dem Gedicht „Gescheckte Schönheit" ausdrücklich, dass „die einzelne Existenz jedes Dings" das ist, „was es von Gott hat" (ebd.), was für uns Menschen als personale Wesen bedeute, dass wir uns in unserer Partikularität als solche erkennen und wählen, die „nur in Gemeinschaft mit Gott wir selbst sein können" (1261). Erkennen können wir Gott nach Hopkins nicht. Wir können freilich *God's Grandeur*, so der Titel eines seiner berühmten Gedichte, in dessen Schöpfung erahnen auf bisweilen kraftvolle, bisweilen fragile, von Dunkelheit verschattete, verzagte Weise.

Für den Denker des säkularen Zeitalters kehrt Hopkins in seiner Theologie kompromisslos gegenüber der Moderne zum zentralen Gehalt der christlichen Lehre zurück, der umfassenden Gemeinschaft als Ziel des göttlichen Schöp-

---

(731). *Inscape* sei „in Entsprechung zur Kraft, die ‚Form', [...] heißt ‚Schaft', ‚Stengel', fügt also den Gedanken eines Urspringens" (732) hinzu.
12 Vgl. hierzu das Zitat in Hopkins' Gedicht „Gottes Herrlichkeit": „Und alles [ist] von Schacher gedörrt; besudelt, beschmiert von Mühsal" (1258). Die „‚Schäbigkeit der Dinge'" (1259) nahm Hopkins insbesondere in den durch rücksichtslose Industrialisierung verschandelten, hässlichen englischen Industriestädten wahr.
13 Balthasar erkennt in diesem, „Christus unserem Herrn" gewidmeten Gedicht – die Widmung erwähnt Taylor nicht – vom Turmfalken ein „sakramentales Bild des Kreuzes", wobei dieser Bezug explizit nur in der Widmung aufscheine, „im Gedicht selbst muß das Bild alles sagen" (Balthasar 1962, 762).

fungshandelns. Dem innovativen Dichter gelinge es, im Rückgriff auf Duns Scotus den Nexus zwischen diesem Telos und der Anerkennung des Partikularen in seiner Spezifität herauszustellen. Seine Sichtweise Gottes als des im partikularen Inbild wie im unermesslichen Universum Wirkenden mache Hopkins im 19. Jahrhundert ebenso beispiellos wie bahnbrechend.

Anschließend merkt Taylor noch an, dass die Skala neuer Routen sehr viel breiter sei als die von ihm angeführten Wege. Er erwähnt Leute wie Charles de Foucauld, John Main, Jean Vanier, Mutter Teresa (vgl. 1134) oder Therese von Lisieux (vgl. 780 f.), welche neue Wege des Betens und Handelns gefunden hätten, ohne jedoch näher auf deren agapisch-praktische Spiritualität in Solidarität mit den Randexistenzen, Elenden und Sterbenden einzugehen. Mit seinen Beispielen habe er deutlich machen wollen, dass es nicht nur ein einziges, zu einer bestimmten Zeit realisiertes Paradigma der christlichen Ordnung gebe, weil dies „die reichhaltige Vielfalt der Wege zu Gott" (1267) leugne bzw. verloren gehen lasse. Der Vielfalt werde nur eine Vorstellung der Einheit der Kirche gerecht, die die paradigmatischen Routen durch alle Zeiten hindurch bis in Ewigkeit versammle und zusammenführe.

13.5 Zwei alternative Zukunftsszenarien

Wie die Zukunft des säkularen Zeitalters aussehen könnte, hängt Taylor zufolge nicht zuletzt ab von „Annahmen über den Ort des Spirituellen im menschlichen Leben" (1270). Wer von der in seinem Buch ausführlich dargelegten Standardtheorie der Säkularisierung ausgehe, sehe Religion weiterhin auf dem unaufhaltsamen Rückzug. Religion werde zwar nicht völlig verschwinden und ganz von der Wissenschaft verdrängt werden, aber immer weiter schrumpfen und allenfalls in irrationalen Randzonen unaufgeklärter Minderheiten überleben. Die von den Säkularisierungstheoretikern geteilte Grundannahme besage zudem, „daß religiöse, transzendente Ansichten verfehlt sind oder zumindest keine einleuchtenden Gründe haben" (1271 f.).

Dagegen geht Taylor von der Grundannahme aus, dass wir im religiösen Leben auf eine transzendente Realität reagieren. „Wir alle haben eine Ahnung davon, die zum Vorschein kommt, wenn wir eine Form der ‚Fülle' identifizieren, anerkennen und zu erreichen versuchen" (1272). Das gelte selbst für ausgrenzende Humanisten, die Formen von Fülle zwar wahrnehmen und anerkennen, dabei indes in einem immanenten Rahmen verharren und sich insofern ein falsches Bild von dieser Fülle machten. Dadurch sperren sie laut dem Autor des *Secular Age* entscheidende Merkmale der transzendenten Realität aus, auf die auch sie reagieren, die sie aber nicht als solche identifizieren. Das von Konvertiten beschriebene Gefühl, aus einem verengten Rahmen auszubrechen, das Taylor als strukturelles Merkmal von Konversionen und Re-Konversionen ausmacht, entspreche folglich der Realität. Gerade die Bekehrung zum Gott Abrahams, von dem unser Wissen Stückwerk bleibe, mache uns bewusst, was und wieviel wir in der Regel ausklammern.

Taylor ist davon überzeugt, dass es in Bezug auf die Fülle, von der alle Menschen irgendeine Vorstellung hätten, „keinen absoluten Nullpunkt" (1273) gibt. Wenn der ausgrenzende Humanismus die Fülle freilich in den immanenten Rahmen einsperre, sei das Tor zu transzendenten Entdeckungen verriegelt. Gleiches treffe ebenso auf jene Gläubigen zu, die ihr Bild von Gott in falscher Gewissheit für das einzig richtige hielten und Gott damit zum Götzen machten. „Götzendienst ist eine Ursache von Gewalt" (1274). Darin tritt zutage, dass religiöser Glaube ein Risiko darstellt und, wenn er rigorose Grenzen zieht zwischen der eigenen Reinheit und den Unreinen, den Guten und den Bösen, dann könne Glaube gefährlich und gewaltsam werden.

Die von Taylor erzählte Geschichte kennt eine „,Zukunft der religiösen Vergangenheit'" (1275; vgl. Taylor 2008), was impliziert, dass die in der säkularistischen Erzählung als obsolet abgeschüttelte Religion nicht preisgegeben werden könne. Die Aufklärung dürfe nicht einfach mit Peter Gay als „,modernes Heidentum'" (1276) aufgefasst werden, was durchaus auf die von John Stuart Mill und Nietzsche vertretene Strömung zutreffe; gleichzeitig seien aber durch aufklärerische Bewegungen und Durchbrüche bedeutsame „heidnische" Facetten des spirituellen Lebens zerstört, unterdrückt oder mindestens marginalisiert worden. Dazu zählt Taylor die als Exkarnation bezeichnete „stetige Entkörperlichung des spirituellen Lebens" (1277), womit das Christentum, nicht zuletzt aus Angst vor der Sexualität, als Glaube an den inkarnierten Gott etwas ihm Wesentliches verdränge und verleugne.

Taylor redet keiner Rückkehr zum Heidentum das Wort. Aber er gibt zu bedenken, dass der „Polytheismus" mit seiner Verschiedenheit der Götter den bereits achsenzeitlich angestoßenen, von der REFORM weiter vorangetriebenen Drang nach Vereinheitlichung konterkariere und uns zwinge, „die vom Leben nach einem einzigen Prinzip vielfach bestrittene Integrität verschiedener Lebensformen" (1278) zu respektieren. Gerade die Ansprüche auf völlige Verabschiedung der problematischen Vergangenheit machten uns dafür blind, wie sehr wir manche Gräuel der Geschichte auf unsere Weise wiederholen.

13.6 Komplementäre Großerzählungen

Als Fazit aus *Ein säkulares Zeitalter* hält Taylor im Epilog fest, die Geschichte vom Aufstieg der mechanistischen Naturwissenschaft, welche mit der nominalistischen Abkehr vom mittelalterlichen Realismus in Verbindung stehe und die zu einer Mechanisierung des Weltbildes, zur Entzauberung des sinntragenden Kosmos sowie zu einer instrumentellen Sicht des menschlichen Handlungsvermögens geführt habe, müsse in ihrem Zusammenwirken mit der REFORM begriffen werden. Der Aufstieg einer dominierenden Vorstellung von der abgeschlossenen immanenten Ordnung, die Taylor „„Geschichte vom theoretischen Abweg‘" (TA) (1282) nennt, kann ihm zufolge allein keine überzeugende Erklärung für die sich durchsetzende Säkularität liefern. Die TA bedürfe vielmehr zu ihrer Durchsetzung und Vollendung einer weiteren Geschichte, die er als „REFORM-Großerzählung (RGE)" (ebd.) bezeichnet. Die REFORM begnüge sich nicht mit der Entzauberung des Kosmos (vgl. Joas 2017), sondern sie diszipliniere das Leben der Menschen sowie die Gesellschaft als Ganze und strukturiere beide neu.

Taylor insistiert auf der Komplementarität der beiden Großerzählungen vom theoretischen Abweg (TA) und von der REFORM (RGE), die verschiedene Seiten desselben mäandernden Stroms der Geschichte betreffen und beleuchten. Während TA entscheidende intellektuelle und theologische Zusammenhänge erhelle, deren Durchsetzung durch die Ausbreitung neuer sozialer Vorstellungsschemata vermittelt sei, sei die RGE nötig, um die lineare Geschichte aufzubrechen, „zu stören und zu zeigen, wie Destabilisierung und Neuformierung ins Spiel kommen" (1284). Für den Denker des säkularen Zeitalters liefert erst das komplexe Zusammenwirken der Geschichte vom theoretischen Abweg mit der REFORM-Großerzählung das mit Hilfe des Konzepts der sozialen Vorstellungsschemata gedachte Mittel, um heutige Religion zu verstehen und zu erklären.

13.7 Konversionsgeschichten

Charles Taylors *Secular Age* verdient Anerkennung für seine imponierende philosophische Leistung, die minutiöse philosophie-, kultur- und religionsgeschichtliche Detailstudien in einem großen systematischen Werk mit narrativer Kraft und denkerischem Drive integriert. Mit Blick insbesondere auf Kap. 19 „Unruhige Fronten der Moderne", Kap. 20 „Bekehrungen" sowie den Epilog „Viele Geschichten" stellen sich indes einige Fragen und Anfragen.

Zunächst überrascht, dass ganz am Schluss mehrmals unisono zustimmend auf die „radical orthodoxy" Bezug genommen (1281 f.; 1284) und namentlich dabei auf John Milbank (vgl. auch 502; 1164) hingewiesen wird. Das für die theologische Richtung der *radical orthodoxy* programmatische Hauptwerk Milbanks *Theology and Social Theory*[14] verficht nämlich einen dezidiert antimodernen Traditionalismus, der von Taylors differenzierter Reflexion der Gewinne und Verluste der Geschichte der Säkularität weit entfernt ist, der gegenüber Taylors Eintreten für die Vielfalt der Geschichten die einseitig augustinisch gedeutete „counter-history" (Milbank 1990, 381–422) der Kirche stark macht und der im Gegensatz zum kanadischen Kommunitaristen keine vermittelnde, auf gute Balance bedachte, sondern eine ausgrenzende neo-orthodoxe Position vertritt. Von Taylors Befürwortung öffentlicher Religion her, wie sie in José Casanovas *Public Religions in the Modern World*[15] analysiert und reflektiert wird, hätte meines Erachtens ein Aufgreifen der Arbeiten zur *public theology* näher gelegen und wäre für eine theologische Auseinandersetzung mit der säkularistischen Reduktionsgeschichte, eine differenzierte Antwort auf die Gegenwart des Religiösen sowie die Bedeutung von Religion bzw. Glaubensgemeinschaften ergiebiger gewesen.

Für ein Aufbrechen des reduktionistischen immanenten Rahmens der Säkularität und einer Wiedergewinnung des Zugangs zur Fülle spielen bei Taylor Bekehrungserlebnisse eine herausragende Rolle. Der kanadische Philosoph erzählt zwar keine ausführlichen Bekehrungsgeschichten, sondern konzentriert sich auf jene Bekehrungserlebnisse, die Konvertiten eine neue Begegnung mit dem Transzendenten ermöglichen und dadurch deren Lebenswege grundlegend transformieren. Taylor kommt allerdings nirgends auf die Ambivalenzen von Konversionen zu sprechen, die nicht immer zur Öffnung, sondern nicht selten umgekehrt zur fundamentalistischen Verhärtung in der neu gewonnenen Glaubensüberzeugung bzw. Glaubensgemeinschaft führen (vgl. Hervieu-Léger 2004). Die von ihm zwar angesprochenen, aber nicht eingehend bedachten Bekehrungen zur agapischen, praktisch-solidarischen Gemeinschaft mit Marginalisierten hätten das Spektrum der Wege zur Fülle durch eine genuin jesuanische Route bereichert.

Taylors Buch *Ein säkulares Zeitalter*, das von Bekehrungsgeschichten – in der Einleitung die Bede Griffiths', in den Schlusskapiteln jene von Václav Havel, Charles Péguy sowie Gerard Manley Hopkins – gerahmt ist, deutet bereits mit der Positionierung dieser Geschichten einen zum ausgrenzenden Humanismus alternativen Rahmen an. Er erkennt in Bekehrungen, seien dies epiphanische,

---

[14] Milbank 1990; dazu kritisch: Arens 1991; Stout 2004; Graham 2013. Eine eher zu Taylor passende Position innerhalb der *radical orthodoxy* nimmt Graham Ward in seinen neueren Arbeiten ein; vgl. Ward 2009.
[15] Casanova 1994; dazu Taylor: 708 f., 814, 874, 877, 890; vgl. ferner Taylor 2008, 875; Tracy 1981; Arens 2007; Arens 2010; Arens 2012; Arens 2016; Graham 2013; vgl. auch: Butler u. a. 2011.

poetische, spirituell-politische oder agapisch-praktische, Ausbrüche aus dem abgeschlossenen, gegen Transzendenz abgedichteten, immanenten Rahmen und die Erschließung eines neuen bzw. die Wiederentdeckung eines alten Rahmens, der Sinn für, ein Gefühl von und eine Begegnung mit Transzendenz beinhaltet. Taylors Werk lässt sich zugleich als erzählerisch dichte und argumentativ starke Einladung zu einem Gemeinschaftsdenken lesen, in dem der „Sinn für Zugehörigkeit" (Arens 1995) kultiviert und in der Gemeinschaft der Glaubenden bzw. der Heiligen erfahren und gelebt wird (vgl. Johnson 1998; Arens 2008), eine Einladung zur Wiedergewinnung des Gefühls für das Ganze, zur Bereitschaft zur Öffnung für die Fülle des Seins, zur Konversion bzw. Re-Konversion zum Gott Abrahams.

Zitierte Literatur

Arens, E. 1991: Rez. John Milbank, Theology and Social Theory. Beyond Secular Reason, Oxford 1990, in: Theologische Revue 87, 305–308.
Arens, E. Der Sinn für Zugehörigkeit. Religion und Gesellschaft in kommunitaristischer Sicht, in: Orientierung 59, 154–159.
Arens, E. 1998: Kirchlicher Kommunitarismus, in: Theologische Revue 94, 487–500.
Arens, E. 2007: Gottesverständigung. Eine kommunikative Religionstheologie, Freiburg/Br.
Arens, E. 2008: Gemeinschaften der Erinnerung und Hoffnung. Jüdische und christliche Zugänge, in: Lenzen, V. (Hg.), Erinnerung als Herkunft der Zukunft, Bern, 25–44.
Arens, E. 2010: Von der Zivilreligion zur öffentlichen Kirche. Robert Bellahs Weg in den Kommunitarismus, in: Kühnlein, M. (Hg.), Kommunitarismus und Religion, Berlin, 151–165.
Arens, E. 2012: Kritisch, kirchlich, kommunikativ. Fundamentaltheologie als öffentliche Theologie, in: Böttigheimer, C./Bruckmann, F. (Hg.), Glaubensverantwortung im Horizont der Zeichen der Zeit, Freiburg/Br., 432–453.
Arens, E. 2016: Going public – Öffentliche Religionen und Öffentliche Theologie, in: Arens, E./Baumann, M./Liedhegener, A.: Integrationspotenziale von Religion und Zivilgesellschaft. Theoretische und empirische Befunde, Zürich, 19–69.
Balthasar, H. 1962: Herrlichkeit. Eine Theologische Ästhetik, Band II: Fächer der Stile, Teil 2: Laikale Stile, Einsiedeln.
Butler, J./Habermas, J. u. a. 2011: The Power of Religion in the Public Sphere, ed. and introduced by Mendieta, E./VanAntwerpen, J., New York.
Casanova, J. 1994: Public Religions in the Modern World, Chicago.
Cayley, D. 2006: Einführung, in: Ivan Illich: In den Flüssen nördlich der Zukunft. Letzte Gespräche über Religion und Gesellschaft mit David Cayley, München, 21–76.
Ferry, L. 1997: Von der Göttlichkeit des Menschen oder Der Sinn des Lebens, Wien.
Graham, E. 2013: Between a Rock and a Hard Place. Public Theology in a Post-Secular Age, London.
Griffiths, B. 1954: The Golden String. An Autobiography, London.
Halík, T. 2014: All meine Wege sind DIR vertraut. Von der Untergrundkirche ins Labyrinth der Freiheit, Freiburg/Br.

Havel, V. 1984: Briefe an Olga. Identität und Existenz, Reinbek.
Hervieu-Léger, D. 2004: Pilger und Konvertiten. Religion in Bewegung, Würzburg.
Illich, I. 2006: In den Flüssen nördlich der Zukunft. Letzte Gespräche über Religion und Gesellschaft mit David Cayley, München.
Joas, H. 2017: Die Macht des Heiligen. Eine Alternative zur Geschichte von der Entzauberung, Berlin.
Johnson, E. 1998: Friends of God and Prophets. A Feminist Theological Reading of the Communion of Saints, New York.
Lehmann, K. Kardinal 2011: Entsteht aus dem verfälschten Christentum die Moderne? Zur Begegnung von Charles Taylor und Ivan Illich, in: Kühnlein, M./Lutz-Bachmann, M. (Hg.), Unerfüllte Moderne? Neue Perspektiven auf das Werk von Charles Taylor, Frankfurt/M., 327–349.
McInerney, S. 2012: The Enclosure of an Open Mystery. Sacrament and Incarnation in the Writings of Gerard Manley Hopkins, David Jones and Les Murray, Oxford.
Milbank, J. 1990: Theology and Social Theory. Beyond Secular Reason, Oxford.
Mounier, E. 1931: La Pensée de Charles Péguy, Paris.
Stock, A. 1998: Poetische Dogmatik: Christologie, 3. Leib und Leben, Paderborn.
Stout, J. 2004: Democracy and Tradition, Princeton.
Taylor, C. 1994: Quellen des Selbst. Die Entstehung der neuzeitlichen Identität, Frankfurt/M.
Taylor, C. 2006: Vorwort, in: Ivan Illich: In den Flüssen nördlich der Zukunft. Letzte Gespräche über Religion und Gesellschaft mit David Cayley, München, 9–14.
Taylor, C. 2008: The Future of the Religious Past, in: de Vries, H. (ed.), Religion – Beyond a Concept, New York, 178–244.
Taylor, C. 2011: Replik, in: Kühnlein, M./Lutz-Bachmann, M. (Hg.), Unerfüllte Moderne? Neue Perspektiven auf das Werk von Charles Taylor, Frankfurt/M., 821–861.
Taylor, C. 2017: Das sprachbegabte Tier. Grundzüge des menschlichen Sprachvermögens, Berlin.
Tracy, D. 1981: The Analogical Imagination. Christian Theology and the Culture of Pluralism, New York.
Wanitschke, M./Erbrich, G. 1994: ‚… auf die innere Stimme hören.' Die Frage nach Gott und dem Sinn des Lebens im Werk von Václav Havel, Leipzig.
Ward, G. 2009: The Politics of Discipleship. Becoming Postmaterial Citizens, Grand Rapids.

Michael Kühnlein
14 Ausblick: Nach der Entzauberung der Entzauberungstheorie – Wo stehen Politik, Ethik und Religion heute?

Zum Abschluss des Sammelbandes möchte ich Taylors Erzählung über die Entstehung des säkularen Zeitalters auf ihre politischen, moraltheoretischen und religionsphilosophischen Konsequenzen hin untersuchen. Denn vergegenwärtigt man sich die bisherige Rezeption Taylors, dann dominiert, wenig verwunderlich, die religionssoziologische Auseinandersetzung: Hier erfährt Taylor vor allem für seine expressive Neuordnung der Säkularisierungstheorie im Kampf gegen das vor allem von Max Weber und seinen modernen Granden vorgetragene Rationalisierungsschema respektvolle Anerkennung und Würdigung (vgl. Casanova 2010; Joas 2010; König 2011); doch auch wenn diese hermeneutische Übereinkunft sachlich durchaus ihre Berechtigung hat, so geraten dadurch andere Bedeutungsfelder zunehmend aus dem Blick. Denn Taylor erzählt eben nicht nur die eine Super-Geschichte über den Aufstieg und den gegenwärtigen Zustand der säkularen Option, sondern diese ist zugleich in den vielen Geschichten der menschlichen Selbstverständigung über das Gute eingebettet – und sie alle handeln von weiteren Entzauberungen der modernen Zielsprachen: nämlich von der politischen Entzauberung der Laizität (14.1), von der ethischen Entzauberung der Moral (14.2) und von der religionsphilosophischen Entzauberung des Humanismus (14.3). Auf diese veränderte politische, ethische und religionsphilosophische Topographie des Guten unter den expressivistischen Bedingungen einer säkularen Zeitgenossenschaft werde ich im Folgenden kurz eingehen.

14.1 Säkularität und Laizität

Taylors harsch formulierte Absage an den religionssoziologischen Zieltheorien der Moderne findet ihre politische Entsprechung in seiner Kritik an einer rein laizistischen Rechtsstaatsauffassung. Denn dem säkularen Laizismus der Moderne wirft er vor, ein einseitiges Trennungsregime zu errichten, das über dem rechtlichen Geltungsbereich hinaus auch Fragen der politischen Öffentlichkeit von allen Fremdeinflüssen des Religiösen fernhalten will. Er tut dies im Namen einer atheistischen Vernunft, die sich, in der Moderne angekommen, bereits am Ende ihrer institutionellen und expressiven Selbstverwirklichung wähnt. Taylor nimmt damit insbesondere solche Theorien ins Visier, die mit der Metapher der

„großen Trennung" von Religion und Politik den scheinbar unhintergehbaren Bezugspunkt einer normativ-liberalen Moderne zum Ausdruck bringen wollen: „Das christliche politische Denken, das auf einer ganz bestimmten Vorstellung durch göttlichen Bundes beruhte, ging unter. Es wurde abgelöst durch eine neue Herangehensweise an die Politik, die sich allein auf menschliches Recht und menschliche Bedürfnisse gründete. Die Große Trennung setzte ein. Westliche politische Philosophie wurde vom Nachdenken über Kosmologie und Theologie abgekoppelt. Und diese Trennung bleibt bis heute das eindeutigste Wesensmerkmal unserer modernen westlichen Zivilisation." (Lilla 2007, 57f.)

Das Problematische an dieser Art der vernünftigen Selbstauskunft ist freilich, dass sie säkulare und religiöse Gründe ontologisch strikt voneinander separiert und in eine Wertehierarchie bringt. Jetzt soll nur noch zählen, welche immanenten Rechtfertigungen für das öffentliche Handeln angeführt werden können. Jenseits dieser intellektuellen Trennungsräume lauern indes nur Anarchie, Gewalt und Tod, so dass jede Wiederkehr der Religion als säkulare Apostasie, als Abfall vom rechten Glauben an die eine universale Vernunft, erscheinen muss. Doch diese analytisch eingemauerte Vorstellungswelt ist nach Taylor selbst erfüllt von ihrem eigenen Heroismus der humanistischen Selbstbehauptung, der das religiöse Ressentiment zum allseitigen Begründungsprinzip erhebt und so tut, als ob die institutionelle Trennung von Politik und Religion *zugleich* auch unseren *moralischen* Standpunkt in der Welt in der gleichen Weise definieren müsste: hier die Legitimität der Vernunft, dort das Stigma des Glaubens. Und diese *normative* Negation der Religion, die der dualistischen Trennung der liberalen Welt politisch vorausliegt, zieht Taylor radikal in Zweifel, denn sie besagt implizit, „daß ein politisches Denken, in dessen Mittelpunkt der Mensch steht, zuverlässigere Antworten liefert als Theorien, die von politischer Theologie geprägt sind" (Taylor 2012, 78; vgl. dazu Kühnlein 2013a).

Vor dem Hintergrund einer expressivistischen Deutung des Säkularisierungsgeschehens liegt dem Laizismus der Moderne also ein undurchdachtes Trennungsregime voraus, welches gerade in seiner negativen Haltung zur Religion die politische Auszehrung des Liberalismus ungewollt mit verkörpert, indem es religiöse Menschen aus normativen Gründen zu Bürgern zweiter Klasse zurückstutzt: „Ein solches Regime ersetzt mit anderen Worten eine bestehende Religion sowie die für sie bestehenden Grundüberzeugungen durch eine säkulare, aber antireligiöse Moralphilosophie, die ihrerseits ein System metaphysischer und moralischer Glaubenssätze herausstellt. [...] Diese Art von Regime ersetzt die bestehende Religion durch eine laizistische Moralphilosophie." (2011, 22f.). Anders jedoch als Carl Schmitt, der aus einem ähnlichen Befund gleich eine ganze Welt des Politisch-Theologischen gemacht hat, verzichtet Taylor hier auf eine identitäre Metaphysik; vielmehr ersetzt er den politisch-existenziellen Verlust an religiöser Aura durch die politisch-hermeneutische Aura spiritueller Vielfalt. Taylor plädiert daher „für eine grundlegende Neubestimmung des Säkularismus", die uns in die Lage versetzen soll, die immanente Ordnung des Laizismus „konstruktiver" wahrzunehmen (Taylor 2012, 53 und 72).

An diesem Punkt wird deutlich, wie hochpolitisch das Anliegen einer expressivistischen Säkularisierungstheorie doch ist: Denn wenn es keine übergeordneten Perspektiven auf das Gute mehr gibt, dann lassen sich auch keine rigiden politischen Konzepte mehr rechtfertigen. Insofern votiert Taylor für ein „offenes" Laizitätsmodell, dessen Unterschied zu dem im öffentlichen Vernunftgebrauch befindlichen Laizitätsregime er wie folgt bestimmt: „Ein rigideres Regime der Laizität erlaubt im Namen eines bestimmten Verständnisses der staatlichen Neutralität und der Trennung der politischen und religiösen Gewalten eine weiter gehende Einschränkung der freien Religionsausübung, während eine ‚offene' Laizität für ein Modell eintritt, das sich am Schutz von Gewissensfreiheit und Religionsfreiheit ebenso wie an einer ‚weicheren' Vorstellung von Trennung und Neutralität orientiert." (Taylor 2011, 39)

Dieses offene Beziehungsmodell ist allerdings nicht nach allen Seiten hin durchlässig; vielmehr setzt es die institutionelle Trennung von Staat und Religion und damit eine Art der „prinzipiengeleiteten" Distanznahme zwingend voraus (Taylor 2012, 53). Insofern ist die von Taylor ins Spiel gebrachte „Offenheit" in ihrer Funktionsweise mehr als eine politische Membran zu verstehen, die nur nach einer Seite ihrer Trennschicht hin durchlässig ist, damit ethische Zielsetzungen passieren können, um eine Anreicherung des staatlichen Neutralitätsprinzips mit religionskritischen Einstellungen zu verhindern. Denn Vernunft verteidigt nach Taylor keine apriorische Feindschaft zur Religion; sie unterliegt vielmehr der unendlichen Anstrengung des Begriffs, zwischen den einzelnen demokratischen Prinzipien wie Freiheit und Gleichheit jeweils neu zu vermitteln. Die Zielsetzungen müssen also immer wieder der ethischen Ausgangssituation angepasst werden – und d.h.: alle spirituellen Weltanschauungen müssen sich nach Taylor politisch einbringen können: „Eine wesentliche Schwierigkeit bei unserem Umgang mit diesen Fragen besteht darin, daß wir ein falsches Modell zugrunde legen, welches nach wie vor unser Denken bestimmt. Wir meinen, daß sich Säkularismus (oder *laicité*) um das Verhältnis zwischen Staat und Religion drehe, während es dabei doch tatsächlich um die (richtige) Antwort des demokratischen Staats auf Vielfalt geht. [...] Es gibt keinen Grund, der Religion eine von nichtreligiösen, ‚säkularen' [...] oder atheistischen Standpunkten abgehobene Sonderstellung zuzuweisen. Tatsächlich liegt der Sinn staatlicher Neutralität genau darin, jegliche Bevorzugung oder Benachteiligung nicht nur religiöser Bekenntnisse, sondern überhaupt jeder Weltanschauung, sei sie religiöser oder nichtreligiöser Natur, zu vermeiden. Wir dürfen die christliche Religion nicht gegenüber dem Islam begünstigen, ebenso wenig wie den religiösen Glauben gegenüber dem Unglauben oder umgekehrt." (Taylor 2012, 56 f.)

Charles Taylors Plädoyer für eine Polysemie des Säkularen ist demnach ein Plädoyer für einen differenzoffenen und nach innen integrierenden Säkularismus. Im Begriff der Polysemie klingt mit an, dass es nicht mehr genügt, nach Weltanschauungen zu trennen, sondern der Laizismus muss sich selbst als eine Antwort auf die spirituelle Vielfältigkeit moderner Gesellschaften begreifen: Er darf deshalb Religion nicht mehr von vornherein ausschließen, sondern er muss sie als wählbare Option in seine ordnungstheoretischen Überlegungen mit integrieren. Die politische Neutralität moderner Institutionen darf also nicht auf die Neutralität der Zivilgesellschaft soziologisch ausgedehnt werden. Nur so ist nach Taylor „ein optimales Gleichgewicht zwischen der Achtung der moralischen Gleichheit und dem Schutz der Gewissensfreiheit der Individuen zu erreichen" (Taylor 2011, 82).

Im Kern läuft der Begriff der Polysemie demnach auf eine Semantik des Säkularen hinaus, die Neutralität und Anerkennung gleichursprünglich umfasst und so den Boden für eine „gemeinsame Philosophie der Zivilität" bzw. für ein gedeihliches Miteinander bereitet: „Eine Ordnung, die sich in der heutigen Demokratie aus gutem Grund als säkularistisch bezeichnet, darf sich nicht primär als Bollwerk gegen die Religion verstehen. [...] Und das heißt: Sie muß versuchen, ihre institutionellen Arrangements so zu gestalten, daß sie zwischen den verschiedenen Weltanschauungen ein Höchstmaß an Freiheit und Gerechtigkeit garantieren, statt geheiligten Traditionen treu zu bleiben." (Taylor 2012: 73 und 85).

14.2 Struktur und Anti-Struktur

Ein wesentlicher Grund für die laizistische Überdehnung der Vernunft erblickt Taylor vor allem in ihrer Tendenz, die Sprache der Moral selbst zu neutralisieren. Hier wird imaginiert, dass sich das moralisch Richtige in zeitlos gültigen Gesetzen präsentiert. Vom Standpunkt einer apriorischen Moral betrachtet ist also die moralische Welt nichts anderes als das, was sie sich selbst kontrafaktisch bieten lässt. Doch eine solche Vernunftwelt stellt in den Augen Taylors eine Entwirklichung dar, ein körperloses Reich reiner Zwecke, in denen ohne die Widerständigkeit dilemmatischer Seinskonflikte moralische Prinzipien zu klinischen Diskurs-„Fetischen" mutieren: „Wir glauben, das richtige System aus Regeln, aus Normen finden zu müssen, um ihnen dann ohne Fehl und Tadel zu folgen. Wir können nicht mehr erkennen, wie schlecht diese Regeln zu fleischlichen menschlichen Wesen passen; wir bemerken die Dilemmata nicht mehr, die sie unter dem Teppich kehren müssen: zum Beispiel Gerechtigkeit versus Gnade oder Gerechtigkeit versus erneuerte Beziehung" (Taylor 2006, 13).

In dieser selbstgenügsamen Definition des Sollens verfehlt Vernunft aber gerade den Sinn des Daseins, den wir handelnd immer unterstellen müssen und der in erster Linie auf das Erleben von ‚epiphanischer' Fülle und nicht auf eine formale Übereinkunft der Vernunft mit sich selbst abzielt. Das Kodex-Denken kann sich also nach Taylor nur entfalten, weil sein soziales Vorstellungsschema des Richtigen auf eine ahistorische und neutrale Vernunft fixiert bleibt. Doch damit wird die Vernunft dem menschlichen Ausdrucksstreben nicht gerecht: Insofern sie ihr eigenes ethisches Momentum verleugnet und im Nomos-Denken ein künstliches Trennungsregime zwischen Fragen des Gerechten und des Guten errichtet, bleibt sie hinter der Wirklichkeit dessen zurück, was Taylor (mit Hegel) als sittlichen Heilsvorgang des *verzeihenden* Geistes beschreibt: Schöne Seelen vermögen nämlich die Welt nicht zu retten; nur vom ‚Guten' bewegte Menschen können das.

Gegen eine Theorie vollkommener Absichten setzt Taylor daher eine Praxis der Selbstinterpretation, die die aufkommenden Güterkonflikte zwischen Freiheit und Gleichheit, zwischen Gerechtigkeit und Barmherzigkeit vor dem Hintergrund unserer sozialen Imaginationen über das Gute zu lösen versucht. In dieser Perspektive ist der Vernunft die Moral des Gesetzes nicht mehr genug: „Der ‚Regelfetischismus' – die ‚Nomolatrie' – der modernen liberalen Gesellschaft ist also potentiell überaus schädlich. Es besteht die Tendenz, den Hintergrund, der jedem Kodex Sinn verleiht – also die Vielfalt der Werte, deren Realisierung die Regeln und Normen dienen sollen – außer acht zu lassen und uns für die vertikale Dimension unempfänglich, ja blind zu machen. Außerdem ist diese Tendenz einem Vorgehen nach Einheitsmaß förderlich: Regel ist Regel! Man könnte sogar sagen, daß die moderne Nomolatrie die moralische und spirituelle Nivellierung begünstigt." (1173; vgl. dazu Kühnlein 2013)

Das Kodex-Denken stellt also still, was es an Negativität in der Welt eigentlich aufheben sollte. Es verhindert, dass Menschen in eine neue Beziehung treten können. Versöhnung muss daher anders gedacht werden als in den traditionellen klinischen Mustern desengagierter Verantwortlichkeit. Diese von Hegel inspirierte dialektische Denkfigur leitet Taylor vor allem von der Fähigkeit ab, „auf die Befriedigung durch Vergeltung oder auf die Sicherheit zu verzichten, die daher rührt, daß man zu seinem Nächsten mißtrauisch auf Distanz geht" (1173). Zur Illustration dieses Gedankens bemüht Taylor gerne Beispiele aus der jüngeren Weltgeschichte, in denen der innergesellschaftliche Konfrontationsdruck eines sich im grundlegenden politischen Wandel befindlichen Systems durch vorbeugende, um Wahrheit und Versöhnung bemühte Gerechtigkeitsinitiativen gemindert werden konnte. Denn materieller Ausgleich allein, so viel weiß der ‚Kommunitarist'

Taylor, erzeugt noch keinen dauerhaften gemeinschaftlichen Mehrwert. Als leuchtendes Vorbild gilt ihm dabei vor allem die Aussöhnungspolitik Nelson Mandelas, der durch Gründung von regionalen Wahrheitskommissionen die Entwicklung von neuen solidarischen Verkehrsformen mit begünstigen wollte, um die sich im Entstehen befindliche Zivilgesellschaft auf eine positive Freiheitsgrundlage zu stellen – jenseits einer reflexhaften Institutionalisierung des Täter-Opfer-Ressentiments: „Der eigentliche Gedanke, der diesem Verfahren zugrunde lag, war der, daß man die früheren Opfer dazu bringen wollte, in einer Hinsicht das Maximalergebnis (die Wahrheit über das Geschehene) zu akzeptieren und dafür auf vieles andere zu verzichten, worauf sie sonst einen Rechtsanspruch gehabt hätten. [...] Das Ziel bestand darin, eine ‚Entschädigung' zu finden, die zugleich eine Versöhnung und daher das Zusammenleben auf einer neuen Basis ermöglichen würde." (1170)

Von diesen politisch exzeptionellen Versuchen, über die restriktiven Vergeltungscodes hinauszukommen, lässt sich Taylor im weiteren Verlauf ethisch inspirieren. Konkret folgert er, dass sich die Vernunftmoral wieder berühren lassen und ihren Pflichtenpanzer ablegen muss, damit Beziehungen von Grund auf wieder erneuert bzw. restituiert werden können. Eine solche ethische Selbst-Transfiguration hebt nicht allein im guten Willen an, sondern sie setzt Verzweiflung und Verletztsein voraus, um den Exzess unseres Existierens im Antlitz des Anderen voranzubringen: Wir rechtfertigen zwar Regeln, aber nur in und durch die Ausnahme bleiben wir gerechtfertigt. Das höchste Recht, sozusagen das Recht jenseits des Rechts, ereignet sich daher an Orten, wo von sich aus auf das Recht verzichtet wird – Orte, an denen die Erfordernisse der Wahrheit kleinmütige Akte der rechtlichen Vergeltungslogik überflüssig machen. Mit anderen Worten: Taylor zeichnet solche Handlungen ethisch aus, „die darin bestehen, auf das durch Leiden erworbene Recht auf Genugtuung zu *verzichten*, auf das Recht des Unschuldigen, seinen Peiniger zu bestrafen. Ein solcher Akt widerspricht allen Instinkten, mit denen wir unsere gerechte Strafe verteidigen. Man könnte ihn auch als Vergebung bezeichnen, doch vollzieht er sich auf einer tieferen Ebene, weil er die Einsicht in unser aller Menschlichkeit voraussetzt, und das heißt in unsere Endlichkeit und Fehlbarkeit" (1176).

Taylors Ethik des Guten verhält sich also zur Moral des Richtigen wie die Anti-Struktur zur Struktur, wie der Gegen-Kodex zum Kodex. Ihr fällt unter säkularen Bedingungen der Moderne die Aufgabe zu, die Vernunft aus ihrer inneren Identitätsstarre zu lösen, eben weil die Verwirklichungsbedingungen der Moral einer anderen praktischen Logik gehorchen als die universellen Begründungsverfahren einer rein an das körperlose Reich der Zwecke formal Maß nehmenden Sollens- bzw. Gesetzesphilosophie. Taylors Priorisierung des Guten bringt also mithin den exzessiven Charakter unseres Moralischseins zum Ausdruck (Kierkegaard nannte das einmal die Kraft zur „Suspension"), der über den Vernunftpositivismus hinaus nach jenem Sinn und jener Anerkennung durch eine „Beziehung" (481) verlangt, die tiefer und weiter reicht als das durch Recht und Pflicht bloß atomistisch Bejahte: „Alle Kodizes brauchen ein Gegengewicht und gelegentlich sogar ein Eintauchen in ihre Verneinung, sonst drohen Starrheit, Schwächung, Atrophie der sozialen Kohäsion, Blindheit und letzten Endes vielleicht Selbstzerstörung. [...] Auch die besten Codes können zu Fallen stellenden Götzen werden, die uns zur Gewalttäterschaft verleiten. [...] Wir sollten den Mittelpunkt unseres spirituellen Lebens jenseits des Codes finden, tiefer als der Code, in Netzwerken aus lebendiger Sorge, die nicht dem Code geopfert werden dürfen, die ihn sogar von Zeit zu Zeit untergraben müssen." (93)

Auf die zunehmende Verrechtlichung unserer Sozialbeziehungen reagiert Taylor also mit großer Sorge. Denn im Mittelpunkt einer solchen Freiheitskonzeption steht nicht eine Beziehung, sondern ein seiner Regeln bewusstes Selbst. Allerdings darf man Taylors Kritik hier nicht nomophobisch verstehen: Er will nicht die Kodizes abschaffen, sondern bloß den Furor, mit dem die Einhaltung der Regeln überwacht wird und der eine moralische Gesetzesexistenz atrophisch werden lässt: „Wir können nicht ohne Kodizes leben – weder ohne juristische Regeln, die für den Rechtsstaat unabdingbar sind, noch ohne moralische Regeln, die jeder neuen Generation beigebracht werden müssen. Aber obwohl wir der demokratischen, juristisch geprägten und objektivierten Welt nicht zur Gänze entrinnen können, ist es äußerst wichtig zu erkennen, daß das nicht schon alles ist und daß diese Welt in vielerlei Hinsicht entmenschlichend und entfremdend ist, daß sie häufig Dilemmata hervorbringt, die sie nicht sehen kann, und daß sie in ihrem Voranschreiten mit großer Rücksichtslosigkeit und Grausamkeit handelt." (1229)

Mit anderen Worten: Es gibt dilemmatische Situationen, in denen die Durchsetzbarkeit eines Rechtsanspruchs mit den narrativen Selbstinterpretationen der Betroffenen kollidiert. Hier gibt es für Taylor mehr als nur eine Lösung. Man kann zum einen auf Entschädigung beharren, bringt sich aber dadurch um die Güter der Solidarität und der Wechselseitigkeit; oder aber man verzichtet auf materiellen Ausgleich zu Gunsten der Wahrheit (die ‚Mandela-Option') und ermöglicht so ein neues Zusammenleben auf der Basis ausgesöhnter Verhältnisse (vgl. 1169 f.). Gerade in dilemmatischen Fragen der Übergangsgerechtigkeit hält Taylor also eine Regelredundanz für kontraproduktiv; er erblickt darin eine schlimme „Verstümmelung des Menschlichen" (1050). Für ihn ist deshalb klar, dass die Sprache kategorialer Rechte und Pflichten wichtige Resonanzquellen des Guten zum Verstummen bringt und uns daher in unserer Identität nicht im Letzten bestimmen darf, denn „auch die besten Kodizes können zu Götzen und Fallen werden, die uns zur Teilnahme an Gewalttaten verführen" (1229).

Die Idee der Gerechtigkeit ist somit nicht nur auf den Ausgleich von materiellen Interessen beschränkt; vielmehr erzeugt sie in ihren besten Tathandlungen einen Mehrwert, der sich von der Nomos-Fixierung löst, indem sie sich von dem existenziellen Ernst der Situation herausfordern lässt. Denn Versöhnung und Vertrauen sind für Taylor weder moralisch verpflichtend noch rechtlich erzwingbar. Ihre normative Anti-Struktur weist vielmehr Grade von Unverfügbarkeit auf, die jede Verwirklichung von Freiheit und Gerechtigkeit in den Augen des Anderen als ‚Gabe' erscheinen lässt.

14.3 Humanist oder Samariter?

Neben der politischen Entzauberung der Laizität und der ethischen Entzauberung der Gesetzesmoral gibt es bei Taylor aber noch eine dritte Form der spirituellen Ernüchterung, die ich als religionsphilosophische Entzauberung des (atheistischen oder immanenten) Humanismus bezeichnen möchte. Denn in Taylors Augen begünstigt ein solcher Humanismus latente Formen der Gewalt und der Ausgrenzung, eben weil er an der Faktizität menschlichen Scheiterns zu verzweifeln droht. Er spricht hier auch von einem zwiespältigen Humanismus, der darin überfordert ist, seine selbst gestellten Ansprüche zu erfüllen: „Einerseits wird man [...] zum Handeln angeregt. Andererseits jedoch kann man angesichts der enormen Enttäuschung durch die tatsächlichen Leistungen des Menschen – die zahllosen Hinsichten, in denen wirkliche, konkrete Menschen ihr prächtiges Potential verfehlen, ignorieren, verhöhnen und verraten – gar nicht umhin, zunehmend Zorn zu empfinden und alles für vergeblich zu halten." (1155 f.; vgl. Kühnlein 2011)

Der Humanismus erschafft somit eine künstliche Erwartungshaltung, die ihn von sich weg in die Entfremdung treiben lässt, weil es diesseits von Gesetz und Pflicht keine möglichen Transformationsperspektiven mehr gibt. Taylor spricht deshalb auch von „tragischen" (1156 f.) Implikationen der humanistischen Selbstverstrickung – ‚tragisch' insofern, als die immanenten Quellen des Humanismus die „Konzentration auf das Schlechte im Menschen" (1088) verstärken und dadurch gerade jene Exzesse der Gewalt auf dem Gebiet der Gerechtigkeit hervorbringen, die das säkulare Denken mit seiner Kritik an der Religion ursprünglich hinter sich lassen wollte. Denn die moralische Verpanzerung des humanistischen Überlegenheitsgefühls kann geradewegs in das Böse führen: „Je stärker die [...] Ungerechtigkeit als solche empfunden wird, desto fester kann sich" ein Muster der Abwertung und der Geringschätzung „durchsetzen. Wir werden zu Zentren des Hasses und zu Motoren neuer Formen noch größerer Ungerechtigkeit, obwohl wir von einem ganz feinen Sinn für das Übel und großer Leidenschaft für

Gerechtigkeit, Gleichheit und Frieden ausgegangen sind" (1157 f.). Für Taylor steht deshalb fest, „daß der moderne Humanismus ein großes Potential für solche beunruhigenden Umschwünge bietet. [...] Von der Hingabe an andere hin zu egoistischen Wohlfühlreaktionen, von einem hochfliegenden Sinn für menschliche Würde hin zu von Verachtung und Haß getriebenen Kontrollmechanismen, von absoluter Freiheit hin zu absolutem Despotismus, vom leidenschaftlichen Wunsch, den Unterdrückten zu helfen, hin zum glühenden Haß auf alle, die im Weg stehen" (1159)

In diesem Zusammenhang macht Taylor auf die existenzialistische Argumentation von Albert Camus als ein Denken der humanistischen Verschärfung aufmerksam (973–977). Auf den ersten Blick scheint es nämlich so zu sein, dass nur ein existenziell radikalisierter Begriff der Selbstbejahung sowohl die Suggestivkraft religiöser Projektionen durchschauen als auch das Wohlgedeihen der Menschen auf eine immanent-unbestechliche Weise fortführen kann. Illusionistische Verzerrungen wären auf beiden Seiten nicht mehr möglich, weil das philanthropische Handeln von vornherein in dessen Absurdität und Ausweglosigkeit zum Ausdruck käme (vgl. Camus 1991). Insofern stellt Camus' humanistischer Atheismus eine besondere intellektuelle Herausforderung für Taylor dar, weil hier die Kraft des Humanismus in das Absurde selbst umgelenkt wird, um einer Welt zu widerstehen, „die vernunftwidrig schweigt" (Camus 1981, 29). An diesem äußersten Punkt der Selbstkontraktion, die hinter jede Transformationsperspektive zurückreicht, empfangen Liebe und Solidarität bei Camus ihren aufschiebend-provisorischen Sinn nur noch aus dem Akt des Revoltierens selbst, mit dem der Mensch sich gegen das Absurde auflehnt. Die Kraft zur Protestation findet er dabei nicht in vorgängigen Quellen des Guten, sondern in einer Haltung der ‚Ehre', die die Perspektiven des Lebens auch in einer Welt der metaphysischen Dunkelheit und Stille wertzuschätzen in der Lage ist.

Für die ethische Überzeugungskraft eines in die absurde Existenz hineingestellten Humanismus' besitzt Taylor in der Folge nun ersichtlich gewisse Sympathien; denn in manchen Punkten erscheint ihm die Haltung des absurden Helden radikaler und dessen Gabe grundloser zu sein als jene Formen der ekstatischen Hingabe, denen sich der christliche Märtyrer unterwirft: Während dieser nämlich noch im Selbstopfer auf die Wiederherstellung seines Lebens nach dem Tod vertraut, fehlt eine solche Hoffnungsperspektive in der Revolte. Dies macht zum Teil das Faszinosum seines Heldentums aus – aber auch, wie Taylor findet, dessen Fragwürdigkeit. Denn hier wird die Fähigkeit zum solidarischen Handeln „als Leistung einsamer Individuen" gedacht: „Dieser einseitige Heroismus ist in sich abgeschlossen. Er berührt die äußerste Grenze dessen, was erreichbar ist, wenn wir vom Gefühl unserer eigenen Würde motiviert werden." (1164) Der sich in die Absurdität zurückziehende Humanismus führt also in den

Augen Taylors zu einer Atomisierung der Handlungen, deren Philanthropie aus der Aneinanderreihung einmaliger, in sich zusammenhangloser Taten besteht. Die abgründige Gabe geschenkter Solidarität erneuert sich nicht in der Antwort auf etwas, sondern sie ist bereits die Antwort selbst. Hier gibt es keine Restitution, keine Intersubjektivität, keine Gemeinschaft: „Der Heroismus der grundlosen Gabe hat keinen Platz für Wechselseitigkeit." (1164)

Taylor wirft damit dem Existenzialismus vor, dass er seine humanistischen Ausdrucksmöglichkeiten verkümmern lässt; denn das durch heldenhaftes Engagement einer absurden Welt abgetrotzte Glück verstetigt gerade die Einsamkeit des Individuums. Erst durch die Bejahung des Absurden – und nicht des Mitmenschen – gelingt hier die Befreiung. Dagegen sieht Taylor die moderne Quelle unserer Solidaritätsbestrebungen von einem Gefühl der Identifikation mit dem anderen durchdrungen, welches über einen monadenhaften Altruismus hinaus auf eine Art von ‚Liebesbindung' verweist, deren religionsphilosophischer Mehrwert Taylor nach dem „Vorbild des eschatologischen Mahls" begreift: „Das ist eine Bindung, bei der jeder für den anderen eine Gabe ist, bei der jeder gibt und empfängt und bei der die Grenze zwischen Geben und Nehmen verschwommen ist." (1164 f.)

Mit dieser Kritik an einem existenziell sich aufspreizenden Humanismus geht Taylor endgültig dazu über, die humanistischen Maximalforderungen vor dem Hintergrund der religiösen Tradition auszulegen; nur ein solches Vorgehen erscheint ihm letzten Endes „sinnvoll" zu sein: „Nach meiner Überzeugung kann das für uns etwas Reales sein, allerdings nur insoweit, als wir uns Gott öffnen, was im Grunde heißt: daß wir die Grenzen überschreiten, die in der Theorie von Formen des ausgrenzenden Humanismus gezogen werden. Wenn man das glaubt, hat man der Moderne etwas äußerst Wichtiges zu sagen, etwas über die Fragilität dessen, was wir alle – Gläubige ebenso wie Ungläubige – an dieser Zeit am höchsten schätzen." (1165)

Erst in dieser Perspektive des innerlichen Berührtseins erschließt sich für Taylor jene Freiheit des Menschen, die Grenzen überwindet und neue Formen des ‚Passens' schafft: Sie reduziert den anderen nicht auf ein Dasein unter Gesetzen, sondern sie lässt sich von seiner Existenz, die mehr ist als die Summe seiner unterstellten Kompetenzen und Dispositionen, vereinnahmen, ohne die Unterschiede zwischen ihnen abzuschaffen. Doch ist das zugleich auch eine Freiheit, wie Taylor in Bezug auf die moderne Moralphilosophie kritisch anmerkt, die sich nicht mehr vollständig aus sich selbst heraus erzeugen lässt, sondern auf eine Beziehung zu Gott beruht, der uns auf eine „Weise liebt, in der wir einander nicht ohne Hilfe lieben können" (480). In dieser, wie Taylor auch formuliert, „dissymmetrischen Proportionalität" spiegelt sich das Passivum des unausweichlichen Angesprochenseins exemplarisch in der Person des barmherzigen

Samariters im Neuen Testament wider, der durch die Not des Geschundenen zum Handeln aufgerufen wird: „Er fühlt sich […] nicht durch ein Prinzip des ‚Sollens' zu dieser Reaktion aufgerufen, sondern durch diese verletzte Person selbst. Und indem er so reagiert, befreit er sich von den Grenzen des ‚Wir'." (1222)

Die Perspektive der *Agape* leitet somit eine umfassende Dezentrierung des Subjektgedankens ein. An die Stelle einer Motivation durch Selbsterzeugung tritt hier eine Motivation durch Fremdberührung, die sich in Anspruch nehmen lässt von der Unvertretbarkeit des Leides jedes Einzelnen. Jeder Nächste ist der Erste, jeder Samariter ein Netzwerker der Liebe, der die Inkarnation Gottes in seinem Handeln bezeugt (vgl. 1222). Dadurch, dass wir geliebt werden, können wir von uns selbst loslassen und alle subjektiven Eigenmächtigkeiten überwinden. In dieser Freiheit von uns selbst ist Taylor zufolge „der Nichtgewalt – der grenzenlosen Selbsthingabe, dem rückhaltlosen Handeln, der grenzenlosen Offenheit – ein Weg gebahnt" (1086; vgl. dazu auch Kühnlein 2011, 438 ff.).

Zitierte Literatur

Camus, A. 1981: Der Mythos von Sisyphos, Hamburg.
Camus, A. 1991: Die Pest, Hamburg.
Casanova, J. 2010: A Secular Age: Dawn or Twilight?, in: Warner, M./Antwerpen, J./Calhoun, C. (Hg.), Varieties of Secularism in an Secular Age, Cambridge, 265–281.
Joas, H. 2010: Die säkulare Option. Ihr Aufstieg und ihre Folgen, in: Kühnlein, M. (Hg.), Kommunitarismus und Religion, Berlin, 231–241.
König, M. 2011: Jenseits der Säkularisierungstheorie? Zur Auseinandersetzung mit Charles Taylor, in: Kölner Zeitschrift für Soziologie und Sozialpsychologie, 649–673.
Kühnlein, M. 2011: Religion als Auszug der Freiheit aus dem Gesetz? Charles Taylor über die Vermessungsgrenzen des säkularen Zeitalters, in: Kühnlein, M./Lutz-Bachmann, M. (Hg.), Unerfüllte Moderne? Neue Perspektiven auf das Werk von Charles Taylor, Berlin, 388–445.
Kühnlein, M. 2013: Theorie der Selbstverantwortung oder überantwortete Freiheit? Charles Taylors Kritik der Nomolatrie, in: Philosophisches Jahrbuch, 394–408.
Kühnlein, M. 2013a: Fetisch Säkularität: Zur Aufhebung der ‚großen Trennung' von Religion und Politik bei Charles Taylor, in: Brantl, R./Geiger, R. u. a. (Hg.), Philosophie, Politik und Religion. Klassische Modelle von der Antike bis zur Gegenwart, Berlin, 217–231.
Lilla, M. 2007: Der totgeglaubte Gott. Politik im Machtfeld der Religion, München.
Taylor, C. 2006: Vorwort, in: Illich, I., In den Flüssen nördlich der Zukunft. Letzte Gespräche über Religion und Gesellschaft mit David Cayley, München, 9–14.
Taylor, C. 2011: Laizität und Gewissensfreiheit (zusammen mit Jocelyn Maclure), Berlin.
Taylor, C. 2012: Für eine grundlegende Neubestimmung des Säkularismus, in: Mendieta, E./VanAntwerpen, J. (Hg.), Religion und Öffentlichkeit, Berlin 53–88.

Primärliteratur

Bücher

The Explanation of Behaviour, London 1964.
The Pattern of Politics, Toronto 1970.
Erklärung und Interpretation in den Wissenschaften vom Menschen, mit einem Vorwort von Garbis Kortian, Frankfurt/M. 1975.
Hegel, Cambridge 1975 (dtsch.: Hegel, aus dem Englischen von Gerhard Fehn, Frankfurt/M. 1978).
Hegel and Modern Society, Cambridge 1979.
Social Theory As Practice, Delhi 1983.
Human Agency and Language: Philosophical Papers 1, Cambridge 1985.
Philosophy and the Human Sciences: Philosophical Papers 2, Cambridge 1985.
Negative Freiheit? Zur Kritik des neuzeitlichen Individualismus, mit einem Nachwort von Axel Honneth, Frankfurt/M. 1988.
Sources of the Self. The Making of the Modern Identity, Cambridge, Mass. 1989 (dtsch.: Quellen des Selbst. Die Entstehung der neuzeitlichen Identität, aus dem Englischen von Joachim Schulte, Frankfurt/M. 1994.
The Malaise of Modernity, Concord, Ontario 1991; wiederveröffentlicht u. d. T. „The Ethics of Authenticity", Cambridge 1992 (dtsch.: Das Unbehagen an der Moderne, Frankfurt/M. 1995.
Multiculturalism and ,The Politics of Recognition', (hg. v. Amy Gutmann, Princeton 1992 (dtsch.: Multikulturalismus und die Politik der Anerkennung, Frankfurt/M. 1993.
Rapprocher les solitudes: écrits sur le fédéralisme et le nationalisme au Canada (hg. v. Guy Laforest), Sainte-Foy 1992.
Roads to Democracy: Human Rights and Democratic Development in Thailand (mit Vitit Muntarbhorn), Bangkok und Montreal 1994.
Philosophical Arguments, Cambridge, Mass., 1995.
A Catholic Modernity? (Vorlesung anlässlich der Verleihung des Marianist Award, mit Antworten von William M. Shea, Rosemary Luling Haughton, George Marsden und Jean Bethke Elshtain), hg. v. James L. Heft, Oxford 1999.
Wieviel Gemeinschaft braucht die Demokratie? Aufsätze zur politischen Philosophie, Frankfurt/M. 2002.
Varieties of Religion Today: William James Revisited, Cambridge, Mass 2002 (dtsch.: Die Formen des Religiösen in der Gegenwart, aus dem Englischen von Karin Wördemann, Frankfurt/M. 2001).
Modern Social Imaginaries (hg. v. Dilip Gaonkar, Jane Kramer u. a., (Durham, NC, London 2004.
A Secular Age, Cambridge, Mass., 2007 (dtsch.: Ein säkulares Zeitalter, aus dem Englischen von Joachim Schulte, Berlin 2009).
Laïcité et liberté de conscience (mit Jocelyn Maclure), Montreal: Boréal, 2010 (dtsch.: Laizität und Gewissensfreiheit, aus dem Französischen von Eva Buddeberg und Robin Celikates, Berlin 2011).
Dilemmas and Connections: Selected Essays, Cambridge, Mass. u. London 2011.

Church and People: Disjunctions in a Secular Age. Christian Philosophical Studies, vol. I, (hg. mit José Casanova und George F. McLean), Washington, D.C.: The Council for Research in Values and Philosophy, 2012.
Boundaries of Toleration (hg. mit Alfred Stepan), New York N.Y. 2014.
Retrieving Realism (hg. mit Hubert Dreyfus), Cambridge, Mass. 2015 (dtsch.: Die Wiedergewinnung des Realismus, aus dem Englischen von Joachim Schulte, Berlin 2016).
The Language Animal. The Full Shape of the Human Linguistic Capacity, Cambridge, Mass. 2016 (dtsch.: Das sprachbegabte Tier: Grundzüge des menschlichen Sprachvermögens, aus dem Englischen von Joachim Schulte, Berlin 2017).

Interviews, Gespräche

Bohmann, Ulf, Montero, Darío (2014), „History, Critique, Social Change and Democracy. An Interview with Charles Taylor", in: Constellations. An International Journal of Critical and Democratic Theory, Bd. 21, Heft 1, 3–15.
Benson, Bruce Ellis und Charles Taylor, „What it Means to be Secular: A Conversation with Philosopher Charles Taylor", Books & Culture 8, Nr. 4 (July/August, 2002): 36, http://www.booksandculture.com/articles/2002/julaug/14.36.html.
Calhoun, Craig (2009), „Jürgen Habermas and Charles Taylor in Conversation", http://blogs.ssrc.org/tif/2009/11/20/rethinking-secularism-jurgen-habermas-and-charles-taylor-in-conversation/.
Derbyshire, Jonathan und Charles Taylor (2012), „The Books Interview: Charles Taylor", New Statesman (23 February). http://www.newstatesman.com/books/2012/02/interview-secularism-religion.
Enright, Michael, und Charles Taylor (2017), „Charles Taylor's Clear-Eyed Vision of our Distress, Coupled to a Deep-Rooted Celebration of Humanity", Audiomitschnitt 35:06, 22. Januar, http://www.cbc.ca/radio/thesundayedition/the-trudeau-vacation-saying-no-to-chemo-marjorie-harris-retires-charles-taylor-on-trump-1.3941092/charles-taylor-s-clear-eyed-vision-of-our-distress-coupled-to-a-deep-rooted-celebration-of-humanity-1.3941096.
Krüger, Hans-Peter (2012), „Glaube und Vernunft, Ironie in der conditio humana? Ein Interview mit Charles Taylor", aus dem Englischen von Bertolt Fessen, Deutsche Zeitschrift für Philosophie, 60.5, 763–784.
Kuipers, Ronald A. und Charles Taylor (2008), „The New Atheism and the Spiritual Landscape of the West: A Conversation with Charles Taylor (Teil 1 von 3)", The Other Journal.Com: An Intersection of Theology and Culture 11, „Atheism" (12. Juni), http://theotherjournal.com/print.php?id=375.
Kuipers, Ronald A. und Charles Taylor (2008), „Religious Belonging in an ‚Age of Authenticity': A Conversation with Charles Taylor (Teil 2 von 3)", The Other Journal.Com: An Intersection of Theology and Culture 12, „Aesthetics" (23. Juni), http://theotherjournal.com/article.php?id=376.
Kuipers, Ronald A. und Charles Taylor (2008), „Accommodation, Islamophobia, and the Politics of Mobilization: A Conversation with Charles Taylor (Teil 3 von 3)", The Other Journal.Com: An Intersection of Theology and Culture 13, „The Politics of Change" (9. Oktober), http://theotherjournal.com/article.php?id=440.

McPherson, David and Charles Taylor (2012), „Re-Enchanting the World: An Interview with Charles Taylor", Philosophy & Theology 24, 7.2, 275–294. http://www.pdcnet.org/collection/browse?start=10&fq=philtheol%2fYear%2f6988%7c2012%2f&fp=philtheol.
Meany, Thomas, Yascha Mounk und Charles Taylor (2010), „Spiritual Gains", The Utopian (20. September), http://www.the-utopian.org/2010/09/Spiritual-Gains.html.
Mendieta, Eduardo, VanAntwerpen, Jonathan (Hg.) (2011), „Dialogue" (mir Jürgen Habermas), in: The Power of Religion in the Public Sphere, Chichester, West Sussex.
Rosa, Hartmut, Arto Laitinen und Charles Taylor (2002), „On Identity, Alienation and the Consequences of September 11th: An Interview with Charles Taylor", Acta Philosophica Fennica 71, 165–195.

Aufsätze

2010er-Jahre

„Can Secularism Travel?", in: Beyond the Secular West, hg. v. Akeel Bilgrami, New York 2016.
„A Secular Age Outside Latin Christendom: Charles Taylor Responds", in: Beyond the Secular West, hg. v. Akeel Bilgrami, New York 2016.
„Democracy and its Exclusions: Political Identity and the Challenge of Secularism", ABC Religion and Ethics (5. April, 2016).
Vorwort zu: Wittgenstein's Later Theory of Meaning: Imagination and Calculation by Hans Schneider, Chichester 2014.
Vorwort zu: At the Limits of the Secular: Reflections on Faith and Public Life, hg. v. William Barbieri Jr., Grand Rapids, MI 2014, viii–ix.
Vorwort zu: Faithful to the Future: Listening to Yves Congar, hg. v. Brother Émile of Taizé, New York, NY 2013.
„Après L'Âge Séculier", in: Charles Taylor, Religion et sécularisation, hg. v. Sylvie Taussig, Paris 2014, 9–15.
„How to Define Secularism", in: Boundaries of Toleration, hg. v. Charles Taylor und Alfred C. Stepan, New York 2014, 59–78.
„Retrieving Realism", in: Mind, Reason, and being-in-the-World: The McDowell-Dreyfus Debate, hg. v. Joseph K. Schear, Abingdon 2013, 61–90.
„The Church Speaks – to Whom?", in: Church and People: Disjunctions in a Secular Age, hg. v. Charles Taylor, José Casanova und George F. McLean, Bd. 1, Washington, D.C. 2012, 17–24.
„Interculturalism Or Multiculturalism?", in: Philosophy & Social Criticism 38, Nr. 4–5 (Mai/Juni, 2012), 413–423.
„Overcoming Modern Epistemology", in: Faithful Reading: New Essays in Theology in Honour of Fergus Kerr, OP, London 2012.
„Reason, Faith, and Meaning", in: Faith, Rationality, and the Passions, hg. v. Sarah Coakley, Malden, MA 2012, 13–27.
„The De-Politicization of Politics" (mit Slawomir Sierakowski), Eurozine (11. Okt. 2011), http://www.eurozine.com/articles/2011-11-10-sierakowski-en.html.

„Disenchantment – Reenchantment", in: The Joy of Secularism: 11 Essays for How We Live Now, hg. v. George Lewis Levine, Princeton, NJ 2011.
„From the Standpoint of the Politique", in: Pro Ecclesia 20, Nr. 4 (Sept., 2011), 348–352.
„Magisterial Authority", in: The Crisis of Authority in Catholic Modernity, hg. v. Michael J. Lacey und Francis Oakley, Oxford 2011, 259–269.
„Reason, Faith, and Meaning", in: Faith and Philosophy 28, Nr. 1 (2011), 5–18.
„Recovering the Sacred", in: Inquiry 54, Nr. 2 (04, 2011), 113–125.
„Religion is Not the Problem", in: Commonweal 138, Nr. 4 (2011), 17–21.
„Response", in: The Australian Journal of Anthropology 22, Nr. 1 (04, 2011), 125–133.
„Western Secularity", in: Rethinking Secularism, hg. v. Craig Calhoun, Mark Juergensmeyer und Jonathan VanAntwerpen, Oxford 2011, 31–53.
„Why we Need a Radical Redefinition of Secularism", In the Power of Religion in the Public Sphere, hg. v. Eduardo Mendieta und Jonathan VanAntwerpen, Chichester, West Sussex 2011.
„Language Not Mysterious?", in: Reading Brandom: On Making it Explicit, hg. v. Bernhard Weiss und Jeremy Wanderer, London 2010, 32–47 (dtsch.: „Das Mysterium der Sprache. Robert Brandoms Sprachphilosophie", aus dem Englischen von Veit Friemert, in: Deutsche Zeitschrift für Philosophie, 56, 2008, 3–19).
„Apologia Pro Libro Suo", in: Varieties of Secularism in a Secular Age, hg. v. Michael Warner, Jonathan VanAntwerpen und Craig Calhoun, Cambridge, Mass. 2010.
„Challenging Issues about the Secular Age", in: Modern Theology 26, Nr. 3 (2010), 404–416.
„Charles Taylor Replies", in: *New Blackfriars* 91, Nr. 1036 (2010), 645–647.
„Charles Taylor's Response to a Roundtable Discussion of His Book A Secular Age", in: *Political Theology* 11, Nr. 2 (März 2010), 299–300.
„Identity and Democracy", *Iyyun* 59 (Juli 2010), 11–23.
„Solidarity in a Pluralist Age", *Project Syndicate* (27 September, 2010), http://www.project-syndicate.org/commentary/ctaylor5/English.

2000er-Jahre

Vorwort zu: Geoffrey Brahm Levey, Tariq Modood, *Secularism, Religion and Multicultural Citizenship*, Cambridge, UK 2009, xi–xxii.
Reply (to Karl E. Smith, Craig Browne, Arto Laitinen, Nicholas H. Smith, Ruth Abbey), Thesis Eleven, 99.1, 93–104.
„John Main and the Changing Religious Consciousness of our Time", in: *John Main: the Expanding Vision*, hg. v. Laurence Freeman und Stefan Reynolds, Norwich, UK 2009.
„The Polysemy of the Secular", in: *Social Research* 76, Nr. 4, The Religious-Secular Divide: The U.S. Case (Winter, 2009), 1143–1166.
„What Drove Me to Philosophy: The 2008 Kyoto Prize Commemorative Lecture: Arts and Philosophy", Inamori Foundation, 2008.
„The Collapse of Tolerance", in: *The Guardian* (17. September 2007): http://www.guardian.co.uk/commentisfree/2007/sep/17/thecollapseoftolerance.
„Cultures of Democracy and Citizen Efficacy", in: *Public Culture* 19, Nr. 1 (Winter 2007): 117–150.

„The Future of the Religious Past", in: *Religion: Beyond a Concept*, hg. v. Hent de Vries, New York 2008, 178–244.
„Heidegger on Language", in: *A Companion to Heidegger*, hg. v. Hubert L. Dreyfus und Mark Wrathall, Oxford 2007, 433–455.
„Modern Moral Rationalism", in: *Weakening Philosophy: Essays in Honour of Gianni Vattimo*, hg. v. Santiago Zabala, Montreal 2007, 58–76.
„On Social Imaginaries", in: *Traversing the Imaginary: Richard Kearney and the Postmodern Challenge*, hg. v. Peter Gratton und John Panteleimon Manoussakis, Evanston, Ill. 2007, 29–47.
„Sex & Christianity: How Has the Moral Landscape Changed?", in: *Commonweal* 134, Nr. 16 (28. September 2007), 12 ff.
„The Sting of Death: Why we Yearn for Eternity", *Commonweal* 134, Nr. 17 (12. Oktober 2007), 13–16.
„What is Secularity?", in: *Transcending Boundaries in Philosophy and Theology: Reason, Meaning, and Experience*, hg. v. Kevin Vanhoozer und Martin Warner, Aldershot 2007, 97–130.
„Benedict XVI", in: *Public Culture* 18, Nr. 1 (2006), 11–14.
„Block Thinking and Internal Criticism", in: *Public Culture* 18 (2006), 453–455.
„Religion and European Integration", in: *Religion in the New Europe: Conditions of European Solidarity*, hg. v. Krzysztof Michalski, Central European University Press, 2006, Budapest, New York 1–22.
„Religion and Modern Identity Struggles", in: *Islam in Public: Turkey, Iran and Europe*, hg. v. Nilüfer Göle und Ludwig Amman, Istanbul 2006, 481–524.
„Religious Mobilizations", in: *Public Culture* 18, Nr. 2 (2006), 281–300.
„Réponses à Mes Critiques", *Philosophiques* 33, Nr. 2 (2006), 507–512.
„Geschlossene Weltstrukturen in der Moderne", in: *Wissen Und Weisheit: zwei Symposien zu Ehren von Josef Pieper (1904–1997)*, hg. v. Hermann Fechtrup, Friedbert Schulze und Thomas Sternberg, Münster 2005: https://www.franz-hitze-haus.de/josef-pieper-stiftung/josef-pieper-preis/charles-taylor/die-rede-von-charles-taylor/.
„Merleau-Ponty and the Epistemological Picture", in: *The Cambridge Companion to Merleau-Ponty*, hg. v. Taylor Carman und Mark Hansen, Cambridge UK 2005, 26–49.
„A Philosopher's Postscript: Engaging the Citadel of Secular Reason", in: *Reason and the Reasons of Faith*, hg. v. Paul J. Griffiths und Reinhard Hütter, New York 2005, 339–353.
„The ‚Weak Ontology' Thesis", *The Hedgehog Review* 7, Nr. 2 (Sommer 2005), 35–42.
„Descombes' Critique of Cognitivism", in: *Inquiry* 47, Nr. 3 (Juni 2004), 203–218.
„Notes on the Sources of Violence: Perennial and Modern", in: *Beyond Violence: Religious Sources of Social Transformation in Judaism, Christianity and Islam*, hg. v. James L. Helf, New York 2004, 15–42.
„What is Pragmatism?", in: *Pragmatism, Critique, Judgement: Essays for Richard J Bernstein*, hg. v. Seyla Benhabib und N. Fraser, Cambridge, Mass. 2004, 73–92.
„Closed World Structures"; in: *Religion After Metaphysics*, hg. v. Mark Wrathall, Cambridge UK 2003, 47–48.
„Ethics and Ontology", in: *The Journal of Philosophy* 100, Nr. 6 (Juni 2003), 305–320.
„Rorty and Philosophy", in: *Richard Rorty*, hg. v. Charles Guignon und David R. Hiley, New York 2003, 158–179.

„Understanding the Other: A Gadamerian View on Conceptual Schemes", in: *Gadamer's Century: Essays in Honor of Hans-Georg Gadamer*, hg. v. Jeff Malpas, Ulrich von Arnswald und Jens Kertscher, Cambridge Mass. 2002, 279–297.

„Les Anti-Lumières Immanentes", in: Christianisme: Héritages Et Destins, hg. v. Cyrille Michon, Paris 2002, 155–184 (dtsch.: „Die immanente Gegenaufklärung: Christentum und Moral", in: *Religion nach der Religionskritik*, hg. v. Ludwig Nagl, Berlin 2003, 60–85).

„Risking Belief: Why William James Still Matters", in: *Commonweal* 129, Nr. 5 (März 2002): 14–17.

„Plurality of Goods", in: *New York Review of Books* (2001), 113–120.

„A Tension in Modern Democracy" (2001), in: *Democracy and Vision: Sheldon Wolin and the Vicissitudes of the Political*, hg. v. Aryeh Botwinick und William E. Connolly, Princeton, NJ, 79–95.

„Einige Überlegungen zur Idee der Solidarität", in: *Transit* 20 (2000), 189–201.

„Hegel et la société moderne", in: *Dialogue: Canadian Philosophical Review* 39, Nr. 4 (September 2000), 823–826.

„McDowell on Value and Knowledge", in: *The Philosophical Quarterly* 50, Nr. 199 (April 2000), 242–249.

„Die Moderne Und Die Säkulare Zeit", in: *Am Ende des Millenniums: Zeit und Modernitäten: Castelgandolfo-Gespräche 1998*, hg. v. Krzysztof Michalski, Stuttgart 2000, 28–85.

„Une place pour la transcendence?", *Laval Theologique Et Philosophique* Suppl (2000), 5–15.

Sekundärliteratur

Zur Einführung

Abbey, Ruth (2000), Charles Taylor. Teddington.
Breuer, Ingeborg (2000), Charles Taylor zur Einführung, Hamburg.
Geyer, Christian (2009), Im Glanz des noch nie Dagewesenen, Rezension *Ein säkulares Zeitalter*, Frankfurter Allgemeine Zeitung v. 14.10.
Calhoun, Craig (2007), A Secular Age: Charles Taylor, Rezension, European Journal of Sociology, 49 (03), 445.
Morgan, Michael L. (2008), Charles Taylor, A Secular Age, Notre Dame Philosophical Reviews. An Electronic Journal 2008.
Rosa, Hartmut u. a. (Hg.) (2016), Schwerpunktheft zum 85. Geburtstag Charles Taylors, Transit – Europäische Revue, Heft 49 (mit Beiträgen von Craig Calhoun, Nancy Fraser, Jürgen Habermas, Axel Honneth, Alasdair MacIntyre u. a.) 90–181.
Ross, Daniel (2009), A Secular Age, Thesis Eleven, Heft 1, Jg. 99, 112–121.
Smith, Karl E. (2009), Introduction: Charles Taylor, Thesis Eleven, Heft 1, Jg. 99, 3–6.

Anthropologie, Rationalitätstheorie

Baker, Deane (2007), Tayloring Reformed Epistemology: Charles Taylor Alvin Plantinga and the De Jure Challenge to Christian Belief, London.

Blakely, Jason (2016), Alasdair MacIntyre, Charles Taylor, and the Demise of Naturalism: Reunifying Political Theory and Social Science, Notre Dame.
Bohmann, Ulf (2012), „Der ambivalente Aufklärungs- und Rationalitätsbegriff von Taylor und Foucault", in: Bohmann, Ulf u. a. (Hg.), Das Versprechen der Rationalität. Visionen und Revisionen der Aufklärung, München, 263–293.
Bohmann, Ulf (2013), Charles Taylors Mentalitätsgeschichte als kritische Genealogie, in: Busen, Andreas, Weiß, Alexander (Hg.), Ansätze und Methoden zur Erforschung politischer Ideen (= Schriftenreihe der Sektion Politische Theorie und Ideengeschichte der DVPW, Band 27), Baden-Baden 185–214.
De Vries, Hent (2009), Tiefendimension von Säkularität, aus dem Englischen von Veit Friemert, in: Deutsche Zeitschrift für Philosophie, 57.1, 301–318.
Gagnon, Bernard (2002), La philosophie morale et politique de Charles Taylor, Sainte-Foy.
Hösle, Vittorio (2009), Eine metaphysische Geschichte des Atheismus, in: Deutsche Zeitschrift für Philosophie, 57.1, 319–327.
Jager, Colin u. a. (Hg.) (2016), Working with A Secular Age. Interdisciplinary Perspectives on Charles Taylor's Master Narrative, Berlin.
Joas, Hans (2009), Die säkulare Option. Ihr Aufstieg und ihre Folgen, in: Deutsche Zeitschrift für Philosophie, 57.1, 293–300.
Kühnlein, Michael (2013b), Kommunitaristische Anerkennungstheorie: Charles Taylor, in: Gröschner, R., u. a. (Hg.), Wörterbuch der Würde, Stuttgart 2013, 83–85.
Kühnlein, Michael, Lutz-Bachmann, Matthias (Hg.) (2011), Unerfüllte Moderne? Neue Perspektiven auf das Werk von Charles Taylor (mit Beiträgen, von Hartmut Rosa, Axel Honneth, Christoph Menke, Hans Joas u. a.), Berlin.
Laitinen, Arto (2008), Strong Evaluation without Moral Sources: On Charles Taylor's Philosophical Anthropology and Ethics, Berlin, New York.
Larmore, Charles (2008), How much Can We Stand, The New Republic (9. April).
Lowney II, Charles W. (2017), Charles Taylor, Michael Polanyi and the Critique of Modernity: Pluralist and Emergentist Directions, Cham.
Smith, Karl E. (2009), Meaning and Porous Being, Thesis Eleven, 99.1, 7–26.

Moralphilosophie

Gagnon, Bernard (2002), La philosophie morale et politique de Charles Taylor, Sainte-Foy.
Kühnlein, Michael (2013a), Theorie der Selbst-Verantwortung oder überantwortete Freiheit? Charles Taylors Kritik der Nomolatrie, in: Philosophisches Jahrbuch, 394–408.
Laitinen, Arto (2008), Strong Evaluation without Moral Sources: On Charles Taylor's Philosophical Anthropology and Ethics, Berlin, New York.
Laitinen, Arto, Smith, Nicholas H. (2009), Taylor on Solidarity, Thesis Eleven, 99.1, 48–70.
Lipprandt, Björn-Lars (2016), Die Normativität der Offenheit in der Moraltheorie Charles Taylors, Berlin.
Meijer, Michiel (2017), Charles Taylor's Doctrine of Strong Evaluation: Ethics and Ontology in a Scientific Age, Washington D.C.
Schaupp, Walter (2003), Gerechtigkeit Im Horizont des Guten: Fundamentalmoralische Klärungen im Ausgang von Charles Taylor, Freiburg/Br..

Politische Philosophie

Abbey, Ruth (2009), Plus ça change: Charles Taylor on Accommodating Quebec's minority Cultures, Thesis Eleven, 99.1, 71–92.
Bohmann, Ulf (Hg.) (2014), Wie wollen wir leben? Das politische Denken und Staatsverständnis von Charles Taylor, Baden-Baden: Nomos.
Browne, Craig (2009), Democracy, Religion and Revolution, Thesis Eleven, 99.1, 27–47.
Goldstein, Jürgen (2012), Perspektiven des Politischen Denkens. Sechs Portraits: Hannah Arendt, Dolf Sternberger, John Rawls, Jürgen Habermas, Alasdair MacIntyre, Charles Taylor, Weilerswist.
Kühnlein, Michael (2005), Liberalismuskritik und religiöser Artikulationsvorsprung: Charles Taylors theistische Freiheitsethik, in: Theologie und Philosophie, 176–200.
Kühnlein, Michael (2008), Religion als Quelle des Selbst. Zur Vernunft- und Freiheitskritik von Charles Taylor, Tübingen.
Kühnlein, Michael (2013), Fetisch Säkularität: Zur Aufhebung der ‚großen Trennung' von Religion und Politik bei Charles Taylor, in: Brantl, D., Herzger, S. u. a. (Hg.), Philosophie, Politik und Religion. Klassische Modelle von der Antike bis zur Gegenwart (= FS Otfried Höffe), Berlin, 217–231.
Meyer-Heidemann, Christian (2015), Selbstbildung und Bürgeridentität: politische Bildung vor dem Hintergrund der politischen Theorie von Charles Taylor, Schwalbach am Taunus.
Meynell, Robert (2011), Canadian Idealism and the Philosophy of Freedom: C. B. Macpherson, George Grant, Charles Taylor, Montreal.
Remien, Florian (2007), Muslime in Europa: Westlicher Staat und Islamische Identität. Untersuchung zu Ansätzen von Yusuf Al-Qaradawi, Tariq Ramadan und Charles Taylor, Schenefeld.
Rosa, Hartmut, Identität und kulturelle Praxis: politische Philosophie nach Charles Taylor, mit einem Vorw. von Axel Honneth, Frankfurt/M. 1998.
Rosa, Hartmut/ Bohmann, Ulf (2016), Die politische Theorie des Kommunitarismus: Charles Taylor, in: Brodocz, André, Schaal, Gary S. (Hg): Politische Theorien der Gegenwart II, 4., erw. u. aktual. Auflage, Stuttgart, 65–102.
Spohn, Ulrike, Den säkularen Staat neu denken. Politik und Religion bei Charles Taylor, Frankfurt/M. 2016.

Religionsphilosophie

Braune-Krickau, Tobias: Charles Taylors religionsphilosophische Rehabilitierung der christlichen Religion in *Ein säkulares Zeitalter, in: Neue Zeitschrift für systematische Theologie und Religionsphilosophie* 53 (2011), 357–373.
Buß, Gregor: Identität, Religion und Moderne: Charles Taylors Kritik des säkularen Zeitalters in Auseinandersetzung mit Stanley Hauerwas und Jeffrey Stout, Münster, 2009.
Colorado, Carlos D., Klassen, Justin D. (Hg.) (2014), Aspiring to Fullness in a Secular Age: Essays on Religion and Theology in the Work of Charles Taylor, Notre Dame.
Cooke, Bill (2009), Charles Taylor and the Return of Theology-as-history, Intellectual History Review, 19.1, 133–139.

Diggins, John Patrick (2007), The Godless Delusion, New York Times Sunday Book Review, (16. Dezember).
Höffe, Otfried (2010), Philosophiekolumne: Religion im säkularen Zeitalter, in: Merkur, 64.11, 1088–1094.
Höffe, Otfried (2014), Religion im säkularen Zeitalter: Zu Charles Taylors Opus Magnum *Ein säkulares Zeitalter*, in: Michael Kühnlein (Hg.), Das Politische und das Vorpolitische. Über die Wertgrundlagen der Demokratie, Baden-Baden, 361–370.
Kearney, Richard, Zimmermann, Jens (Hg.) (2016), Reimagining the Sacred: Richard Kearney Debates God with Charles Taylor, Julia Kristeva, Gianni Vattimo u. a., New York.
Kreuzer, Thomas (1999), Kontexte des Selbst: Eine Theologische Rekonstruktion der hermeneutischen Anthropologie Charles Taylors, Gütersloh.
Kühnlein, Michael (2011a), Religion als Auszug der Freiheit aus dem Gesetz? Charles Taylor über die Vermessungsgrenzen des säkularen Zeitalters, in: Kühnlein, M./Lutz-Bachmann, M. (Hg.), Unerfüllte Moderne? Neue Perspektiven auf das Werk von Charles Taylor, Berlin, 388–445.
Kühnlein, Michael (2014), Immanente Ausdeutung und religiöse Option: Zur Expressivität des säkularen Zeitalters (Taylor)", in: Schmidt, T./Pitschmann, A. (Hg.), Religion und Säkularisierung. Ein interdisziplinäres Handbuch, Stuttgart u. a., 127–139.
McKenzie, Germain (2017), Interpreting Charles Taylor's Social Theory on Religion and Secularization: A Comparative Study, Berlin.
Milbank, John (2009), A Closer Walk on the Wild Side. Some Comments on Charles Taylor's *A Secular Age*, Studies in Christian Ethics, Bd. 22, Heft 1, 89–104.
Rose, Matthew (2014), Tayloring Christianity, First Things, https://www.firstthings.com/article/2014/12/tayloring-christianity.
Schweiker, William (2009) Our Religious Situation: Charles Taylor's „A Secular Age", American Journal of Theology & Philosophy, Bd. 30, Heft 3, 323–329.
Schweiker, William u. a. (2010), Grappling with Charles Taylor's „A Secular Age", The Journal of Religion, Bd. 90 (3).
Smith, James: How (not) To Be Secular: Reading Charles Taylor, Cambridge 2014.

Personenregister

Abdel-Samad, Hamed 127
Anderson, Benedict 72
Anselm vom Canterbury 41
Arendt, Hannah 75 f., 189
Arens, Edmund 197, 201, 203, 209 f.
Ariès, Philippe 189
Aristoteles 19, 27, 34
Arnold, Gottfried 49
Arnold, Matthew 121 f., 203
Augustinus 38, 41, 56

Bacon, Francis 50
Badiou, Alain 193
Balthasar, Hans Urs von 201–205
Baudelaire, Charles-Pierre 198
Bellah, Robert N. 47, 140
Benjamin, Walter 69, 193
Bentham, Jeremy 182
Bergman, Ingmar 174
Bergson, Henri 185, 201
Berlin, Isaiah 2, 155, 181
Bernstein, Richard 57
Blumenberg, Hans 24, 54
Bourdieu, Pierre 73
Brecht, Martin 52
Broch, Hermann 190
Bruce, Steve 157
Burke, Edmund 103, 114
Burnet, Thomas 102
Butler, Judith 191, 209
Byron, George Gordon 121

Calvin, Johannes 41, 43, 45, 49, 116
Camus, Albert 6, 19, 182, 221
Carlyle, Thomas 121 f., 126
Casanova, José 23, 31, 145, 156, 209, 213
Clifford, William K. 103
Craig, William L. 51

D'Aquila, Ulysses L. 124
Deleuze, Gilles 182
Derrida, Jacques 193
Descartes, René 52, 56 f.

Dreyfus, Alfred 201
Dreyfus, Hubert 8, 11, 21
Duerr, Hans-Peter 53
Duns Scotus 206
Durkheim, Emile 31, 132, 139 f.
Dux, Günter 35

Eisenstadt, Shmuel N. 44
Eliade, Mircea 38, 69
Elias, Norbert 53
Emerson, Ralph Waldo 121
Engels, Friedrich 5
Ericsson, Tomas 174

Ferguson, Adam 75
Ferré, Frederick 107
Ferry, Luc 197
Feuerbach, Ludwig 8, 87
Foucauld, Charles de 206
Foucault, Michel 61, 74, 135, 182
Franz von Assisi 199
Freud, Sigmund 97, 104, 168
Furet, François 70

Gabriel, Karl 31 f., 43
Gärtner, Christel 31, 43
Gay, Peter 207
Gerhard, Volker 94
Girard, René 186 f.
Goethe, Johann Wolfgang von 100
Gordon, Peter 57
Gräb-Schmidt, Elisabeth 192
Grass, Günther 10
Griffiths, Alan Richard 198 f.
Grotius, Hugo 52, 56, 62 f., 182
Gurjewitsch, Aaron J. 185

Habermas, Jürgen 1, 8, 14, 27, 69, 73, 75, 113
Hajjaj, Aref 127
Havel, Václav 199, 209
Hegel, Georg Wilhelm Friedrich 2–5, 61, 65, 100, 158, 217

Heidegger, Martin   18, 21, 73, 75, 175, 198, 204
Herder, Johann Gottfried von   100, 155, 204
Hervieu-Léger, Danièle   209
Hildebrand von Soana (Papst Gregor VII)   89
Hirschman, Albert O.   67
Hobbes, Thomas   57, 113, 122, 182
Höffe, Otfried   17, 19, 27
Hölderlin, Friedrich   155
Honneth, Axel   1
Hopkins, Gerard Manley   203–206, 209
Huntington, Samuel P.   123
Husserl, Edmund   75

Illich, Ivan   198–200

James, William   101
Janicaud, Dominique   183
Jaspers, Karl   6, 8 f., 59
Joas, Hans   73, 106, 156, 208, 213
Jordan, Pascual   183
Jünemann, Annette   127

Kant, Immanuel   5, 19, 26–28, 66, 71, 99, 103 f., 110, 113, 118 f., 182 f., 191
Keintzel, Brigitta   191
Kierkegaard, Søren   184, 218
Kittsteiner, Heinz D.   52
Koenig, Matthias   32
Konstantin I.   49
Körner, Franz   110
Koselleck, Reinhart   189 f.
Krüger, Hans-Peter   59, 74 f., 89
Küenzlen, Gottfried   131 f., 147
Kühnlein, Michael   1, 4 f., 12, 87, 97, 102, 180, 213 f., 217, 220, 223

Lang, Bernhard   180
Lawrence, D. H: 100
Leibniz, Gottfried Wilhelm   6, 112, 114
Levinas, Emmanuel   182, 191, 193
Liebsch, Burkhard   179, 181 f., 188 f., 191
Lienemann, Wolfgang   191
Lilla, Mark   214
Lindemann, Gesa   73 f.
Lipsius, Justus   51, 53 f., 56

Locke, John   52 f., 56 f., 62, 64 f., 67, 78, 114, 182
Löffler, Winfried   107
Loyola, Ignatius von   51
Lukes, Steven   190
Luther, Martin   41, 116
Lutz-Bachmann, Matthias   180

Machiavelli, Niccolò   119
MacIntyre, Alasdair   154
Maclure, Jocelyn   59, 151
Maier, Hans   189
Main, John   206
Mallarmé, Stéphane   198
Mandela, Nelson   218 f.
Mandeville, Bernard   79
Marquard, Odo   19, 188
Marramao, Giacomo   23
Marx, Karl   5, 8, 65
McDannell, Colleen   180
Menga, Fernando G.   192
Merleau-Ponty, Maurice   190
Meyer-Heidemann, Christian   116
Milbank, John   209
Mill, John Stuart   207
Minkowski, Eugène   185
Mirandola, Pico della   182
Münkler, Herfried   125
Mutter Teresa   206

Nagel, Thomas   5
Newman, Henry   204
Nietzsche, Friedrich   6, 100, 117, 119–121, 131 f., 182, 198, 207
Nitschke, Peter   109, 112, 121

Oestreich, Gerd   51
Otto, Rudolf   187

Pater, Walter   203
Péguy, Charles   201–203, 209
Petty, William   67
Pinker, Steven   191
Platon   3, 27 f., 34, 116, 119
Plessner, Helmuth   73–76
Pol Pot   177
Polanyi, Karl   21, 69, 102

Pollack, Detlev   31, 43 f., 145
Proust, Marcel   198

Rancière, Jacques   193
Reinhard, Wolfgang   36, 79
Rentsch, Thomas   106
Ricœur, Paul   183, 185 f., 188
Riesebrodt, Martin   13
Robespierre, Maximilien   71
Rosanvallon, Pierre   70
Russell, Bertrand   182

Sandl, Marcus   56
Sartre, Jean-Paul   6, 94, 182
Schiller, Friedrich   18, 99 f., 103, 131 f., 203
Schilling, Heinz   36
Schlögl, Rudolf   47, 52, 56 f.
Schluchter, Wolfgang   186
Schmitt, Carl   214
Searle, John   21
Shiner, Larry   24
Smith, Adam   67, 73
Sokrates   59
Spohn, Ulrike   45
Stalin, Josef Wissarionowitsch   177
Steinfath, Holmer   86 f., 89
Strasser, Peter   186

Taureck, Berhand H. F.   188
Therese von Lisieux (Marie-Françoise-Thérèse Martin)   206
Thomas, Günter   87, 89
Thoreau, Henry David   104
Tindal, Matthew   79
Torquemada, Tomás de   177
Toynbee, Arnold J.   123
Turner, Viktor   37
Tyrrell, George   84

Van Leeuwen, Th. Marius   51
Vanier, Jean   206
Vico, Giambattista   102
Voegelin, Eric   126

Wacquant, Loic J. D.   73
Waldenfels, Bernhard   183
Ward, Mary Augusta   87, 122, 209
Warner, Michael   69
Weber, Max   4 f., 8 f., 13, 23, 31, 33, 39, 41, 44 f., 54 f., 60, 64, 110, 127, 132–134, 136, 146, 184 f., 198 f., 213
Whitehead, Alfred North   107
Wittgenstein, Ludwig   11, 21, 183
Woolf, Virginia   124

Zinzendorf, Nikolaus Ludwig von   100, 119
Zorob, Anja   127
Zwingli, Huldrych   116

Sachregister

Abgepuffertes Selbst   34 – 36, 52, 57, 63, 80 – 82, 94 – 95, 99 – 104, 113 – 114, 168, 176
Abgeschlossene Weltstrukturen (AWS)   13, 82, 170 – 174
Achsenzeit   44 – 45, 59 – 60, 175, 207
Anthropologie   2, 4, 32, 53 – 55, 64 – 65, 73 – 76, 77, 93 – 94
Anthropozentrik (anthropozentrische Verschiebung)   11, 77 – 78, 101, 104
Atheismus   6, 35, 59, 78, 81, 83 – 84, 88, 112, 117, 119, 125, 162 – 163, 177, 215, 220 – 221
Aufklärung   3, 25, 109 – 111, 115 – 121, 125, 128, 132 – 135, 155, 207
– Aufklärungsreligion   89
– Gegenaufklärung   99 – 100, 109, 116 – 121, 125, 128
Authentizität   3, 93, 141 – 144, 178
– Ethik der ~   153 – 156

Christentum   6, 17 – 25, 34, 37 – 42, 47 – 57, 59 – 67, 82 – 86, 111, 114, 116 – 120, 144, 151 – 152, 185 – 186, 188, 192, 198 – 207, 215
Conditio humana   6, 75, 94, 104, 169

Darwinismus   122 – 123
Deismus   77 – 89, 123
– providenzieller ~   79 – 85
Demokratie   1, 73, 122 – 123, 125, 158, 163, 167, 172, 201, 215 – 216, 219
Deontologie   82, 125, 218, 223
Dialektik   114, 117, 217
– Dialektik der Aufklärung   3
Disziplinierung   42 – 44, 47 – 57, 60 – 61, 63, 78, 80, 116, 144, 200, 208
Dogmatik   40

Entbettung   47 – 48, 54 – 57, 60, 105, 138
Entzauberung   5, 11, 28, 41 – 44, 49, 78, 85, 87, 112, 132 – 137, 146, 185, 208, 213

– ~ vs. Verzauberung   35 – 40, 44 – 45, 87, 112 – 117, 137, 140, 146, 168, 191
– Entzauberung der Entzauberung   5, 128, 213 – 223
Erleben   18
Eschatologie   56, 78 – 79, 189, 203, 222
Expressivität   2 – 9, 12 – 14, 101, 105, 153 – 155, 217

Fragilisierung   14, 91 – 107, 161 – 163, 170 – 178, 204, 222
Freiheit   1 – 6, 9 – 10, 42, 51 – 52, 62 – 64, 68, 72, 88, 95, 97, 103, 140, 158, 178, 215 – 223
Fülle   7, 10 – 13, 18 – 19, 34, 55, 77, 93 – 95, 98, 100 – 105, 109 – 112, 180, 197 – 200, 206 – 210, 217

Gerechtigkeit   86, 216 – 217, 220 – 221
Gewalt   121, 179 – 193, 200, 202, 207, 214 – 215, 219 – 220
Glaube   4 – 10, 14, 17 – 25, 32 – 41, 60 – 63, 88 – 89, 91, 101 – 103, 126 – 127, 134 – 136, 144, 147, 149 – 159, 183 – 184, 201 – 203, 207, 210, 214, 216
– vs. Unglaube   10, 14, 22, 32, 35, 39, 87, 101, 106, 157, 180, 184 – 187, 192, 216
– Bedingungen des Glaubens   126
Gleichheit   37, 53, 62 – 65, 72, 181, 215 – 217, 221
Gnade   28, 41, 49, 77 – 78, 85, 184, 217
Gott   17 – 28, 32, 34 – 36, 38 – 39, 48 – 55, 60 – 64, 67, 77 – 89, 112, 114, 116 – 122, 137 – 140, 199, 203 – 207, 210
– Tod Gottes   5 – 6, 55, 172 – 173, 182, 185
Großerzählungen   28 – 29, 54 – 56, 91, 198, 208
Gutes   2 – 12, 27, 78, 88, 202 – 203, 213, 215, 217 – 221

Heil   48 – 49, 78 – 79, 147, 202
Heilige Schrift   39, 81, 89, 117, 203 – 206
Heiligenkult   35
Heiliges   35, 36, 116, 126

https://doi.org/10.1515/9783110409482-018

– Heiliges vs. Profanes   42
Heilsgeschehen   41, 217
Heilsgeschichte   119
Heilspersonen   (Gemeinschaft der Heiligen)   202–203, 210
Hermeneutik   3, 5, 8, 11–13, 21–22, 27, 61, 63–64, 74–75, 94, 122, 125, 137
– hermeneutische Kopernikanisierung (der Sozialwissenschaften)   5
Humanismus   5–9, 12–13, 20, 26–, 27, 34, 47, 75, 100, 106, 116, 120, 178, 189–191
– ausgrenzender ~   40–45, 49–50, 53, 77–89, 92, 95–100, 112, 118, 123, 133, 182–184, 206–209, 220–223
– Renaissance~   50, 53

Idealtypus   70, 127, 136–140, 143, 145, 150
Immanenz   14, 20, 48, 77, 85, 166–172, 174–177, 183
– Rahmen der ~   98, 100, 164–177, 199, 206–207, 209–210
Individualismus   1, 6–7, 36, 48–49, 55, 65, 72–75, 97, 121, 124–128, 141–144, 156–158, 181
Islam   113, 115, 119, 185, 216

Judentum   59, 134, 158, 185–186, 201, 205

Kapitalismus   33, 39, 54
Katholizismus   36, 41, 55, 116, 127, 138–140, 144, 152, 180–181, 184, 198, 200–205
– als Epochenbegriff   34–37, 87
Konversion   153, 197, 200–201, 207–210
Kosmos   39, 45, 48–49, 60, 131, 137, 168, 208
– ~ vs. Universum   39, 101
Kulturkampf   8, 122–123, 187

Laterankonzil (v. 1215)   40, 49
Lebenswelt   75, 111, 128
Liberalismus   3–5, 14, 59, 115, 125, 167, 172–173, 214, 217
Liebe (agape)   60, 71, 82, 131–132, 198, 221–223

Marxismus   8, 73–74, 123

Materialismus (Ontologie)   5, 47, 74–75, 120–123, 128, 155, 171–173
Menschenrechte   70, 125, 190, 192, 201
Mittelalter   28, 34–38, 40–45, 48, 60, 63–64, 75, 91, 119, 126, 208
Mobilisierung   78, 127, 136–143, 146, 149–150
Moderne   13–15, 22, 27–29
– als Subtraktions- bzw. Additionsgeschichte   3, 7, 11–12, 26–29, 32–35, 45, 47, 54–55, 61, 65, 75, 80–89, 191
– Unbehagen an der ~   2–3, 13, 87, 95–100, 117, 151, 154
– Moralische Ordnung der ~   62–64, 79, 118–126
Monotheismus   48
Moral   18, 80, 84–86, 96–103, 117, 142, 154, 164, 169, 177, 187, 200, 216–223
– moralische Einstellung   10, 14, 22, 55, 80, 86, 142, 214
– moralische Ordnung (der Moderne)   61–64, 75, 78–79, 89, 118–126, 132, 163

Natur   3–5, 20, 27–29, 34, 50–53, 60, 80–81, 84, 99–104, 165–171, 205
– menschliche ~   6, 12, 25, 43, 50, 74–76, 78, 109, 204
– objektive (äußere) ~   8, 27, 74–76, 103, 131–132, 169
– und Übernatürliches   20, 27–29, 78, 80, 84, 134, 136, 165, 168–169
– Naturgeschichte   187
– natürliche Ordnung   77–83, 118–126, 168, 171, 180
– Naturrecht   52, 55–56, 60–64, 68, 70
– Naturzustand   62–63
– zweite ~   79, 200–201, 219
Naturalismus   4–5, 12, 59
New Democratic Party (Kanada)   1
Nova-Effekt   89, 91–95, 101

Öffentlichkeit   17–18, 36–38, 59, 66, 68–73, 116, 149–151, 156–158, 185, 213–215
Ökonomie   52, 66–67, 72–75, 97, 132–134

Sachregister

Ontologie   6–7, 11–12, 14, 18, 53, 55, 57, 64, 75, 100, 105, 109–113, 117, 119, 125, 214
Ordnungen des Welt- und Gesellschaftsverständnisses (vertikal vs. horizontal)   72–76

Pluralismus   37, 59, 92–93, 95, 133, 140, 149, 156, 161–163
Polytheismus   207
Protestantismus   41–42, 54, 56, 140, 177

Realienstreit (Nominalismus-Realismus-Streit)   208
REFORM   31–45, 48–49, 55–57, 60, 200–202, 207–208
Reformation   41–42, 45–47, 49, 52, 55–56, 60, 79, 89, 116, 181
Religion   4–14, 18–27, 33–37, 40–43, 45, 47–48, 59, 78–85, 122, 132–135, 141, 143–147, 149–157, 163, 169–170, 175, 177, 183–190, 208–209, 214–216, 220
– frühe Religionen (archaische Religionen)   48, 59
– Hochreligionen   40
Revolution   37, 39–40, 127, 141, 143–144
– achsenzeitliche ~   44–45
– Amerikanische ~   66, 70
– expressive ~   155
– Französische ~   37, 66, 70–71, 115–116, 127, 139, 190, 201
– Russische ~   71
Romantik   2–3, 99–100, 119–122, 125, 142, 155, 203–205
Säkularisierung   8–9, 12, 17, 23–25, 31–34, 37, 45, 54, 56, 69, 81, 111–112, 114, 117–119, 123, 127, 132–136, 141, 145, 180, 184–186, 197, 214
– Erzählung von der ~   3, 9–14, 17, 19, 28–29, 54–55, 81, 91, 149, 198, 207–208
– Theorien der ~   4, 14, 23–25, 54, 132–136, 145, 206, 209, 213

Säkularität   4–10, 17–18, 22–27, 32, 162–164, 169–177
Säkularität 1 (Öffentlichkeit, s.a. dort)   17–18, 23, 37, 149–150

Säkularität 2 (Glauben)   17–18, 23, 149–150
Säkularität 3 (Religion als Option)   17–18, 19, 23, 126–127, 149, 162
Spiritualität   1–2, 7, 10–11, 14, 18, 43, 47–48, 53–54, 85, 92, 103, 144, 152–153, 156, 162, 164, 167, 172–173, 176, 197, 199–202, 207, 215–220
Sünde   43, 77–79, 114, 200
Szientismus   8, 102–103, 111

Theismus   3–4, 163
Tod   40–43, 121, 126, 198
– ~ des Anderen   188–189
Transzendenz   6, 9, 13–14, 20, 24–29, 48–49, 53–55, 57, 77, 85–86, 89, 124–125, 179–185, 197–198, 206–210

Universalismus/Universalisierung   72, 86, 110, 147, 200, 202, 214
Utilitarismus   110, 118, 122, 126–128, 132, 182

Vernunft   1–4, 51, 53, 61, 78, 84, 86, 89, 109–111, 118–121, 125, 132, 162, 214–218
– aufgeklärte Vernunft   5–10, 81, 133
– desengagierte ~   11–14, 19, 63–64, 71, 82–83, 95, 99, 104, 115, 117, 168–169, 213, 216, 219
– responsive ~   191, 193
– Vernunftglaube   8–9
– Religion und ~   9
Verstehen   5, 9, 11, 18, 21–22, 24, 66, 68–69, 74–75, 94, 106–107, 116, 147, 201
Verstehenskontext   9, 18, 20–22, 64, 89, 91
Volk   50, 69, 72, 122, 125–127, 140, 143
– Als Objekt der Disziplinierung   55
– Volkssouveränität   66, 70–71
– Volksfrömmigkeit   137–138

Wahrheits- und Versöhnungskommission (Südafrika)   218–219
Wissenschaft   6–8, 19, 25–26, 31–33, 39, 51, 55, 81, 89, 101–103, 110–112, 131–132, 146–147, 180, 182, 206, 208

Zeit 38–39, 45, 50, 69, 181
– Ende der ~ 63–64
– gesammelte ~ 197, 202
– höhere ~ 69–72, 81, 140
– säkulare ~ 70, 81, 110, 185

Zeitalter 43, 111, 141, 146
– Ancien régime (qua Idealtypus) 116, 137–140, 146, 149, 158
– der Authentizität 141, 143–144, 147, 150–152, 155, 158
– der Mobilisierung 137–141, 149–150
Zeitbewusstsein 201
Zivilität 50, 60, 216
Zwei-Reiche-Lehre 24, 52
Zweites Vatikanisches Konzil 202

Hinweise zu den Autorinnen und Autoren

Edmund Arens ist emeritierter Professor an der Theologischen Fakultät der Universität Luzern. *Veröffentlichungen (Auswahl):* Kommunikative Handlungen (1982), Christopraxis. Grundzüge theologischer Handlungstheorie, Freiburg/Br. 1992 (engl. 1995); The Logic of Pragmatic Thinking. From Peirce to Habermas (1994), Gottesverständigung. Eine kommunikative Religionstheologie, Freiburg/Br. 2007. Als Herausgeber: Habermas und die Theologie, Düsseldorf 1989, (ital. 1992, franz. 1993); Anerkennung der Anderen, Freiburg/Br. 1995; Zeit denken. Eschatologie im interdisziplinären Diskurs, Freiburg/Br. 2010, Gegenwart. Ästhetik trifft Theologie, Freiburg/Br. 2012. Zahlreiche Aufsätze zur Handlungstheorie, Sprachphilosophie, zum Kommunitarismus und zur Religionstheorie.

Oliver Flügel-Martinsen ist Professor für Politische Theorie und Ideengeschichte an der Universität Bielefeld. *Veröffentlichungen (Auswahl):* Jenseits von Glauben und Wissen. Philosophischer Versuch über das Leben in der Moderne, Bielefeld 2011; Politische Philosophie der Besonderheit. Normative Perspektiven in pluralistischen Gesellschaften, Frankfurt/M. 2014; Befragungen des Politischen. Subjektkonstitution – Gesellschaftsordnung – radikale Demokratie, Wiesbaden 2017. Als Herausgeber: Die Rückkehr des Politischen. Demokratietheorie heute (mit A. Hetzel u. a.), Darmstadt 2004; Gewaltbefragungen. Beiträge zur Theorie von Gewalt und Politik (mit F. Martinsen), Bielefeld 2014; Radikale Demokratietheorie. Ein Handbuch (mit F. Martinsen u. a.), Berlin 2018 (i. E.).

Karl Gabriel ist Senior Professor am Exzellenzcluster Religion und Politik der Universität Münster. *Veröffentlichungen (Auswahl):* Christentum zwischen Tradition und Postmoderne, Freiburg/Br. 2000; Religion bei Meinungsmachern. Eine Untersuchung bei Elitejournalisten in Deutschland (mit C. Gärtner und H.-R. Reuter), Wiesbaden 2012. Als Mitherausgeber: Umstrittene Säkularisierung. Soziologische und historische Analysen zur Differenzierung von Religion und Politik, Wiesbaden ^{2}2014 (mit D. Pollack u. a.); Modelle des religiösen Pluralismus. Historische, religionssoziologische und religionspolitische Perspektiven (mit C. Spieß), Paderborn 2012; Mitherausgeber: Religion und Wohlfahrtsstaatlichkeit in Europa (mit S. Leibold u. a.) Tübingen 2013 und Religion und Wohlfahrtsstaatlichkeit in Deutschland (mit H.-R. Reuter), Tübingen 2017.

Otfried Höffe ist emeritierter Professor für Philosophie am Philosophischen Seminar der Universität Tübingen, Leiter der Forschungsstelle Politische Philosophie und Herausgeber u. a. der Reihen „Denker" und „Klassiker auslegen". *Veröffentlichungen (Auswahl):* Kategorische Rechtsprinzipien. Ein Kontrapunkt der Moderne, Frankfurt/M. ^{3}1995; Demokratie im Zeitalter der Globalisierung, München ^{2}2002, Wirtschaftsbürger – Staatsbürger – Weltbürger. Politische Ethik im Zeitalter der Globalisierung, München 2004; Praktische Philosophie. Das Modell des Aristoteles, Berlin ^{3}2008; Ethik und Politik. Grundmodelle- und probleme der praktischen Philosophie, Frankfurt/M. ^{6}2008; Ist die Demokratie zukunftsfähig? Über moderne Politik, München 2009; Thomas Hobbes, München 2010; Kants Kritik der praktischen Vernunft. Eine Philosophie der Freiheit, München 2012; Immanuel Kant, München ^{8}2014; Kritik der Freiheit. Das Grundproblem der Moderne, München 2015.

Veronika Hoffmann ist Professorin für Systematische Theologie an der Universität Fribourg (CH). *Veröffentlichungen (Auswahl):* Vermittelte Offenbarung. Paul Ricœurs Philosophie als Herausforderung der Theologie, Ostfildern 2007; Skizzen zu einer Theologie der Gabe, Freiburg/Br. 2013; Christus – Die Gabe, Freiburg/Br. 2016. Als Herausgeberin: Unter Hochspannung – Die Theologie und ihre Kontexte (mit S. Orth u. a.), Freiburg/Br. 2012; Die Gabe (mit C. Mandry u. a.), Freiburg/2016; Nachdenken über den Zweifel. Theologische Perspektiven, Ostfildern 2017.

Hans-Peter Krüger ist Professor für Politische Philosophie/Philosophische Anthropologie an der Universität Potsdam und Mitherausgeber der Deutschen Zeitschrift für Philosophie; *Veröffentlichungen (Auswahl):* Kritik der kommunikativen Vernunft, Berlin 1990; Zwischen Lachen und Weinen, Berlin 1999; Heroismus und Arbeit in der Entstehung der Hegelschen Philosophie (1793–1806), Berlin 2014. Als Herausgeber: Objekt- und Selbsterkenntnis. Zum Wandel im Verständnis moderner Wissenschaften, Berlin 1991; Philosophische Anthropologie im 21. Jahrhundert (mit G. Lindemann), Berlin 2006; Helmuth Plessner: Die Stufen des Organischen und der Mensch, Berlin 2017.

Michael Kühnlein ist Dozent für Philosophie an der Universität Frankfurt, Mitglied des Instituts für Religionsphilosophische Forschung und Herausgeber der Reihen „Texte und Kontexte der Philosophie" und „Neue Horizonte der Religionsphilosophie" (i.E.). *Veröffentlichungen (Auswahl):* Religion als Quelle des Selbst. Zur Vernunft- und Freiheitskritik von Charles Taylor, Tübingen 2008; Wer hat Angst vor Gott? Über Religion und Politik im postfaktischen Zeitalter, Ditzingen 2017. Als Herausgeber: Kommunitarismus und Religion, Berlin 2010; Unerfüllte Moderne? Neue Perspektiven auf das Werk von Charles Taylor (mit M. Lutz-Bachmann), Berlin 2011; Das Politische und das Vorpolitische. Über die Wertgrundlagen der Demokratie, Baden-Baden 2014; Vermisste Tugend? Zur Philosophie Alasdair MacIntyres (mit M. Lutz-Bachmann), Wiesbaden 2015; Exodus, Exilpolitik und Revolution. Zur Politischen Theologie Michael Walzers, Tübingen 2017; Religionsphilosophie und Religionskritik. Ein Handbuch, Berlin 2018.

Gottfried Küenzlen ist emeritierter Professor am Institut für Theologie und Ethik der Universität der Bundeswehr München. *Veröffentlichungen (Auswahl):* Die Religionssoziologie Max Webers. Eine Darstellung ihrer Entwicklung, Berlin 1980; Der Neue Mensch. Eine Untersuchung zur säkularen Religionsgeschichte der Moderne, München ³1997; Die Wiederkehr der Religion. Lage und Schicksal in der Moderne, München 2003. Als Herausgeber: Die Bundeswehr heute: Berufsethische Perspektiven für eine Armee im Einsatz (mit J. Bohn u. a.), Stuttgart 2011; Religion im säkularen Verfassungsstaat (mit Th. Bohrmann), Berlin 2012.

Burkhard Liebsch ist Professor für Philosophie an der Universität Bochum und gegenwärtig Fellow am Forschungsinstitut für Philosophie Hannover. *Veröffentlichungen (Auswahl):* In der Zwischenzeit, Zug 2016; Zeit-Gewalt und Gewalt-Zeit, Zug 2017; Einander ausgesetzt Bd. I/II, Freiburg 2018. Als Herausgeber: Bedingungslos? Zum Gewaltpotenzial unbedingter Ansprüche im Kontext politischer Theorie (mit Michael Staudigl), Baden-Baden 2014; Perspektiven europäischer Gastlichkeit (mit M. Staudigl und P. Stoellger), Weilerswist 2016; Der Andere in der Geschichte. Sozialphilosophie im Zeichen des Krieges, Freiburg 22017.

Peter Nitschke ist Professor für Politikwissenschaft an der Universität Vechta. *Veröffentlichungen (Auswahl):* Einführung in die Politische Theorie der Prämoderne, Darmstadt ²2011; Politische Philosophie, Stuttgart u. a. 2002; Einführung in die Politikwissenschaft, Darmstadt 2012; Formate der Globalisierung. Über die Gleichzeitigkeit des Ungleichzeitigen, Frankfurt/M. ²2014 Als Herausgeber: Grundbegriffe der Politik (mit M. Schwarz u. a.), Baden-Baden ²2017.

Rudolf Schlögl ist Professor für Neuere Geschichte (Frühe Neuzeit) an der Universität Konstanz. *Veröffentlichungen (Auswahl):* Glaube und Religion in der Säkularisierung. Die katholische Stadt – Köln, Aachen, Münster 1700–1840, München 1995; Alter Glaube und moderne Welt. Europäisches Christentum im Umbruch (1750–1850), Frankfurt/M. 2013; Anwesende und Abwesende. Grundriss für eine Gesellschaftsgeschichte der Frühen Neuzeit, Konstanz 2014. Als Herausgeber: Die Wirklichkeit der Symbole (mit J. Osterhammel u. a.), Konstanz 2004; Die Säkularisation im Prozess der Säkularisierung Europas (mit P. Blickle), Tübingen 2006; Die Krise in der Frühen Neuzeit (mit E. Wiebel u. a.), Göttingen 2016.

Christoph Seibert ist Professor für Systematische Theologie mit den Schwerpunkten Ethik und Religionsphilosophie an der Universität Hamburg. *Veröffentlichungen (Auswahl):* Religion im Denken von William James. Eine Interpretation seiner Philosophie, Tübingen 2009; Politische Ethik und Menschenbild. Eine Auseinandersetzung mit den Theorieentwürfen von John Rawls und Michael Walzer, Stuttgart u. a. 2004. Als Herausgeber: Verantwortete Zukunft. Christliche Perspektiven für politische Ethik und politisches Handeln (mit C. Löw), Neukirchen-Vluyn 2010; Leibhaftes Personsein. Theologische und interdisziplinäre Perspektiven (mit E. Gräb-Schmidt u. a.), Leipzig 2015.

Mark Wrathall ist Professor für Philosophie an der Universität Oxford. *Veröffentlichungen (Auswahl):* Religion after Metaphysics, Cambridge 2003; Heidegger and Unconcealment: Truth, Language, and History, Cambridge 2011; The Cambridge Companion to Heidegger's Being and Time, Cambridge 2013. Als Herausgeber: A Companion to Heidegger (mit H. Dreyfus), Oxford 2008; Skillfull Coping, Oxford 2016; Background Practices: Essays on the Understanding of Being (mit H. Dreyfus), Oxford 2017.

www.ingramcontent.com/pod-product-compliance
Lightning Source LLC
Chambersburg PA
CBHW071816230426
43670CB00013B/2475